课堂革命 · 智

智能高效课堂构建

刘邦奇 聂小林 等 / 著

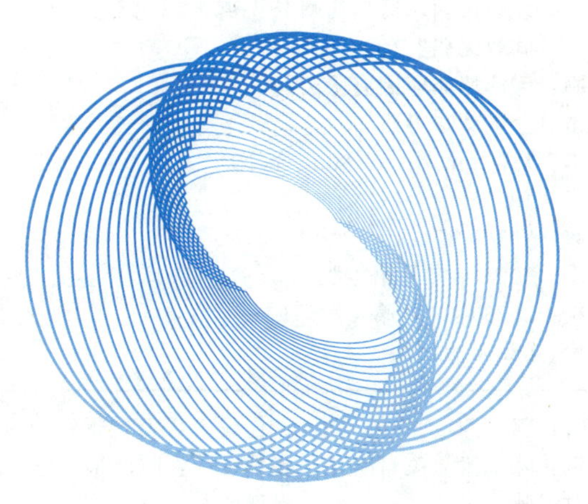

ZHINENG GAOXIAO
KETANG GOUJIAN

北京师范大学出版集团
BEIJING NORMAL UNIVERSITY PUBLISHING GROUP
北京师范大学出版社

图书在版编目（CIP）数据

智能高效课堂构建/刘邦奇等著. —北京 ：北京师范大学出版社，2023.8
（课堂革命·智慧课堂丛书）
ISBN 978-7-303-29146-5

Ⅰ. ①智… Ⅱ. ①刘… Ⅲ. ①信息技术－应用－课堂教学－教学研究－中小学 Ⅳ. ①G632.421－39

中国国家版本馆 CIP 数据核字（2023）第 096774 号

教材意见反馈 **gaozhifk@bnupg.com 010-58805079**
营销中心电话 010-58802755 010-58800035
北师大出版社教师教育分社微信公众号 京师教师教育

出版发行：北京师范大学出版社 www.bnupg.com
北京市西城区新街口外大街 12-3 号
邮政编码：100088
印 刷：天津旭非印刷有限公司
经 销：全国新华书店
开 本：787 mm×1092 mm 1/16
印 张：19.75
字 数：303 千字
版 次：2023 年 8 月第 1 版
印 次：2023 年 8 月第 1 次印刷
定 价：68.00 元

策划编辑：郭 翔 责任编辑：郭 翔
美术编辑：陈 涛 焦 丽 装帧设计：陈 涛 焦 丽
责任校对：陈 民 责任印制：马 洁

智慧课堂丛书
编委会

总　序

教育关系国计民生，是国家发展的基础性、先导性工程。党的十九大报告强调，“必须把教育事业放在优先位置，深化教育改革，加快教育现代化，办好人民满意的教育”。而实现这个宏伟目标，在当前全球已进入信息时代的背景下，以互联网、大数据、人工智能为代表的信息科技是关键支撑。为抢抓新一轮技术机遇，我国相继出台了《关于积极推进“互联网＋”行动的指导意见》《新一代人工智能发展规划》等，以期通过“互联网＋”“人工智能”打造经济社会发展的新动能、新引擎。就教育领域，特别是基础教育领域而言，这些部署不仅为深化教育改革提供了新的视域，而且引发了各界对“互联网＋教育”和“智能教育”等教育新形态的广泛探讨。

但是，就目前来看，学界、业界对“互联网＋教育”和“智能教育”的认知存在一定偏差，忽略了对概念所代表的实质性事实的辨析，相关概念被过度使用或混淆含义的情况时有发生，从而对政策制定和公众认知造成了一定的困扰。我们认为，问题主要集中在以下两个方面。

一是对“互联网＋教育”和“教育＋互联网”的认知偏差。“互联网＋教育”本质上是对传统教育运行逻辑的突破和创新，是通过解构、重构形成的全新的有别于传统的教育新生态。具体来说，就是在认识并尊重教育本质和规律的基础上，运用互联网的技术和思维，打破时空限制，以学习者为中心，重塑和再造教育教学的内容、工具、方法、模式、体系，为广大学习者提供优质、个性教育的新型教育服务模式。当前，“互联网＋教育”的案例并不多，2013 年创办的密涅瓦大学（Minerva Schools）可以算是个典型。该校借助互联网系统以及其他一些资源，初步实现了沉浸式的全球化体验、现代化课程、终身成就支持和真正无地域限制、无歧视的招生等办学目标。而“教育＋互联网”则是指在原有的教育系统中加上互联网的技术，理顺、增强、优化既有的教育模式和教育逻辑的一种方式，教育在其中起到强势主导作用。显然，“教育＋互联网”并未跳脱传统应试教育的范畴，技术依旧是在原有的

“教育跑道”中发挥助推作用，以提升应试教育体制下教、学、管、评等各个方面的效率为旨归。目前，在各级教育行政部门、各类教育机构中普遍采用的各种学习系统、管理系统，以及围绕二者所开展的一系列教育教学行为，都可以认为是“教育＋互联网”。

二是对“人工智能＋教育”与“教育＋人工智能”的认知偏差。目前，人工智能技术整体处于初级水平，尚未具备足够强大的“＋”的能力。各界对“人工智能＋教育”和“教育＋人工智能”的讨论，也是设想大于实践，且并未有成型的定义。参照“互联网＋教育”和“教育＋互联网”的分析框架，我们认为，所谓“人工智能＋教育”是指将人工智能技术视为教育领域的基础和核心工具，在教育领域通过全面、系统、深入地运用人工智能的思想、理论、技术、方法和工具等，使学习者在知识、技能、素养、品德等各个方面全面成长、全面发展的一种新型教育模式。在这种模式下，学习者的个性特点被充分尊重、身心智能得到充分发掘；教师的定位也会发生很大变化，优秀教师的定义也会被重新诠释。与之相应，所谓“教育＋人工智能”指的是以现有的教育模式、教育逻辑为依归，依托人工智能技术辅助教师、学生与教育管理者个体，辅助各级教育行政部门和各类教育机构优化教育教学过程，提升教育教学效能，从而更好地达到各类教育教学目标的过程。

当前，还鲜有典型的人工智能技术与教育融合的成功案例，既谈不上“教育＋人工智能”，更谈不上“人工智能＋教育”。大多关于智能教育、智慧教育的实践探索，实际上还是在做“教育＋互联网”的事情，对此我们要有清晰的认识。但值得肯定的是，这些探索是必要的、合理的。一方面其为解决已有教育问题提供了新的方式方法；另一方面也为实现教育深层变革奠定了技术、理论基础。其中，课堂作为人才培养的主阵地，技术赋能的探索尤为关键。

值得高兴的是，在越来越多的教育互联网企业蓬勃发展的同时，大约从2015年开始，我国多家杰出的互联网企业开始高度关注基础教育，形成了各自特点鲜明的教育事业部门，并依托自身技术优势，与政府、教育主管部门、其他企业、学校以及教师、学生、家长等频繁互动，大力度、大范围地介入基础教育的核心业务。虽然这样的探索还有很长的路要走，也总是有得有失，但这个势头对教育信息化的推动力巨大，也使我国的教育信息化2.0战略从一开始就有了政府、企业和社会力量多方合作的新态势。

在此背景下，由讯飞教育技术研究院策划和撰写的“智慧课堂丛书”陆续出版了。该丛书是作者围绕信息化背景下课堂教学变革这一热点问题，对近几年智慧课堂技术创新、理论探索和实验研究进行系列化研究的成果。丛书既包括智慧课堂的背景动因、宏观依据、体系构建、教学模式等理论，又包括智慧课堂教学设计与实施策略，以及在实践中形成的学科智慧教学典型案例，还包括大数据、人工智能等智能信息技术支持下智慧课堂的创新发展内容。该丛书对于各类学校正在开展的信息化教学实践具有较好的针对性、指导性和实用性。

教育部于 2018 年 4 月颁布的《教育信息化 2.0 行动计划》正式宣告了教育信息化从 1.0 到 2.0 的转段升级，智能信息技术对人才培养模式和教学方式变革将愈加深刻。借此，希望广大一线教师和研究工作者积极投入信息化教学变革的大潮，勇于探索实践，加强协作分享，共同创造学校教育信息化的美好未来。

是为序！

任友群

2018 年 8 月于丽娃河畔

序

课堂是学校教育教学的主阵地，打造高效课堂、实现教学减负增效是教育领域的重要实践命题。“双减”背景下，课堂教学减负增效对于减轻学生过重学业负担，提升课堂教学质量，促进学生全面发展、健康成长，都有着重要意义。2021年5月，习近平总书记在中央全面深化改革委员会第十九次会议上指出，减轻学生负担，根本之策在于全面提高学校教学质量，做到应教尽教，强化学校教育的主阵地作用。要深化教育教学改革，提升课堂教学质量，优化教学方式。然而，长期以来由于教学环境、资源、工具等方面的局限，课堂教学有效性的提升一直受限。智能技术的发展为破解教学减负增效的难题提供了前所未有的支持，从课前的教师备课、学生预习，到课堂上的教学内容讲授、师生互动，再到课后的巩固辅导、教学评价等，智能技术为教学全流程的减负增效提供了新的机遇。

构建智能高效课堂、实现教学减负增效是智能技术赋能教学改革的重要着力点，也是教育数字化转型的重要课题。智能技术赋能课堂教学有助于优化教学流程、创新教学方式、促进教学提质增效和学生学业减负。在此背景下，刘邦奇、聂小林等研究和撰写了《智能高效课堂构建》一书。该书围绕“智能技术如何助力打造高效课堂、实现教学减负增效”这一命题进行了系统的研究与阐述，将教育理论与教学实践紧密结合，具有鲜明特色和启发意义，值得关注。

一是理念先行，构建分析框架。“教学减负增效”是个大课题，内涵甚广，研究难度大，书中以“课堂”为切入点，通过小切口来透视智能技术如何助力教学减负增效。该书从政策、理论、技术和应用多个层面进行了系统分析，深入探讨了如何发挥智能技术的作用，破解课堂教学中存在的低效重负问题，实现教学减负增效的思路。在此基础上，该书对智能技术提升课堂教学有效性的实践路径进行了凝练，构建出智能技术助力教学减负增效的分析框架，引领全书展开论述，具有创新性。

二是技术赋能，创新应用模式。智能技术为教学减负增效提供新动能，探索智能技术在提升课堂教学有效性、实现教学减负增效中的价值意义和应用模式非常必要。助力减负增效的智能技术呈现出丰富性、多样性和层次性的特点。该书对其中的关键技术进行了系统分析，深入探讨了这些技术在打造智能高效课堂、实现教学减负增效中的具体作用。基于此，该书结合教学实践中的典型应用场景，以解决问题为导向，对智能技术如何发挥作用、如何利用智能技术来促进教学减负增效的应用场景进行了详细的分析，使读者知其然，更知其所以然。

三是深度融合，关注教学实践。智能技术助力教学减负增效的效果最终要通过实践来检验。该书从教学视角和产业视角，精选了大量富有创新特色的典型案例，为利用智能技术进行教学减负增效提供实践参考。基于教学视角，该书既呈现了智能技术支撑学情分析、探究学习、课堂互动、作业设计等场景实现减负增效的实践案例，又结合语文、数学、英语、物理、体育、美术等学科的特点以及跨学科教学特点，深入剖析了智能技术是如何与教学实践深度融合助力减负增效的。基于产业视角，该书选取了代表性的智能化教学产品，从产品功能、减负增效作用、应用情况等方面进行了系统分析，使读者对减负增效中的技术应用有更全面的认识。

可以说，该书很好地兼顾了理论性和操作性，结构合理、论述严谨、案例翔实。以智能高效课堂构建与应用为主线，从“为何”需要智能技术助力教学减负增效，到智能技术“何以”能够帮助教学减负增效，再到“如何”利用智能技术进行教学减负增效，该书都进行了深入浅出的阐述，具有很强的可读性和实用性，能够为一线教育者利用智能技术更有效地开展教学提供参考和指导。该书接续讯飞教育技术研究院 2019 年《中国智能教育发展报告》、2020 年《走向智能时代的因材施教》、2021 年《智能技术赋能教育评价》等专著的研究，不断探索用智能技术解决教育教学热点问题、关键问题，体现出他们的可贵坚持与使命担当。

在“双减”背景下，要提高学生的能力、素养、幸福感，必须充分发挥课堂主阵地作用，但原有的教学理念、模式、方式已难以适应时代的新要求和新挑战，教学减负增效必须借助于新技术、新方法来打造新课堂。希望该书的出版能为推动智能技术与教学深度融合、促进教学减负增效提供有益的参考。同时，也希望相关研究人员和一线工作者能在本书的基础上不断探索和创新，用智能技术更新教育理念，变革教学模式，共同推进教育教学质量和效率的提升。

陈丽

2023 年 3 月于北京师范大学

前　言

教育数字化战略背景下，以教学减负增效为目标导向，以智能技术为有效支撑，探索构建智能高效课堂，对于深化课堂教学改革，助推教育高质量发展具有重要意义。2021 年 5 月，习近平总书记在中央全面深化改革委员会第十九次会议上指出，减轻学生负担，根本之策在于全面提高学校教学质量。要深化教育教学改革，提升课堂教学质量，优化教学方式。2021 年 7 月，中共中央办公厅、国务院办公厅印发《关于进一步减轻义务教育阶段学生作业负担和校外培训负担的意见》，进一步聚焦学校教育主阵地，明确提出要“整体提升学校教育教学质量”，学校教师要做到“应教尽教”，学生要实现“学足学好”。可见，“双减”政策之下要兼顾减负和增效，关键是要围绕教学质量提升，把好课堂主阵地，构建高品质、高效的课堂。智能技术的不断革新与深化应用，推动了教学环境、资源和工具的全面优化升级，为课堂教学的高效开展提供了保障与支撑，为教学减负增效带来了新动能。在教育数字化转型的背景下，积极探索智能技术助力教学减负增效的实践路径，对于深化基础教育教学改革，促进学生全面发展、健康成长具有重要现实意义。

智能技术助力教学减负增效的关键在于实现“教学提质增效”，通过技术赋能提升教学有效性，减轻师生负担。在教学实践中，课前准备、课堂教学、课后巩固等不同教学阶段还存在一些低效重负的问题，这些问题往往难以用传统的手段和方式加以解决，亟须新的技术和方法提供支持。《教育信息化 2.0 行动计划》等多个政策提出推动人工智能等技术支持教育教学变革，提高教与学的效率。教育部 2022 年工作要点提出，深入推进“双减”政策落地，探索大中小学智慧课堂建设，改进课堂教学模式。科大讯飞等智能教育企业在开发利用人工智能技术，打造“畅言智慧课堂”“智学网”等教学产品，赋能教学全过程、提升教学有效性、助力教学减负增效等方面，积累了不少实践案例。因此，要对标减负增效相关政策要求和理论依据，以解决教学实践中的低效重负问题为导向，以课堂变革为核心，充分利用人工智能等技术优势，加强智能技术与教学过程深度融合，打造智能高效的课堂，形成智能技术支持各类教学场景的实践应用模式，推动教与学方式变革，助力实现教学减负增效的目标。

基于以上背景和思路，我们结合近年来国内外有关智能技术支持教学减负增效的理论研究与实践探索，对利用智能技术打造高效课堂，助力教学提质增效、学生学业减负进行了系统研究，撰写了《2022年智能教育发展蓝皮书——智能技术助力教学减负增效》。在此基础上，我们进一步拓展深化，撰写了本书——《智能高效课堂构建》。本书基于技术与课堂教学深度融合的视角，结合基础教育改革与“双减”政策要求，针对构建智能高效的课堂，系统探讨了智能技术助力教学减负增效的发展背景与机遇、基本依据与总体框架、技术及应用场景、学科教学典型案例、产业现状及发展趋势等。

全书共七章。第一章阐述了深化基础教育改革和推动“双减”政策落地对于教学减负增效的必然要求，剖析了教学减负增效的内涵与特征，从减轻学业负担和教学提质增效两个方面理解其内涵。第二章从理论和技术方面详细分析了智能技术赋能教学减负增效的基本依据，并聚焦课堂教学主场景，提出了智能技术支持教学减负增效的基本思路和分析框架。第三章从课前准备环节介绍了智能技术应用于课前预习、学情分析、教学资源准备、教学活动设计四个典型场景，助力教学减负增效的情况。第四章从课堂教学环节介绍了智能技术应用于课堂讲授、课堂互动、探究学习、随堂诊断、课堂管理五个典型场景，助力教学减负增效的情况。第五章从课后巩固环节介绍了智能技术应用于作业设计、作业批改、课后辅导、教学质量评价四个典型场景，助力教学减负增效的情况。在此基础上，第六章从学科教学视角出发，精选了语文学科、数学学科、英语学科、科学类学科、体育学科、其他学科及跨学科中利用智能技术助力教学减负增效的典型案例，结合不同教学形态和教学模式，分析了智能技术赋能不同学科课程教学的应用过程与实践效果。第七章以聚焦教学场景的智能化教学相关企业和产品为研究对象，从产业发展视角对企业图谱、相关产品及其应用、典型企业案例进行梳理和分析，并综合政策、技术、产业等方面对相关产业的发展趋势进行了探讨。

刘邦奇、聂小林负责全书的总体策划、框架设计和定稿工作，王亚飞、卓晗、袁婷婷协助组织全书的撰写与统稿工作，刘俊生、张金霞、陈乐、董晶晶等人参与全书统稿审定工作，尹欢欢承担全书撰写的秘书工作。讯飞教育技术研究院/认知智能国家重点实验室智能教育研究中心的人员具体承担本书的研究与撰写。各章执笔为：第一章，陈乐、刘碧莹、邓开丹；第二章，刘邦奇、王亚飞、卓晗、刘悦、尹欢欢、邬诗韵、邓开丹、余浩然；第三章，董晶晶、尹欢欢、余浩然；第四章，卓晗、陈乐、唐家慧、邬诗韵；第五章，袁婷婷、冯子芳、喻彦琨、代怿鑫、王伟；第六章，凌婧婧、王冰洁、黄茹、孙娜、崔东泽、刘俊生；第七章，姚兰婷、胡健、刘梦蝶、张金霞。

本书的研究与撰写得到了许多专家和合作单位的指导与支持。教育部教育信息化中长期发展规划专家组副组长、北京师范大学陈丽教授在项目策划、提纲编写和全书撰写过程中给予了精心指导，并为本书作序。北京大学汪琼、贾积有，清华大学钟晓流，北京师范大学孙波，华东师范大学顾小清，江南大学陈明选，上海师范大学黎加厚，西北师范大学郭绍青、郭炯，东北师范大学张海，华中师范大学吴砥，西南大学刘革平，华南师范大学胡小勇，首都师范大学方海光，江苏师范大学杨现民等教授组成的专家组，对本书进行了专家评审，在此表示衷心的感谢！

本书在撰写过程中还得到了科大讯飞总裁吴晓如、教育事业群执行总裁韩广付、教育事业群副总裁周佳峰、丁鹏、王士进等人的指导和帮助，课堂产品线、学习机产品线、作业产品线、核心研发平台等部门相关人员给予了技术支持，朱香、盛志超、沙晶、吴嘉嘉等人提供技术指导，黄国庆、陈玉珏、苗磊、石楠、王丽红、汪玲、王梦佳、陈旻之、赵玉玲等人提供相关产品业务支持，张雅岚、李琳、丁娟、李晨、王嘉慧、龚海燕、陈毓琳、徐俊等人给予了案例征集支持，在此一并表示诚挚的感谢！

本书在撰写中参考引用了国内外多方面的研究成果、实践案例和文献资料，在书中对于相关信息进行了详细标注，在此表示诚挚的谢意！如有挂一漏万之处，敬请谅解。由于智能技术助力教学减负增效是一个复杂的系统性问题，正处于探索发展阶段，我们掌握的资料可能不够全面，加上作者水平所限，书中一定还存在着许多有待提升之处，敬请广大读者朋友们批评指正！

刘邦奇　聂小林

2023 年 3 月

目录

第一章　发展背景与机遇

探索构建智能高效课堂，只有全面准确地把握教学减负增效提出的时代背景和内涵实质，才能找准方向，形成清晰具体的实践路径。本章从基础教育综合改革以及“双减”政策的要求出发，阐明了落实教学减负增效的必要性和重要性；分析了教学减负增效的内涵，提出了落实教学减负增效重在打造高效课堂、提升教学有效性；指出了智能技术的发展推动教学环境、资源和工具的创新与变革，为教学减负增效带来新动能。

第一节　教育高质量发展迫切要求教学减负增效

减负增效是落实国家基础教育重大改革部署、解决基础教育重难点问题、促进学生全面而有个性发展的需要①，也是推动基础教育高质量发展的重中之重。自我国开展基础教育综合改革以来，强调以破解制约教育科学发展的关键领域和薄弱环节为突破口，要标本兼治减轻学生课业负担。② 2019 年 6 月，中共中央、国务院印发《关于深化教育教学改革全面提高义务教育质量的意见》，特别强调提高义务教育质量，减负工作方案要和提高教育效益一同考虑。2022 年 8 月，教育部基础教育综合改革实验区工作研讨会召开，提出要以“双减”撬动教育教学整体变革，切实做到减负提质增效。③《教育部 2022 年工作要点》提出，深入推进“双减”政策落地，“探索大中小学智慧课堂建设，改进课堂教学模式”。在课堂教学中开展减负增效已成为深化基础教育综合改

① 《上海市教育委员会等九部门关于印发〈本市落实义务教育阶段学生减负增效工作实施意见〉的通知》，https：//law. sfj. sh. gov. cn/#/detail？id=6003ffb56ef4ead76952602f，2022-09-16。

② 张力：《深化教育领域综合改革的基本方向和政策要点——学习党的十八届三中全会精神体会》，http：//www. moe. gov. cn/jyb _ xwfb/moe _ 2082/s7081/s7740/201311/t20131127 _ 160108. html，2022-09-16。

③ 陶玉祥：《教育部基础教育综合改革实验区工作研讨会召开以“双减”撬动教育教学整体变革》，https：//baijiahao. baidu. com/s？id=1742204454022840687&wfr=spider&for=pc，2022-09-16。

革、推动“双减”政策落地的重要着力点。在新时代背景下，应该如何认识、理解和推动教学减负增效？我们将系统梳理基础教育综合改革、“双减”相关政策文件要求，进一步明确国家对教学减负增效的部署安排。

一、教学减负增效是深化基础教育综合改革的客观需要

基础教育综合改革覆盖课程、教材、教学、考试评价等教育工作全链条，涵盖基础教育的重点、难点、热点问题。围绕基础教育综合改革，这里从课程改革、教学改革、评价改革三个方面来分析相关政策对减负增效的具体要求。

（一）课程改革强调培养学生核心素养，减轻学生过重课业负担

课程改革作为人才培养的系统工程①，本质上是供给侧改革，有助于减轻学生校内过重的课业负担②。2010 年 4 月，教育部发布《关于深化基础教育课程改革 进一步推进素质教育的意见》，明确提出要在总结课程改革经验的基础上，进一步完善课程设置方案，给学生留有更多自由支配的活动时间，切实减轻学生过重的课业负担。2014 年 3 月，教育部发布《关于全面深化课程改革落实立德树人根本任务的意见》，指出一些问题的存在直接影响立德树人的效果，如重智轻德、单纯追求分数和升学率，部分学科内容交叉重复，课程资源开发利用不足等，并提出要研究制定学生发展核心素养体系和学业质量标准，把对学生德智体美劳全面发展总体要求和社会主义核心价值观的有关内容具体化。2022 年 3 月，教育部印发《义务教育课程方案和课程标准（2022 年版）》，明确要求义务教育阶段要进一步精选对学生终身发展有价值的课程内容，各课程标准都强调以核心素养为主轴，构建大任务、大观念或大主题等以问题解决为目标的课程内容结构单位和教学单元组织形态，以此作为学习内容聚合机制和学习动机激发机制，有效归纳、整合学科知识点或主题活动内容，在学习内容安排层面落实减负、增效、提质。③

---

① 刘月霞：《用课程改革撬动育人方式变革》，http://www.moe.gov.cn/jyb_xwfb/moe_2082/2022/2022_zl08/202207/t20220708_644363.html，2022-10-09。

② 熊烨：《政策变迁中的反馈机制：一个“理念—工具”分层框架——以我国义务教育阶段“减负”政策为例》，载《公共管理与政策评论》，2022(5)。

③ 李玉兰：《教育部印发〈义务教育课程方案和课程标准(2022 年版)〉——让核心素养落地 为知识运用赋能》，http://www.moe.gov.cn/fbh/live/2022/54382/mtbd/202204/t20220422_620485.html，2022-05-30。

总的来看，当前我国在持续推进课程改革的进程中，强调要培养学生核心素养，减轻学生过重课业负担。课程是为落实培养目标服务的，从中小学生的学习特点和认知规律出发，通过优化课程实现减负①，主要体现在以下两个方面。一是优化课程设置，无论是课程标准研制、教材开发、课程资源建设，都要紧扣核心素养这个育人目标，都要与核心素养精准对接，并以核心素养为中心，不断精简内容，优化结构，加强跨学科学习，做到减负增效。②二是丰富课程内容，认真落实义务教育学校管理标准和国家课程设置方案，开齐开足国家规定课程，特别是英语、音乐、体育、美术等课程，同时开好地方课程，开发校本课程，在致力于提升学生关键能力和综合素养的同时，让学生在校内学足学好。

（二）教学改革要求提高教学效率和质量，注重教学减负增效

深化教学改革强调要充分发挥学校教育主阵地的作用，落实教学减负增效。中共中央、国务院印发《关于深化教育教学改革全面提高义务教育质量的意见》和国务院办公厅印发《关于新时代推进普通高中育人方式改革的指导意见》，指导学校创新教学模式，改进教学方法，科学布置作业，合理安排作息时间，提高课堂教学效果和教育质量，努力让学生在学校学足学好，为减轻中小学生课外负担创造条件。③ 2019 年 12 月，中共中央办公厅、国务院办公厅印发《关于减轻中小学教师负担进一步营造教育教学良好环境的若干意见》，提出要优先保障教育教学活动，确保教师有足够的时间和精力研究教学、备课充电，提高专业化水平。同时，认清减负的根本目的是提质增效，减掉中小学教师不应该承担的与教育教学无关的事项，改变形式主义、官僚主义的工作方式方法，提高教育教学质量和效率。④

总的来看，教学改革致力于从根本上改变“升学率”指挥教学的局面，提

---

① 《促进学生全面发展健康成长——教育部负责人就〈关于深化教育教学改革全面提高义务教育质量的意见〉答记者问》，http://www.moe.gov.cn/jyb_xwfb/s271/201907/t20190709_389557.html，2022-10-12。

② 褚宏启：《推进核心素养导向的课程建设》，http://www.moe.gov.cn/fbh/live/2022/54382/zjwz/202204/t20220421_620104.html，2022-05-30。

③ 《教育部对十三届全国人大一次会议第 1256 号建议的答复》，http://www.moe.gov.cn/jyb_xxgk/xxgk_jyta/jyta_jijiaosi/201812/t20181229_365480.html，2022-05-30。

④ 《为中小学教师减负 为教育提质增效加油——教育部有关负责人就〈关于减轻中小学教师负担进一步营造教育教学良好环境的若干意见〉答记者问》，http://www.moe.gov.cn/jyb_xwfb/s271/201912/t20191216_412101.html，2022-09-30。

高教学效率和质量，减轻学生过重学业负担，促进学生身心健康全面发展。减负增效是教学追求的愿景①，通过教学改革达到减负增效主要体现在以下三个方面。一是优化教学方式，坚持教学相长，注重启发式、互动式、探究式教学，引导学生主动思考、积极提问、自主探究；探索基于学科的课程综合化教学，开展研究性、项目式、合作式学习，把学习的主动权真正交给学生。二是完善作业辅导，要统筹调控不同年级、不同学科作业数量和作业时间，提高作业设计质量，切实减轻学生作业负担。三是促进信息技术与教育教学深度融合，重视情境教学，创新教学模式，建立覆盖基础教育各年级、各学科的数字教育资源体系，提高课堂教学效果和教育质量。在信息化环境下，课堂教学将发生结构性变革。新课程改革背景下，课堂教学转型的核心要求是“两个关注、一个促进”：关注信息化环境下的教学改革，关注学生个性化、多样化的学习和发展需求，促进人才培养模式的转变。②

（三）评价改革坚持立德树人根本宗旨，减轻考试及升学压力

评价改革是深化基础教育综合改革的重要内容，也是落实减负增效的突破口。减负难的原因之一在于我国长期以来将考试作为教育评价的主要方式，存在“唯分数论”“唯升学论”的不良导向，容易造成学生学业负担过重。2014年9月，国务院印发《关于深化考试招生制度改革的实施意见》，全面启动了新一轮考试招生制度改革，指导地方各级教育部门坚持育人为本，遵循教育规律，把促进学生健康成长成才作为改革的出发点和落脚点，深入推进素质教育。2020年9月，中共中央、国务院印发《深化新时代教育评价改革总体方案》，要求完善立德树人总体机制，扭转不科学的教育评价导向，坚决克服唯分数、唯升学、唯文凭、唯论文、唯帽子的顽瘴痼疾。2021年，印发的《义务教育质量评价指南》和《普通高中学校办学质量评价指南》，都强调完善评价内容、突出评价重点、改进评价方法、统筹整合评价，着力克服“唯分数、唯升学”倾向，促进形成良好教育生态。

总的来看，评价改革能够倒逼教学过程、课程内容发生深刻变化③，是实现学生减负的“突破点”，要坚持立德树人根本宗旨，减轻考试及升学压力。

---

① 田景正、张钰珞：《刘佛年的学生减负与教学改革思想探析》，载《教育文化论坛》，2022(5)。

② 中华人民共和国教育部：《普通高中课程方案(2017年版)》，2页，北京，人民教育出版社，2018。

③ 褚宏启：《推进核心素养导向的课程建设》，http://www.moe.gov.cn/fbh/live/2022/54382/zjwz/202204/t20220421_620104.html，2022-10-12。

通过科学评价实现减负，主要体现在以下三个方面。一是深化考试改革，通过推进分类考试，对不同类型、不同层次学校培养人才的标准、能力、素质明确不同要求；加快推进中考和高考综合改革，稳步推进初中学业水平考试省级统一命题，坚持以课程标准为命题依据，不断提高命题水平；科学制定高考综合改革实施方案，强化学生综合素质考核，更加注重过程评价，切实为广大考生"减负""降压"。二是完善招生制度，通过规范招生入学秩序，实行义务教育免试就近入学，学校划片招生、学生就近入学；高中阶段将优质高中招生名额合理分配到普通初中，并完善实施规则；高校要建立健全有利于促进入学机会公平、有利于优秀人才选拔的多元录取机制，缓解竞争压力。三是优化教育评价体系，引导各地各校树立科学的教育质量观，积极构建以发展素质教育为导向的义务教育质量评价体系；制定学校工作、教师工作和学生素质评估方案，形成适合素质教育要求、有利于学生全面发展和健康成长的综合评价体系，切实减少学生过重的学业负担。

二、教学减负增效是推动"双减"政策落地的重要抓手

2021 年 7 月，中共中央办公厅、国务院办公厅印发《关于进一步减轻义务教育阶段学生作业负担和校外培训负担的意见》，提出要有效减轻义务教育阶段学生过重作业负担和校外培训负担。"双减"政策涉及教育系统内外的整体设计，从来不是"一减了之"。在压减学科类校外培训后，学生多样化的学习需求，家长对孩子健康成长、充分发展的期盼，更多要依靠学校教育来解决。① "双减"政策的基本逻辑是强化学校教育的主阵地作用，力图在对学生学业负担做减法的同时做好课堂教学质量的"加法"，将"治标"和"治本"相互结合，进而构建良好的教育生态。②

（一）强化学校教育主阵地作用，促进学生全面发展、健康成长

"双减"政策在指导思想中明确指出，要落实立德树人根本任务，强化学校教育主阵地作用，促进学生全面发展、健康成长。"双减"减的是义务教育阶段学生过重作业负担和校外培训负担，总体目标分为校内校外两个方面：

---

① 董筱婷、宋佳欣：《落实"双减"：根本之策在于全面提高学校教学质量——2021 年教育部基础教育改革发展研讨班经验交流侧记》，载《人民教育》，2021(3)。

② 李敏、赵明仁：《"双减"背景下课堂教学质量提升：现实困境及其路径选择》，载《天津师范大学学报(社会科学版)》，2022(4)。

在校内方面，强调使学校教育教学质量和服务水平进一步提升，作业布置更加科学合理，学校课后服务基本满足学生需要，学生学习更好回归校园；在校外方面，强调使校外培训机构培训行为全面规范，学科类校外培训各种乱象基本消除，校外培训热度逐步降温。为实现工作目标，学校落实“双减”政策要围绕提升课堂教学质量、提高课后作业质量、提升课后服务水平三大核心任务展开，这三大核心任务构成了学校在“双减”政策背景下的整体育人体系。

课堂是教学减负增效的主要方面，对学生知识和技能的学习、核心素养的培养起到关键作用。“双减”政策对提升课堂教学质量做出明确部署：教育部门要指导学校健全教学管理规程，优化教学方式，强化教学管理，提升学生在校学习效率。教育部基础教育司司长吕玉刚指出，课堂是学校教育教学工作的主阵地，学校要把提高课堂教学质量作为核心任务。① 可以说，“双减”政策的落实需要始终坚持课堂主阵地，同时“双减”政策也对当下课堂教学提出了更高的要求。因此，课堂既要肩负起减轻学生负担的民生难题，更要站在国家和民族立场上重塑育人观念，保障教学公平，实现高质量教学。②

作业是学校教育教学管理工作的重要环节，也是减轻学生过重负担的重要手段。针对义务教育阶段存在的学生作业数量过多、质量不高、功能异化等问题，“双减”政策提出健全作业管理机制、分类明确作业总量、提高作业设计质量、加强学生作业完成指导等举措。作业将在“压总量、控时间”的基础上，注重“调结构、提质量”。推动各地各校通过加强作业设计研究、完善作业设计指南、开展优质作业展示交流、举办作业设计大赛等，提升教师作业设计水平，提高作业针对性和有效性。③ 作业作为“双减”政策治理的重要内容，同时也是课堂教学的必要补充，它更是课程、课堂教学和评价反馈的关键连接点。只有把教学目标、作业目标和评价目标一体化统筹设计，才能更好地巩固学习成果，检验教学效果，促进教学减负增效。

---

① 姚晓丹：《“双减”后第一个学期，中小学校将有哪些变化——访教育部基础教育司司长吕玉刚》，http：//www.moe.gov.cn/fbh/live/2021/53659/mtbd/202108/t20210831_556344.html，2022-9-30。

② 邓建中、杨国良、蔡其勇：《“双减”背景下课堂教学变革的价值向度、现实藩篱与路径探析》，载《西南大学学报(社会科学版)》，2022(5)。

③ 王峰：《2022 年“双减”继续成为学校工作重中之重，将深化考试评价改革》，http：//www.moe.gov.cn/fbh/live/2022/53959/mtbd/202202/t20220216_599720.html，2022-10-12。

课后服务是学校教育教学的重要组成部分，是进一步彰显学校办学特色、落实全面育人要求、满足学生多样化学习需要、有效解决家长“三点半”接孩子难题的重要举措。[①]“双减”政策提出，要提升学校课后服务水平，满足学生多样化需求，并从保证课后服务时间、提高课后服务质量、拓展课后服务渠道、做强做优免费线上学习服务等方面明确了具体要求。课后服务将在“全覆盖、广参与”的基础上，注重“上水平、强保障”。推动各地各校挖掘校内潜力，统筹利用科普、文化、体育等方面社会资源，进一步增强课后服务的吸引力和提高有效性。督促尚未落实课后服务经费的地方逐县逐校落实到位，切实保护好教师参与课后服务工作的积极性。[②] 通过大力推动课后服务育人，满足学生的个性化需求和实现学生全面发展，切实减轻学生负担。

(二)提升课堂教学质量和学习效率，促进“双减”政策落实落细

“双减”政策主要围绕三大核心任务推进落实，就其根本性、深层次和长远性考量，提升课堂教学质量和学习效率是重中之重。2021 年 5 月 21 日，习近平总书记在中央全面深化改革委员会第十九次会议上指出，“减轻学生负担，根本之策在于全面提高学校教学质量，做到应教尽教，强化学校教育的主阵地作用。要深化教育教学改革，提升课堂教学质量，优化教学方式”。这段短短的表述，“教学”一词被 4 次提及，足见课堂教学在落实“双减”政策中的重要地位。因此，“双减”能否取得最终成效关键在课堂，核心在于提升课堂教学质量和学习效率，实现教师应教尽教，确保学生学足学好。

提升课堂教学质量和学习效率，需要教师做到“应教尽教”。“应教”强调对教学内容的筛选要更有科学性，其范围应该是立足五育融合，从课标出发，由教师对整个学科知识的宏观把握以及自身的教学经验来确定，需要能够帮助学生勾勒出本学科的知识框架，能够推动学生进入他们的“最近发展区”，突破知识学习过程中一些理解上的障碍，进入更加广阔的知识天地。[③] “尽教”需要把“应教”的所有内容教给所有学生，侧重的是如何教、尽可能把学生教会，帮助学生从记忆走向理解，从浅表化的印象走向有深度的

---

① 《对十三届全国人大五次会议第 0663 号建议的答复》，http://www.moe.gov.cn/jyb_xxgk/xxgk_jyta/jyta_jijiaosi/202209/t20220919_662820.html，2022-10-12。

② 王峰：《2022 年“双减”继续成为学校工作重中之重，将深化考试评价改革》，http://www.moe.gov.cn/fbh/live/2022/53959/mtbd/202202/t20220216_599720.html，2022-10-15。

③ 周序、付建霖：《“双减”背景下如何实现课堂教学的应教尽教》，载《中国教育学刊》，2021(12)。

认知。① “应教尽教”本质上就是在课堂上开展有意义、高质量、有效率的教学，通过科学的教学内容和有效的教学方法，让学生在学习知识的同时，实现核心素养的提升。

提升课堂教学质量和学习效率，需要学生做到“学足学好”。“学足”就是要开足开齐国家规定课程，加强校本课程的开发，实现丰富多彩的课程供给，同时提升学校教学质量和服务水平，包括学生课堂的学习、课后的作业、课后的服务，让学生回归校园，在校园内就能实现健康成长。“学好”就是充分发挥课堂主阵地作用，当堂任务当堂完成，做到堂堂清、日日清，提升学科素养，实现学习目标。此外，“学好”还要满足学生个性化成长、学习方式转变、评价标准转变等方面的需求。“学足学好”本质上就是要发挥课堂主阵地作用，提高课堂教学质量，让学生在学校、在课堂上学会、会学，实现学生的全面发展、个性化发展，实现学有所长、学有所乐，使学生成为能担当民族复兴大任的时代新人。②

第二节　实现教学减负增效需要准确把握其内涵

落实“双减”政策的关键是强化学校教育教学主阵地作用，重中之重是提升课堂教学质量和学习效率。如何把握好既要减负又要保证质量这个对立统一体③，具体要在课堂教学中实现。为此，必须先厘清教学减负增效的本质，准确把握其内涵才能找到解决问题的关键抓手。

一、教学减负增效需要厘清本质、全面理解

教学减负增效不仅是要减去中小学生过重的学业负担、促进学生的身体健康和全面发展，还要提升教育教学质量、提高教学效率、增加教学行为的效益。④ 归根结底是在落实学业减负的同时，还要保证较高的教学质量，这才

---

① 周序、郭羽菲:《减轻课后作业负担的关键在于提升课堂教学的有效性——“双减”政策引发的思考》，载《四川师范大学学报(社会科学版)》，2022(1)。

② 杜丽清:《“双减”背景下如何落实“应教尽教、学足学好”》，https://jyj.changzhi.gov.cn/jyzc/202203/t20220314_2485508.html，2022-09-20。

③ 杨鲜枝:《“双减”落地离不开教师学科素养提升》，http://www.moe.gov.cn/jyb_xwfb/moe_2082/2021/2021_zl53/zjwz/202112/t20211217_587976.html，2022-09-20。

④ 张怀君:《正确处理减负、增效和提质的关系》，载《天津教育》，2014(15)。

是真正的教学减负增效。[1] 即负担“减”下去，教学质量“增”上来。

（一）厘清减轻学业负担的本质

厘清减轻学生学业负担的本质，必须先厘清“学业负担”的内涵。目前学界对于学业负担的研究，至今还没有统一的界定。有学者认为，学生学业负担包括课业负担、心理负担和经济负担三个方面，此三者相互联系、互为因果，其核心是课业负担和心理负担。[2] 也有学者认为，学业负担有多种分类方式，如外加负担与自寻负担、身体负担与心理负担、学科负担与活动负担、校内负担与校外负担等。2013 年 6 月，教育部发布的《关于推进中小学教育质量综合评价改革的意见》指出，学生的学业负担可以从学习时间、课业质量、课业难度、学习压力等方面来评判。我们在这里不强调“课业负担”“学习负担”“学生负担”之间的差别，而是统一用“学业负担”进行概括性的描述，并且主要限定在课堂教学中，是既包括学习过程中客观存在的课业负担、考试负担，也包括学生主观感受到的心理负担和认知负担。

在明确“学业负担”的内涵后，进而就可以厘清减轻学业负担的本质。减轻学生学业负担是指减轻中小学生过重的、不合理的学业负担。2018 年 12 月，教育部等九部门印发《中小学生减负措施》，明确要求减轻违背教育教学规律、有损中小学生身心健康的过重学业负担。“双减”政策也提出，要全面压减作业总量和时长，减轻学生过重的作业负担。具体来看，过重的、不合理的学业负担主要有三种类型：①“超量”的负担，是指布置大量机械性重复作业和随意增加考试次数的负担；②“超时”的负担，是指加班加点延长学生学习时间带来的负担；③“超标”的负担，是指学科教学超出课程标准要求的负担。需要指出的是，减负不是让学生没有学习负担，学生完成国家课程方案和课程标准规定的学习内容，是应尽的学习义务，合理的负担是学生开发智力、激发潜力、锻炼能力的必要条件。[3] 因此，减轻学生学业负担是要优化学生的合理负担，减去学生强化应试、机械刷题、超前超标培训等造成的不必要、不合理的“超量”“超时”“超标”负担。同时，减轻学生学业负担不能简

---

① 田尚杰：《“减负增效”背景下奖励评价研究与小学数学课堂的有效教学——刍议课题研究与课堂教学实践的有效对接》，载《读与写(中旬)》，2016(9)。

② 鲁林岳：《综合辩证论“减负”》，载《民主》，2007(7)。

③ 张盖伦：《“学生减负”引发家长焦虑 教育部：不能“一刀切”》，http://www.moe.gov.cn/jyb_xwfb/xw_fbh/moe_2606/2019/tqh20191114/mtbd/201911/t20191115_408345.html，2022-08-26。

单地降低课业难度，减少作业量，不能“简单化”搞“一刀切”，应按照科学的、实事求是的态度有增有减，从学生全面发展的角度优化学生学业负担，使负担保持在合理、适度的范围之内。

（二）厘清教学提质增效的本质

“提质”是指提升课堂教学质量。教学质量作为根据教育目标要求并通过一定的教育实践使之具体化为教学活动的客观结果评价，是指引具体教学工作顺利开展的具有稳定性和积极性的方向指标。[①] 换言之，教学质量的衡量标准应遵循我国培养德智体美劳全面发展的社会主义建设者和接班人的教育方针，依据相应课程标准对育人目标的科学阐释，充分考虑相应阶段学生身心发展的具体特征，恰当结合具体课堂教学任务的特殊性，从而成为指导教师拟订教学计划、检验学校育人成效等的关键指标。[②] 提升课堂教学质量是减轻学生学业负担、发挥学校教育主阵地作用、改善义务教育生态的根本出路。

“增效”是指增进课堂教学的效果、效益和效率。教学效果是指教学活动带来的所有结果，主要关注的是学生的学习进步和成长。[③] 教学效益是指教学活动价值实现和教学活动目标的达成，具体反映的是教学活动的结果与教学目标、教学目标与特定的社会和个人的教育需求是否吻合。[④] 教学效率是指单位教学投入内所获得的教学产出，可以理解为教师用尽可能少的教学投入（时间、精力、努力等）获得了尽可能多的教学产出。[⑤] 增进教学效果、效益和效率不仅看重教师教的水平，更看重学生的成长与进步，即关注教学目标的达成度，包括学生在知识与技能、过程与方法、情感态度与价值观方面的全面发展。

“提质”与“增效”二者既有区别又有联系。“增效”侧重于知识学习、课堂教学、过程与方法等，即以少的时间、少的付出取得好的教学效果和高的教学效益。“提质”则是全面的、高层次的、着眼于学生终身发展的要求，包括知识、能力、情感、态度、价值观等多方面，提升课堂教学质量。要实现课

---

① 罗生全、张玉：《“双减”与“双提”：教学变革的逻辑转换与理念重构》，载《现代远程教育研究》，2022(2)。

② 罗生全、张玉：《“双减”与“双提”：教学变革的逻辑转换与理念重构》，载《现代远程教育研究》，2022(2)。

③ 姚利民：《有效教学研究》，博士学位论文，华东师范大学，2004。

④ 姚利民：《有效教学研究》，博士学位论文，华东师范大学，2004。

⑤ 姚利民：《有效教学研究》，博士学位论文，华东师范大学，2004。

堂教学提质增效，学校教学就要改变传统的教师讲、学生听的教学方式，实现"四个转向"：从知识传授转向能力培养、从做假设性的练习题转向做解决现实世界和社会发展的真实问题的项目化学习、从被动学习转向主动学习、从单学科的学习转向跨学科的学习。[①] 通过加强教学管理、优化教学方式、完善作业考试辅导，课堂教学提质增效最终指向的是引导学生主动学习，培养学生核心素养和综合实践能力，促进学生全面个性化地发展。[②]

（三）全面理解"减负"与"增效"的关系

教学提质增效是减轻过重学业负担的关键和基本路径。教育部基础教育司副司长朱东斌表示，"双减"，减负是治标，目的是提质，促进基础教育回归育人的本质，促进学生全面健康发展。[③] 一方面，要坚持"五育"并举，保证教师在课堂上应教尽教，学生学足学好，确保学生通过校内教学就能达到国家规定的学业质量标准，促进学生德智体美劳全面发展，降低学生参加校外培训的需求和焦虑。另一方面，改变"题海战术"、单纯延长教学时间等以"量"换"质"的粗放低效做法，通过提高课堂教学活动的专业化水平，因材施教，注重差异化教学和个别化指导，改善教学服务供给与学习需求的匹配度，提升教学效率，将学生学业负担控制在合理、适度的范围内，给学生的课后活动、全面健康发展留出时间与空间。因此，不以课堂教学提质增效为基础的减负，很可能会牺牲学业质量，与促进学生全面发展、健康成长的目标背道而驰。

需要指出的是，减轻学业负担与教学提质增效这二者绝不是简单的目的与手段的关系，而是相互影响与依存的关系，是落实教育教学立德树人根本任务，促进学生全面发展、健康成长的一体两面。一方面，为实现教学提质增效，势必需要教师通过革新教学理念、改进教学方式、优化教学供给，做到应教尽教，在满足学生对知识、技能、情感等的多元需求的同时减轻学生不合理、过重的学业负担。另一方面，为减轻学业负担，需要学校依据学生

---

① 吴鹏泽：《跨学科学习助力课堂提质增效》，http：//www. moe. gov. cn/jyb _ xwfb/moe _ 2082/2021/2021 _ zl53/zjwz/202112/t20211208 _ 585677. html，2022-09-29。

② 王开、汪基德：《人工智能赋能课堂教学减负提质的机制、风险与应对》，载《当代教育科学》，2022(2)。

③ 张怀水：《"双减"后如何保障学习质量？教育部：分学科制定教学基本要求 委托第三方开展"双减"落实情况独立调查》，http：//www. moe. gov. cn/fbh/live/2022/53959/mtbd/202202/t20220216 _ 599727. html，2022-10-12。

的身心发展特征、学科课程标准的具体要求等内容科学确立教学质量标准，从而为教师优化教学实践、提升教学效率和效能提供明确的方向。[①] 可见，教学提质增效与减轻学业负担都是落实“双减”政策要求的应有之义。

二、落实教学减负增效重在提升课堂教学有效性

当前，提升课堂教学质量已经成为学校落实“双减”政策的现实目标。如何在“双减”之下，既实现减负又实现增效，关键是提高课堂教学质量，核心是打造高效课堂、提升教学有效性。

（一）提升课堂教学有效性是提高课堂教学质量的重要保证

提升课堂教学有效性是开展课堂教学活动的重要目标。课堂教学有效性是指教师通过单位时间内的课堂教学所能获得的相关效果，其是否有效及成效大小取决于教师的“教”，但最终体现在学生的“学”上。[②] 有学者将课堂教学有效性分为“有效果、有效率、有效益、有效能、有效应”五个递进层级。[③] 还有学者认为，教学有效性最重要的是“有效、高效、长效”。有效，即通过课堂教学能够使学生掌握教师所教的基本知识技能，理解教师传递的情感态度和价值观，其核心体现的是“会”，能记会讲、能做会用；高效，即达成上述“会”的效果所需投入的精力和时间较其他教师少，其核心体现的是会得“快”，相同的投入能够获得较他人更多的产出；长效，即通过课堂教学能够使学生掌握方法技巧、提高兴趣爱好、形成正确的价值观、养成良好的行为习惯，其核心体现的是会得快而“久”，能够对学生未来的学习、生活、工作产生积极持久的影响。[④] 可见，课堂教学有效性不仅注重教师教的水平，更注重学生的成长与进步，是课堂教学目标达成度的重要体现。

提升课堂教学有效性是提高课堂教学质量的重要途径。2014 年 8 月，教育部印发《义务教育学校管理标准（试行）》，在提升教育教学质量中明确指出，要定期开展教学质量分析，研究学生的学习兴趣、动机和个别化学习需要，

---

① 罗生全、张玉：《“双减”与“双提”：教学变革的逻辑转换与理念重构》，载《现代远程教育研究》，2022(2)。

② 容中逵：《减负关键在于提升教学有效性——论“双减”政策所引发的传统教学论问题》，载《课程·教材·教法》，2022(7)。

③ 朱德全、李鹏：《课堂教学有效性论纲》，载《教育研究》，2015(10)。

④ 容中逵：《减负关键在于提升教学有效性——论“双减”政策所引发的传统教学论问题》，载《课程·教材·教法》，2022(7)。

采取有针对性的措施，提高教学有效性。2019 年 1 月，教育部办公厅发布《关于“智慧教育示范区”建设项目推荐遴选工作的通知》，提出要开展以学习者为中心的新型教学模式探索，推动人工智能技术在教学中的深度应用，增强和改善教育教学的有效性，提高学习者的学习体验，创造更加公平而有质量的教育。“双减”政策指出，提升课堂教学质量要优化教学方式，提升学生在校学习效率。在课堂教学中，教学方式的优化与学生学习效率的提升需要重新规范和规划学生的课堂学习活动，提升教学的有效性。① 因此，提升课堂教学有效性，不仅能实现教师应教尽教、学生学足学好的关键目标，而且能提高学生学习效率，提升课堂教学质量，通过建立优质高效的课堂，促进教育教学高质量发展。

（二）提升课堂教学有效性有利于落实教学减负增效

提升课堂教学有效性是落实教学减负增效的内在要求。从教学减负增效的具体诉求来看，既要从外部减负又要从内部增效，所以减负增效就变成了一种要求十分高难的活动。② 因为减、增本来就是矛盾对立的两面，措施减少，效果就很难增加。尤其是教育教学活动，其质量保障是通过上课、练习、检测、反馈、评价等一系列基本流程来实现的，每个环节每个流程都有其存在的合理性，一旦减少势必要求提升课堂教学的有效性来保障效果。从教学减负增效工作的推进逻辑来看，一方面，虽减必增，通过提高课堂教学的有效性，远比通过作业的“减负”更为基本和重要，如果教师讲得好、学生学得好、课堂教学成效高，作业就会减少，学生负担也自然会减轻。另一方面，增必求效，在减去学生过重学业负担后，必须设法提升课堂教学有效性，切实提高学生学习成效，确保教学目标达成。③

提升课堂教学有效性能够推动教学减负增效进一步落实。一般来说，可以从学校管理、教学研究、教师专业素质、作业管理等多方面增强教育教学效益，减轻学生过重的、不合理的学业负担。究其根本，落实教学减负增效最终是要引导学校、教师向课堂 45 分钟教学要效率，向课堂教学的有效性要

---

① 纪德奎、陈璐瑶：《“双减”背景下课堂教学行为指向及价值实现》，载《课程·教材·教法》，2022(7)。

② 容中逵：《减负关键在于提升教学有效性——论“双减”政策所引发的传统教学论问题》，载《课程·教材·教法》，2022(7)。

③ 容中逵：《减负关键在于提升教学有效性——论“双减”政策所引发的传统教学论问题》，载《课程·教材·教法》，2022(7)。

质量，积极构建优质高效的课堂。综合“双减”政策及教育教学改革要求来看，构建优质高效的课堂有两大关键途径：一是加强教学管理，侧重对教学过程的计划、组织、监督，强调健全教学管理规程，严格执行教学计划，严格按课标教学，加强课程实施日常监督等，避免出现随意增减课时、随意改变教学难度、非零起点教学、提前结课备考、超标教学等现象，造成不必要、不合理的学业负担；二是优化教学方式，侧重教学行为、思维方式、教学活动整体结构①的优化，注重启发式、互动式、探究式教学，开展研究性、项目式、合作式学习，重视差异化教学和个别化指导等，提升学生在校学习效率，促进学生基础知识、基本技能、基本方法的掌握，以及正确价值观、必备品格和关键能力的培养，确保学生达到国家规定的学业质量标准。因此，通过加强教学管理、优化教学方式等举措构建优质高效的课堂，提升课堂教学的有效性，有利于落实教学减负增效，提升各阶段教学活动的质量、效率，确保学生学足学好。

第三节　智能技术发展为教学减负增效带来新动能

教学减负增效是深化基础教育改革、落实“双减”政策的重要举措，但在实践过程中依然面临诸多困境。在课前准备阶段，传统教学存在优质教学资源不足、缺乏精准个性化服务等问题，使得学生课前预习效率不高，教师备课工作费时费力；在课堂教学阶段，受教学环境和教学工具的制约，高效教学方式和教学活动难以有效开展，教学往往浮于形式，学生难以开展有效的自主学习；在课后巩固阶段，则由于缺乏有效教学工具的支持，同质化作业、低效辅导难以实现教学内容的充分强化，传统教学评价难以做到以评促学。总的来说，从教学准备、课堂教学、课后巩固的教学全流程来看，实现教学减负增效仍旧存在诸多问题。智能技术的发展和在教育领域的深度应用，为上述问题的解决提供了新契机，为打造高效课堂、实现教学减负增效带来了新动能。

一、智能技术为教学减负增效提供全方位的支撑与保障

智能技术的不断革新推动教育信息化环境的优化升级，为课堂教学的高

---

① 温恒福：《论教学方式的改变》，载《中国教育学刊》，2002(6)。

效开展提供全方位的支撑与保障，对于教学减负增效意义重大。智能技术支持下的课堂教学环境、智能教学工具、优质教育资源，特别是这些要素的跨时空重组与融合①，赋予了课前准备、课堂教学和课后巩固更多的可能性和更强的灵活性，助力打造智能高效的课堂，推动课堂教学发生深刻变革。

(一)推动教学环境改造升级

课堂教学环境优化升级作为教育信息化建设的重要方面，近年来受到国内各级政府和各类学校的高度重视，是教育教学改革的关键发力点。2017 年 7 月，国务院印发的《新一代人工智能发展规划》明确提出，开展智能校园、智能教学场所建设，推动人工智能在教学、管理、资源建设等全流程应用，包括建立以学习者为中心的教育环境，提供精准推送的教育服务，实现日常教育和终身教育定制化。2018 年 4 月，教育部制定的《教育信息化 2.0 行动计划》提出，要构建智慧学习支持环境，大力推进智能教育，开展以学生为中心的智能化教学环境建设。2019 年 5 月，时任国务院副总理孙春兰在国际人工智能与教育大会上指出，要完善以学习者为中心的智能化教学环境。2020 年 8 月，时任教育部科学技术与信息化司司长雷朝滋在接受专访时指出，要改善提升教育信息化基础设施条件，不断完善泛在交互的智能化教与学环境。② 可见，利用智能技术促进教学环境的智能化升级是当前政策所倡导的发展趋势。

教学环境的智能化推动着教学方式的变革，为师生提供了丰富多样的教学空间。打造智能高效的课堂③，有利于满足多样化的教学需求，提升课堂教学质量和教学效率。智能化的教学环境具有空间交融、数据联通、人机协同、虚实结合等特点，可以从以下四个方面助推课堂教学提质增效。①教学空间无缝交融，丰富学生学习体验。优化升级的教学空间，能够有效促进线上线下融合教育的发展④⑤，这使得学生的学习效果不再受限于当下课堂中预设的教学内容、授课教师的知识储备和教学安排，而是在开放的学习环境中获得

---

① 杨现民、赵瑞斌：《智能技术生态驱动未来教育发展》，载《现代远程教育研究》，2021(2)。

② 《一场史无前例的社会实践——专访教育部科技司司长雷朝滋》，https://baijiahao.baidu.com/s?id=1673909446008865219&wfr=spider&for=pc，2022-8-3。

③ 刘邦奇、吴晓如：《智慧课堂——新理念、新模式、新实践》，69 页，北京，北京师范大学出版社，2019。

④ 钟晓流、宋述强、胡敏等：《第四次教育革命视域中的智慧教育生态构建》，载《远程教育杂志》，2015(4)。

⑤ 杨俊锋、施高俊、庄榕霞等：《5G+智慧教育：基于智能技术的教育变革》，载《中国电化教育》，2021(4)。

更加丰富的学习体验，从而取得更为理想的教学效果。②教学数据互联互通，实现数据驱动的精准教学。智能教学环境下，教学数据的采集、传输、分析覆盖教学全要素、贯穿教学全过程，真正意义上实现教育大数据积累，从而根据教学需求提供数据支持和即时反馈，提升教学精准性和适切性。③教学过程人机交互，提升学生课堂参与度。智能感知技术赋能下的教学空间可以实现人机自然交互，支持“人—机—物”的深度融合和动态创生[①]，帮助教师高效组织并开展教学活动，有效激发学生兴趣，提升课堂参与度，实现教学效果最优化。④教学场景虚实结合，创设深度学习情境。智能呈现的教学场景能够实现高效的沉浸式教学，虚拟仿真的教学场景能够增强师生在教学过程中的真实体验感，使师生沉浸于智能技术创设的深度学习情境中，提升课堂教学有效性。

（二）推动教学资源升级优化

教育教学资源的升级优化是推进教育信息化变革的重点任务，对于提升教学质量有着重要意义。2021年1月，教育部等五部门联合印发的《关于大力加强中小学线上教育教学资源建设与应用的意见》，强调要积极探索利用智能技术，加强平台体系建设，实现高质量教学资源开发并充分利用数字教育资源，有序推进技术与教育教学深度融合，着力推动教育教学变革。2021年7月，教育部等六部门发布《关于推进教育新型基础设施建设构建高质量教育支撑体系的指导意见》，明确提出要将数字资源新型基础设施作为重点建设方向，利用新一代信息技术开发数字教育资源，优化资源供给服务。

随着数字化教育资源建设的不断深入，教育资源在技术的支持下逐步实现了体系化供给与管理，资源形态和内容呈现数字化、智能化、个性化趋势。教育资源的升级优化是智能技术与教育教学深度融合的重要方面，更是落实提质增效目标的有力保障。利用智能技术对教学资源进行升级优化是解决当前优质教育资源稀缺、师生对资源的个性化需求难以满足等众多问题的有效途径。技术助力资源升级、促进提质增效主要体现在以下两个方面。①丰富教学资源形态，满足多样化的资源需求。在智能技术的支持下教育资源建设不断升级，数字化教育资源类型逐渐丰富，涌现出多种创新的形态[②]，教育资源建设呈现多元化的态势。全息影像、立体视频、三维模型等资源新形态成

① 杨现民、赵瑞斌：《智能技术生态驱动未来教育发展》，载《现代远程教育研究》，2021(2)。
② 杨现民、赵瑞斌：《智能技术生态驱动未来教育发展》，载《现代远程教育研究》，2021(2)。

为传统资源的有益补充，有效激发学生学习兴趣，提升课堂教学效果，满足师生在多样化教学场景下的资源需求。②实现教学资源内容定制生成，满足个性化学习的需求。教学资源内容智能化生成将成为发展趋势，在资源的适切生成、敏捷迭代等方面不断完善。智能技术的应用使教育资源建设突破了传统的人工建构的方式，转向规模化定制生成和智能化迭代更新，在一定程度上解决了优质教育资源供求失衡问题，有利于优质资源的持续建设和更新，从而为师生提供适切性高、适用于不同教学场景、满足个性化学习需求的定制化资源，实现课堂教学提质增效。

（三）推动教学工具创新应用

近年来，国家政策多次强调要应用智能教学工具促进教育教学变革，改进教学方式。《教育信息化 2.0 行动计划》明确提出，要加强智能教学助手、教育机器人、智能学伴等关键技术的研究与应用，推进技术与教学的深度融合，实现常态化应用，达成全方位创新。2019 年 3 月，教育部发布《关于实施全国中小学教师信息技术应用能力提升工程 2.0 的意见》，提出要帮助教育者形成智能化教育意识，掌握智能化教育工具，提升解决教育教学问题的能力。

智能技术的发展变革不断催生更加智能化的教学工具[①]，为教学方式的创新提供重要手段。智能教学工具可以覆盖教学活动全要素、全过程，动态响应师生需求，实现教学活动的个性化导向、精准化定制和高效化开展[②]，具体体现在以下三个方面。①教学工具的个性化精准服务，可以实现学校规模化教育下的个性化和差异化教学服务。利用智能教学系统、学习监测平台等教学工具提供的问题诊断、学情分析、教学监测、个性化推荐等智能教学服务，教师可以做到有针对性的授课、讲解和辅导，实现分层教学、差异化教学等满足学生个性化需求的教学方式，有效提升教学效率。②教学工具的高效管理服务，可以辅助教师进行教务管理，提升教务工作效率。利用智能教学工具辅助教师开展智能排课、课堂行为管理、智能签到打卡等教务工作，能够帮助教师集中精力于课堂教学本身，优化师生的教学体验。③交互工具的深度应用，可以充分调动学生的课堂积极性，发挥学生的主观能动性。智能助

---

① 赵瑞斌、杨现民、张燕玲等：《“5G+AI”技术场域中的教学形态创新及关键问题分析》，载《远程教育杂志》，2021(2)。

② 赵瑞斌、杨现民、张燕玲等：《“5G+AI”技术场域中的教学形态创新及关键问题分析》，载《远程教育杂志》，2021(2)。

教、教育机器人、智能学伴等智能教学工具在教学过程中的深度参与能够有效激发学生学习兴趣，促进学生主动参与学习，赋予其认识自我、认识世界的方法和能力，促进其知识的构建和思维的发展。①

二、智能技术赋能是教学减负增效的必然趋势

智能技术赋能使得课堂教学发生革命性变化，构建智能高效的课堂，正成为教学减负增效的必然趋势。在智能教学环境、资源、工具的支撑和保障下，课前准备、课堂教学和课后巩固将逐步实现减负增效，帮助教师提升教学效率，促进学生实现全面、个性化发展。

（一）有助于课前准备减负增效

课前准备是指教师与学生在课前进行的教与学的准备活动，是教学实践的重要一环，极大程度上影响着课堂教学实施的质量和效果。传统课堂的课前准备往往以教师的备课为主要教学活动，难以体现学生的主体性。教师依据主观经验开展教学目标制定、教学资源组织等教学准备，往往会存在诸多问题。例如，教学内容针对性不足，难以满足学生学习需求或游离于学生最近发展区之外；教学资源的选取和组织不符合教学目标和学生学情；等等。只有正确理解教学减负增效的内涵，在教学准备时准确把握教育理念，充分发挥师生双方的主观能动性，才能有效解决诸多教学问题。② 智能技术的应用为课前准备带来了更多的可能性。对于教师而言，丰富多样且具有个性化和生成性特点，能够持续更新、智能升级的教育资源和服务可以支持教师精准地进行学情分析和教学资源组织，并根据资源和教学需求进行高效的教学活动设计，为提高教学效率、提升教学效果打下坚实基础。对于学生而言，学生成为课前准备的重要主体，主要体现在利用智能技术进行课前预习。学生通过在智能学习系统上学习教师推送的预习资源，完成预习任务，系统会将预习情况同步给教师，助力教师开展学情分析。智能技术支持下的课前预习既能够发挥学生的学习自主性，使其在课前充分了解教学内容，又能够帮助教师实现对学生学情的精准把握，学生知识接受度更高，获得的学习体验更好，进而实现课堂教学效果的显著提升。

---

① 谢幼如、邱艺、刘亚纯：《人工智能赋能课堂变革的探究》，载《中国电化教育》，2021(9)。

② 谢南燕：《“双减”背景下如何实现学生学业减负增效?》，载《中国德育》，2021(22)。

（二）有助于课堂教学减负增效

课堂教学主要关注课内的教学活动实施，是教师直接帮助学生系统掌握知识、发展核心素养的主要阶段，更是提升教学有效性、保证教学质量的关键环节。近年来，国家教育教学改革政策非常重视推动技术在课堂教学中的应用和融合。《关于"智慧教育示范区"建设项目推荐遴选工作的通知》明确指出，要聚焦课堂改革，推进技术与教育教学的深度融合，变革教与学方式，注重创设符合学生认知、激发学习兴趣、支持知识建构过程、促进思维发展的课堂，丰富教学内容，提高教与学的效率，减轻师生负担。传统课堂教学往往受制于教学环境和工具，可以采用的教学手段和方法有限，在深度互动、动态生成、情境创设等方面无法取得良好效果，存在学生课堂自主学习缺失、难以调动学生学习兴趣，启发式、互动式、探究式等新型教学方式开展困难等诸多问题，难以实现课堂教学减负增效。智能技术支持课堂教学实施主要通过泛在智能的教学环境支撑和个性化的教学工具深度应用，提升课堂教学的针对性、互动性和生成性，实现教学减负增效。一方面，保障课堂的动态生成和灵活开展。智能教学环境可以支撑教师灵活地进行智能随堂诊断，通过对学生和教学过程的精准监测和分析来确定学生当下的学习偏好、学习状态和学习需求，并且在课堂管理工具的支持下灵活把握教学节奏，使课堂变得更具吸引力和包容性，促进学生的主动学习和学习机会的最大化。① 另一方面，丰富多样的新型教学方式，有助于提升课堂教学效果。基于智能教学环境的情境创设和动态呈现使得课堂讲授更为生动有趣，借助智能工具能更好地开展探究学习、互动学习、启发教学等新型教学方式，通过人机交互、动态共生可以实现从"以教师为中心"向"以学生为中心"的教学转变，使学生成为知识的主动建构者，发挥学生的主体作用，助推师生在技术的支持下产生深层次多维度的互动，实现知识双向建构和情感共融。

（三）有助于课后巩固减负增效

课后巩固作为课堂的延伸，是开展学习巩固、对课内教学提供有效补充的重要场景。在课后阶段，离开课堂这一重要教学空间，师生无法面对面进行互动交流，作业、辅导、评价的开展受时空限制，智能技术发挥起更加重要的作用。基于智能技术开发的各类教学工具使课后巩固更加高效及时，课

① 黄荣怀、李敏、刘嘉豪：《教育现代化的人工智能价值分析》，载《国家教育行政学院学报》，2021(9)。

上的教学内容在课后得到充分巩固和强化，在减轻学生负担的同时保证学习效果。一是在课后作业方面，智能技术提升了作业设计水平，并有效减轻了教师作业批改的负担。教师通过智能化作业设计与管理工具，优化作业设计与管理流程，动态采集学习全过程数据，满足个性化作业设计与控制作业总量和时长的需求，保证作业设计的质量，避免机械化重复的低效作业。学生提交作业后，教师利用智能批改工具实现习题自动批改、自动评分、问题诊断反馈等智能化作业评测和分析，减轻作业批改负担，同时对学生的知识掌握情况有了更全面细致的了解。① 二是在课后辅导方面，智能辅导工具为学生提供个性化课后辅导。② 教师可以充分利用智能技术分析教学问题、答疑解惑，实现精准纠错、精准辅导，保证教学效率，巩固学生学习效果。基于智能技术所实现的智能辅导系统、教育机器人等工具可以充当学生的学习助手、智能学伴，承担课后辅导的角色，为学生提供答疑、引导、推荐、问答等智能服务，对于增强学习兴趣、激发学习动机、提高学习效果有重要作用。③ 三是在教学质量评价方面，利用智能技术可以实现教师教学、学生学习的全过程监测和全数据采集，在课后开展综合性教学质量评价，实现科学有效的诊断追踪，对教学质量进行全面的记录、分析和评测。智能技术赋能下的教学质量评价能够实现评价主体多元化、评价方式多样化，相较于传统的教学评价，更能帮助教师了解教学效果并及时调整教学，帮助学生及时得到学习反馈，激发学习动机，也能为学生未来的发展提供有针对性的建议。

---

① 柯清超、鲍婷婷、林健：《“双减”背景下数字教育资源的供给与服务创新》，载《中国电化教育》，2022(1)。

② 刘邦奇：《“互联网＋”时代智慧课堂教学设计与实施策略研究》，载《中国电化教育》，2016(10)。

③ 李振、周东岱、王勇：《“人工智能＋”视域下的教育知识图谱：内涵，技术框架与应用研究》，载《远程教育杂志》，2019(4)。

第二章　基本依据与总体框架

智能时代背景下，探索构建智能高效课堂为基础教育阶段学生学业减负和教师教学提质增效带来新的机遇。充分发挥智能技术优势助力教学减负增效，首先需要明确智能技术对减负增效的作用机理和基本路径。本章从理论和技术两个方面详细分析了智能技术助力教学减负增效的基本依据，在此基础上聚焦课堂教学主场景，提出了智能技术助力教学减负增效的基本思路和分析框架。

第一节　教学减负增效何以可能：理论依据

教学减负增效不仅在各类教育政策中有明确要求，而且在教育学和心理学等领域也有坚实的理论基础。有效教学理论阐释了有效教学的特征，并为提升课堂教学有效性提供了具体的路径指导；认知负荷理论厘清了负担的分类和来源，并为智能技术赋能科学减负、提质增效提供了理论依据和指导；信息技术与课程整合理论为促进信息技术与学科教学深度融合，助力教学过程优化和减负增效提供了理论参考。

一、有效教学理论

教学减负增效的一个重要内容就是提升教学有效性，有效教学是寻求教学效益的活动。[①] 有效教学理论揭示了怎样的教学才是有效的，并从有效的教学准备、有效的教学实施、有效的教学评价等途径为减负增效提供了理论支撑。

(一)内涵与特征

有效教学作为专有名词进入研究视野始于 20 世纪上半叶。20 世纪以前，

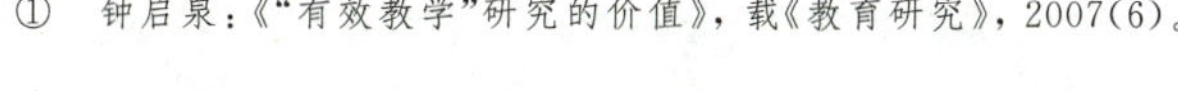

① 钟启泉：《“有效教学”研究的价值》，载《教育研究》，2007(6)。

西方教育理论中占主导地位的教学观是“教学是一门艺术”；20世纪上半叶，西方兴起教学科学化运动，特别是在受美国实用主义哲学和行为主义心理学影响的教学效能核定运动后，有效教学的概念在英语教育文献中频繁出现。[①]人们意识到，教学不仅是一门艺术，也是一门科学，哲学、社会学、心理学等学科可以为教学研究提供理论基础和研究方法。关于有效教学的内涵，国外一直没有统一的概念界定，但大体上有三种取向[②]：①教学目标取向，强调评价教学有效性的标准是预期教学目标的达成情况；②教学行为取向，强调从教师的教学行为来评价教学的有效性；③学生成就取向，强调以学生的成就或发展来判断教学的有效性，认为有效教学能有效地促进学生的各方面发展，如学生学业成绩的提高、基础知识和基本技能的掌握、批判性思维能力的提高、终身学习观念的树立等。尽管取向不同，但对有效教学的实质与核心的认识存在一定的共识，即有效教学是通过有效的教学准备、有效的教学实施、有效的教学评价来促进学生学习与发展的教学。[③] 国内对有效教学的内涵理解主要基于学者崔允漷和钟启泉的研究。他们的核心观点是：有效教学的核心问题是教学的效益，即什么样的教学是有效的；“教学”是指教师引起、维持或促进学生学习的所有行为，其逻辑必要条件包括引起学生学习的意向、指明学生要达到的学习目标和需要学习的内容、采用学生容易理解的教学方式；“有效”是指学生在经过教师一段时间的教学后所获得的具体的进步或发展，学生有没有进步或发展是衡量教学有没有效益的唯一指标。[④]

有效教学作为一种现代教学理念，旨在提高教师的工作效益、强化教学过程评价和目标管理。有效教学理念不仅仅是一种意识和信念，也是一种具体的行动。在有效教学理念的引领下，有效教学呈现以下特征：关注学生进步或发展、关注教学效益、关注可测性或量化、关注教学反思、关注学生参与、关注有效教学策略[⑤](详见表 2-1)。

---

① 崔允漷：《有效教学：理念与策略(上)》，载《人民教育》，2001(6)。

② 张亚星、胡咏梅：《国外有效教学研究回顾及启示》，载《课程·教材·教法》，2014(12)。

③ 陈晓端、Stephen Keith：《当代西方有效教学研究的系统考察与启示》，载《比较教育研究》，2005(8)。

④ 崔允漷：《有效教学：理念与策略(上)》，载《人民教育》，2001(6)。

⑤ 钟启泉、崔允漷、张华：《为了中华民族的复兴 为了每位学生的发展——〈基础教育课程改革纲要(试行)〉解读》，224～225页，上海，华东师范大学出版社，2001。

表 2-1　有效教学的特征

关注点	主要内容
关注学生进步或发展	·学生的发展指全面的发展，而不是某一学科或某一方面的发展。 ·教师要有“对象”意识，必须确立学生的主体地位，要关注全体学生。
关注教学效益	·教学效益并不取决于教师教了多少内容，而是取决于单位时间内对学生的学习结果与学习过程进行综合考虑后的结果。 ·教师要有时间与效益的观念。
关注可测性或量化	·教学目标尽可能明确与具体。 ·科学地对待定量与定性、过程与结果的结合，全面反映学生的学业成就与教师的工作表现。
关注教学反思	·反思内容：什么样的教学是有效的？我的教学有效吗？有没有更有效的教学？ ·教师要反思自己的日常教学行为。
关注学生参与	·学生参与是有效教学的核心。 ·学生需要广泛参与教学活动，具体包括行为参与、认知参与、情感参与。
关注有效教学策略	·教学按活动进程分为准备、实施与评价三个阶段，每个阶段都有一系列策略。 ·教师需要掌握有关的策略性知识，对自己面对的具体情境做出策略和选择，不要求教师掌握每一项技能。

（二）对教学减负增效的启示

有效教学理论对教学减负增效的启示主要体现在构建有效、高效的课堂，提升课堂教学的有效性，助力实现课堂提质增效。提升课堂教学有效性是有效教学理论关注的核心，要求将课堂作为一个整体来考虑，同时也要聚焦课堂的不同要素和环节①，提升教学准备、教学实施、教学评价等环节的有效性。

1. 教学准备要兼顾目标、内容、教法的有效性

有效的教学目标是实现教学减负增效的前提与保证。② 教师要研究课程标

① 王阳、沈忱：《课堂空间改造与思政理论课课堂有效性研究——基于信息嵌入的视角》，载《化工高等教育》，2021(6)。

② 钟启泉、崔允漷、张华：《为了中华民族的复兴 为了每位学生的发展——〈基础教育课程改革纲要(试行)〉解读》，225～226 页，上海，华东师范大学出版社，2001。

准规定的课程目标和内容标准，把握学生的学习实际，设计科学、具体的教学目标，并以此指导教学的规划、实践与评价。有效的教学内容要求精炼且蕴含学生必须具备的核心素养，教师需要在教学准备环节选择最重要的知识内容，对知识点进行详细的分析与总结，并加以整合提炼，根据学生的实际接受能力，适度编排教学的章节内容，为构建简约有效的课堂教学做好基础。有效的教学方法是实现有效教学的必要条件。① 教师在教学准备阶段，要根据教学内容、教学环境、学生学情等不同情况，灵活、恰当地设计和选择教学方法，以更好地调动学生学习的积极性，指导学生通过学习获得进步和发展。

2. 教学实施要提升教学行为和管理行为的有效性

教师在教学实施中的行为包括教学行为和管理行为。② 教学行为的选择，主要以教学目标、内容、学生准备程度、时间和教师自身素养等为依据，教师应该根据自身的特点，尽可能发挥自身优势。在方式选择上，教师应合理运用讲授、讨论、小组活动、探究学习、角色扮演、案例分析和写作等教学方式，并注意尽可能让全体学生参与各个环节；在语言组织上，教师的语言需要准确、清晰、简练，语言表达强调重点、有逻辑性；在时间分配上，教师要根据学习任务难度合理分配教学时间，进行教学时要注意对时间的调控。有效的管理行为为教学的顺利进行创造条件，为单位时间的效益提供保障。③ 在进行课堂管理时，一方面，教师面对各类突发性教学难题，需要多方考虑、全面把握、找准原因，选择合适的管理行为，如言语提醒、适度暂停教学活动等；另一方面，教师还需要掌握一定的干预性管理策略，如创设良好的课堂教学环境、建立课堂教学规则等，预防教学实施过程中问题的发生。

3. 教学评价要注重学生发展和改善教学

有效的教学评价是实现有效教学的途径，也是推进有效教学的必然要求。教学评价包括学生学业成就评价和课堂教学评价。④ 学生学业成就评价是根据一定标准，对学生学习结果进行价值判断的活动，有效的学生学业成就评价

---

① 刘文娟、李如密：《教学有效性因素分析及优化策略》，载《教育科学论坛》，2009(1)。

② 钟启泉、崔允漷、张华：《为了中华民族的复兴 为了每位学生的发展——〈基础教育课程改革纲要(试行)〉解读》，224～225页，上海，华东师范大学出版社，2001。

③ 钟启泉、崔允漷、张华：《为了中华民族的复兴 为了每位学生的发展——〈基础教育课程改革纲要(试行)〉解读》，216～222页，上海，华东师范大学出版社，2001。

④ 钟启泉、崔允漷、张华：《为了中华民族的复兴 为了每位学生的发展——〈基础教育课程改革纲要(试行)〉解读》，228～230页，上海，华东师范大学出版社，2001。

要能够判断教学是否有利于学生的发展。[1] 在进行学生学业成就评价时，一方面，要树立正确的学生学业成就评价观，既关注学生学业成就，也关注学生学业成就背后的相关因素，如学生的学校归属感、师生关系、教师的教学方式、学生的付出等；另一方面，在实施评价过程中，不但要关注学生获得知识的方式，更要关注其是否理解了学科思想方法。课堂教学评价强调在真实的课堂教学情境中，观察教师的课堂教学表现，收集与教师教学相关的多种信息进行分析，为改进课堂教学提供依据。[2] 在进行课堂教学评价时，一方面，教师必须树立正确的评价理念，根据课堂教学的目标和任务，制定和运用相应的标准和指标，运用科学的方法收集各种信息和资料，对课堂教学的效率、效果、效益等进行全面、客观、公正的评价；另一方面，教师在进行评价时，既要关注课堂上显性的东西，如课堂氛围、学生互动等，更要关注教学的内涵，如学生认知过程的发展、教学内容及目标的落实、学生的收获等。

二、认知负荷理论

认知负荷理论是一个对教学具有重要指导作用的心理学理论。认知负荷理论强调有效的教学应该做到减负增效，教师进行教学设计时应当充分考虑教材特点与学生认知水平及其交互作用，合理选择教学内容和任务难度，优化教学内容呈现方式，激发学生主观能动性，促进学生集中认知资源进行意义认知活动。

（一）内涵与特征

认知负荷是指认知主体在信息加工过程中所需要的认知资源的总量。[3] 认知负荷理论最早于1988年由澳大利亚认知心理学家约翰·斯韦尔(John Sweller)基于工作记忆的局限性提出，以米勒(Miller)等人的脑力负荷(或心理负荷)的诸多研究成果及其他认知心理学相关研究为基础而形成。认知心理学家认为，人类的记忆包括工作记忆和长时记忆。工作记忆容量有限，是信息加工的主要场所。长时记忆的存储容量几乎无限，它是学习的中心。知识只有

① 崔允漷：《有效教学》，247～248页，上海，华东师范大学出版社，2009。

② 崔允漷：《有效教学》，257页，上海，华东师范大学出版社，2009。

③ John Sweller, "Cognitive Load during Problem Solving: Effects on Learning," *Cognitive Science*, 1988(12), pp. 257-285.

以图式的形式进入长时记忆储存，才有可能发生持久有意义的学习。长时记忆所存储的信息必须提到工作记忆中才能被处理。认知负荷理论的理论基础主要是资源有限理论、图式理论和建构主义理论。资源有限理论认为，人的认知资源是有限的，在同一时间进行不同活动时，资源需要在这些活动之间按照此多彼少的原则进行分配。图式理论认为，知识以图式的形式存储于长时记忆中，图式可以根据具体的学习情境，对接收到的信息进行快速的自动化加工，这一过程不占用工作记忆容量，能够弥补工作记忆容量的不足，降低记忆负担。建构主义理论认为，学习是个体从原有知识经验出发，将新经验纳入原有经验进行重组或变更的认知过程，只有当新知识与学习者已有知识发生相互作用时，学习才能发生。

面对既定的认知任务，个体产生的认知负荷主要来源于以下三个方面。①学习材料各元素间的关联程度。一般来说，元素间的关联度越高，给个体带来的认知负荷就越高。②学习材料的呈现方式。相同材料的不同呈现方式给个体带来的认知负荷程度不同。③学习者已有的知识经验。如果学习者在学习时已拥有相关的图式并且能高度自动化，即学习者拥有相关知识经验并且可以迅速自动提取，就可以减少工作记忆中加工信息的数量，从而降低学习过程中的认知负荷。[①]

根据认知负荷的来源以及认知负荷是否能帮助图式建构和自动化，学界将认知负荷分为以下三类。①内部认知负荷，由学习材料难度决定，受个体已有知识经验影响，一般来说具有固定性。[②] ②外部认知负荷，由对学习没有直接贡献的认知活动引起，受信息组织与呈现方式影响，一般来说是可变的。[③] ③相关认知负荷，也称关联认知负荷，如果学习任务带来的认知负荷较低，个体还有额外的认知资源投入图式的建构与自动化，这种非必要但有利于图式建构和自动化的认知负荷就是相关认知负荷。相关认知负荷受教学设

---

① Nadine Marcus, Martin Cooper, John Sweller, et al. "Understanding Instructions," *Journal of Educational Psychology*, 1996, 88(1), p. 49.

② John Sweller, Jeroen J. G. van Merrienboer and Fred G. W. C. Paas, "Cognitive Architecture and Instructional Design," *Educational Psychology Review*, 1998, 10(3), pp. 251-296.

③ Fred G. W. C. Pass, Alexander Renkl and John Sweller, "Cognitive Load Theory and Instructional Design: Recent Developments," *Educational Psychologist*, 2003, 38(1), pp. 1-4.

计影响，可通过人为操控来调整。①

认知负荷具有以下特征。①三类认知负荷具有可加性，内部认知负荷＋外部认知负荷＋相关认知负荷＝认知负荷总量。② 认知负荷总量决定了信息加工所必要的认知资源的多少，而个人的认知资源是有限的，只有将认知负荷总量控制在工作记忆能承载的范围之内，有效学习或意义学习才会发生，总量超过个体工作记忆的总体承载力，会造成个体认知负荷超载，从而使个体学习陷入困境或导致学习失败。②认知负荷并非总是不利于个体学习，若没有与学习相关的认知加工过程，工作记忆没有一定的负荷，则意义学习不会发生。因此，需要区别对待以上三类认知负荷：内部认知负荷应当根据个体知识经验水平适当控制，而非一直降低；外部认知负荷是一种无效负荷，应当尽可能降低；相关认知负荷是一种有效负荷，应当尽可能增加。

（二）对教学减负增效的启示

认知负荷理论为教学提供了一定的指导原则，具体体现在认知负荷的教学效应中。结合信息技术尤其是智能技术的应用，可以从以下三个方面来优化学生的认知负荷、改善学习效果。

1. 充分考虑教材特点与学生认知水平，控制内部认知负荷

与内部认知负荷相关的教学效应包括分离关联元素效应、指导渐减效应、专长逆反效应等。分离关联元素效应指以分离的方式逐次呈现具有关联性的信息元素，比一次性呈现更能促进学习，该效应更适用于知识经验相对缺乏的学生。③ 指导渐减效应指随着学生知识经验的增加，通过逐步减少问题解决指导，提高问题解决要求，训练学生省出认知资源应对逐步提高的要求，可以提升学生问题解决的水平。④ 专长逆反效应指教学方法的有效性会随学习者知识经验的增长产生逆转，若将对低知识经验水平者有效的教学方法用于高

---

① John Sweller, Jeroen J. G. van Merrienboer and Fred G. W. C. Paas, "Cognitive Architecture and Instructional Design," *Educational Psychology Review*, 1998, 10(3), pp. 251-296.

② John Sweller, *Implications of Cognitive Load Theory for Multi Media Learning*, Lodon, Cambridge University, 2005, pp. 19-30.

③ Paul Blayney, Slava Kalyuga and John Sweller, "Interactions Between the Isolated - interactive Elements Effect and Levels of Learner Expertise: Experimental Evidence from an Accountancy Class," *Instructional Science*, 2010, 38(3), pp. 277-287.

④ Alexander Renkl and Robert K. Atkinson, "Structuring the Transition from Example Study to Problem Solving in Cognitive Skills Acquisition: A Cognitive Load Perspective," *Educational Psychologist*, 2003, 38 (1), pp. 15-22.

知识经验水平者，则高知识经验水平者需要加工该教学方法带来的冗余信息，导致认知负荷增加。[①②] 基于上述教学效应，教师在教学中要充分考虑教材特点、学生知识经验水平及二者相互作用，做到因材施教。教学环境的设置、媒体技术的应用、教学策略的选择都应以学生的特征和需求为依据，而智能技术可以辅助教师对学生的知识经验水平和知识薄弱环节进行判断、分析，帮助教师掌握每一位学生的学习情况，从而选择更加科学合理且个性化的教学策略，促进教师差异化教学。

2. 优化教学内容呈现方式，降低外部认知负荷

与外部认知负荷相关的教学效应包括样例效应、通道效应、冗余效应等。样例效应指在处理复杂学习任务时，向学习者提供已解答的样例，能减少学生因试错而消耗的认知资源，降低外部认知负荷，有效提升学生问题解决水平。[③] 通道效应指工作记忆对视觉信息和听觉信息的加工通道是相分离的。在学习过程中单纯使用一种信息加工通道会使另一种通道闲置，综合利用多种信息加工通道可以提高工作记忆使用容量，提升学习效果。[④] 冗余效应指若一种信息呈现方式足以使学习者理解时，采用多种方式同时呈现这些信息，反而需要学习者消耗更多认知资源来加工多余信息，导致外部认知负荷增加，学习质量降低。[⑤] 基于上述教学效应，教师需要根据学习内容选择合适的教学样例，合理利用信息呈现方式，优化教学内容呈现形式，充分调动学生的听觉和视觉通道对信息进行加工，同时尽量避免冗余信息。在智能技术的支持下，教师可以利用多种形式的资源支持教学活动的开展。例如，利用虚拟仿真资源可以为学习者构建"真实"的教学情境，一方面可以实现教学内容的形象化、可视化，加强与真实世界的关联，降低学习难度，帮助学生进行体验

---

① Slava Kalyuga, *The Cambridge Handbook of Multimedia Learning: Prior Knowledge Principle in Multimedia Learning*, London, Cambridge University, 2005, pp. 325-338.

② Slava Kalyuga, Paul Ayres, Paul Chandler, et al. "The Expertise Reversal Effect," *Educational Psychologist*, 2003, 38(1), pp. 23-31.

③ John Sweller, Jeroen J. G. van Merrienboer, Fred G. W. C. Paas, et al. "Cognitive Architecture and Instructional Design," *Educational Psychology Review*, 1998, 10(3), pp. 251-296.

④ Richard E. Mayer, *Principles for Reducing Extraneous Processing in Multimedia Learning: Coherence, Signaling, Redundancy, Spatial Contiguity, and Temporal Contiguity Principles*, Lodon, Cambridge University, 2005, pp. 325-338.

⑤ Richard E. Mayer, *Principles for Reducing Extraneous Processing in Multimedia Learning: Coherence, Signaling, Redundancy, Spatial Contiguity, and Temporal Contiguity Principles*, Lodon, Cambridge University, 2005, pp. 325-338.

学习，促进学生知识的内化；另一方面能综合调动学生的多感官通道，降低无效负荷，帮助学生增强工作记忆的信息加工能力，提升学习效果。

3. 激发学生主观能动性，增加相关认知负荷

与相关认知负荷有关的教学效应包括变式效应、自我解释效应等。变式效应指在问题解决的练习中，问题情境的多变性可以促进知识迁移的产生，有助于图式建构和自动化。① 自我解释效应指学习者对新的程序或概念进行自我解释，这种行为可以引导学习者利用认知资源处理相关的交互元素，从而在减少外部认知负荷的同时，增加相关认知负荷。② 基于上述教学效应，教师在教学过程中需要变换问题情境，激发学生的主观能动性，引导学生识别问题和解答方法的共性特征；引导学生进行知识的拓展和迁移，对那些已掌握知识关联的概念或程序做出自己的解释。例如，智能技术可以帮助教师精准分析学生对知识的掌握情况，并为教师自动推送适合学生当前知识水平的习题，实现基于知识点的相似题推荐，帮助学生丰富问题情境，促进学生举一反三，加深对知识的掌握程度。在探究学习过程中，智能技术能够对学生的学习过程进行监测，自适应地为学生推送适切的资源，引导学生在新旧知识间建立联系，促进知识迁移。

三、信息技术与课程整合理论

信息技术与课程整合理论是教育信息化的核心理论。③ 信息技术与课程整合理论深入阐述分析了整合的目标、内涵、方法等，能够支撑信息技术与课程的深层次整合，以实现教育教学过程优化和教学质量提高，为如何有效利用信息技术助力教学减负增效提供了理论参考。

（一）内涵与特征

“信息技术与课程整合”这一概念最早源自西方“课程整合”概念。关于信息技术与课程整合的内涵，学者们从对信息技术认识的不同角度给出了不同

① Jill Quilici and Richard E. Mayer, “Role of Examples in How Students Learn to Categorize Statistics Word Problems,” *Journal of Educational Psychology*, 1996, 88(1), pp. 144-161.

② Mitchell J. Nathan, “Learning through Self-Explanation of Mathematics Examples: Effects of Cognitive Load,” *Achievement Gains*, 1994(9), pp. 1-8.

③ 何克抗：《教育信息化发展新阶段的观念更新与理论思考》，载《课程·教材·教法》，2016(2)。

的定义，综合起来主要有以下三种视角。①② ①工具观。此观点产生于信息技术初步发展阶段，主张将信息技术作为教师的教学工具、学生的认知工具、重要的教材形态以及主要的教学媒体，主要代表学者为南国农先生。②方式观。此观点认为信息技术与课程整合是通过有机结合课程中的各种资源进而实现课程教学目标的一种教学方式，主要代表学者为李克东教授。③环境观。此观点强调通过发挥技术的作用营造新型的教学环境，是一种集技术、人、课程、教学为一体的深度整合观，主要代表学者为何克抗教授。何克抗教授团队基于对美国信息技术与课程整合理论与实践的分析，结合中国实际国情，开创性地提出了具有中国特色的信息技术与课程整合理论。在此基础上，通过多年来在各级各类学校从事信息技术与课程整合的理论与实践探索，团队进一步优化形成了信息技术与课程深层次整合理论。当前，何克抗教授对于信息技术与课程整合的内涵理解和界定得到了广泛的认可。他认为，信息技术与学科课程深层次整合是通过将信息技术有效地融合于各学科的教学过程来营造一种信息化教学环境，实现一种既能发挥教师主导作用又能充分体现学生主体地位的以“自主、探究、合作”为特征的新型教与学方式，从而把学生的主动性、积极性、创造性较充分地发挥出来，使传统的以教师为中心的课堂教学结构发生根本性变革——由教师为中心的教学结构转变为“主导—主体相结合”的教学结构。③

信息技术与课程整合理论作为信息化教学的核心理论，能够支持中小学各个学科深化教学改革，大幅提升各学科教学质量与学生综合素质。④ 具体来说，信息技术与课程整合包含三种基本属性特征：营造信息化教学环境、实现新型教与学方式、变革传统课堂教学结构(详见表 2-2)。⑤

---

① 蔡宝来：《信息技术与课程整合研究进展及未来走向》，载《课程·教材·教法》，2018(8)。

② 孙立会、王晓倩：《智能时代下信息技术与课程整合的解蔽与重塑——课程论视角》，载《河北师范大学学报(教育科学版)》，2020(4)。

③ 何克抗：《如何实现信息技术与学科教学的“深度融合”》，载《教育研究》，2017(10)。

④ 何克抗：《大力倡导与推行“中国特色信息化教学创新理论”》，载《中国教育科学(中英文)》，2020(1)。

⑤ 何克抗：《如何实现信息技术与学科教学的“深度融合”》，载《教育研究》，2017(10)。

表 2-2　信息技术与课程整合的三种基本属性

基本属性	主要内容
营造信息化教学环境	建构能够支持真实的情境创设、启发思考、信息获取、资源共享、多重交互、自主探究、协作学习等多方面要求的新型教与学方式的教学环境。
实现新型教与学方式	在课堂上实现以"自主、探究、合作"为主的新型教与学方式，是每一节"信息技术与课程整合"课所采取的具体措施。
变革传统课堂教学结构	将教师主宰课堂的"教师为中心"的传统教学结构，改变为既充分发挥教师主导作用，又能充分体现学生主体地位的"主导—主体相结合"的教学结构，通过变革传统教学结构从而使创新人才培养的目标真正落到实处。

（二）对教学减负增效的启示

信息技术与课程整合理论为通过信息技术支持教学减负增效提供了一定的指导思想与实施原则，旨在通过信息化教学环境的营造来支持新型教与学方式，助力实现传统课堂教学结构变革，最终达到学科教学质量和学生能力素质提升的目标。在该理论指导下，可以从学习情境、教学结构、教学模式、教学资源四个方面实践信息技术与课程深层次整合的路径与方法。

1. 创设多样化的学习情境，支持学习者的知识建构

信息技术与课程整合理论强调以先进的教育理论作为指导，其中建构主义理论是指导整合实践的重要理论支持，强调学习是学习者自主建构知识意义的过程，强调知识的动态性和复杂性，强调学习的建构性、社会性和情境性，通过提供有效的引导、支持和环境促使学习者对知识形成真正的、深层的、灵活的理解和迁移。① 因此，教师可以利用丰富的信息技术和信息资源为学生创设多样化的学习情境，如创设故事情境、问题情境、模拟实验情境、协作情境等，促进学习者对知识的理解和建构。② 具体而言，教师可以通过各种信息技术和信息资源创设故事情境，将教学内容以"故事"的形式展现给学生，促进学生对知识的理解和建构；可以通过引入真实案例等多种途径创设问题情境，通过多媒体手段来提高问题的感染力和冲击力，引导学生多角度、多方位地对情境内容进行分析、比较和综合，进而建构新的认知结构；可以利用信息技术模拟实验情境，创设与主题相关、真实的实验条件和实验环境，

① 何克抗、吴娟：《信息技术与课程整合》，31～32 页，北京，高等教育出版社，2007。

② 王寅龙、李前进、李志祥等：《信息化教学设计的过程、方法及评价要点探究》，载《中国教育信息化》，2011(6)。

供学生观察、操纵、建构其中的对象，使他们获得体验或有所发现；可以利用计算机支持协作学习工具等创设协作情境，支持学生进行同伴互教、小组讨论、小组练习、小组课题等合作性学习活动，促进学生对学习主题的意义建构和理解深化。

2. 围绕新型教学结构的创建进行整合，充分发挥四个要素作用

课堂教学结构是教学系统四个要素（教师、学生、教学内容与教学媒体）相互联系、相互作用的具体体现。信息技术与课程整合要求教师紧紧围绕“新型教学结构”的创建这一中心来整合，这就要求教师在进行课程整合过程中要综合考虑教学系统四个要素的地位与作用①，不能将其异化为纯粹技术手段的运用与操作。具体而言，对于教师，要由课堂教学的主宰者和知识的灌输者，转变为课堂教学的组织者、指导者，学生建构意义的帮助者、促进者，学生良好情操的培育者。基于此，可以开展基于智能技术的学情分析、资源推荐、学习规划、智能答疑、作业批阅、技能测评、教学管理等活动，更多地体现教师的主导性。② 对于学生，要由知识灌输的对象和外部刺激的被动接受者，转变为信息加工的主体、知识意义的主动建构者和情感体验与内化的主体。基于此，可以为学生提供多种认知探究工具，支持学生的主动探索、主动发现和问题解决，提高学生把知识运用于解决具体问题的能力，更多体现学生的主体性。对于教学内容，要由单纯依赖一本教材，转变为以教材为主，并有丰富的信息化教学资源（如学科专题网站、资源库、案例库等）配套支持。基于此，可以合理地采用文本、图形、图像、动画、声音、视频及三维模型等多媒体形式和超链接的结构形式对知识进行结构化、动态化、形象化的表示。③ 也可以利用高清视频、全息影像、二维虚拟模型以及三维打印制品等新型智能教学资源实现更全面的知识表征，更有效地促进认知。④ 对于教学媒体，要由辅助教师突破重点、难点的形象化教学工具，转变为既能辅助教师“教”，又能促进学生自主“学”的工具。基于此，可以将技术作为认知工具或思维工具促进学生对所学知识进行重构表达、迁移应用等，如概念图、思维

---

① 何克抗：《信息技术与学科教学“深度融合”的路径与实现方法》，载《中小学数字化教学》，2018(2)。

② 郭炯、郝建江：《智能时代的教师角色定位及素养框架》，载《中国电化教育》，2021(6)。

③ 刘奇、田治兰：《基于信息技术与课程整合的课堂教学变革》，载《中国教育信息化》，2010(14)。

④ 赵瑞斌、杨现民、张燕玲等：《“5G＋AI”技术场域中的教学形态创新及关键问题分析》，载《远程教育杂志》，2021(2)。

导图、知识网络等智能学习工具能够呈现信息、为学习者提供脚手架等。①

3. 结合学科特点，建构有效实现深层次整合的新型教学模式

新型教学结构的创建要通过新的教学模式来实现，且不同学科和教学单元所适用的教学模式不同，需要结合各自学科的特点，综合考虑教学内容性质、学习者特征、教师自身特点等，并通过信息技术与课程的深层次整合去创建新型的、能体现“主导—主体相结合”教学结构的教学模式。② 教师可以尝试通过探究性模式、专题研究性模式和创新思维教学模式等实现信息技术与课程深层次整合。③ 其中，探究性模式是满足各学科常规课堂教学需要的、最有效也是最常用的课内整合模式之一。④ 教师需要在这一过程中利用信息技术构建情境化学习环境，提供有关的探究工具(如几何画板、建模软件、仿真实验系统等)和相关的教学资源支持，帮助学生融入探究主题，指导学生对当前教学内容中的主要知识点进行自主学习、深入探究以及小组合作交流。专题研究性模式是指通过对社会生活中的某个真实问题的研究和解决，培养学生综合运用所学知识解决实际问题能力的一种学习方式，可用于文史类、综合实践类等学科教学中。教师需要利用智能技术来创设问题情境，激发学生的研究兴趣，监控小组学习活动进程，提供协作、问题解决的工具等。创新思维教学模式适用于培养学生的创新思维能力。例如，利用智能技术实现嵌入式 STEAM⑤ 教育与编程教育，学生可使用虚拟机器人进行在线编程和再设计，还可通过实体机器人进行智能演绎，促进综合实践与创新能力的培养。⑥

4. 合理运用学科教学资源，优化技术支持的学科教学方式

要改变传统的课堂教学结构，除了需要有效的教学模式以外，还应开发出相关学科的丰富学习资源，提供支持学生的自主学习、自主探究、协作交

---

① 赵国庆、段艳艳、赵晓玉等:《面向智慧学习的认知工具与思维工具》，载《现代远程教育研究》，2022(3)。

② 何克抗:《信息技术与课程深层次整合的理论与方法(下)》，载《中小学信息技术教育》，2005(3)。

③ 何克抗:《信息技术与课程深层次整合的理论与方法(下)》，载《中小学信息技术教育》，2005(3)。

④ 何克抗、吴娟:《信息技术与课程整合的教学模式研究之三——“探究性”教学模式》，载《现代教育技术》，2008(9)。

⑤ STEAM 代表科学(science)、技术(technology)、工程(engineering)、艺术(art)、数学(mathematics)。

⑥ 柳晨晨、宛平、王佑镁等:《智能机器人及其教学应用：创新意蕴与现实挑战》，载《远程教育杂志》，2020(2)。

流、情感体验与内化的工具。① 因此，教师在学科教学中应合理地运用相应的学科教学资源和工具，充分满足教学展示、互动、反馈等方面需求，实现学科教学方式的优化，支撑新型教学模式的实践应用。例如，对于数学学科，几何画板、GeoGebra 等数学学科工具，能够实现便捷的几何图形绘制，支持3D 建模、图形的动态演变，可以高效辅助课堂教学；对于自然科学类学科而言，教师应更多地向学生提供建模软件、仿真实验、制表工具、虚拟现实(Virtual Reality，VR)/增强现实(Augmented Reality，AR)软件以及交互性课件等，支持探究性实践学习活动的开展；对于人文与社会科学类学科来说，教师可以为学生搜集各种扩展阅读材料(涉及相关论文、专著、调研报告和实际案例等)，支持学生开展专题研究性学习。

第二节　教学减负增效何以可为：技术支持

以人工智能、大数据为代表的智能技术为教育带来了革命性的影响，不仅改变了教与学方式，更推动了教育观念更新、模式变革和体系重构。② 智能技术与教育教学的融合是促进教学工作高效创新发展，切实提高学校教学质量，减轻学生学业负担的内在需要，也是促使教育更好地适应未来社会学习需求的必然选择。③

一、助力教学减负增效的智能技术概述

智能技术是泛指一切能够促使计算机系统获得“智能”的技术，它的应用使得计算机系统获得了与人类类似的认知、推理和行动能力。④ 根据定义，人工智能、大数据、云计算、物联网等新兴技术都属于智能技术，近年来它们不断在特定领域中创新应用并取得重要突破，进而将智能技术的整体发展水平提升到了新的高度。语音识别、文本识别、视频识别等感知领域的技术进步显著，识别效果达到或超过人类平均水平，成为引领新一轮科技革命与产

---

① 何克抗：《信息技术与学科教学“深度融合”的路径与实现方法》，载《中小学数字化教学》，2018(2)。

② 《教育信息化 2.0 行动计划》，http://www.moe.gov.cn/srcsite/A16/s3342/201804/t20180425_334188.html，2022-07-21。

③ 赵瑞斌、杨现民、张燕玲等：《“5G+AI”技术场域中的教学形态创新及关键问题分析》，载《远程教育杂志》，2021(2)。

④ 刘邦奇、吴晓如：《中国智能教育发展报告》，46～48 页，北京，人民教育出版社，2019。

业变革的战略性技术。深度学习算法模型在快速地迭代，更多复杂的模式识别难题得以攻克，推动机器翻译、自然语言理解、个性化推荐等技术的突破。① 大数据架构正从传统的非关系型数据库、数据仓库，向“数据湖”“湖仓一体”的方向演变发展，适应了数据量和数据类型快速增长的要求，实现了可在不同的业务场景中发挥技术基础设施的作用。② 云计算正向边缘计算快速迈进，使得计算资源能够下沉到靠近用户和数据源的网络边缘，帮助用户在终端数量急剧增长时也能获得高质量的服务。同时，云计算资源与边缘计算资源在部署架构上不断融合，逐渐呈现出云、网、边、端一体化的发展态势。③

智能技术的快速发展，又进一步强化了智能技术与教育场景结合的广度与深度。从国家层面来看，《教育信息化 2.0 行动计划》中提出的“三通两平台”建设，其中国家中小学智慧教育平台、国家智慧教育公共服务平台等国家级平台已在 2022 年 3 月上线试运行，汇聚优质资源、提供高质量的公益性服务、打造教育数据大脑、实现数据驱动的教育治理已成必然趋势。④ 从区域层面来看，智慧教育云平台、教育资源云平台、教育大数据平台等一系列具有区域统领性的项目在不断地从政府规划到建设落地，不仅推动了教育数据、资源和服务的统一，而且促进了人工智能、云计算及超级计算资源的共享、整合与赋能。⑤ 从学校层面来看，智慧校园建设推动了校园基础设施的升级，5G 与校园物联网的结合，实现了伴随式的校园数据采集；教室的数字化改造，使得即时互动、远程协同、全程辅助和智能评估成为可能；智慧课堂的建设，加速了教与学模式的变革，涌现出一大批智能技术与教学活动融合的新模式，如基于人工智能技术综合应用的探究式、个性化学习，基于虚拟现实、增强现实及扩展现实技术的沉浸式、体验式教学，以及基于 5G 的远端多点协作式教学。⑥ 从家庭学习层面来看，综合使用了知识图谱、智能评测、智能推荐等技术的智能学习机类产品，实现了“能对学情做分析”“能对学习做推

---

① 《人工智能发展报告 2011—2020》，https：//www.dx2025.com/archives/161514.html，2022-07-13。

② 《中国大数据分析行业研究报告》，http：//zgdsj.org.cn/news/13353.cshtml，2022-07-13。

③ 《2021—2022 年中国云计算行业发展报告》，https：//www.iimedia.cn/c400/84311.html，2022-07-13。

④ 杨宗凯：《教育的全面数字化转型已成必然趋势》，载《中国青年报》，2022-04-11。

⑤ 《上海市教育信息化 2.0 行动计划（2018—2022）》，https：//edu.sh.gov.cn/xxgk2_zhzw_ghjh_01/20201015/v2-0015-gw_3022018002.html，2022-07-13。

⑥ 《上海市教育数字化转型实施方案（2021—2023）》，https：//edu.sh.gov.cn/xwzx_bsxw/20211110/9a48015bacfe4af1a4eb131abef5585b.html，2022-07-13。

荐”“能对语言做提升”以及“能以成效促信心”，正在快速地应用与普及。

智能技术已成为教育变革的重要推动力量，正在深刻地影响着教育的方方面面。当前，“双减”是国家解决义务教育阶段学生作业负担和校外培训负担过重问题的重要教育政策，“减负增效”也是全社会的共识。智能技术必然要为“双减”政策的落地、“减负增效”的达成提供有力的技术支撑。事实上，智能技术正在各个具体场景中帮助师生减负和教学提质增效。一方面，利用智能技术开发的教学服务应用，让机器完成重复性工作，缓解教与学过程中的重负问题；另一方面，对传统教学流程进行优化和创新，发挥技术的优势和特性，提升课堂教学的有效性，改善教与学过程中的低效问题。

总之，智能技术助力教学减负增效不仅具有逻辑上的必然性，而且具有实践上的可行性。从教学减负增效的需求出发，研究、梳理和构建智能技术框架体系意义重大。

二、助力教学减负增效的智能技术总体框架

智能技术是人工智能、大数据等一系列技术的集合，在以教学减负增效为主题的场景应用中，可利用的智能技术也呈现出丰富性、多样性和层次性的特点。围绕教学减负增效主题，对智能技术体系进行系统梳理，有助于产、学、研不同领域的用户更便捷地找到针对实际问题的技术解决方案。这里重点从直接面向教学减负增效场景应用的技术服务层入手，结合当前的技术研究进展，在“智能教育关键技术平台参考框架”①的基础上，进一步提出了“助力教学减负增效的智能技术总体框架”(以下简称“框架”)，如图 2-1 所示。

框架自下而上共包括基础层、技术层和服务层三个层级。基础层描述了智能技术体系的软、硬件工作环境，它由硬件设施、计算框架、数据设施和网络通信等子系统构成，并为技术层和服务层提供统一的存储、计算、建模和通信能力。技术层描述了从数据获取到信息加工与知识建构，最后到智能输出的技术工作流程，对人工智能与大数据技术的通用过程进行了刻画，包括智能感知、认知计算、大数据分析与挖掘等领域内的热门技术点。服务层描述了智能技术体系是如何从内容和技术两大要素的角度为教育场景提供支撑的。内容服务包含了知识中心、资源中心和数据中心三个部分，而技术服

① 刘邦奇、吴晓如：《中国智能教育发展报告》，53～55 页，北京，人民教育出版社，2019。

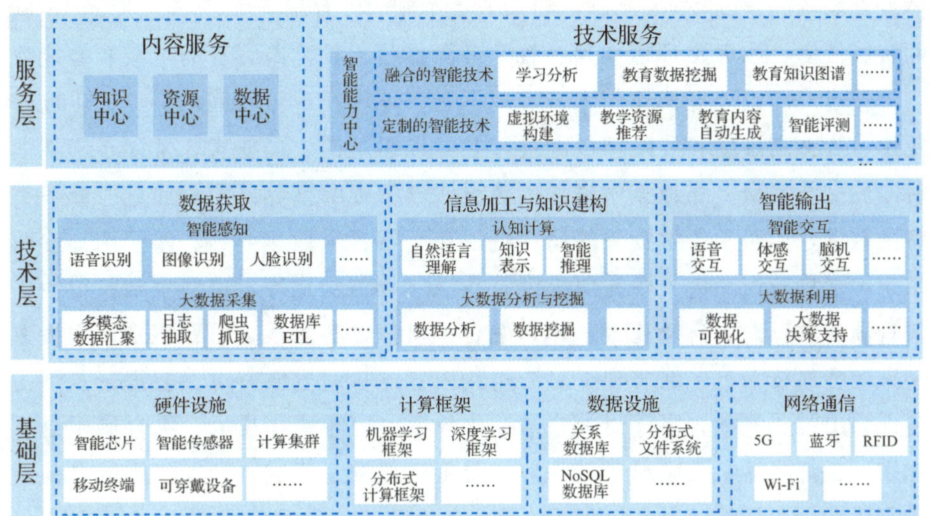

图 2-1　助力教学减负增效的智能技术总体框架

务由智能能力中心统一提供。智能能力中心根据技术与教学减负增效场景的耦合程度不同，提供了两大类技术服务，分别为融合的智能技术与定制的智能技术。融合的智能技术是指与教育业务进行融合，可以解决智能教育领域中的普遍问题的技术。① 常见的技术包括学习分析、教育数据挖掘和教育知识图谱等。学习分析是在计算机科学、统计学、心理学和学习科学等多学科知识的基础上②，利用各类技术方法对数据进行分析与检测，以实现对教育现象的解释和教育规律的发现。与之相对的是教育数据挖掘，它先从大量的数据中提取隐含在其中的、人们事先不知道的、但又是潜在有用的信息和知识③，再借助理论解读数据挖掘的结果。教育知识图谱利用了特定的数据结构，以描述知识与知识之间的关系，并有效组织各学科的知识体系，为精准教学、个性化学习提供基本依据。④ 定制的智能技术是指结合具体场景需要，解决具

① 刘邦奇、聂小林：《走向智能时代的因材施教》，76～79 页，北京，北京师范大学出版社，2021。

② Liñán Laura Calvet and Ángel Alejandro Juan Pérez, "Educational Data Mining and Learning Analytics: Differences, Similarities, And Time Evolution," *International Journal of Educational Technology in Higher Education*, 2015(12), pp. 98-112.

③ 张锋军：《大数据技术研究综述》，载《通信技术》，2014(11)。

④ 李振、周东岱、王勇：《"人工智能+"视域下的教育知识图谱：内涵、技术框架与应用研究》，载《远程教育杂志》，2019(4)。

体教育场景问题的技术。[①] 以减负增效为主题的教育场景中，广泛使用了定制的智能技术，如虚拟环境构建、教学资源推荐、教育内容自动生成和智能评测等技术。虚拟环境构建技术，实现了真实环境在虚拟空间的还原，可以避免学习者在高难度和危险环境下进行学习训练时产生的伤害，常用于虚拟学科实验室与新型多媒体教学资源的建设。教学资源推荐技术，通过匹配各类特征数据，如匹配教学资源的属性特征和学习者个性化参数、匹配认知诊断结果和学科知识图谱、匹配历史记录和学习状态变化等，为师生推荐个性化的资源。教育内容自动生成技术，融合了自然语言生成、语音识别、虚拟数字人等多项技术，局部实现了对结构化内容的自动生成，可大幅提升教师的备课、出题、答疑、写评语等教学工作效率。智能测评技术，综合运用语音识别、教育测量学及学科类知识，实现了口试题、笔试题和操作题的自动评分与反馈，在日常练习、学业考试及社会化考试中应用广泛。

三、助力教学减负增效的关键技术服务

由于产业发展和技术的突破，当人工智能、大数据等智能技术结合领域知识，解决某类具体问题的时候，往往会开辟出一种新的技术应用领域。比如，将图像识别、语义理解、情感分析等人工智能技术与物联网、5G 等通信技术相结合，形成了学习分析技术。再如，将情境感知、5G 与扩展现实等技术相结合，形成了虚拟环境构建技术。虽然这些技术应用领域可能涉及相同的技术，但无论是解决问题的出发点，还是前期的研究基础和现有的应用成果均有较大的差异。在此主要梳理教育领域支持减负增效的关键技术服务。

（一）学习分析

首届“学习分析技术与知识国际会议”上将学习分析定义为：通过测量、收集、分析和报告有关学习者及其学习情境的数据集，以理解和优化学习及其发生情境。[②] 美国高等教育信息化协会将学习分析定义为：使用数据和模型预测学生收获和行为，具备处理这些信息的能力。[③] 近年来，随着各类可穿戴传感器、物联网、人工智能技术的发展和大数据计算能力的提升，为多种模态

---

① 刘邦奇、聂小林：《走向智能时代的因材施教》，76～79 页，北京，北京师范大学出版社，2021。

② 徐鹏、王以宁、刘艳华等：《大数据视角分析学习变革——美国〈通过教育数据挖掘和学习分析促进教与学〉报告解读及启示》，载《远程教育杂志》，2013(6)。

③ 吴永和、陈丹、马晓玲等：《学习分析：教育信息化的新浪潮》，载《远程教育杂志》，2013(4)。

数据的便捷采集与融合分析提供了必要的技术支撑，开启了学习分析领域一轮新的变革。借助语音、视频、生理、眼动跟踪和数字化日志等多模态信息之间的互补性，可以实现对复杂环境下的学习行为的客观理解与深刻洞察[①]，并广泛运用于认知诊断、情感计算、情境感知、交互分析等领域[②]。

为进一步厘清多模态学生数据如何融合，辅助有效学习反馈和教师决策，进而实现减负增效，参考丹尼尔·米特里(Daniele Mitri)[③]、尚卡尔(Shankar)[④]和张琪[⑤]等国内外学者的观点，我们将学习分析技术分为以下流程。①数据收集。借助摄像机、传感器、系统平台、麦克风、调查问卷、眼动仪、脑电仪等收集学习者及其学习场景数据，存储不同格式的数据流以生成数据集。②数据注释。以自动、半自动或人工的方式对数据集及其属性进行注释，将学习者的外显行为与情感状态、认知状态、活动绩效、社交状态、技能发展等方面的学习标签关联起来。③数据清洗与同步。根据需要删除无效及缺失数据，组建同一名学生不同模态信息之间的对应关系。④数据重组。根据专家规则对数据集进行转换、结构化和汇总，输出结构化组织的数据集。⑤数据融合。融合分析各模态的数据，从而利用不同模态数据的互补机制，生成具有连贯性、对齐性与互证性的证据图景。⑥数据分析与可视化。分析融合之后的多模态数据集，围绕学习者学习参与、学习表现和学习过程，输出可视化分析报告并突出显示关键发现，以便教师与管理者做出下一步决策(详见表2-3)。

---

① 汪维富、毛美娟:《多模态学习分析：理解与评价真实学习的新路向》，载《电化教育研究》，2021(2)。

② 王一岩、王杨春晓、郑永和:《多模态学习分析："多模态"驱动的智能教育研究新趋向》，载《中国电化教育》，2021(3)。

③ Daniele Di Mitri, Jan Schneider, Marcus Specht, et al. "From Signals to Knowledge: A Conceptual Model for Multimodal Learning Analytics," *Journal of Computer Assisted Learning*, 2018, 34(4), pp. 338-349.

④ Shashi Kant Shankar, Adolfo Ruiz-Calleja, Sergio Serrano-Iglesias, et al. "A Data Value Chain to Model the Processing of Multimodal Evidence in Authentic Learning Scenarios," *CEUR Workshop Proceedings*, 2019.

⑤ 张琪、李福华、孙基男:《多模态学习分析：走向计算教育时代的学习分析学》，载《中国电化教育》，2020(9)。

表 2-3　学习分析的主要流程与关键技术说明

流程	关键技术说明
数据收集	采集学习者行为及环境数据，并将其转换为多种形式的数据流进行存储，生成数据集。该阶段常见的数据采集方式和数据类型包括： 1. 文本：通过自报告、数据库抽取、光学文字识别(OCR)和数位笔等途径收集浏览记录、文本内容、书写笔迹等信息。 2. 语音：通过语音识别技术提取学生的语音内容和韵律特征。 3. 姿态：由摄像头、肌电传感器等捕获躯干位移、手势和上肢动作数据。 4. 面部表情：借助计算机视觉和情感计算技术对面部表情进行收集识别。① 5. 眼动：通过眼动仪收集眼跳路径、眼跳次数等数据。 6. 生理信号：使用脑电图、心电图、皮肤电反应、血容脉冲、光学体积描记、呼吸量测定等技术测量大脑、心脏、皮肤与呼吸系统的生理体征数据。 7. 环境数据：通过 GPS 日志、各类传感器收集位置、光线、温度等学习环境数据。
数据注释	对数据集中可解释的属性进行注释，丰富低语义多模态行为数据。在该过程中，机器或人类专家结合学习理论为不可观测的学习状态分配适当的学习标签，建立起学习者外显行为特征与内隐行为潜能间的关联关系。②
数据清洗与同步	清洗数据集，建立同一实例来自不同平台、不同模态信息的对应关系，比如图像的语义分割、姿态和眼动数据的对齐等。常用的方法有以下两种。 1. 通过测量不同模态中组件的相似性实现的无监督对齐法。 2. 基于注意力机制的“编码器—解码器”、卷积神经网络等深度学习算法的显式对齐法。
数据重组	根据教师或研究人员提供的相应规则处理非结构化数据集，包括数据转换、结构化和汇总等步骤，并从中提取有效特征。
数据融合	融合不同模态的数据，使模型能更真实地表征全局特征、提高系统预测的稳健性，融合的策略可以分为以下三种。③ 1. 数据级融合：将多个模态的数据融合成一个单一的特征矩阵，然后输入机器学习的分类器中进行训练。 2. 特征级融合：将不同的模态数据先转化为高维特征表达，然后利用不同模态数据在高维空间上的共性特征选取适当的位置进行融合。

① 孙波、刘永娜、陈玖冰等：《智慧学习环境中基于面部表情的情感分析》，载《现代远程教育研究》，2015(2)。

② 刘清堂、李小娟、谢魁等：《多模态学习分析实证研究的发展与展望》，载《电化教育研究》，2022(1)。

③ 王一岩、郑永和：《多模态数据融合：破解智能教育关键问题的核心驱动力》，载《现代远程教育研究》，2022(2)。

续表

流程	关键技术说明
数据融合	3. 决策级融合：对不同模态的数据分别选取适合的分类器进行训练，并对每种模态分类器输出的标签值进行打分之后融合。
数据分析与可视化	使用统计函数、机器学习算法等对数据集进行预测、聚类、关系挖掘等探索分析，并将分析结果以可视化的方式呈现给教师。

近年来，学习分析呈现多模态数据感知与融合的特点，涵盖数据范围进一步扩展到学习体征数据、人机交互数据、学习资源数据和学习情境数据，解决了单一模态数据难以准确揭示和刻画学习规律的问题。学习分析对于教学减负增效的具体作用体现在以下三个方面。①更全面的数据刻画能力。借助可穿戴传感器的便携性优势，学习分析将学生的学习活动、身体运动、生理数据、数字化日志和自我报告数据相结合，丰富了用于表征学习者的数据类型，从而增强了对学习者真实表现的数据刻画能力，提升教育评价的全面性。②更具适应性的实时反馈。学习分析可以代替传统纸笔支持的标准化测量方式，实时收集学生学习中产生的过程性数据，利用机器学习算法进行自动化的数据分析，并提供连续、实时的分析结果反馈，可以帮助教师理解、改进正在或将要发生的学生学习行为，有助于实现开放学习环境中的规模化形成性评价和个性化反馈。③更细致入微的学习状态分析。联合特征学习和跨模态关系建模，学习分析可以有效利用多模态数据与学习状态对应关系，从对学习时间、资源使用、社交互动、学习测评等外显行为的分析，转向对学生情感、认知、自我调节、复杂问题解决等内在学习机理问题的分析。①

（二）教育数据挖掘

教育数据挖掘是数据挖掘技术在教育领域的深度应用，旨在通过挖掘教育数据，分析隐藏于其中的信息，从而帮助师生解决教育中的实际问题，发挥教育数据的价值。在智能教育环境中，学习资源、师生行为数据不断积累形成的教育大数据亟待有效的挖掘方式，以发现数据背后的潜在模式和规律，支持智能教育的创新发展。

教育数据挖掘通常包括数据预处理、数据挖掘分析以及解释与评估三个阶段。根据应用场景和具体解决的问题不同，主要划分为以下几类挖掘方法

① 车智佳：《多模态学习分析：学习分析研究新生长点》，载《电化教育研究》，2020(5)。

（详见表 2-4）。①分类算法。通过训练得到分类模型，将对象划分到已知的具体类别中，实现类别预测。②回归算法。用于解决具体教育预测问题，通过训练得到回归模型，给出输入特征数据在连续范围内的回归预测值结果。③聚类算法。将未标记的样本自动划分为多个类簇，用以发现和分析具有相似特征的实例。④关系挖掘。通过关联规则、社会网络分析等不同的关系挖掘方法分析教育数据之间的关联情况，反映事物之间的相互依存性和关联性。⑤过程挖掘。以教育事件为研究对象，从教育系统的事件日志记录中提取相关过程，进行分析与可视化呈现，用以揭示教学活动规律、优化教育实践。⑥文本挖掘。可对互动评论、学习反馈、教学材料或社交媒体等不同来源的教育文本数据进行分析，抽取可用的信息和知识。⑦知识追踪。通过对不同学科知识的不确定性和关联性进行建模，跟踪学生知识学习轨迹，挖掘学生的动态知识掌握水平和认知结构。[①]

表 2-4　教育数据挖掘的主要类别与关键技术说明[②③]

类别	关键技术说明
分类算法	通过对已有数据集的学习，得到参数训练成熟的分类模型，使得需要预测的样本每个属性集在该模型中的映射能得到固定类别（离散）的预测结果，常用算法包括支持向量机、决策树分类、深度神经网络分类等，可用于教学问题诊断、学习风格分类等。
回归算法	通过对已有数据集的学习，得到参数训练成熟的回归模型，使得需要预测的样本每个属性集在该模型中的映射能得到具体数值（连续）预测结果，常用算法包括线性回归、逻辑斯蒂回归、深度神经网络回归等，可用于预测学生学业成绩和学习行为等。
聚类算法	根据特定规则将输入样本划分为多个类簇，通过计算得出类的划分和不同类别间的亲疏程度，同一类簇间的样本紧密联系具有相似性，不同类簇间区别较大。常用算法包括 Kmeans、DBSCAN、BIRCH 聚类等，可用于教学资源管理、分组教学、分层作业布置等。

① 王志锋、熊莎莎、左明章等：《智慧教育视域下的知识追踪：现状、框架及趋势》，载《远程教育杂志》，2021(5)。

② 雷晓锋、杨明：《教育数据挖掘的研究进展与趋势》，载《北京航空航天大学学报（社会科学版）》，2018(4)。

③ 于方、刘延申：《“以用户为中心”的教育数据挖掘应用研究》，载《电化教育研究》，2018(11)。

续表

类别	关键技术说明
关系挖掘	发现数据对象的关联情况，反映一个事物与其他事物之间的相互依存性和关联性，具体包括关联规则、社会网络分析等算法，可用于识别学习者行为模式、挖掘学习过程的一般规律、分析师生互动沟通的结构与关系等。
过程挖掘	提取课程注册行为、教师教学行为、学生学习痕迹、学生考试记录、教学资源使用、教学人员配置等教育过程事件中的有效信息，转化为可直接分析的事件日志。再根据不同场景需求实现事件日志与过程模型之间的信息转换，提炼过程性知识用于指导教育研究与实践。具体算法包括模糊挖掘、启发式挖掘、隐马尔科夫链分析等。① 可以实现对课程内容、持续时间、活动序列等过程性数据的分析，提供教学监测等服务。
文本挖掘	从存储的文本中获取高质量的信息，一般包含内容获取、分词、文本特征提取与表示、特征选择、知识或信息挖掘、具体问题应用等步骤，可用于教育问答系统、文本分类、文本情感识别、教学内容分析等。②
知识追踪	通过跟踪历史学习轨迹，对学习者与学习资源间的学习交互过程进行建模，深入分析、挖掘、追踪学习者的动态知识掌握水平与认知结构，并准确预测学习者未来学习表现，主要可以分为以下三种类型。 1. 概率图模型方法：以贝叶斯知识追踪模型为代表。 2. 参数估计方法：包括基于概率矩阵分解、项目反应理论和因式分解机的知识追踪。 3. 深度学习方法：包括长短期记忆网络、卷积神经网络、贝叶斯神经网络等。③

教育数据挖掘从数据中获取隐藏的模式与信息，为教师提供精准高效的服务，是教学减负增效的重要技术手段，其作用主要体现在以下两个方面。①对教师或学生进行全面建模分析，整合个体特征、行为、心理等多方面数据来源，构建全方位数据模型，反映真实的师生状态和水平。②对教育教学过程进行数据建模，挖掘复杂情境下教学要素之间相互作用的变化和发展规律，生成教育过程模型，用于刻画教学活动轨迹、查找和改进教学问题并指导实践。

---

① 黄琰、赵呈领、赵刚等：《教育过程挖掘智能技术：研究框架、现状与趋势》，载《电化教育研究》，2020(8)。

② 赵卫东、董亮：《机器学习》，134～135页，北京，人民邮电出版社，2018。

③ 王志锋、熊莎莎、左明章等：《智慧教育视域下的知识追踪：现状、框架及趋势》，载《远程教育杂志》，2021(5)。

（三）教育知识图谱

知识图谱的概念最早由谷歌(Google)公司于 2012 年提出，其本质上是一种基于图模型的关联网络知识表达，能够用来描述现实世界中各种实体(概念)及其复杂的语义关系。① 按照知识的覆盖范围，知识图谱可以分为不限领域的知识图谱(通用知识图谱)和限定领域的知识图谱(领域知识图谱)两种。其中，通用知识图谱覆盖范围广，注重横向广度，强调融合更多的实体，通常采用自底向上的构建方式，从开放链接数据中抽取出置信度高的实体，再逐层构建实体与实体之间的联系；领域知识图谱注重纵向深度，具有丰富的实体属性和数据模式，通常采用自顶向下的构建方式，先定义好本体与数据模式，再抽取实体加入知识库。②

教育知识图谱作为领域知识图谱的一种，通过在学科知识点与知识点以及知识点与教学资源之间建立连接语义网络③，从而使学科知识和教学资源处于有序化状态，为人工智能技术支持下的教育应用提供整序的知识服务。④ 相比其他领域知识图谱，教育知识图谱中的结点之间具有复杂的包含关系和顺序关系，同时对数据质量的要求极高，其内容必须准确无误。根据教育领域实践和研究工作的特点，表 2-5 重点参考徐增林⑤、张吉祥⑥、田玲⑦等人对通用知识图谱的研究，梳理出教育知识图谱构建技术中最为重要的流程和子任务，主要包括以下四个流程。①知识抽取。即从庞杂的教育领域知识中自动识别出教育领域的概念、公式、原理，并解决实体语义连接的问题，完成实体识别和关系抽取。②知识融合。即通过实体对齐和实体消歧将同一实体信息进行融合，解决教育领域知识质量良莠不齐、来自不同数据库的知识重复、层次结构缺失等问题。③知识加工，包括知识本体构建和知识推理两大

---

① 李艳燕、张香玲、李新等：《面向智慧教育的学科知识图谱构建与创新应用》，载《电化教育研究》，2019(8)。

② 《面向人工智能“新基建”的知识图谱行业白皮书》，https：//www.iresearch.com.cn/Detail/report?id=3692&isfree=0，2020-11-26。

③ Yuangui Lei，Victoria Uren and Enrico Motta，“Semsearch：A Search Engine for The Semantic Web，” *International Conference on Knowledge Engineering and Knowledge Management*. *Springer*，2006，pp. 238-245.

④ 李振、周东岱：《教育知识图谱的概念模型与构建方法研究》，载《电化教育研究》，2019(8)。

⑤ 徐增林、盛泳潘、贺丽荣等：《知识图谱技术综述》，载《电子科技大学学报》，2016(4)。

⑥ 张吉祥、张祥森、武长旭等：《知识图谱构建技术综述》，载《计算机工程》，2022(3)。

⑦ 田玲、张谨川、张晋豪等：《知识图谱综述——表示、构建、推理与知识超图理论》，载《计算机应用》，2021(8)。

任务。其中，知识本体构建是采用本体构建方法描述知识体系的框架；而知识推理是在已有知识库基础上进一步挖掘隐含的知识，从而丰富、扩展知识库。④知识更新。随时间的推移或新知识的增加，不断迭代更新知识图谱的内容，保障知识的时效性。

表 2-5　教育知识图谱的主要流程与关键技术说明

流程		关键技术说明
知识抽取	实体识别	实体识别是利用计算机自动从海量原始数据中准确提取人物、地点、组织等命名实体信息，它是教育知识图谱构建过程中的基础任务。常用方法如下。 1. 基于规则：通过专家和语言学者制定相应的规则集，将文本等数据与规则集匹配来得到命名实体信息。 2. 基于统计机器学习：利用标注的语料进行模型训练，常用的模型包括最大熵、条件随机场、隐马尔科夫等。 3. 基于深度学习：结合各种神经网络模型变体，形成端到端的、无须人工特征的命名实体识别模型。
	关系抽取	获取实体之间的某种语义关系或关系的类别，自动识别实体对及联系这一对实体的关系所构成的三元组，这样才能将零散的实体联系起来。常用方法大多基于神经网络，包括基于 CNN、基于 RNN、基于注意力机制、基于图卷积网络、基于对抗训练、基于强化学习的关系抽取，以及实体—关系联合抽取。
知识融合	实体对齐	发现不同教育知识图谱中表示相同语义的实体。常用方法如下。 1. 基于传统概率模型：基于属性相似性关系，将实体对齐看作概率分类模型，根据相似度评分选择对齐实体。 2. 基于机器学习：将实体对齐问题看作二分类问题，可分为监督学习和无监督学习。 3. 基于神经网络：基于嵌入的实体对齐将不同的知识图谱表示为低维嵌入，并通过计算实体嵌入间的相似度来进行实体对齐。
	实体消歧	根据给定文本，消除不同文本中实体指称的歧义(即一词多义问题)，将其映射到实体上。根据有无目标知识库划分为： 1. 命名实体聚类消歧：将所有的实体指称与实际的目标实体进行聚类。 2. 命名实体链接消歧：根据文本的上下文信息，将文本中的实体指称链接到候选的实际目标实体列表中。

续表

流程		关键技术说明
知识加工	知识本体构建	构建知识的概念模板，规范化描述指定领域内的概念及概念之间的关系，常用方法如下。 1. 人工法：在大量学科专家协助与指导下，采用人工方式手动构建知识本体。 2. 半自动法：介于人工法和自动法之间，利用技术手段的同时辅以相关学科专家的指导，在减轻专家劳动强度的同时又能提升知识本体构建的准确性。 3. 自动法：利用知识获取技术、机器学习技术以及统计分析技术，从数据资源中自动抽取知识本体。自动构建领域本体的方法有基于文本的自动构建方法、基于词典的自动构建方法及基于本体学习的自动构建方法。
	知识推理	针对知识图谱中已有事实或关系的不完备性，挖掘或推断出未知或隐含的语义关系。常用方法如下。 1. 基于逻辑规则：包括基于逻辑方法、统计方法和图结构的方法。 2. 基于嵌入表示：包括张量分解法、距离模型和语义匹配模型。 3. 基于神经网络：包括卷积神经网络、循环神经网络、图神经网络、深度强化学习。
知识更新		随着时间的推移或新知识的增加，不断迭代更新知识图谱的内容，保障知识的时效性，具体包括以下两个方面。 1. 模式层更新：包括对实体、概念、关系、属性及其类型的增、删、改操作。一般需要人工定义规则表示复杂的约束关系。 2. 数据层更新：新增实体或更新现有实体的关系、属性值等信息，更新对象为具体的知识(如三元组)，一般通过知识图谱构建技术自动完成更新。

教育知识图谱构建可以将教育领域海量且繁杂的大数据整合为一个语义化的知识网络，帮助机器获得教育领域的认知能力和理解能力。使用多维视角理解教育知识图谱对于教学减负增效的具体作用如下。①在资源管理视角下，随着泛在学习环境以及 MOOC①、SPOC②、微课等开放教学资源的出现，知识的获取方式呈现跨端、跨源、跨模态的特性，教育知识图谱将学习

① MOOC，Massive Open Online Courses，大规模开放式网络课程。

② SPOC，Small Private Online Courses，小规模限制性网络课程。

资源进行语义化整合，解决了当前学习资源分散无序、共享困难、关联缺失等严重问题。[①] ②在学习认知视角下，基于知识图谱叠加学习者的知识掌握状态信息，能够形成学习者的认知地图[②]，通过学习者客观的学习过程数据可以精准定位学生当前的知识和能力状况，赋能学习诊断。③在知识导航视角下，基于教育知识图谱的知识结构可视化，已成为智能化教学平台的基本组件。教育知识图谱将相关的学习知识建立联系，能够通过学习者当前学习的知识内容链接到后续相关的学习内容，为学习者推荐一条适合其现有知识水平的个性化学习路径。[③]

（四）虚拟环境构建

情境认知理论反对把知识和环境相脱离，认为知识是情境化的，有意义、高效率的学习需要学习者处于与知识相关的情境之中。虚拟现实技术凭借其沉浸感、交互性和想象性的特点[④]，在构建虚拟教学环境、助推学习体验升级，帮助学生更好地理解知识内容方面有着得天独厚的优势。已有研究表明，为学生营造具有临场感的虚拟教学环境能有效提高学生学习参与度和学习效果。通过打造逼近真实环境的感知体验，虚拟环境构建技术为学生在数字空间中体验真实任务情境，开展自主学习与合作探究创造了条件。

按照技术发展和应用普及情况，可将虚拟环境构建技术的演化过程分为桌面式虚拟现实、沉浸式虚拟现实、扩展现实和元宇宙四个阶段，具体内容如表 2-6 所示。第一阶段的桌面式虚拟现实受限于交互设备和立体视觉、三维建模等技术，其产生的沉浸感较低，学习者需通过计算机屏幕观察虚拟世界，典型案例如基于互联网的三维虚拟世界——第二人生(Second Life)等。第二阶段借助虚拟现实设备和体感设备等硬件终端的升级，发展到沉浸式虚拟现实阶段，支持全沉浸式的虚拟体验，能模拟出真实世界中的视觉、听觉和触觉等效果，并借助计算机、传感器等人机交互手段实现自然交互。第三阶段伴随算力和网络传输速度的大幅提升，出现了扩展现实(Extended Reality,

---

① 李振、周东岱、王勇：《“人工智能+”视域下的教育知识图谱：内涵、技术框架与应用研究》，载《远程教育杂志》，2019(4)。

② 余胜泉、李晓庆：《区域性教育大数据总体架构与应用模型》，载《中国电化教育》，2019(1)。

③ 李艳燕、张香玲、李新等：《面向智慧教育的学科知识图谱构建与创新应用》，载《电化教育研究》，2019(8)。

④ 陈笑浪、刘革平、李姗泽：《基于虚拟现实技术的教育美学实践变革——新情境教学模式创建》，载《西南大学学报(社会科学版)》，2022(1)。

XR)，即虚拟现实、增强现实、混合现实(Mixed Reality，MR)等多种视觉沉浸技术的统称。扩展现实强调虚拟世界与现实世界的融合，学习者既可以将虚拟数字对象叠加到现实世界，又能实现将物理世界的物件引入虚拟世界中①，从而更贴近人类实际观看和情境想象的体验，令学习者忘却怀疑并完全沉浸于人为创建的环境中。第四阶段建立在高速的网络通信能力、极强的数据处理能力、完备的终端服务平台构建等种种条件之上，诞生了虚拟环境构建技术的最新发展阶段——元宇宙。它为教师、学生、管理者等相关者创建数字身份，在虚拟世界中开拓正式与非正式的教学场所，并允许师生在虚拟的教学场所进行互动。②

表 2-6　虚拟环境构建的不同阶段与关键技术说明

阶段	关键技术说明
桌面式虚拟现实	通过文字、图片、视频等呈现形式建立虚拟世界，学习者需要通过电脑屏幕或投影等显示设备观察虚拟世界。
沉浸式虚拟现实	通过 VR 头显装置和体感设备(如数据手套、力矩球、触觉反馈装备、定位追踪设备和操作杆等)将虚拟世界中产生的视觉、听觉、触觉刺激转化为真实的感官体验，带来沉浸式的虚拟世界体验。涉及的关键技术包括融合立体显示技术、场景建模技术和自然交互技术等③。
扩展现实	通过空间扫描建模、空间定位追踪、全身动作捕捉、眼动追踪、手部追踪和面部追踪等前沿技术的集成，提升当前计算环境的维度和感知体验，旨在创造一个虚拟和现实完全交融的世界。涉及的关键技术包括近眼显示技术、感知交互技术、网络传输技术、渲染计算技术、云内容制作与分发等。④
元宇宙	通过深度整合扩展现实、数字孪生、区块链、云计算、物联网和人工智能等多种技术，将真实的物理世界在虚拟世界中实现数字化重造，建立完全虚拟化的平行世界。从技术视角看，元宇宙是前三个阶段技术的升级迭代和综合应用，功能更加丰富全面，但当前应用场景尚不成熟，未来有望出现更多的产品和应用。

① 褚乐阳、陈卫东、谭悦等：《重塑体验：扩展现实(XR)技术及其教育应用展望——兼论“教育与新技术融合”的走向》，载《远程教育杂志》，2019(1)。

② 华子荀、黄慕雄：《教育元宇宙的教学场域架构、关键技术与实验研究》，载《现代远程教育研究》，2021(6)。

③ 高媛、刘德建、黄真真等：《虚拟现实技术促进学习的核心要素及其挑战》，载《电化教育研究》，2016(10)。

④ 《元宇宙系列白皮书——未来已来：全球 XR 产业洞察》，https：//www2. deloitte. com/cn/zh/pages/technology-media-and-telecommunications/articles/metaverse-whitepaper. html，2020-04-18。

虚拟环境构建技术促进了多样化的教学内容呈现方式，同时允许学习者和各种虚拟对象进行复杂且多元的交互，为情境化教学的有效落实、学习者对知识的强化理解、知识迁移和应用能力的提高、促进有意义的知识建构提供了重要技术支撑。具体而言，虚拟环境构建技术对于教学减负增效的作用体现在以下三个方面。①调动学生学习的积极性。“身临其境”的虚拟环境给予了学习者高度的自主权，让学习者可以选择不同的学习方式开展自主学习，如跨时空的课堂学习、高仿真的观察学习、沉浸式的游戏化学习等[①]，有效激发学习者的学习兴趣与参与度。②打造感知沉浸的教学空间。头戴式显示器、耳机、数据手套等终端设备极大地丰富了知识的表征形态，让学生能够进入教师预先创设或选择的特定教学情境中学习知识，将枯燥的知识点变得生动，提高学生理解知识的效率。③提升教学交互体验。借助脑机接口、肌电传感、触觉反馈、眼球追踪与环境理解等感知交互技术，学习者可以充分调动身体感觉运动系统与环境世界进行具身交互，进行置身情境的参与式学习[②]，提高学习效率。

（五）教学资源推荐

教学资源推荐技术通过推荐合适的教学资源，辅助师生开展教学活动。随着智能技术的快速发展，教学资源不断实现资源形式拓展和内容扩充，师生如何在海量的教学资源中获取适切的资源成为迫切需要解决的问题。在此背景下，通过资源服务体系平台进行适性生成、应用共享，并向用户进行精准推送，教学资源推荐技术能够实现规模化教育过程中的个性化资源供给与服务，形成灵活、智能、适切的资源供给渠道，满足师生的资源获取需求。

根据推荐算法的不同，可以将教学资源推荐技术分为以下五类。①基于内容的资源推荐。通过比较教育资源的属性特征与学习者对于资源的偏好，推荐适切的教育资源。②基于协同过滤的资源推荐。基于师生对教育资源的评分，构建“用户—用户”相似度矩阵或“资源—资源”相似度矩阵，通过比较寻找最相似的教师、学习者或教育资源，从而实现资源推荐。③基于知识的资源推荐。通过教育资源领域知识建模和关联向学习者推荐教育资源。④基于会话的资源推荐。依赖长期的学习者—资源交互历史数据，将会话作为推

① 钟正、王俊、吴砥等：《教育元宇宙的应用潜力与典型场景探析》，载《开放教育研究》，2022(1)。

② 刘革平、王星、高楠等：《从虚拟现实到元宇宙：在线教育的新方向》，载《现代远程教育研究》，2021(6)。

荐的基本单元，充分考虑会话状态内的学习者和教育资源状态变化来推荐资源。⑤混合资源推荐。将多种资源推荐算法结合以解决单一推荐算法的问题和缺陷，提升资源推荐结果的准确度和适切性(详见表 2-7)。

表 2-7　教学资源推荐的主要类别与关键技术说明①

类别	关键技术说明
基于内容的资源推荐	通过对教学资源和学习者做属性特征匹配进行资源推荐。首先通过特征选择模型或人工规则定义等方式对教学资源的潜在特征进行提取和表示，再结合学习风格模型、学习者理解水平等学习领域的知识背景判定学习者偏好，最后将两者相互关联找到适合学习者、满足学习者偏好的教学资源。
基于协同过滤的资源推荐	通过师生对教学资源的评分构建相似矩阵进行资源推荐，可分为基于项目的协同过滤和基于用户的协同过滤。前者根据师生对不同教学资源的偏好评分来发现资源与资源之间的相似度，进行相似资源的推荐；后者根据师生的使用偏好或者资源的使用频率，找到和目标师生相似的使用人群，从相似用户的使用记录中产生推荐。②③ 其中，k 近邻是协同过滤推荐的典型算法，通常采用余弦距离、杰卡德系数、曼哈顿距离等指标进行相似度计算。
基于知识的资源推荐	将学习者和教学资源的有关知识综合考虑，需要依靠专家对领域知识的主观构建进行教学资源的存储、表示与关联，基于领域知识如学科知识图谱进行资源推荐，使得推荐算法具有良好的可解释性。
基于会话的资源推荐	考虑到用户会话中的行为更能体现实际状态，基于会话的推荐方法将有限范围内(一次会话)的用户行为进行建模用于提升推荐质量，如将用户会话过程中查看资源的历史记录、学生答题记录形成的认知诊断结果等作为算法输入进行资源推荐。
混合资源推荐	混合资源推荐利用多种推荐方法协同合作以提高推荐准确度或缓解单一推荐方法可能出现的矩阵稀疏、冷启动等问题。该方法具有灵活性，可以通过调整涉及的下级推荐方法，或者优化混合策略来提升推荐的质量。

① 吴正洋、汤庸、刘海：《个性化学习推荐研究综述》，载《计算机科学与探索》，2022(1)。
② 李保强、吴笛：《基于知识关联的学习资源混合协同过滤推荐研究》，载《电化教育研究》，2016(6)。
③ 刘旭东、张明亮：《个性化 E-learning 学习资料推荐系统设计与实现》，载《中国成人教育》，2013(10)。

教学资源推荐技术应用于教学减负增效主要体现在以下三个方面。①提高优质资源获取效率。通过调整使用优先级顺序，教学资源推荐技术可以过滤质量不佳、访问量低、数据陈旧的劣质教学资源，从而解决了资源过泛、质量良莠不齐等问题，帮助师生更快捷方便地筛选优质教学资源。②提升资源获取精准性。根据学习者的个性化参数，如兴趣偏好、学习风格、认知诊断情况等实现教学资源定制化推荐，从资源层面实现以学习者为中心的教学。③促进学习拓展和迁移。根据教学资源之间的内在关系进行推送，可以实现对课堂教学内容的有效补充和延伸，同时帮助学生构建知识体系和学习内容的关联结构，促进学生对整体知识的意义建构和内化吸收。

（六）教育内容自动生成

教育内容自动生成技术结合自然语言理解、语音识别、情感计算、知识图谱等技术能够将语音、文字转换为数字，输入训练模型，机器经过大量的学习，建立强大的知识库和规则库，通过匹配和自动分类将最佳组合输出给用户，为减少教师重复性工作、解答学生疑难问题提供了有效的解决方案。[①]教育内容自动生成技术满足了师生在教与学过程中对资源、服务的个性化需求，促进教学由预设固化、内容统一转向追求个性化、适应性[②]。

教育内容自动生成技术为师生高效获取优质教育内容，实现高质量、个性化教育内容资源供给发挥了重要作用。表 2-8 列举了实践探索较为成熟的相关应用，具体包括试卷生成、学生问题自动解答、视频资源生成、课程笔记生成与资源标签生成等方面。其中，试卷生成包括利用问题生成（Question Generation）技术生成试题，以及利用多种算法进行智能组卷两大关键技术。学生问题自动解答根据问答的方式不同，分为检索式问答、社区问答和基于知识库问答。视频资源生成包括基于微课实录生成的结构化微课，以及基于虚拟数字人生成的动画教学视频两大类。课程笔记生成主要借助自然语言生成领域中的文本摘要技术实现。资源标签生成利用标签的形式简单有效地对教育资源进行准确描述，帮助师生便捷地浏览和获取教育资源信息，提高教育资源的利用率。

---

① 《教育行业新兴信息技术与教育深度融合系列白皮书：AI＋高等教育发展与应用白皮书》，https://bbs.csdn.net/topics/399060294，2022-04-14。

② 余胜泉：《学习资源建设发展大趋势（下）》，载《中国教育信息化》，2014(3)。

表 2-8 教育内容自动生成的主要应用与关键技术说明

应用		关键技术说明
试卷生成	问题生成	利用问题生成①技术自动生成限定类型的试题和选项，包括单选题、多选题、填空题、简答题等。问题生成技术是指给定文本，能自动生成内容通顺、语义相关的自然语言问题的技术，根据技术原理不同可以分为以下四种类别。 1. 基于语法的方法：根据词性分析和依存句法树指导问题生成。 2. 基于模板的方法：构建文本模板库，通过匹配词语或短语填入模板生成问题。 3. 基于规则的方法：根据句法、词汇规则及人工制定的领域规则，将输入内容转化为问题。 4. 基于语义的方法：对输入内容有语义层面的理解和分析，无法直接从输入文本获取问题生成的关键信息，需要借助分类学、本体论进行推理，辅助问题生成，通过 RNN、LSTM、Transformer 等较为复杂的语言生成模型实现。
	智能组卷	根据既定的组卷要求，从题库中抽取测试题构成试卷。主流的组卷算法包括随机抽取法、回溯法，以及蚁群算法、模拟退火算法、粒子群算法、遗传算法等基于迭代的优化算法。
学生问题自动解答②	检索式问答	利用信息检索领域的技术对问题进行分析，提取特征进行检索得到问题的答案。从特征抽取方式来划分，可以将检索式问答系统大致划分为基于模式匹配的方法与基于统计文本抽取的方法。
	社区问答	通过对用户的行为进行分析，理解用户的行为模式，为用户的查询提供高质量的回答。包含三个核心任务，分别是专家推荐、相似问题检索与答案质量评估。

① Ghader Kurdi, Jared Leo, Bijan Parsia, et al. "A Systematic Review of Automatic Question Generation for Educational Purposes," *International Journal of Artificial Intelligence in Education*, 2020 (1), pp. 135-138.

② 郭天翼、彭敏、伊穆兰等：《自然语言处理领域中的自动问答研究进展》，载《武汉大学学报（理学版）》，2019(5)。

续表

应用		关键技术说明
学生问题自动解答	基于知识库问答	通过对自然语言问题进行语义理解与解析，基于知识库进行知识提取获得答案。常用方法如下。 1. 语义解析：将自然语言解析为机器可以理解的逻辑形式，在知识库中查询并得到答案。 2. 信息抽取：从问题中提取实体，并在知识库中进行查询以获得以该实体为中心的知识库子图，通过图的近邻运算等方式对提取到的图进行进一步分析处理，得到问题的答案。 3. 向量建模：根据问题得到候选答案，并映射到向量空间中，分布表达，同时对该表达进行训练以提高问题与正确答案的联合分数。
视频资源生成	结构化微课	通过对课堂教学的收集记录，生成结构化微课并支持存储和精准分享。涉及的关键技术包括音视频数据采集与转写、基于PPT 翻页的视频关键帧打点技术、基于自然语言处理的知识点提取，以及自动转换二维码分享技术。①
	动画教学视频	动画资源主要基于虚拟数字人制作而成，其涉及的关键技术有：形象智能创建、智能表情合成、智能肢体动作合成与智能语音合成技术。②
课程笔记生成	文本摘要	从教师讲义中捕捉原始文本的核心含义，摘取文本中的重要信息，通过提炼压缩等操作，生成篇幅短小的摘要，为学习创造快速阅读的条件。根据实现技术方案的不同，文本摘要可以分为生成式文本摘要和抽取式文本摘要。
资源标签生成	文本分类	通过文本分类技术生成文本型教学资源的标签，主要包括文本预处理、提取文本的向量表示与训练分类器三大步骤，常用方法可以分为以下三类。 1. 基于规则和关键词的方法：通过关键词频率或专家制定匹配规则来对文本分类。 2. 传统机器学习方法：通过人工提取高维稀疏的特征，再使用SVM、k 近邻、决策树等机器学习算法来训练分类器获取分类结果。 3. 基于深度学习的方法：基于 CNN、RNN、Transformer 等各种神经网络模型的文本分类方法。③

① 乐会进、贺胜、王丽红等：《智慧微课：基于人工智能的微课自动生成系统》，载《现代教育技术》，2018(11)。

② 《2020 年虚拟数字人发展白皮书》，http：//aiiaorg.cn/index.php？m＝content&c＝index&a＝show&catid＝14&id＝188，2020-04-14。

③ 郝超、裘杭萍、孙毅等：《多标签文本分类研究进展》，载《计算机工程与应用》，2021(10)。

续表

应用		关键技术说明
资源标签生成	图像分类	通过图像分类技术生成图像型教学资源的标签，与文本分类的流程类似，包含图像预处理、图像特征提取和分类器学习三个步骤。根据特征提取的方式不同可以分为以下两大类。 1. 基于传统图像特征分类：传统图像特征包括颜色、纹理、形状等多种特征，需要针对不同数据集灵活选择 HSV 直方图、LBP 特征、HOG 方向梯度直方图等方式对图像进行提取和表示后，再使用分类器进行分类。 2. 基于深度学习特征分类：可以将特征学习和分类学习联合进行，从而达到端到端分类的效果。

教育内容自动生成作为教育领域资源建设的重要技术服务之一，促进了数字化教育资源在教学工作中的常态化、深层次应用，从三个方面促进了教学减负增效。①规模化教学资源扩充。借助教育内容自动生成技术，海量教学资源得以动态生成和智能聚合，减少教师开发教学资源的重担。②针对性教学资源服务。教育内容自动生成技术实现了更加个性化、精准的内容服务，为不同学习者提供定制化的教学资源，满足各种教学情境下学习主体对优质教学资源的需求。③教育内容动态生成和配置。通过智能技术生成的教育内容可以根据内容使用情况和用户反馈进行持续调整和优化，在完善内容生成模型和规则的同时，在原有基础上形成新的结构良好、内容丰富的资源库。

（七）智能测评

智能测评旨在利用智能技术重塑教师在教学测评场景下的角色，让教育评价更加准确和高效。智能测评已经具备了较为成熟的技术体系，并且其相关产品的市场规模可观。小到班级的一次阶段练习、实验评分，大到全国范围内组织的中高考、普通话测评，以机器阅卷、语音测评等为典型的智能测评技术发挥着日趋显著的作用。根据所处理的试题类型的不同，可将智能测评技术分为笔试题测评、口试题测评和操作题测评三类。①笔试题测评包括客观题测评和主观题测评两种，主要用到计算机视觉和自然语言处理领域的智能技术。首先需要对试题解答进行定位和识别，对于答案固定的客观题，只需将识别到的试题作答结果与正确答案进行比对，生成并输出测评结果。

而对于主观题型批改则需要通过自然语言理解技术对解答做出对错判断[①]，在此基础上借助自然语言生成技术，还能实现自动纠错，模仿教师提出修改意见等功能。②口试题测评主要包括朗读测评和口语表达测评，涉及发音错误检测、发音水平以及口语表达能力评价。[②] 其中，朗读测评的形式包括字、词、句、篇等，考查学习者的发音质量；口语表达评测的形式包括口头翻译、口头复述、看图说话、话题表述等，考查学习者的逻辑思维能力和语言组织能力。③操作题测评可以分为行为识别和动作评价两种测评类型。其中，行为识别关注对较长时间内复杂动作序列的理解，重点考查学习者是否在规定时间完成具体要求的动作或行为；动作评价则是对更高层次的动作完成质量进行评判，常用于辅助裁判、教练评分，以及帮助学习者进行专业领域的动作分析与训练(详见表 2-9)。[③]

表 2-9　智能测评的主要类别与关键技术说明[④⑤⑥]

类别		关键技术说明
笔试题测评	客观题测评	借助 OCR 识别、公式识别、版面分析等技术，实现手写文字自动识别。基于识别结果，可对选择题、填空题和判断题等客观题进行自动批改，以及对教师批改痕迹与意见的自动化留存。
	主观题测评	通过词性标注、句法分析、文本分类、信息检索、文本相似度计算、信息抽取等自然语言处理技术计算分析试题识别的结果，可用于主观题的自动批改与反馈，如中英文作文打分，以及模仿教师给出个性化的评语。

① 王哲、李雅琪、冯晓辉等:《人工智能在教育领域的发展态势与思考展望》，载《人工智能》，2019(3)。

② 魏思、吴奎、竺博等:《语音评测技术助力英语口语教学与评价》，载《人工智能》，2019(3)。

③ 宋震、张宇姝、杨刚:《人体动作识别与评价综述》，载《中国传媒大学学报：自然科学版》，2021(3)。

④ Roanna Lun and Wenbing Zhao, "A Survey of Applications and Human Motion Recognition with Microsoft Kinect," *International Journal of Pattern Recognition and Artificial Intelligence*, 2015(5).

⑤ 戴永辉、徐波、陈海建:《人工智能对混合式教学的促进及生态链构建》，载《现代远程教育研究》，2018(2)。

⑥ 汪张龙:《人工智能技术在考试中的应用》，载《中国考试》，2017(11)。

续表

<table>
<tr><th colspan="2">类别</th><th>关键技术说明</th></tr>
<tr><td rowspan="2">口试题测评</td><td>朗读测评</td><td>包括发音质量评价和发音错误检测。将评测文本与评测音频的时间对齐，检测漏读、增读、回读等情况，然后进行特征提取，从准确度、流畅度、完整度等维度进行发音质量打分。</td></tr>
<tr><td>口语表达测评</td><td>包括口头翻译、口头复述、看图说话、话题表述等题型的评分。通过识别学习者的口头表达内容，并转换成文本，借助自然语言处理技术提取内容相关特征，然后提取发音水平相关特征，与内容相关特征组合在一起，构成完整的评分特征。</td></tr>
<tr><td rowspan="2">操作题测评</td><td>行为识别</td><td>以动作识别技术为基础，对学习者的视频图像或 3D 骨骼数据进行特征描述，并基于有效特征构建分类器进行动作分类①，基于一段时间内的动作识别结果形成动作序列以理解学习者行为并给出行为识别结果②。</td></tr>
<tr><td>动作评价</td><td>常用于各种专业领域的动作打分，需要结合专家指导，提出特征描述方法和有效信息提取方式来对动作进行评价和打分。不仅要进行动作相似性的定量比较，还要对比动作的规范性、流畅性、艺术性等指标。</td></tr>
</table>

人工智能、学习分析与教育大数据之间的相互融合使得学习评价由数字化的学习测评走向数据化的智能测评。③ 国际考试协会 2021 年发布的《人工智能在考试行业的应用白皮书》中指出了考试管理、评价打分和作弊识别等多场景下，智能测评技术为学生、教师和管理者带来了巨大的便利。总结学者的现有研究和行业应用最新动态可以发现，智能测评技术对于教学减负增效的具体作用体现在以下三个方面。①提升教务管理效率。智能测评技术能够实现快速准确的规模化教学测评任务，替代“记录员”和“阅卷老师”的角色，减少大规模教学测评场景下的人力投入。②提升教学反馈效率。智能测评技术能够实现即时反馈、精准诊断，在教师课堂教学或学生自主练习的过程中为测评者提供实时反馈，帮助师生及时掌握当前阶段的认知诊断结果，以便快速调整学习计划。③扩展考试评价的内容范围。智能测评的考核内容从学业

---

① 陈煜平、邱卫根：《基于视觉的人体行为识别算法研究综述》，载《计算机应用研究》，2019(7)。

② 杨刚、张宇姝、宋震：《人体动作识别与评价——区别、联系及研究进展》，载《计算机科学与探索》，2022(5)。

③ 牟智佳、俞显：《教育大数据背景下智能测评研究的现实审视与发展趋向》，载《中国远程教育》，2018(5)。

成绩扩展到了体质、心理健康等非学业水平方面，转变了传统实验操作、语言能力等项目的考试形式，为该类考试测评的大规模开展降低了应用门槛。

第三节　智能技术助力教学减负增效总体分析框架

智能技术的发展为教学减负增效提供了新的动能，使得单纯的学业减负走向以课堂教学提质增效为突破口的综合性减负增效。为深入探讨智能技术应用于教学减负增效的实现路径，更好地发挥智能技术的作用，有必要在分析教学减负增效相关政策、理论、技术的基础上，聚焦教学实践主场景，提炼形成智能技术助力教学减负增效的基本思路和总体分析框架。

一、基本思路

要发挥智能技术对教学减负增效的作用，必须对标教学减负增效相关政策要求和理论依据，以促进学生全面发展、健康成长为目标，以解决教学实践中低效重负问题为导向，以课堂教学变革为核心，促进智能技术与教学过程深度融合，推动教育理念革新、教学流程再造、教学方式优化，助力教学提质增效、学生学业减负。

（一）以解决问题为导向

智能技术助力教学减负增效，要以解决教学实践中的低效重负问题为导向。新时代基础教育综合改革、“双减”等相关政策，都强调要提升课堂教学质量和效率，减轻学生过重的学业负担。

解决问题要关注学生和教师两个方面的需求和难题。从学生视角来看，一是要着力解决当前部分学生在校内学足学好的需求得不到充分满足的问题，关注学生学习效果和效率的提升；二是要着力破解作业过多等学业负担过重的问题。从教师视角来看，一是要着眼于解决部分教师教学效果不够理想的问题；二是要着眼于解决教师在教学活动中存在的效率不高的问题，减少重复工作，减轻教师工作负担，使教师有更多时间和精力用于改进教学。

（二）以课堂变革为核心

解决教学实践中的低效重负问题，要以课堂变革为核心。教学改革、“双减”等政策，以及有效教学、认知负荷、信息技术与课程整合等理论，从教学目标、教学方式、教学策略等方面为课堂变革这个核心问题提供了指导。

课堂变革要兼顾质量和效率。一方面，要坚持“五育”并举，应教尽教。改变过去单纯强调智育的做法，重视学生德智体美劳全面发展。提高教学活动的专业化水平，保证教师在课堂上应教尽教，学生学足学好，提升课堂教学育人质量，确保学生通过校内教学就能达到国家规定的学业质量标准，降低学生参加校外培训的需求和焦虑。另一方面，要优化教学方式，提升教学效率。改变“题海战术”、单纯延长教学时间等以“量”换“质”的粗放低效做法，注重差异化教学和个别化指导，因材施教，提升课堂教学有效性，将学生学业负担控制在合理、适度的范围内，给学生的课后活动、全面健康发展留出时间与空间。

课堂变革要通过教学过程各个环节来落实。教学提质增效是在教学过程中达成的。从时间维度来看，教学过程包括课前准备、课堂教学、课后巩固三个阶段。教学过程各阶段环环相扣，因此要关注全流程中思维方式、教学行为、整体结构的优化，利用新的方式和手段，促进全流程教学活动质量和效率的提升，在课堂教学提质增效的基础上，实现学生学业减负。

（三）以技术赋能为动力

技术为教学减负增效提供了新的驱动力。有效教学、认知负荷、信息技术与课程整合等理论，为技术更好地促进课堂教学有效性提升、减轻学生学业负担提供了理论支撑。不断发展的智能技术则为教学环境、教学资源、教学工具的全面优化升级，为教育数字化转型提供了技术支撑，为破解减负难题、实现教学提质增效注入了新动能。

智能技术通过赋能课堂变革，来实现对教学提质增效、学生学业减负的助力。一方面，智能技术能够替代师生完成教学过程中部分简单、重复、机械的工作，减轻师生负担，为师生改进教与学留出更多精力和时间；另一方面，智能技术能辅助师生开展复杂的教学活动，推动教学流程再造、教学方式优化，支持差异化教学和个性化学习，促进教学更精准、有效、高效，让学生在保障学业质量的前提下有效减轻过重的学业负担。

二、总体分析框架

根据上述思路，参考教学减负增效相关政策和理论，结合智能技术赋能教学实践的作用机理，构建了智能技术助力教学减负增效的分析框架（图 2-2）。

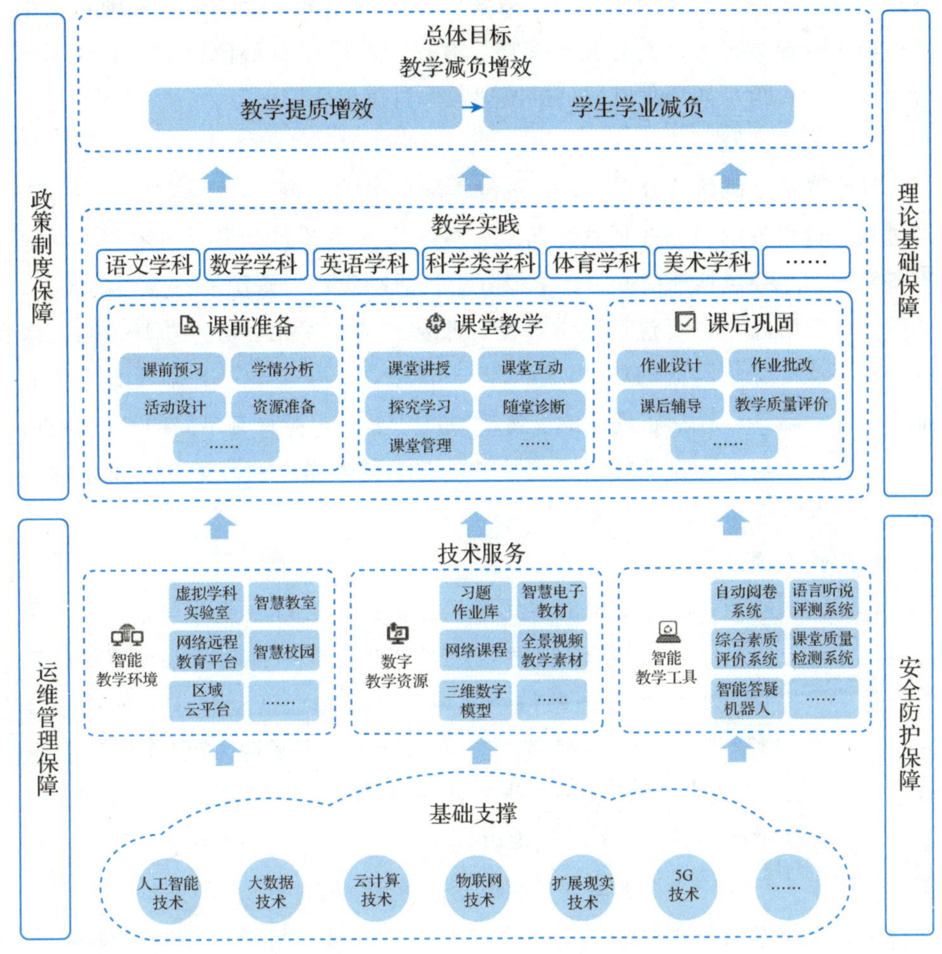

图 2-2　智能技术助力教学减负增效的分析框架

智能技术助力教学减负增效的分析框架可以表述为“4+1”总体结构，包含总体目标、教学实践、技术服务、基础支撑 4 个层级和 1 个保障体系。总体而言，在人工智能、大数据、5G 等智能技术的支撑下，通过教学环境、教学资源、教学工具的数字转型和智能升级，为教学减负增效提供技术支撑，帮助师生开展复杂的教学活动，推动教学变革创新，促进课前准备、课堂教学、课后巩固更加精准高效，在提升课堂教学质量的同时减轻学生过重的学业负担。

（一）总体目标

总体目标包含两个方面的内容：①教学提质增效，其涉及范围较广，包括提升教学质量、教学效果、教学效率、教学效益等；②学生学业减负，主要指的是减轻所有违背教育教学规律、有损中小学生身心健康的不必要、不合理的学业负担，如强化应试、机械刷题、超前超标培训等。

（二）教学实践

课堂变革是破解低效课堂、实现教学减负增效的核心，要结合学科特点，通过教学过程各阶段、各场景来落实。教学实践主要包括三个阶段：①课前准备阶段，主要包括课前预习、学情分析、活动设计、资源准备等活动场景；②课堂教学阶段，主要包括课堂讲授、课堂互动、探究学习、随堂诊断、课堂管理等课中实施的活动场景；③课后巩固阶段，主要包括作业设计、作业批改、课后辅导、教学质量评价等活动场景。不同学科具有不同的教学特点，通过智能技术与学科教学的深层次整合，在学科教学全流程活动场景中的应用，推动课堂变革创新，促进教学减负增效。

（三）技术服务

智能技术能为教学过程中的多元场景提供技术支持服务，有效满足师生的复杂需求。技术服务包括以下三个方面的内容。①智能教学环境服务，其为教育主体提供良好的学习体验以及具备真实情境、活动和任务的教学空间[①]，包括虚拟学科实验室、智慧教室、网络远程教育平台、智慧校园、区域云平台等。②数字教学资源服务，指的是通过手机、计算机、在线云服务等不同媒介载体传播和分享的教学知识内容[②]，包括智慧电子教材、三维数字模型、习题作业库等。③智能教学工具服务，是针对教与学过程中的实际问题和现实需求开发的软硬件系统，包括语言听说测评系统、智能答疑机器人、自动阅卷系统等。

（四）基础支撑

智能技术为教学减负增效提供数据集储、算力算法、网络通信等层面的基础支撑，推动教学环境、教学资源、教学工具的数字化和智能化，助力打造虚实结合、全面感知、智能分析、个性服务、人机协同的教育生态环境，推动教育数字化转型、智能化升级。基础支撑所涉及的技术主要包括人工智

---

① 刘三女牙、彭晛、沈筱譞等：《数据新要素视域下的智能教育：模型、路径和挑战》，载《电化教育研究》，2021(9)。

② 刘三女牙、彭晛、沈筱譞等：《数据新要素视域下的智能教育：模型、路径和挑战》，载《电化教育研究》，2021(9)。

能、大数据、云计算、物联网、扩展现实、5G 等新兴智能信息技术。

（五）保障体系

保障体系是智能技术助力教学减负增效得以实现的重要保证，包括政策制度、理论基础、运维管理、安全防护四个方面。①政策制度保障。从目标、任务等方面为利用智能技术助力教学减负增效指明方向，为减负增效的落实提供政策和制度保障。②理论基础保障。教育学和心理学等领域的理论，如有效教学、认知负荷、信息技术与课程整合等理论，为更好地利用智能技术提升课堂教学效益、助力科学减负提供理论依据和指导。③运维管理保障。构建政、产、学、研多方协同的运维管理保障工作机制，为教学减负增效提供技术支撑与服务保障。④安全防护保障。提升全方位、全天候的安全防护能力，有效感知网络安全威胁，过滤网络不良信息，健全数据安全体系，为教学减负增效保驾护航。

第三章　智能技术支持的课前准备

课前准备是开展课堂教学必不可少的工作，也是进行课后巩固拓展和总结反思的主要参照。[①] 本章在阐述课前准备的内涵与特征、现状与挑战以及智能技术助力课前准备典型应用场景的基础上，以课前预习、学情分析、教学资源准备、教学活动设计为例，深入分析智能技术在探索构建智能高效课堂，助力课前准备减负增效中的作用。

第一节　课前准备概述

一、内涵与特征

课前准备是师生在课前为有序开展课堂教学实施而进行的教学准备活动，是学校提高教学质量、实现减负增效的首要条件。课前准备是考核学校教师教学工作的重要内容之一[②]，包括为实现课堂教学而进行的一切准备活动。一般为了做好课前准备，教师需要完成教学目标的确定与阐述、教学材料的处理与准备、学生基本情况的研究、教学内容的确立、主要教学行为的选择、教学组织形式的制定以及教学方案的形成等多项内容。[③] 学生需要按照要求完成课前预习等准备活动。随着“双减”、新课标等政策的出台，“以学生为本，促进学生的全面发展”已成为课堂教学全过程的目标和要求。因此，课前准备也不再只是教师的独角戏，更多地体现出“以学生为中心”。[④] 具体来说，在教学准备中，一方面要形成与之发展相适应的教学观念，做到教学目标重视结

---

① 李慧：《教材和学情分析历史教学准备的有效性探究》，载《现代中小学教育》，2008(7)。

② 《教育部关于做好义务教育学校教师绩效考核工作的指导意见》，http：//www.moe.gov.cn/srcsite/A04/s7051/200812/t20081231_180682.html，2022-09-20。

③ 孙晓云：《英语有效教学的准备策略教学与管理》，载《教学与管理》，2009(3)。

④ 刘邦奇：《“互联网＋”时代智慧课堂教学设计与实施策略研究》，载《中国电化教育》，2016(10)。

果性和体验性，教学内容编选符合学生发展要求，且重视学科教学与现实生活相联系①；另一方面要发挥学生主体作用，在全面分析学情和生情后充分整合开发教学资源，创建有个性的教学设计，并能够借助合理的辅助手段或技术工具等提高教学效率。② 因此，课前准备包括教师和学生共同参与的各项课前教与学的准备活动，如课前预习、学情分析、教学资源准备、教学活动设计等。

课前准备对于教学减负增效具有十分重要的价值。无论是课程的有效实施，还是师生的专业成长、全面发展，都很大程度上依赖于有效的课前准备。③ 一方面，课前准备是课堂教学的基础，教学目标、教学内容、教学过程、教学结果、学生的知识基础与学习需求等都是在教学活动实施之前师生必须要做好的准备工作。④ 课前准备的充分与否会影响到课堂教学质量的提高。另一方面，课前准备是课后总结和反思的主要参照，教师可以对照反思应该“教什么”“怎么教”“教的怎么样”，吸取以往教学经验与不足，并反馈到最新课程的教学设计中；学生可以对比反思，并总结反馈个人学习过程、学习效果、收获与体验等。充分、有效的课前准备有利于教学策略和学习方法等的修正，是教学减负和提质增效的必要保证。

课前准备的特征主要表现为以下三个方面。①基础性。课前准备是课堂教学的起点和基础，教学目标的制定与叙写、教学资源的搜集与整合、教学对象的分析、教法与学法的选择设计等准备情况都影响着课堂教学的质量。⑤ 因此，课前准备是好的教学活动的第一步，有效的课堂教学离不开充分的课前准备。②二元性。课前准备作为教学的重要环节，离不开教师和学生这两个主体的共同参与。课前准备不仅仅是教师完成其课前教案编写等备课任务即可，而是需要实现“教师的教”与“学生的学”的结合联动，即不仅要以教师为主导，完成教学内容和教学任务等“教”的准备工作，还需要以学生为主体，完成课前预习等“学”的准备工作，从而实现以学论教、以教促学。⑥ ③预设性。课前准备通常表现为教师在课前遵循教学规律，围绕教学目标，在系统

① 唐耀杰：《论新课程体系下教师的教学准备》，载《基础教育参考》，2004(4)。

② 刘亚平：《洞悉学生心理完善有效教学准备》，载《当代教育科学》，2011(1)。

③ 吴亚萍、王芳：《备课的变革》，1页，北京，教育科学出版社，2007。

④ 周莉：《课前准备——实现高中数学有效教学的前提》，载《教书育人》，2013(5)。

⑤ 张秀侠：《浅谈在新课程下的教学准备》，载《新课程学习(下)》，2011(3)。

⑥ 周莉：《课前准备——实现高中数学有效教学的前提》，载《教书育人》，2013(5)。

钻研教材内容，认真分析学生知、情、意等实际情况，以及对以往相关教学行为结果进行深刻反思的基础上，有目的、有计划、有组织地对教学过程进行的规划、设计、假设、安排。①② 课前准备通过对课堂教学活动的“预设”，可以帮助课堂教学按计划、有序地进行，有助于提高课堂教学效率。

二、现状与挑战

随着新课改等政策的提出，教师的教学行为、教学方式以及学生的学习方式都有了新的要求。③ 教师在课前准备时需要在明确教学目标的基础上考虑如何在教学过程中证实学生已经掌握了所学的知识，在教学目标和教学评价的指导下设计学习活动，选择教学的方法及资源等。④ 但当前仍然存在许多问题与挑战影响课前准备的完成效果。

（一）课前预习是教学的重要基础，但预习的充分性和有效性有待提高

预习是学生课前自主学习的重要形式，是教师课前常用的教学手段之一，但学生预习效果难以保证。一方面，现实中，学生将预习看作教师布置的任务，按要求完成即可，且预习任务变多就会加重学生学习负担。⑤ 另一方面，教师对预习的重视程度也不够，仅作为课前任务，较少关注学生预习效果，不能充分利用学生预习结果来改进教学。同时，随着一系列新政策的提出，学生课前预习也有了新的发展方向，如新课改倡导学生要主动参与、乐于探究，培养学生搜集处理信息的能力、获取新知识的能力、分析解决问题的能力；《义务教育课程方案（2022 年版）》提出，要引导学生明确目标、自主规划与自我监控，提高自主学习、探究学习的能力；《中共中央　国务院关于深化教育教学改革全面提高义务教育质量的意见》更是明确指出，教师课前要指导学生做好预习。因此，在新时代背景下，面对处于学习主体地位的学生，教师要积极发挥主导作用，引导学生主动参与，充分完成课前预习任务，提高预习效果，奠定课前准备基础；同时，师生还要充分发挥智能技术优势，探索高效、智能的课前预习模式，开展可以满足学生学习需求的有效预习。

---

① 赵小雅：《课堂：如何让“预设”与“生成”共精彩？》，载《中国教育报》，2006-04-14。

② 宋秋前：《新课程教学中应处理好的几个关系》，载《教育研究》，2005(6)。

③ 陈亚红：《教学准备有效性的思考与实践》，载《广西教育》，2011(19)。

④ 魏惠：《逆向设计：基于标准的教学准备》，载《江苏教育研究》，2014(8)。

⑤ 何丹凤：《学生预习研究》，硕士学位论文，华东师范大学，2014。

(二)学情分析成为备课常态，但分析针对性和精准性需要提高

学生学情是教师进行科学合理的教学设计的重要依据。当前教师课前准备主要关注“教什么内容”①，而对学生“会什么、学什么、学会了什么”关注不多，且很少考虑学生的兴趣爱好、学习能力等②，课前准备缺乏针对性。同时，时代的发展也对教师学情掌握提出了新要求，如“双减”政策指出教师要认真分析学情，做好答疑辅导，充分发挥学情分析功能③；《义务教育课程方案(2022 年版)》指出，要把握学生身心发展的阶段特征，关注学生差异；《中共中央　国务院关于深化教育教学改革全面提高义务教育质量的意见》《义务教育质量评价指南》均明确指出，教师要精准分析学情，重视差异化教学和个别化指导。因此，新政策、新时代背景下的课前准备要求教师做到充分利用智能技术，全面收集、分析、了解学生的身心特征、知识水平、学习能力以及多样化的学习需求等，精准掌握学生学情，从而为教学内容的选择和组织、教学活动设计等提供重要依据。

(三)教学资源是教师备课必备内容，但资源获取便捷性和适用性需要提升

教学资源是教师进行课前准备的重要内容，教师能否快速收集到有效的教学资源、教学资源能否满足个性化教学的需要等，都将对教师的课前准备效率产生重要影响。但当前教师从庞杂分散的海量资源中获取或筛选出有效资源、对收集到的资源进行二次制作都需要耗费大量时间④，这会降低教师备课效率，增加教师备课负担。同时，新政策的提出指明了技术支持下的教学资源应用要求。例如，《中小学教师教育技术能力标准(试行)》指出，教师要能够收集、甄别、整合、应用与学科相关的教学资源；《中共中央　国务院关于深化教育教学改革全面提高义务教育质量的意见》指出，要充分利用国家和各地教育教学资源平台以及优质学校网络平台，向学生提供高质量的专题教

---

① 王建康：《从有效教学看课前准备》，载《思想政治课教学》，2008(7)。

② 张俊茜：《去伪存真，减负增效——略论小学教师“浅备课”现象的思考及转变策略》，载《课程教学研究》，2021(10)。

③ 《关于进一步减轻义务教育阶段学生作业负担和校外培训负担的意见》，http://www.moe.gov.cn/jyb_xwfb/gzdt_gzdt/s5987/202107/t20210724_546566.html，2022-09-08。

④ 张燕：《从翻转课堂的趋势看在线学习平台的功能设计和内容研发——以 MindTap 平台为例》，载《中国传媒科技》，2022(3)。

育资源和学习资源；《教育部等六部门关于推进教育新型基础设施建设构建高质量教育支撑体系的指导意见》指出，要开发基于大数据的资源推送等应用。因此，随着智能技术的快速发展，教师需要根据自身个性化教学需求，有效利用各类教学资源平台，实现教学资源的快速收集、精准筛选、有序整合、高效共享等，以提高资源获取便捷性和适用性，减轻教师资源准备负担，实现高效备课。

（四）注重教学活动设计，但设计的便捷化和精细化需要加强

教学活动设计会影响到教学目标的实现①，是成功开展教学的关键②。当前教师在课前准备过程中大多只是按照常规教学需要进行低水平、重复性教学活动设计。这种活动设计一方面会加重教师课前准备负担，降低教师课前准备效率，另一方面也会导致课堂教学缺乏精细化、具体化设计，活动设计质量不佳，难以实现深度教学。随着新技术、新环境的变化，教学活动迎来了许多新元素、新要求。例如，《中小学教师教育技术能力标准（试行）》指出，教师要能根据学生特点和教学条件设计有效的教学活动；《义务教育课程方案（2022 年版）》指出，要注重活动化、游戏化、生活化的学习设计；《中共中央国务院关于深化教育教学改革全面提高义务教育质量的意见》指出，要融合运用传统与现代技术手段，重视情境教学，探索基于学科的课程综合化教学。因此，新时代背景下的教学活动不能再局限于教与学、模仿与应用等，而应从学科本身的知识、技能入手，进行复杂的教学活动和问题设计，挖掘学生更深层次的分析、评价、创新等思维认知能力。③ 教师也需要积极利用智能技术等新手段、新方法实现教学活动的便捷化、精细化开发与设计，从而减轻自身教学设计负担，提高课前教学效率与质量。

三、智能技术助力课前准备的应用场景

随着智能技术与教育教学的深度融合，教学过程发生了深刻变化。④ 师生共同完成的课前预习活动、教师对学生学情的分析、教学资源的准备，以及

---

① 束定芳：《论外语课堂教学的功能与目标》，载《外语与外语教学》，2011(1)。

② 黄荣怀、马丁、郑兰琴等：《基于混合式学习的课程设计理论》，载《电化教育研究》，2009(1)。

③ 宁可为、陈援、王炜等：《面向高阶思维能力培养的教学活动设计与实证分析》，载《教学与管理》，2019(15)。

④ 李福华：《“互联网＋教育”背景下教师教学行为转变的途径》，载《教育信息技术》，2016(3)。

对教学活动的设计等课前准备环节都发生了变革与创新，为促进课前准备的减负增效提供了更多的可能。

（一）智能技术支持的课前预习

在智能技术的帮助下，教师可以进行形式多样、个性化的预习任务布置，并通过教学资源平台、智能导学系统等为学生提供智能化的资源推荐与个性化的预习过程指导，同时还能够通过在线互动、智能答疑、智能评测等方面加强师生互动与反馈，帮助学生查漏补缺，进行有针对性的预习，减轻学生课前自主学习的负担，提升课前预习效果。

（二）智能技术支持的学情分析

学业水平测评、学科能力测评等工具的使用，实现了对学生的知识、认知和能力等更加客观科学的诊断；基于数据挖掘等技术实现了对学生知识掌握状态、学习交互水平、学习行为习惯等更深入的分析和刻画；同时能够生成并呈现面向学生个体和班级群体的学情报告，助力教师快速了解和洞察学生个性特征和班级共性需求，最终减轻教师采集、分析学生学情数据的负担，提高教师教学设计的精准性。

（三）智能技术支持的教学资源准备

在智能技术的帮助下，可以通过一站式教学资源获取和智能搜索与推荐等，帮助教师快速有效收集教学资源；可以通过资源的体系化整理和可视化导航，帮助教师高效整理、查看和使用资源；可以通过视频资源自动编辑、图片资源智能处理、教学课件便捷制作等，帮助教师高效处理教学资源，减轻教师资源收集与开发制作负担，提高教师教学资源准备效率。

（四）智能技术支持的教学活动设计

智能技术可以为教师开展标准化的教学活动设计提供清晰的思路和指引；可以通过基于学科知识或教学特征的教学活动推荐，为教师设计教学活动提供参考；可以通过系统生成、教师引导等方式实现适应性学习路径规划，使教学活动的设计更加符合知识对象的特征、教师教学的需要，从而减轻教师重复性教学活动设计的负担，同时提高教学活动设计的科学性和有效性，实现教与学的精准匹配。

智能技术助力课前准备的应用场景具体如图 3-1 所示。

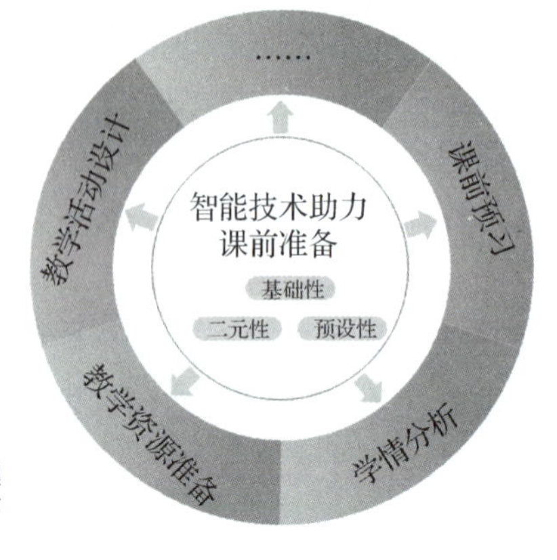

图 3-1　智能技术助力课前准备应用场景

第二节　个性化的课前预习

一、课前预习问题简析

预习是学生在课前预先独立地学习有关材料，为课堂学习所做的准备①，是学生自主学习的重要形式之一。学生在课前有效的预习是培养学生自主学习能力的起点②，符合新课改中充分尊重学生学习主体地位的要求③，可以帮助学生培养良好的学习习惯和自学能力，增强学习动机④；还可以让学生在课前初步获取知识，为课堂教学知识的深度理解与有效学习奠定基础，促进课堂教学效率的提高⑤。

虽然学生课前预习的重要性和必要性逐渐获得重视，但长期以来，受传统教育思想的影响和教育条件的限制，课前预习仍然存在许多问题，归纳起来主要有以下三个方面。①预习形式和内容单一局限，整体预习效果不佳。大多数教师都为学生安排同样的预习任务、设置统一的预习目标，如统一要求学生课前预习书本内容，标注疑难问题或完成相应习题等，没有考虑到不

① 顾明远：《教育大辞典》，175 页，上海，上海教育出版社，1998。
② 常智：《课前预习是培养学生自主学习能力的起点》，载《学周刊》，2013(2)。
③ 王青山：《关于小学高年级数学预习能力培养的研究》，载《学周刊》，2018(28)。
④ 柳治仁、石立华：《学生课前预习的心理作用》，载《辽宁教育》，1995(10)。
⑤ 郭立娟：《课前有效预习能提高课堂效率》，载《学周刊》，2017(4)。

同学生的不同学习需求，预习形式单一、预习内容局限，而学生也是敷衍完成任务，没有真正达到预习的目的，整体预习效果不佳。[①] ②预习缺乏针对性指导，预习效率不够高。通常，教师在课前预习环节中只是布置任务，很少为学生提供充足的预习资源，也很少给予学生方法上、过程上有针对性的指导，大多是任由学生自己探索、自行完成预习任务，这种“放养式”、浅层次的被动预习针对性不强[②]，预习效率也不高。③预习互动反馈有限，与课堂教学难以有效对接。在课前预习过程中，教师往往不会过多关注学生预习进展，可能仅在课上检查、了解学生完成情况，学生也没有平台和渠道提前向教师或同学反馈存在的问题、分享预习资源、交流预习感受，教师也无法及时监督学生的预习过程，获知学生的预习效果，这就容易导致预习和授课环节难以有效对接[③]，课堂教学效率难以有效提升。上述存在的问题使得学生无法获得良好的课前预习效果，教师也无法充分利用预习结果调控教学，因此，客观要求采用有效手段优化课前预习。

二、智能技术助力课前预习

随着智能技术的发展与应用，课前预习作为教学不可或缺的环节，也顺应时代发展趋势不断创新变化。[④] 智能技术的应用为课前预习提供了一个开放的实践环境，教师可以利用智能技术对学生预习进行指导和监控，并引导学生主动探究、自主学习；学生可以充分利用智能技术自主地、有针对性地完成课前学习任务[⑤]，实现有效预习，为课堂学习做好准备。具体来看，智能技术对课前预习产生的作用主要体现在以下三个方面。

(一)增加预习任务布置的多元性

智能技术支持的课前预习，突破了传统的时空界限，预习形式更加灵活[⑥]，且不再是千篇一律的预习任务，而是能够根据学科特色、学生学情等精准制定学习目标，设置丰富多样、有针对性的预习任务，由此满足学生预习

① 袁颖琴：《基于课堂学习前进行有效预习的讨论》，载《中国校外教育》，2017(4)。

② 戴蓉倩：《做好预习内容设计 促进高效教学》，载《教育教学论坛》，2015(4)。

③ 王静静：《“互联网+”时代下小学高段语文课前预习的策略》，载《课外语文》，2021(31)。

④ 毛利平：《从互联网视角谈小学语文预习》，载《小学生作文辅导(读写双赢)》，2019(3)。

⑤ 袁杰、闫志明：《信息技术环境下自主学习模式研究》，载《教学与管理》，2018(18)。

⑥ 陈娟、赵静、刘文佳：《信息技术在中小学预习中的运用构想》，载《教育信息技术》，2008(5)。

的自主性、针对性和个性化要求[1]，减轻学生无效预习的负担。例如，合肥市梦园小学利用畅言智慧课堂为师生课前预习提供技术支撑，教师可以通过平台内置的课时同步资源，根据学科特色和学生学习需求发布七彩类型任务，如语文学科布置日记、预习生字、自由朗读、社会实践等特色练习；数学学科布置每日一问、数学日记、解决生活问题等特色练习；英语学科布置自由朗读、亲子情景对话、表演、社会实践等练习内容。七彩类型任务的布置帮助梦园小学的学生实现了个性化、多元化的课前学习，充分发挥了课前预习的价值。

（二）提升预习活动引导的智能化

新课程改革背景下，教学内容从原来的课本知识向更广阔、更丰富的领域衍生。智能技术助力的课前预习不再只是局限于课本或习题册范围内，而是能够获取更加丰富开放的资源支持，实现更加智能个性的自主学习。具体来说，在智能技术的支持下，学生可以利用各类互联网信息资源、学习资料、微课等进行开放性、拓展性的资源学习[2]，可以在智能技术的支持引导下开展智能化、个性化的自主预习，由此实现对所学知识更好更深的理解与掌握，从深度和广度上提高学生预习效果。例如，美国孟菲斯大学智能系统中心亚瑟·格雷泽(Arthur C. Graesser)教授团队研发的智能导学系统 iSTART(Interactive Strategy Trainer for Active Reading and Thinking)，可以通过智能教师代理和智能学生代理的功能，引导学生自主学会理解复杂的科学文章[3]，从而实现阅读理解能力的锻炼与提高。

（三）丰富师生课前互动的多样性

智能技术支持的课前预习可以通过构建一个在线平台或系统应用，使师生能在不同时间、不同地点进行教学资源共享、学习问题答疑、学习过程及结果交流，从而加强预习过程中的互动反馈，帮助学生调整预习计划、查漏补缺，提高预习效果；帮助教师优化课堂教学设计，有针对性、选择性地进行内容选择和方法策略设计，提高教学设计的有效性。例如，滨州市教育信息化平台的“人人通个人空间”服务，可以帮助师生实现线上互动交流，其中

---

① 袁杰、闫志明：《信息技术环境下自主学习模式研究》，载《教学与管理》，2018(18)。

② 陈娟、赵静、刘文佳：《信息技术在中小学预习中的运用构想》，载《教育信息技术》，2008(5)。

③ 朱莎、余丽芹、石映辉：《智能导学系统：应用现状与发展趋势——访美国智能导学专家罗纳德·科尔教授、亚瑟·格雷泽教授和胡祥恩教授》，载《开放教育研究》，2017(5)。

学生不仅可以进行在线自主学习，有针对性地学习微课程、直播课程等，而且能够随时随地向教师或其他学生留言提问，及时解决学习问题，提高自主学习效果；教师不仅可以在线互动解答学生问题、向学生推荐学习资源、提供家校沟通服务，还可以便捷发布在线预习作业、检测任务等，实现智能批改、即时掌握学生学情。

三、典型场景

学生作为预习活动的主体，将在教师引导下进行自主学习。智能技术支持课前预习主要体现在预习任务布置、预习活动开展、交流互动反馈等典型场景中①，具体内容见表 3-1。

表 3-1　智能技术助力课前预习典型场景

典型场景	技术应用	说明
多样化预习任务布置	个性化任务布置	基于教育数据挖掘技术形成学生画像，并结合教学内容，精准布置不同层次的个性化预习任务。
	多形式任务布置	通过在线打卡、拍照上传、语音上传、视频上传等丰富灵活的方式布置阅读理解、朗读背诵、写作练习、综合实践等多样化的预习任务。
智能化预习活动开展	预习资源智能推荐	利用智能推荐技术向学生推送更加多样化的、适合学生学习需求的预习资源，供学生课前学习。
	预习过程智能引导	通过学习路径的智能化引导、薄弱环节的自我监测实现智能化的课前预习导学。
	预习进程智能调控	利用智能技术对学习进度进行有效调控，对学生的完成情况以及后续学习计划进行监测，督促学生按时完成预习任务。
即时化交流互动反馈	在线互动反馈	通过在线提问交流与互动，共享学习资源和预习成果。
	智能答疑反馈	通过系统内置知识库搜索、匹配、推送问题最佳答案，实现智能答疑。
	智能评测反馈	通过系统发布检测任务、数据挖掘分析，动态生成即时化的评测结果。

① 袁杰、闫志明：《信息技术环境下自主学习模式研究》，载《教学与管理》，2018(18)。

（一）多样化预习任务布置

预习任务的布置要依据课堂教学目标，遵从学生认知发展水平，要有助于激活学生学习的内部动机，便于学生对预习情况进行反思。[①] 在智能技术的支持下，教师可以布置更加个性化和多样化的预习任务，帮助学生实现有针对性的预习，促进课前学习的有效开展。[②] ①个性化任务布置。教师可以在智能技术的支持下进行学生画像分析，实现基于学生学情的预习目标制定与任务布置。具体来说，可以通过对学生学情数据等的挖掘与分析，并结合学生基本属性、学习风格偏好、学习者类型和学习兴趣等，形成学生专属的学习画像。[③] 教师以此为依据，再根据具体的教学目标和教材内容等，精准制定符合学生特征和学习水平的预习目标[④]，进一步设置不同层次的预习任务，实现个性化的预习任务布置[⑤]。②多形式任务布置。教师可以在智能技术的支持下布置包括文字、图片、语音、视频等在内的形式多样的预习任务，开展包括阅读理解、朗读背诵、写作练习、综合实践等多种类型的预习活动，学生也能够以拍照上传、语音上传等多样化的形式提交预习任务。

（二）智能化预习活动开展

开展预习活动是课前预习环节的核心部分。智能技术支持的课前预习可以从预习资源智能推荐和预习过程智能引导等多方面为学生高效完成预习活动提供支持，实现发现型学习。[⑥] ①预习资源智能推荐。教师可以通过教学资源平台等进行丰富的教学资源储备，并能够利用平台向学生智能推荐丰富多样的预习资源，推动学生进行个性化内容学习。具体来说，教师可以在教学资源平台上通过独立制作、多渠道共享等方式创建丰富多样的学习资源包，如微课、学习任务单等[⑦]；可以利用平台的智能推荐技术，根据学生兴趣偏好

---

① 曾庆林：《指向素养提升的"互联网＋预习"设计思路》，载《天津教育》，2020(35)。

② 何凤英：《减负增效：单元备课之依归》，载《小学数学教育》，2013(6)。

③ 陈海建、戴永辉、韩冬梅等：《开放式教学下的学习者画像及个性化教学探讨》，载《开放教育研究》，2017(3)。

④ 唐雯谦、覃成海、向艳等：《智慧教育与个性化学习理论与实践研究》，载《中国电化教育》，2021(5)。

⑤ 杨月华：《因材施教从这里开始——浅谈在小学语文教学中如何进行学生分层、目标分层》，载《新课程导学》，2014(3)。

⑥ 刘军、郭绍青、黄琰等：《WSR 视野下网络学习空间开展自主学习 SPA 模型构建——网络学习空间内涵与学校教育发展研究之九》，载《电化教育研究》，2019(7)。

⑦ 林敏：《基于信息技术下预习教学模式的探究——以人教版必修一为例》，载《数学教学研究》，2018(5)。

等的预测信息，有针对性地向学生推送多样化的、适合学习需求的预习资源[①]，为学生开展预习活动提供丰富多样的资源支持。②预习过程智能引导。学生可以通过智能导学系统等，获得学习路径的智能化引导、薄弱环节的自我监测等智能化预习指导服务。具体来说，学习路径的智能化引导表现为，当学生首次进入系统学习新知识点时，系统会调用已建立的领域知识判定模型，对当前知识点的前驱知识点和后续知识点进行扫描，在扫描过程中通过与系统交互的情况来检测学生对前驱知识点的掌握程度，如果未达要求则引导至前驱知识点继续进行学习，从而形成预习闭环。薄弱环节的自我监测表现为，学生能够对薄弱环节知识点进行自我监测，对于没有掌握好的知识点可进行多次学习，并与以往学习情况进行对比，帮助学生监测定位到自己的学习薄弱环节，及时查漏补缺。③预习进程智能调控。利用智能技术对学习进度进行有效调控，具体表现为，学生在预习过程中如果出现学习计划偏差或者未按照原定计划执行时，系统会给予提醒，完成某阶段学习后，系统会对学生的完成情况以及后续学习计划进行审查，判断是否需要调整后期学习计划，由此不断督促学生按时完成预习任务，保障预习效果。[②]

(三)即时化交流互动反馈

预习过程中的交流互动是课前答疑解惑、反馈预习结果以及提高预习效果的重要手段。智能技术支持的课前预习可以从在线互动、智能答疑、智能评测等多个方面帮助师生实现更加及时有效的沟通交流、更加即时精准的评价反馈。①在线互动反馈。师生和生生间可以通过在线交流平台，进行一对一、一对多的在线提问与交流互动，并在交互过程中通过留言、发帖、实时聊天、资源上传等方式反馈解决预习过程中遇到的各种问题，共享学习资源和预习成果[③]，从而实现课前师生全面且充分的互动交流。②智能答疑反馈。学生可以基于智能答疑系统等获得智能化、即时性的指导，实现随时随地、智能高效的答疑解惑。[④] 同时，教师也能够因此减少课堂重复答疑时

① 戴永辉、徐波、陈海建：《人工智能对混合式教学的促进及生态链构建》，载《现代远程教育研究》，2018(2)。

② 戴永辉、徐波、陈海建：《人工智能对混合式教学的促进及生态链构建》，载《现代远程教育研究》，2018(2)。

③ 闫机超：《在线交流平台交互策略研究——以基于Moodle的网络课程为例》，载《教学仪器与实验》，2013(6)。

④ 何晓俐：《利用多媒体提高小学语文自主预习效率》，载《中国教育技术装备》，2016(5)。

间①，为开展深层次教学活动充分预留时间。具体来说，学生自主预习过程中遇到问题后，可以利用系统选择相应科目进行提问、搜索；系统会利用自然语言处理、知识推理、文本语音和图像分析等技术②，将学生提出的问题与其内置课程知识库进行相似度匹配，并推送相似度最高的结果给学生；如若没有找到，系统会自动通过网络爬虫，运用文本挖掘技术，分析出采纳率最高的最佳答案，把答案反馈给学生；如果学生不满意，可以把问题放入待答库里，等待学科教师的解答，一旦问题得到了解答，系统就会及时将问题答案反馈给学生③，供学生学习、解惑。③智能评测反馈。学生可以利用智能评测系统等检测个人自主预习情况，并即时获得结果反馈。具体来说，系统通过数据挖掘等技术智能地对学生预习情况进行跟踪、统计、分析、评价，并针对学生个人情况，动态生成测评报告④，即时反馈预习评测的得分、错因解析等结果⑤。基于评测反馈的结果，学生可以及时解决疑难问题，促进查漏补缺，巩固预习效果，教师也能够提前掌握学生学情，优化教学设计，提升教学质量。

案例 3-1　智能技术助力课前预习活动的开展⑥

2020 年 9 月，为践行“让每一个教育行为都有科学含量”的施教理念，河北雄安博奥高级中学(以下简称“博奥高中”)在教学中引入畅言智慧课堂，并基于畅言智慧课堂的智能终端，构建了“一课两检索”模式，即学生在每节课前、课后都要用大脑进行“检索”。其中，课前检索意在利用智能终端让学生进行自我“检索”回忆，检验自己的预习效果，形成较为强烈的认知需求，引发主动求知的学习欲望；教师可以根据学生课前“检索”结果，及时精准地生成教学策略，做到“有的放矢，精准施教”。

---

① 李卫东、杨耐生、申强华等：《基于知识点的远程自主学习辅导系统的开发研究》，载《中国远程教育》，2006(11)。

② 戴永辉、徐波、陈海建：《人工智能对混合式教学的促进及生态链构建》，载《现代远程教育研究》，2018(2)。

③ 杨志军、汪洋、雷宁等：《面向高中教学的智能答疑系统设计与构建》，载《中国教育信息化》，2020(9)。

④ 丁卫平、王杰华、李跃华：《基于数据挖掘的网络考试智能评价反馈系统的研究与设计》，载《南通大学学报(自然科学版)》，2009(1)。

⑤ 李厚女：《利用互联网技术开展初中数学课前预习的策略》，载《教育与装备研究》，2019(10)。

⑥ 本案例根据河北雄安博奥高级中学冯小亮老师提供的资料整理总结。

以高一(28)班数学学科为例，学科教师冯老师利用畅言智慧课堂开展“5.3 诱导公式(一)”的课前预习过程主要如下(图 3-2)：①冯老师提前准备并发布了关于“诱导公式”的预习任务、预习资料和微课资源，让学生课下提前预习，掌握学科基础知识；②在课前五分钟，冯老师向学生发布了三道测试题，学生作答完成后通过拍照上传答案，完成课前检索任务；③畅言智慧课堂自动批改完成后，输出课前检索数据报告，冯老师根据报告里的答题情况，掌握本班课前预习情况，并依据预习结果的数据，在课堂上详略得当地开展教学，以此做到先学后教，以学定教。

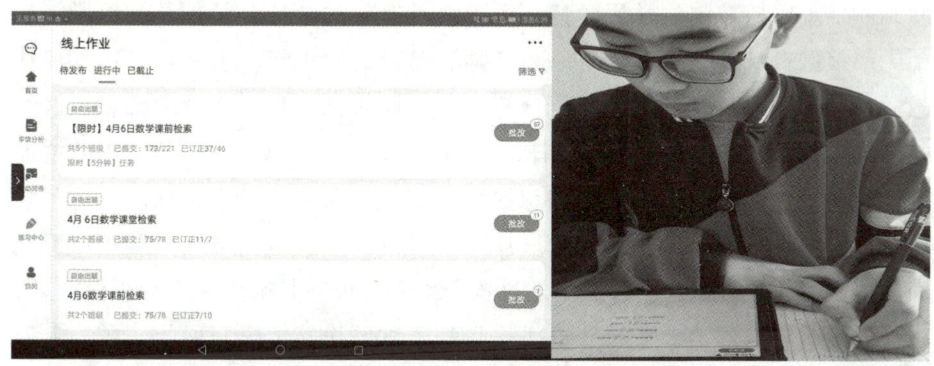

图 3-2 学生完成课前检索任务和学生学习数据分析

正如冯老师所说：“现在在课前预习时，学生都会利用畅言智慧课堂进行预习和任务检索，我就能及时充分地获得学生预习结果的反馈，课上我能有重点地讲解，而且过程中我也能够及时发现一些没有完成预习任务的，或者检索结果不理想的学生，这能让我更有针对性地开展教学了！”

第三节 数据化的学情分析

一、学情分析问题简析

学情分析是教师为了获取有效开展教学所需的各类信息和依据，对影响学生学习的各种因素进行诊断、评估和分析的活动。① 一般来讲，学情分析贯

① 陈瑶：《学情分析研究综述》，载《当代教育理论与实践》，2014(6)。

穿于教学全过程，既可以在课前教学准备中开展，也可以在课中或课后进行，这里是指教学准备阶段为了更好地做好教学设计而进行的学情分析。课前学情分析中，教师需要借助科学的测评工具和手段搜集多方信息，掌握学生的知识水平、思维能力等学习准备情况及学习特征，为后续教学重难点的明确、教学内容的选择、教学方法和策略的制定、教学活动的设计等提供依据，从而做出适应学生学习需要和个性特点的教学预设。

学情分析是实现有效教学的核心和关键，但目前学情分析现状并不理想，存在着许多需要解决的问题，具体表现为以下四个方面。①主要依赖主观经验判断，难以精准定位学生学情。由于缺乏有效的学情分析工具和手段，教师大多根据自身教学经验模糊地判定学生已有的知识经验水平，或者直接从教学参考资料中“移植”学生特征分析，并以此为依据设定教学重难点，这可能会导致教学内容和策略等的选择出现偏差[①]，难以有效发挥学情分析的精准定位与调节功能。②大多关注知识层面，难以全面了解学生特征。目前，学情分析大多聚焦于学生的基本知识技能掌握情况，教师只能看到学生知识层面的浅层特征，难以实现对学生学科核心素养等内在特征的深入分析。此外，当前教师对学生认知水平的分析往往是基于试题作答情况开展的，在一定程度上难以有效反映学生真实的学习认知障碍，对其认知水平的判断不够精准。[②] ③多采用简单统计分析，难以实现深度分析。一线教师普遍缺少教育测量与统计知识[③]，大多只会采用资料分析法、调查法、作业统计等方法对学生学情进行简单的量化统计和描述分析，学生学情的多角度、多层次以及追踪性的具体分析难以实现[④]。④普遍关注班级特征，忽视学生的差异化和个性化。通常，学情分析多是以学生群体共性特征为依据，对学生整体的年龄阶段特点、学习能力总体水平等进行概括，根据班级绝大多数学生的可接受程度来确定教学目标、教学内容等，缺乏深入剖析不同类型学生学情或“每一位”学生的学习特征[⑤]，忽视了学生个性化的学习需求，后续个性化教学设计和实施难以获得准确的“学情依据”。总的来看，过于依赖主观经验判断、对

---

① 李逢庆、尹苗、史洁：《智慧课堂生态系统的构建》，载《中国电化教育》，2020 (6)。

② 郝建江、郭炯：《智能技术赋能精准教学的实现逻辑》，载《电化教育研究》，2022(6)。

③ 黄慧：《基于数据的学情分析 以温州市实验中学为例》，载《未来教育家》，2016(4)。

④ 牟智佳、俞显：《教育大数据背景下智能测评研究的现实审视与发展趋向》，载《中国远程教育》，2018(5)。

⑤ 安桂清：《论学情分析与教学过程的整合》，载《当代教育科学》，2013(22)。

学生的差异性重视不高等问题会影响课前学情分析的全面性、精准性，亟须采取一些行之有效的方法或手段来解决。

二、智能技术助力学情分析

人工智能、教育数据挖掘、学习分析等技术的发展为实现精准学情分析提供了新的方向和有效方法，可以帮助教师在减轻采集、分析学生学情数据负担的同时，又能更加精准地定位知识掌握情况、学生特征与需求以及学习困难等信息，从而促使教师开展更有针对性的教学预设，有助于实现更高效的课堂教学。具体来说，智能技术应用于学情分析的作用主要体现在以下三个方面。

（一）提高学情分析的科学性

课前学情分析需要从学生的认知、能力、学习方法等起点出发，采取科学的测评与判断方法来准确客观地识别和诊断学生的学情①，精准定位学生学习的困惑与需要解决的核心问题②。智能导学系统、教育机器人、自适应学习平台等智能教育产品通过对学生的知识技能、认知水平和情绪状态的精准诊断和测评，能够实现对学生内在认知结构的立体化、综合化、科学化建模分析，揭示学生学业表现和学习行为背后潜藏的深层次认知和非认知特征③，助力教师精准把握学生学情“脉搏”④，提高学情分析的科学性。例如，北京师范大学未来教育高精尖创新中心研发的智慧学伴为学情分析提供学科诊断工具。该工具以学科核心概念为单位，按照学习理解、应用实践和迁移创新的学科能力素养表征模型，基于学科核心知识对应的教学内容来建构诊断试题，实现了对学生不同能力层级的学习表现进行科学诊断。⑤

（二）增加学情分析的深度性

学情作为一种表象，其“踪迹”融合在各类过程数据（知识点、社会交互、

---

① 刘岗、田静：《学情分析的价值意蕴、实践困境与改进路径》，载《教学与管理》，2020(27)。

② 陈志刚：《课前备课学情分析的内容与操作实施》，载《内蒙古师范大学学报（教育科学版）》，2019(9)。

③ 王一岩、郑永和：《基于情境感知的学习者建模：内涵、特征模型与实践框架》，载《远程教育杂志》，2022(2)。

④ 张伟斌、吴旋州：《利用学情分析数据 提升教学有效性的实践探索》，载《基础教育参考》，2018(23)。

⑤ 刘宁、王琦、徐刘杰等：《教育大数据促进精准教学与实践研究——以“智慧学伴”为例》，载《现代教育技术》，2020(4)。

情感等)中。① 在智能技术的支持下，教师一方面可通过设置课前探究和自主学习内容来获取学生在线完成作业时产生的大量数据，并能够凭借这些数据明晰学情，如学生集中在哪些知识点遇到了难关，在哪些内容上停留过较长时间等。另一方面，智能技术支持下的学情分析还可以通过预测、聚类、关系挖掘、模型发现、文本挖掘等数据挖掘方法分析学生的行为过程与结果数据，描绘学生访问学习资源、测评考试、互动交流等外在学习行为特征，并进一步刻画学生个体或群体的认知结构、学习偏好、心理状况等内在特征，帮助教师把握学生的真实学习特性和规律，深度洞察学生真实的学习过程和表现，助力以学定教。②③ 例如，美国普渡大学的课程信号系统(Course Signals)采用特定的学业成功算法分析学生的学业成绩、努力程度(交互频次)、表现行为等数据，能够对学生的学业状态分别给予“红(高风险)、黄(预警)、绿(良好)”三种信号的提醒。

(三)实现学情分析的可视化

一线教师普遍期望学情分析工具能够将数据分析结果以多种可视化形式呈现④，从而帮助其从多个维度分析与掌握学生的学习情况。智能技术支持的学情分析可以基于可视化技术，以图形、图表等形式呈现数据分析结果，并能够从不同主题、不同维度、不同群体等角度呈现学情信息，如班级群体学情的知识点分布图、成绩趋势分布图、师生社交网络图，学生个体学情的学生时效矩阵、个人知识图谱等。⑤ 这些可视化的学情分析报告可以帮助教师更全面地了解学生个体与群体的学习情况，包括话题讨论的参与程度、实时学习检测情况以及在线预习活动参与情况等，还可以让教师选择、定制对学情信息和数据的分析角度，从而帮助教师及时发现和预测“处于危险状态”的学生，以便及时进行教学干预。⑥ 当前智能教学平台大多能够提供可视化的学情分析报告。例如，可汗学院(Khan Academy)平台中学习分析扩展工具插件既

---

① 王希哲、黄昌勤、朱佳等:《学习云空间中基于大数据分析的学情预测研究》，载《电化教育研究》，2018(10)。

② 王亚飞、李琳、李艳:《大数据精准教学技术框架研究》，载《现代教育技术》，2018(7)。

③ 张忻忻、牟智佳:《数据化学习环境下面向个性化学习的精准教学模式设计研究》，载《现代远距离教育》，2018(5)。

④ 牟智佳、武法提:《基于教育数据的学习分析工具的功能探究》，载《现代教育技术》，2017 (11)。

⑤ 王亚飞、李琳、李艳:《大数据精准教学技术框架研究》，载《现代教育技术》，2018(7)。

⑥ 张振虹、刘文、韩智:《学习仪表盘：大数据时代的新型学习支持工具》，载《现代远程教育研究》，2014(3)。

能够分析整个班级的学习情况，也能够单独分析个体学生的学习风格，并且可以使分析结果可视化，这些可视化信息有助于教师做出兼顾班级和个体的教学决策。①

三、典型场景

智能技术支持的学情分析能够基于更加科学的学情测评方法和工具，通过智能算法对学习数据进行更有深度的挖掘分析，以可视化的方式生成多维度的学情报告②，帮助教师进行更精准的教学决策，弥补传统学情分析经验化、模糊化、片面化的不足。具体来说，智能技术可以通过科学化学情诊断、多维度学情分析、可视化学情报告等多个方面的应用来助力学情分析，如表3-2所示。

表 3-2　智能技术助力学情分析典型场景

典型场景	技术应用	说明
科学化学情诊断	学科能力测评	学科能力测评工具以“学科素养—能力表现—核心概念”为逻辑体系，建构与学科核心概念和学科能力表现匹配的学科能力诊断试题，之后基于学生在一定学习周期中的测试数据，采用深度知识追踪、认知诊断等方法对学习者的知识、技能发展状况进行分析，在课前对学生的学科认知结构和学科能力进行靶向定位。
	学业水平测评	学业水平测评工具通过对学生某节课前的单次微测作答表现进行分析，来定位学生课前对于即将学习的知识点内容的掌握情况，为认知基础和起点水平分析提供依据。
多维度学情分析	知识点掌握分析	基于知识图谱技术，可以将学生多次在某知识模块内的测试表现与知识结构建立关联，表征学科知识点和测试题资源之间的上下位关系、蕴含关系、前后关系，并通过建模分析将知识掌握情况分为熟练掌握、一般掌握、未掌握等不同级别，实现对学生在某一知识模块中的知识点掌握状态及知识点之间的相互关系的分析。③

① Leony, Derick, Kloos D, et al. “ALAS-KA: A Learning Analytics Extension for Better Understanding the Learning Process in the Khan Academy Platform,” *Computers in human behavior*, 2015.

② 郭利明、杨现民、张瑶：《大数据时代精准教学的新发展与价值取向分析》，载《电化教育研究》，2019(10)。

③ 武法提、牟智佳：《基于学习者个性行为分析的学习结果预测框架设计研究》，载《中国电化教育》，2016(1)。

续表

典型场景	技术应用	说明
多维度学情分析	学习交互分析	基于社会网络分析和内容分析等数据挖掘方法来分析学生课前讨论交互中的交互频率、交互内容、社会网络关系，实现对课前学习交互情况和学伴关系的深度分析和洞察。
	学习行为分析	通过自动捕获、记录学生在预习过程中的资料阅读、微课观看、测评作业等行为数据，并以自动化方式进行建模分析以及学习画像，提炼出可描述其特征和行为的标签集，以实现对学习者的学习兴趣、学习动机、学习态度、学习偏好等学习行为特征的刻画。
可视化学情报告	学生个体学情报告	学生个体学情报告一般包括单次学情报告和阶段性学情报告。单次学情报告从基本得分信息、错题概览、优势和短板等多维度统计并汇总学生单次练习完成情况；阶段性学情报告通过采集分析历次学情数据，按照不同时间范围为教师提供历次学业发展轨迹、近期知识点掌握情况等学情信息。
	班级群体学情报告	基于班级群体学生的薄弱知识点、易错点等学情信息，为教师提供班级基本学情、班级薄弱知识点、班级共性错题、学情变化与异常等概括性的学情信息。

（一）科学化学情诊断

学情诊断是学情分析的起点，准确了解学习者的学习水平和能力结构有助于教师更好地满足学习者的学习需求，针对学生知识薄弱点、学习困难点等施行精准教学。①② 在智能技术的支持下，教师可以通过学科能力测评、学业水平测评等方式实现更加客观科学的学情分析。①学科能力测评。教师可以通过学科能力测评工具在课前发布诊断试题，精准掌握学生在学科概念上的认知结构，发现学生学科能力发展的优势和不足，从而实现对学生学科认知结构和学科能力的跟踪诊断。具体来说，学科能力测评工具以学科素养与能力表征模型为测评框架，依据知识点所属的核心概念、能力层级、核心素养和问题情境等对测试题目进行多维度编码，建立“学科素养—能力表现—核心概念”与诊断试题的映射关系，从而对不同能力层级学生的学习过程与表现情况进行测评和诊断。②学业水平测评。教师可以基于学业水平测评工具发布考试、小测验、作业、讨论、问卷调查等测评任务，获取学生的作答情况

① 冯康：《一种基于学情诊断的智慧课堂》，载《电脑知识与技术》，2019(27)。
② 郭炯、荣乾、郝建江：《国外人工智能教学应用研究综述》，载《电化教育研究》，2020(2)。

数据(如正误情况、得分、选项、内容、解题过程)，在课前诊断学生对某节课知识点的掌握情况[1]，有助于教师精准定位学生的学业水平。

(二)多维度学情分析

要想全面系统地了解学情，需要对隐含在学习过程和结果中体现学生认知水平、互动水平、学习行为特征等具体化的学生特征进行深度挖掘和分析。智能技术支持的学情分析通过对单次或阶段学情数据的智能分析和深度挖掘，可以实现更深入具体的知识点掌握分析、学习交互分析、学习行为分析等。①知识点掌握分析。知识点掌握分析可以基于知识图谱对学生在某一知识模块中的知识点掌握情况及知识点之间的相互关系进行分析。基于此，教师不仅可以直接查看学生掌握知识点的概况，帮助教师更加精确地定位教学重难点，还可以深入分析学生某一知识点的薄弱原因，如对前知识点掌握不足、对相似知识点存在学习障碍等，从而设计合适的学习内容顺序。②学习交互分析。学习交互分析通过社会网络分析和内容分析等方法来分析学生在课前讨论互动的参与情况、受关注主题等，识别哪些学生处于核心地位，哪些学生的关联性较低。[2] 基于此，教师可以快速识别核心学生、边缘学生，提炼出预习后学生存在的共性问题和个性问题。[3] 例如，社会网络分析工具可以基于从学习管理系统论坛中提取的参与讨论者、参与讨论人数、发帖数、回帖数等数据，通过自我中心社会网络分析、小团体分析、中心性分析等社会网络分析，向教师反馈学生发帖互动的频率和反应时间，并实时以社会网络关系图呈现课前讨论的可视化结果，方便教师了解所有学生参与讨论的情况。[4] ③学习行为分析。学习行为分析通过挖掘分析学生在预习过程中的资料阅读、微课观看、测评作业等日常学习数据，一方面可以帮助教师监控课前学习行为，呈现学习轨迹等，如教师可以根据学习平台的数据记录情况，查看学生在微课预学时的暂停频次、暂停点等，了解学生在观看微课时可能遇到的难点和困惑，并根据微课预习时的浏览、暂停行为等有针对性地设定课堂教学

---

① 葛文双、韩锡斌、何聚厚：《在线学习测评技术的价值、理论和应用审视》，载《现代远程教育研究》，2019(6)。

② 李彤彤、黄洛颖、邹蕊等：《基于教育大数据的学习干预模型构建》，载《中国电化教育》，2016(6)。

③ 管珏琪、孙一冰、祝智庭：《智慧教室环境下数据启发的教学决策研究》，载《中国电化教育》，2019(2)。

④ 孟玲玲、顾小清、李泽：《学习分析工具比较研究》，载《开放教育研究》，2014(4)。

的内容重点。[1] 另一方面可以进一步提炼出可描述其特征和行为的标签集，以实现对学习者的学习兴趣、学习动机、学习态度、学习偏好等学习行为特征的刻画。

（三）可视化学情报告

课前学情分析既要关注共性分析，也需要围绕学生的具体特征开展差异化、个性化的学情分析。[2] 智能技术支持下的学情分析可以实现学生个体、班级群体等多维度可视化学情报告的呈现[3]，从而使教师能够更加快速准确地掌握每一个班级、每一位学生的学情信息全貌，识别并区分不同学生的共性需求与差异化需求，找准课堂教学的立足点和发力方向。①学生个体学情报告。学生个体学情报告一般包括面向学生个体的单次学情报告和阶段性学情报告。单次学情报告主要是从多维度统计并汇总学生单次练习完成情况，并提供基本得分信息、错题概览、优势和短板等学情信息。例如，错题概览能够展示学生本场作业、练习或考试所有错题题号，以及每道错题的得分情况和题目难度，帮助教师迅速定位学生薄弱项。阶段性学情报告主要是通过采集分析历次学情数据，按照不同时间范围向教师提供历次学业发展轨迹、近期知识点掌握情况等个性化学情信息。基于此，教师可以进一步追踪分析和探究学生学情变化或异常的原因。②班级群体学情报告。班级群体学情报告基于班级群体学生的薄弱知识点、易错点等数据，为教师提供班级基本学情信息、班级薄弱知识点、班级共性错题、学情变化与异常等概括性的学情信息，可以帮助教师快速了解班级整体学情状况，在课前及时发现共性问题，并寻找应对之策。例如，想要了解学生学情的变化与异常，可以通过学情分析系统对学生学业成绩进行自动甄别并标记大幅进步、大幅退步、临界生、波动生等需要关注的学生，帮助教师课前快速识别并有针对性地指导和帮助存在学习困难的学生。

---

① 雷云鹤、祝智庭：《基于预学习数据分析的精准教学决策》，载《中国电化教育》，2016(6)。

② 安桂清：《论学情分析与教学过程的整合》，载《当代教育科学》，2013(22)。

③ 任红杰：《基于大数据的精准教学：生成路径与实现条件》，载《黑龙江高教研究》，2017(9)。

案例 3-2　基于学情分析开展精准教学①

2015 年 4 月，江苏省南通第一中学(以下简称“南通一中”)引进了学业大数据系统。2017 年 9 月，学校开始常态化应用智学网，通过网评网阅技术、点阵数码笔技术等对全校学生的日常作业、考试等学情数据进行常态化采集，并通过多维度、多角度学习数据的分析与挖掘，多元呈现学生学业水平、学习特征等学习情况，助力教师开展精准学情分析。②

以高二(4)班数学学科为例，学科教师黄老师主要基于班级学情报告和学生个体学情报告开展精准学情分析，具体包括以下两个方面。①班级共性学情分析。黄老师通过在智学网班级学情模块上查看班级知识点掌握情况、班级共性错题等，对比本班与本校、本区域知识点平均掌握率的数据，以此为依据，在下一次上课前设计集体复习、错题再练、专项训练等教学活动弥补班级认知短板，为备课提供支撑。此外，班级学情报告中还会呈现学情变化和异常信息，提供大幅进步、大幅退步、波动较大的学生名单及人数，黄老师也会以此为参考对相应学生进行分类识别和有针对性的干预。②学生个体学情分析。黄老师在备课时通过“学生学情”模块中查看每一位学生的详细学情，获取每一位学生的知识点掌握详情和学科能力情况。在这个过程中，黄老师发现田同学近一周来在“函数的零点与方程根的关系”和“利用导数研究函数的单调性”这两个知识点的得分率均远低于年级平均得分率，并通过筛选该同学近一个月的学情数据进一步明确该同学关于“函数的零点与方程根的关系”知识点没有掌握。基于这一情况，黄老师给予了田同学单独指导，同时还给他推送了几道变式题以巩固提高。在接下来的月考中，该同学在函数零点的问题上没有再丢分。如图 3-3 所示，黄老师还通过学科能力图谱知悉田同学在空间想象能力和数据处理能力这两个数学学科能力维度上有待提高。基于此，黄老师设计了有针对性的同质或异质分组学习活动，锻炼提升田同学的学科能力，帮助田同学实现全面成长与发展。

---

① 本案例根据 2019 年认知智能国家重点实验室智能教育开放课题“基于学业大数据的认知诊断研究”相关研究成果整理总结。

② 田雪林:《大数据在认知诊断中的实践应用》，载《中国教师》，2019(7)。

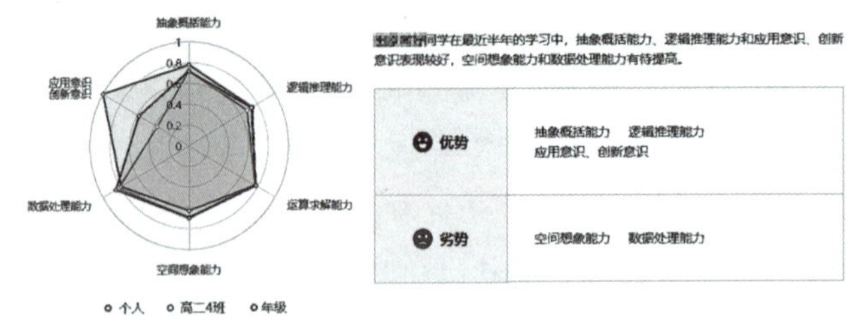

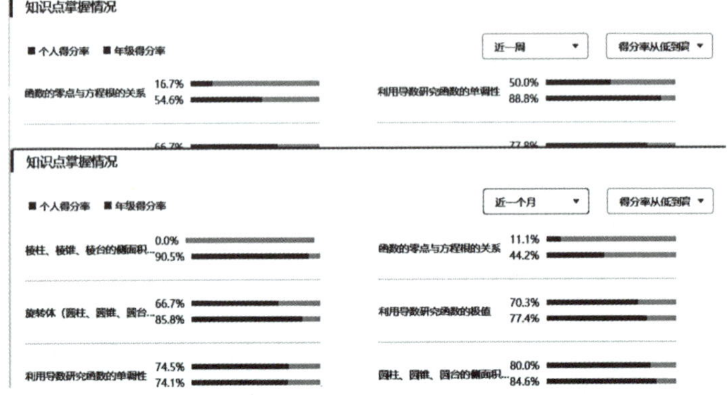

图 3-3　高二(4)班田同学的学情及学科能力情况

第四节　高效化的教学资源准备

一、教学资源准备问题简析

教学资源准备是教师对教学资源的选择与开发①，是课前准备的重要组成部分。教学资源作为教学工作开展的基础，包括文本资源、图形图像资源、动画资源、声音资源和视频资源等类型。② 在进行教学资源准备时，教师不仅要收集文字、图片、视频、课件等素材③，还要对素材进行筛选、整理、加工等操作，以形成适用于教学目标和教学实施要求的优质教学资源。提高教师教学资源准备的效率和质量是实施有效课程教学的重要条件④，也是实现教学

① 卢红：《基于传统课堂的混合式学习在初中英语教学中的应用》，载《课程教育研究》，2020(1)。

② 高宏卿、汪浩：《基于云存储的教学资源整合研究与实现》，载《现代教育技术》，2010(3)。

③ 邱丙中、刘晓丽、李娜等：《"印后加工工艺"课程网络教学设计与探索》，载《数字印刷》，2020(3)。

④ 苗逢春：《从"国际人工智能与教育会议"审视面向数字人文主义的人工智能与教育》，载《现代教育技术》，2022(2)。

提质增效的前提。

目前，在教学资源准备的实践中，还存在诸多困扰教师的问题，主要表现在以下三个方面。①教学资源庞杂分散，教师资源获取效率低。虽然教师可以通过互联网获取多种多样的教学资源，但是这些资源分散于互联网的各个角落，质量良莠不齐且品质普遍不高①，导致教师需要花费大量时间和精力对这些散布的资源进行收集、下载和查看。②教学资源组织无序，教师难以有效筛选。一般来说，教师通过多种渠道获取的教学资源都只是简单地汇总集成，缺乏整体性和系统性②，教师难以快速辨识课程内容、知识点与教学资源之间的关系，无法便捷地筛选出与课程内容相匹配的教学资源。③教学资源加工过程复杂，资源个性化开发难度大。通常，教师会根据自己的授课需要对收集到的教学资源进行个性化处理、二次开发③，以满足课程教学需要。但教师的时间精力不足、技术能力有限④，难以对形式多样的教学资源进行高效率、高质量的加工处理。上述这些问题的存在，使得教师无法高效准备适用的教学资源，同时给教师的课前准备造成了负担，亟须采取有效措施加以解决。

二、智能技术助力教学资源准备

大数据、云计算等智能技术可以帮助教师进行有效的教学资源收集、整理和加工，以减轻教师备课负担，提高备课效率。⑤ 具体来说，智能技术对教学资源准备的助力作用主要体现在以下三个方面。

(一)提升资源获取的便捷性

教学资源的获取渠道丰富多样。智能技术可以对教学资源的来源渠道进行有效的聚合⑥，汇聚互联网上的多方资源，并支持资源共享，形成一站式的教学资源获取方式，助力教师收集类型各异、形式多样的教学资源，提高优质资源获取效率。同时，智能技术还能够通过数据抓取、智能分词、自动建

---

① 张进良、邢贞德、杨苗等：《大学双线混融教学：内涵、因素与策略》，载《当代教育论坛》，2022(2)。

② 黄涛、施枫、杨华利：《知识地图模型及其在教学资源导航中应用研究》，载《中国电化教育》，2015(7)。

③ 张燕：《从翻转课堂的趋势看在线学习平台的功能设计和内容研发——以 MindTap 平台为例》，载《中国传媒科技》，2022(3)。

④ 陈邦泽：《西藏农村教师教育技术能力调查与对策分析》，载《甘肃科技纵横》，2014(2)。

⑤ 张成涛、张秋凤：《乡村振兴背景下农业职业教育的机遇、挑战与应对》，载《中国职业技术教育》，2019(3)。

⑥ 胡畔、柳泉波：《“教育云服务+云终端”模式下的数字教材研究》，载《现代教育技术》，2018 (3)。

立索引和数据挖掘分析等，形成智能化的教学资源搜索推荐，实现教学资源的个性化筛选，方便教师获取适合的教学资源。①② 例如，南宁教育云平台实现了教学资源的集成化和互联共享，可以为教师提供多种教学资源搜索方式，还可以根据教师输入的关键词形成相关词汇，自动使用相关词汇进行搜索，呈现相关的教学资源，方便教师选择下载。③

（二）增强教学资源的适用性

教学资源的整合有利于资源合理高效的使用和教学质量的提高。④ 智能技术可以帮助教师进行教学资源的整理与组织⑤，以形成体系化资源，方便教师选择与使用。一方面可以通过教学资源对应的学段、学科、使用场景等属性为教学资源创建标签，将庞杂的教学资源按照既有分类整理出来，实现教学资源的体系化呈现。另一方面可以形成可视化的教学资源导航⑥，生成体系化的资源检索目录，方便教师根据资源属性选取适用性强的教学资源。例如，畅言智慧课堂提供的同步教学资源是以电子化教材为载体，按照章节目录提供配套同步的教学资源，涵盖初中、高中学段，包括语文、数学、英语等 9 个学科，并且支持按照教学资源的使用场景和类型进行资源的分类查看与选用。

（三）减轻资源开发制作负担

为了满足个性化教学需要，教师往往要定制教学资源，或者对获取的教学资源进行加工处理。智能技术支持下的教学资源自动生成工具、智能编辑工具等可以帮助教师对教学资源进行高效的加工和制作，促进教学资源的快捷生成⑦⑧，降低资源制作的时间成本，减轻教师制作资源的负担。例如，万

---

① 韦书令：《基于 Lucene. net 的教学资源智能搜索系统的设计与实现》，载《广西广播电视大学学报》，2017(1)。

② 钟绍春、钟卓、范佳荣等：《智能技术如何支持新型课堂教学模式构建》，载《中国电化教育》，2022(2)。

③ 《讯飞助力，智慧启航！南宁教育云平台正式上线》，https：//mp. weixin. qq. com/s? src＝11×tamp＝1652949263&ver＝3807&signature＝hkGAoX3vd-JPIVGEwFOFBV5GnJCT4imdjZ73om0pcQy09Ibc-8Zub3CX7b-dXxZ5qpNBQYMeGinArMX1-6JKmC5H39FQIgNeBIwCjTza5N4MzcU9sCA9iI2HSDB8UhEp&new＝1，2022-05-19。

④ 高宏卿、汪浩：《基于云存储的教学资源整合研究与实现》，载《现代教育技术》，2010(3)。

⑤ 王晓跃、刁海旭、柳益君等：《基于 SPOC 混合式学习模式的学习支持服务构建研究》，载《电化教育研究》，2019(3)。

⑥ 黄涛、施枫、杨华利：《知识地图模型及其在教学资源导航中应用研究》，载《中国电化教育》，2015(7)。

⑦ 马相春、钟绍春、徐妲等：《基于电子书包教学系统的翻转课堂教学模式实践研究》，载《电化教育研究》，2017(6)。

⑧ 余新国、夏菁：《智能技术变革教育的途径和机理》，载《华中师范大学学报(人文社会科学版)》，2022(2)。

彩动画大师是一款专用的图文动画制作软件，它拥有灵活的镜头设置，内置海量精美模板和素材，辅以丰富的动画效果和过渡体验，各学科教师都可以利用它制作具有3D动画电影效果的微课资源，提高制作效率和质量，激发学生学习兴趣。如数学学科教师可以利用软件中的图形工具，借助动画演示效果展现圆的切割、抛物线的递增递减、方向位置等知识，用于辅助教学演示，帮助学生形象地理解抽象的知识。①

三、典型场景

教学资源的准备通常包括收集、整理、加工等过程。智能技术助力教学资源准备体现在便捷化教学资源获取、体系化教学资源整理和智能化教学资源制作等典型应用场景中。具体内容如表3-3所示。

表3-3 智能技术助力教学资源准备典型场景

典型场景	技术应用	说明
便捷化教学资源获取	教学资源一站式获取	通过云端教学资源库、云端教学资源共享和云端存储空间等，形成互联互通的资源共享方式，以及基于云端的资源在线存储方式，实现一站式的教学资源获取。
	教学资源智能搜索与推荐	通过智能搜索与智能推荐技术，形成个性化的教学资源搜索和推荐方式，实现教学资源的个性化筛选。
体系化教学资源整理	资源体系化组织	通过自然语言处理和学科知识图谱等技术，自动生成教学资源标签，自动形成知识点与资源的关系网络，实现多种方式的教学资源分类与整理。
	资源可视化导航	通过知识地图等技术，生成可视化的教学资源导航，实现清晰可见的教学资源目录。
智能化教学资源制作	视频资源自动编辑	通过对视频类资源的自动补帧、色彩修复、语义解析和自动生成等处理，提高视频制作效率。
	图片资源智能处理	通过对图片类资源的智能识别、剪切、降噪等处理，提高图片制作效率和图片质量。
	教学课件便捷制作	通过模板化Flash工具、整合的文字转语音工具，以及动画人物设计工具等更便捷地设置教学活动内容、添加教学资源等，实现多样化课件素材的便捷制作。

① 李倩:《巧用万彩动画大师玩转微课制作》,载《中小学信息技术教育》,2022(4)。

（一）便捷化教学资源获取

教学资源的便捷获取可以有效帮助教师减轻资源收集获取的负担。云计算、智能搜索与推荐技术等，能够实现教学资源的一站式汇聚、便捷化共享、多终端下载、智能化同步以及个性化推荐，由此减轻教师的资源获取负担，提高教师备课过程中的资源获取效率。[①②③] ①教学资源一站式获取。教师通过基于云计算的软件技术和硬件资源构建的云端教学资源库、云端教学资源共享和云端存储空间等，能够将分散在互联网上多站点的海量教学资源汇聚起来，构建个人专属的在线教学资源库，方便多终端、多元化的资源下载[④]；能够在云端与其他教师进行随时随地的资源交流与共享，实现跨区域和跨学校的教学资源优势互补，提高优质资源的获取效率[⑤]。②教学资源智能搜索与推荐。教师通过智能搜索等技术，能够对搜索关键词进行分词处理，并建立数据源索引，限定查询条件后实现精准搜索[⑥]；智能推荐等技术，能够根据教师个人资源偏好进行资源智能推荐，或者根据班级和学生个人的学科知识点掌握情况精准匹配适合的教学资源[⑦]，从而帮助教师缩小资源搜索范围，提高资源获取效率。

（二）体系化教学资源整理

进行体系化教学资源整理，改善教学资源的组织方式和呈现方式，可以有效地帮助教师查看、选择适合自己教学需求的资源。在智能技术的支持下，教师通过教学资源标签自动化生成工具和可视化资源目录导航等，可以查看清晰明了的资源逻辑关系，选取适用的教学资源，提高资源准备效率。[⑧] ①资

---

① 张云、李岚：《基于移动云计算的教学资源平台的设计与实现》，载《信息与电脑（理论版）》，2022(3)。

② 李玉顺、武林、顾忆岚：《基于学习对象的教学资源设计及流程初探》，载《中国电化教育》，2012(1)。

③ 蔡慧英、陈明选：《智能时代数字教育资源建设与发展研究》，载《现代远距离教育》，2019(3)。

④ 赵冬冬、曾杰：《"互联网+"视域下跨区域教学共同体建设研究——兼议"三个课堂"应用》，载《中国电化教育》，2021(2)。

⑤ 陈卓然、华振兴、陆思辰等：《教育信息化背景下开放式高校计算机教学资源系统建构与实施——以吉林师范大学博达学院为例》，载《智库时代》，2017(10)。

⑥ 韦书令：《基于 Lucene.net 的教学资源智能搜索系统的设计与实现》，载《广西广播电视大学学报》，2017(1)。

⑦ 莫加雯、吴连凤、王林等：《大数据背景下高校教学资源管理模式研究》，载《科技创新导报》，2018(16)。

⑧ 黄涛、施枫、杨华利：《知识地图模型及其在教学资源导航中应用研究》，载《中国电化教育》，2015(7)。

源体系化组织。自然语言处理等技术可以对教学资源包含的文字信息进行分析，并生成教学资源对应的标签，方便教师按照学段、学科、教学使用场景(教学设计、知识讲解、拓展素材、测试训练等)以及类型(课件、文本、图片、音频、视频、动画等)对教学资源进行归类，使杂乱的教学资源变得更加有序[①]；学科知识图谱等技术可以梳理各类学科知识点的本体概念及前驱后继的逻辑联系，表征学科知识点之间、学科教学资源之间、学科知识点与学科教学资源之间的映射关系[②]，搭建知识点和教学资源之间的语义网络，厘清知识点与教学资源的关联关系，从而形成教学资源与对应知识点的关系网络[③]。②资源可视化导航。知识地图等技术可将各分类之间或者知识点之间的关系进行可视化展示[④]，并形成具有结构层次的可视化教学资源目录，按照类别、知识点等逻辑关系呈现对应的教学资源。

(三)智能化教学资源制作

在日常教学过程中，提高教学资源开发制作、加工处理的效率是减轻教师备课负担的途径之一。在智能技术的支持下，教师利用智能化的内容制作工具对教学资源进行便捷化、智能化加工处理，可以减轻资源制作负担，提高资源制作效率。[⑤] ①视频资源自动编辑。教师利用视频资源自动编辑功能，可以对视频类资源进行自动补帧、色彩修复以及语义解析[⑥]，让视频画面更加流畅、色彩更加饱满鲜艳，提高视频资源质量。利用视频资源编辑功能可以自动形成与视频中的声音匹配的字幕，或者综合各类信息，自动生成视频[⑦]，提高视频教学资源的使用便捷性。②图片资源智能处理。教师利用图片资源处理功能，可以对图片类资源中的元素进行智能识别和剪切，迅速抓取与合成适用的图片素材，还可以通过智能降噪、自动曝光补偿、镜头校正、色彩

---

① 李雯、文勇军、唐立军：《多特征融合的教育资源标签生成算法》，载《计算机与现代化》，2020(9)。

② 柯清超、林健、马秀芳等：《教育新基建时代数字教育资源的建设方向与发展路径》，载《电化教育研究》，2021(11)。

③ 钟卓、唐烨伟、钟绍春等：《人工智能支持下教育知识图谱模型构建研究》，载《电化教育研究》，2020(4)。

④ 黄涛、施枫、杨华利：《知识地图模型及其在教学资源导航中应用研究》，载《中国电化教育》，2015(7)。

⑤ 马相春、钟绍春、徐妲等：《基于电子书包教学系统的翻转课堂教学模式实践研究》，载《电化教育研究》，2017(6)。

⑥ 唐铮、王欣欣：《5G时代新闻业的新形态、新进路和新规制》，载《新闻爱好者》，2022(2)。

⑦ 王萍：《人工智能在教育视频中的应用分析与设计》，载《电化教育研究》，2020(3)。

还原等图片自动处理的算法对图片进行加工处理①，由此在便捷修改图片内容的同时，还能快速优化图片质量。③教学课件便捷制作。教师可以利用课件制作的各种模板，简单直观地设计出独具特色的动态交互课件素材，让教师有效摆脱烦琐的底层编程工作；可以通过模板化 Flash 工具、整合的文字转语音工具，以及动画人物设计工具等实现多样化课件素材的便捷制作②；可以通过课件插件工具，在课件中即时便捷地添加形式丰富的教学活动内容，如分类、连线、选词填空、画廊、语言学科评测练习等，丰富课件制作的内容；还可以通过资源链接工具，将各种在线或本地资源库中的教学资源即时、便捷地添加到课件中，提高课件制作的效率。

案例 3-3　国家中小学智慧教育平台支持下的教学资源应用③

国家中小学智慧教育平台是教育部在原"国家中小学网络云平台"基础上升级而成的。该平台共包含了专题教育、课程教学、课后服务、教师研修、家庭教育和教改实践经验六个板块。其中，平台的课程教学资源目前上线了 19 个版本、452 册教材的 19508 课时资源，还外链了中国国家博物馆、中国数字科技馆、国家公共文化云、人民日报少年网、数字敦煌、北京大学考古与艺术博物馆、清华大学科学博物馆等 60 个重要专业网站。随着全国各区域和学校的推广和使用，国家中小学智慧教育平台逐渐进入了常态化应用的阶段。在试运行阶段，平台累计浏览量达 7.2 亿，日均浏览量 2888 万以上，最高日浏览量达 6433 万。④

宁夏回族自治区教育厅建设了宁夏教育资源公共服务平台，与国家中小学智慧教育平台的资源和应用实现了互联互通。在平台资源的支撑下，区域内的银川市兴庆区回民第二小学通过对在线教育教学资源的二次开发，实现了资源校本化、特色化，覆盖各学科。⑤ 如图 3-4 所示，二年级语文教师可以在平台上找到"课程教学"模块下"小学课程"部分的"二年级"的按钮，点击之

---

① 段淳林、宋成：《用户需求、算法推荐与场景匹配：智能广告的理论逻辑与实践思考》，载《现代传播(中国传媒大学学报)》，2020(8)。

② 曾腾、何山：《高校信息化教学平台应用推广研究——基于"北大教学网"应用推广工作的实践探索》，载《现代教育技术》，2016(4)。

③ 本案例根据互联网公开发布的新闻材料整理总结(截止时间 2022 年 7 月 13 日)。

④ 《国家中小学智慧教育平台试运行期间日均浏览量达 2888 万以上》，https://baijiahao.baidu.com/s?id=1728603507476047145&wfr=spider&for=pc，2022-07-13。

⑤ 《义务教育十年"三变"》，https://baijiahao.baidu.com/s?id=1731398355915035735&wfr=spider&for=pc，2022-07-13。

后会出现二年级语文教材统编版的课文目录。每篇课文目录下都有对应的视频课程、学习任务清单和课后练习，教师可以利用这些资源作为语文课前预习或者课堂授课时的素材。此外，平台还为每位教师提供了在线的个人空间，教师能够在个人空间里存储资源，实现个人资源云端储备，并且平台的个性化订阅、智能推送推荐、精准检索等功能也让教师更容易获取到丰富多样的教学资源，大大提高了资源使用的便捷性。

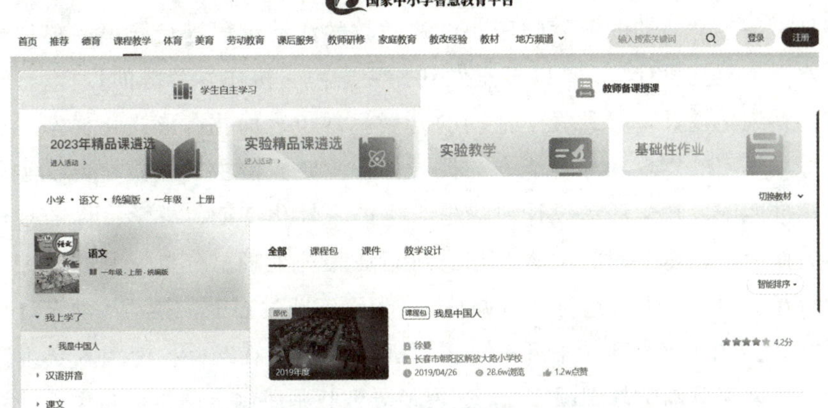

图 3-4　国家中小学智慧教育平台的资源界面

总的来说，国家中小学智慧教育平台通过对多渠道、多类型资源的整合组织，可以帮助教师丰富教学资源储备、优化教学内容设计，实现技术与教育教学的深度融合，助力减负增效。

第五节　智慧化的教学活动设计

一、教学活动设计问题简析

教学活动设计是课前准备的核心内容。一个完整的教学活动设计应包括学习目标的设定、学习内容的选择、活动组织的方法、课堂实施策略的构建等。① 教师需要依据不同学生的特征、不同的教学内容等进行不同的设计，并能够将教学活动与课程目标、课程内容紧密结合，使教学活动序列化、系统

① 陈作锋：《课堂教学活动设计概念的初步构建与分析》，载《文教资料》，2009(5)。

化和动态化。[①]

高质量的教学活动设计是课堂教学的源头活水，也是实现教学目标的基本保障。[②] 然而，在当前的教学实践中，教学活动设计还存在一些问题[③]，主要表现在以下两个方面。①缺乏精细化深度设计，难以真正实现深层次教学。新时代背景下的学习活动情境变得更加复杂。教师和学生在各种学习活动中应该扮演什么样的角色、完成什么样的任务等，都需要在课前做好更加精细化、具体化的设计和安排。[④] 但实际上，很多一线教师在教学活动设计中仅仅粗略地考虑教学活动的前后顺序，对课堂教学活动流程进行简单粗糙地分解和低水平重复性设计[⑤]，难以真正做到探究学习、协作学习等的目标、任务、内容的精细化设计，导致教学活动的开展呈现出表面化、形式化样态，影响学生深度学习的实现和综合能力的提升。②主要凭借主观经验，难以实现教与学精准匹配。教学活动设计要考虑学生的个性化特征、教学目标的多样性等多方面因素，需要对相关教学信息进行收集与处理、分析及判断，进而对教学目标、内容、方式进行及时调整。[⑥] 但在实践过程中，教学活动设计依然遵循"以教为中心"的理念来开展，主要凭借教师主观经验、围绕教学策略和教学方法来简单确定教学顺序[⑦]，这容易导致教师所制定的目标与学生的真实认知水平或学习需求呈现出较大的偏差，教学内容针对性不足。同时，大多数教师没有能力独自筛选出适合学生群体或个体的最佳教与学路径，仅靠教师个人的智慧难以在爆炸式增长的学习资源和种类繁复的学习活动中快速匹配形成精准化、个性化的教学活动设计。[⑧] 总的来看，细致不足、偏重主观经验等问题会影响到教学活动设计的质量，有效解决这些问题可以切实帮助教师减轻备课负担，提升教学准备效率。

---

① 冯茹、马云鹏：《基于真正学习的教学设计三维要素分析》，载《教育理论与实践》，2019(10)。

② 王坤：《支持与实现：教育大数据对高校教师教学决策的价值所在》，载《中国成人教育》，2018(16)。

③ 何克抗：《如何实现信息技术与学科教学的"深度融合"》，载《教育研究》，2017(10)。

④ 张钰团、吴仕云：《基于人工智能的教学设计应用研究》，载《中国教育信息化》，2021(23)。

⑤ 朱永海：《深度学习视角下混合教学系统化设计与体系化模式构建》，载《中国电化教育》，2021(11)。

⑥ 王坤：《支持与实现：教育大数据对高校教师教学决策的价值所在》，载《中国成人教育》，2018(16)。

⑦ 沈书生：《从教学结构到学习结构：智慧学习设计方法取向》，载《电化教育研究》，2017(8)。

⑧ 钟绍春、钟卓、范佳荣等：《智能技术如何支持新型课堂教学模式构建》，载《中国电化教育》，2022(2)。

二、智能技术助力教学活动设计

智能技术为教师开展教学活动设计带来了新的潜能。诸如教学智能代理、学习设计工具、学习分析等技术的应用不仅可以减轻教师开展教学活动设计的负担，而且可以帮助教师实现基于模板、基于数据证据进行教学活动的设计与组织，提高教学活动设计的科学性和有效性。具体来说，智能技术对教学活动设计的助力作用主要体现在以下三个方面。

（一）加强教学活动设计的精细化

在人工智能时代，需要对课堂教学活动进行形式化定义，建立以活动为中心的统一编排模型，支持活动序列之间数据流与控制流的自动化建模，以实现对教学活动的结构化表示。① 目前，智能技术的应用能够为教师提供结构化、精细化的模板，如教学标准设计模板、教学内容设计模板、教学活动设计模板和教学策略设计模板等，从而降低教学活动的设计难度，为教师开展标准化、细粒度的教学活动设计提供清晰的思路和指引，促进“以学为中心”的教学活动设计的实现。② 此外，还有一些探索应用技术能够为教师开展整体教学活动设计提供参考指引，如针对“农远工程”开发的引导式教学设计生成系统，能够根据教师选择的课程类型提供相应的教学活动设计框架，引导教师根据内容进行选择，必要时可以参照提示填写合适的内容，按步骤填写完整内容后便可自动生成适合该教师的教学设计，提高备课的效率。③

（二）简化教学活动设计的繁复性

教学活动设计是一项繁杂的工作，需要根据各种教学资源进行科学合理的设计。利用智能技术可以进行某些“批处理”与自动加工，并能够通过智能推荐适切教学活动及资源、自动生成教案等方式，为教师智能推荐相应的活动类型或具体活动内容，提供匹配的、丰富的素材或完整资源④，从而减少同类教学设计过程中重复性的人工劳动⑤，把教师从关注内容中解放出来，保留

---

① 刘三女牙、孙建文：《人工智能时代的课堂创变：解构与重构》，载《国家教育行政学院学报》，2021(9)。

② 张钰团、吴仕云：《基于人工智能的教学设计应用研究》，载《中国教育信息化》，2021(23)。

③ 陈庆贵、洪文秋：《基于“农远工程”技术环境的自适应引导式教学设计生成系统的设计与应用》，载《中国电化教育》，2013(8)。

④ 郝建江、郭炯：《智能技术赋能精准教学的实现逻辑》，载《电化教育研究》，2022(6)。

⑤ 彭绍东：《教学设计自动化的定义与发展述评》，载《电化教育研究》，2011(1)。

更多的精力去关注学生本身，关注如何通过组织教学活动为学生提供更高质量的学习体验。例如，当前已有的智能化备课系统能够根据教师备课需要向教师推送较为前沿的教学案例和教学资源，教师可以参考并酌情选择，而无须进行大量重复性的备课工作，由此实现轻松化、智能化备课①；此外，教案自动设计与生成系统可以帮助教师分析教学情境，提取授课内容，分析教学对象，并从数据库中抽取相应的内容生成教案，供教师借鉴与使用②。

（三）促进教学活动设计的个性化

教学活动设计需要以学习者为中心，提供个性化活动方案。利用智能技术可以基于每位学习者的学习数据及分析结果，通过智能决策系统进行逻辑推理，筛选、优化并建立完整的教与学路径体系，帮助教师在此基础上找到适合所教群体学生的最优教与学路径③；同时还可以为每位学习者提供或推荐个性化教学资源和学习路径设计④，实现教与学的精准、个性化匹配。例如，大数据精准教学系统，通过分析学生的课堂、作业、考试等系列场景数据，能够为教师推荐适合班级群体的知识讲评顺序，还能够为学生规划最佳学习路径，生成适合每位学生的个性化学习方案。此外，教师作为教学活动设计的主导者，需要为学生的个性化学习活动提供半监督式的学习设计支持。⑤ 智能技术可以帮助教师在智能决策系统的基础上调整和优化个性化教学活动设计。例如，美国科罗拉多理工大学开发的 IntelliPath 平台能够为教师实时呈现学生的学习进展，教师可以通过修正学习路径来调整学生的活动设计，为有特殊需求的学生分配学习材料，提升教学活动设计与实施的精准性。⑥

三、典型场景

教学活动设计是一种由教师主导完成的创造性工作。通过智能技术可以

---

① 唐雯谦、覃成海、向艳等：《智慧教育与个性化学习理论与实践研究》，载《中国电化教育》，2021(5)。

② 卢宇、马安瑶、陈鹏鹤：《人工智能＋教育：关键技术及典型应用场景》，载《中小学数字化教学》，2021(10)。

③ 钟绍春、钟卓、范佳荣等：《智能技术如何支持新型课堂教学模式构建》，载《中国电化教育》，2022(2)。

④ 李凤英、龙紫阳：《从自适应学习推荐到自适应学习牵引模型——“智能＋”教育时代自适应学习研究取向》，载《远程教育杂志》，2020(6)。

⑤ 刘清堂、毛刚、杨琳等：《智能教学技术的发展与展望》，载《中国电化教育》，2016(6)。

⑥ 汪存友、黄双福：《自适应学习支持下的美国高校课程设计和教师角色研究——以科罗拉多理工大学 IntelliPath 项目为例》，载《电化教育研究》，2020(7)。

帮助教师实现教学活动的系统化、自动化、动态化设计，最大限度地减轻教学设计中的重复性工作，提高教学活动设计的规范性和精准性。具体来说，当前智能技术支持的教学活动设计主要体现在可视化教学活动编辑、智能化教学活动推荐、适应性学习路径规划等典型应用场景中，具体如表 3-4 所示。

表 3-4　智能技术助力教学活动设计典型场景

典型场景	技术应用	说明
可视化教学活动编辑	基于结构化模板的教学活动编辑	通过提供包含若干实施步骤或实施要点的活动序列，为教师开展以活动为中心的教学设计提供清晰、操作性强的框架和要素。
	基于可视化界面的教学活动编辑	提供一套通用的、预先定义的图标代表相应的教学设计要素，帮助教师通过选择要素、拖动图标和箭头来更加自由灵活地编排和设计教学活动。
智能化教学活动推荐	基于学科知识的教学活动推荐	基于大数据技术与学科知识图谱技术，建立编辑中的教学设计方案与已有知识库间的关联，实现每个学科知识点或特定知识组块与活动的匹配程度。
	基于教学特征的教学活动推荐	通过挖掘并分析教师授课情境、学习者特征、授课内容等背景信息，基于智能推荐技术筛选出相匹配的教学活动和任务，提升教学活动设计和教与学特征的匹配程度。
适应性学习路径规划	系统生成的学习路径规划	根据学习者的学习特征，为学生动态推荐合适的学习路径和学习内容，判断在什么情况下允许学生转到哪个学习任务，并决定是否提供建议、提示、陈述、示例等，实现学习活动方案的量身定制。
	教师引导的学习路径规划	教师可以通过设定引擎规则对学生学习路径的生成进行强干预，创建教学活动的自适应规则，实现教学活动设计的调整和优化。

（一）可视化教学活动编辑

教学活动设计是有模型可循的，已有不少探索与应用。在智能技术的支持下，教师可以基于结构化模板、可视化界面等开展教学活动编辑，实现更便捷的教学活动过程设计，更灵活的教学活动要素修正、完善和扩展，从而保证教学活动设计的完整性和规范性。[①] ①基于结构化模板的教学活动编辑。基于结构化模板的教学活动编辑一般能够提供包含若干实施步骤或实施要点

① 顾小清、舒杭、白雪梅：《智能时代的教师工具：唤醒学习设计工具的数据智能》，载《开放教育研究》，2018(5)。

的活动序列，如学习活动设计模板一般包括学习目标(属性)、活动任务、交互过程、学习成果、学习资源和工具、活动规则等[①]，可以为教师开展以活动为中心的教学设计提供清晰、操作性强的框架和要素，降低一线教师开展学习活动设计的难度，助力教学活动设计从“粗糙”走向“精细”。②基于可视化界面的教学活动编辑。基于可视化界面的教学活动编辑通过提供一套通用的、预先定义的教学设计要素图标，支持教师通过拖动图标和箭头来更加自由灵活地编排设计教学活动的流程，实现教学活动流程图的自动化生成。例如，将资源工具、互动工具、作业考试及评价工具等全部封装到教学活动设计模块中，教师只要将对应的活动从工具箱中拖拽到活动编辑器界面中，并通过“连线”设定其先后顺序就可以实现教学活动的自动化编排与生成。[②]

(二)智能化教学活动推荐

提高教师教学活动设计效率的重要方式之一是开展自动化设计。智能技术能够通过自动或半自动地采用某种教学算法和推理机制，实现基于学科知识的教学活动推荐和基于教学特征的教学活动推荐，辅助教师完成一定的教学活动设计决策，提高教学活动设计的自动化水平和质量。①基于学科知识的教学活动推荐。大数据、学科知识图谱等技术，可以建立编辑中的教学设计方案与已有知识库的关联，实现每个学科知识点或特定知识组块与教学活动的匹配。[③] 基于此，教师在备课时只要描述清楚哪些目标知识点，便可获取与知识点相关的不同难度、不同类型的活动任务，之后根据需要勾选特定的活动任务，就能智能化生成教学活动设计方案。[④] 例如，上海开放大学个性化学习系统支持教师基于知识点开展教学设计，平台围绕课程内容梳理知识点模型，方便教师将知识点关联到课程资源、题库、活动等方面，保证了学习任务与知识结构内在逻辑的一致性，有效减轻了教师筛选和检索大量教学方案的时间。②基于教学特征的教学活动推荐。深度学习和自然语言理解等技术，可以挖掘并分析教师授课情境、学习者特征、授课内容等背景信息，智

---

① 冯玲玉、甄宗武、虎二梅:《“以学习活动为中心教学设计”视角下的混合式教学机理分析》，载《电化教育研究》，2021(11)。

② 曹晓明、何克抗:《学习设计和学习管理系统的新发展》，载《现代教育技术》，2006(4)。

③ 魏顺平、路秋丽、何克抗等:《教学设计自动化语义模型及其实现方法》，载《开放教育研究》，2009(6)。

④ 何文涛:《智慧学习环境下基于知识建模图的在线教育资源众筹及其应用研究》，载《电化教育研究》，2019(4)。

能筛选出与教学目标、教学重难点等信息相匹配的教学活动和任务①，为教师提供多样化的教学活动设计方案，同时也帮助教师精准匹配合适的学习任务与活动，提高教学活动设计效率。

(三)适应性学习路径规划

以学生的个性特征为出发点，综合考虑活动组织的各要素是教学活动设计成败的关键。② 大数据、深度学习等智能技术可以自动规划并生成学习路径，实现学生学习任务、学习资源等学习活动序列的个性化设计③，同时还能强化教师作为学习设计师的角色，支持其对系统生成的学习路径序列进行监控和调整，从而优化并改善教学活动设计。①系统生成的学习路径规划。根据学习者的学习特征，自适应教学平台等系统能够通过适应性教学决策技术等决定在什么情况下允许学生转到哪个学习任务，并决定是否提供建议、示例、其他资源支持等④，从而实现学生个性化学习路径和学习内容的动态推荐与量身定制⑤，弥补传统教学活动设计的经验化和个性化不足。②教师引导的学习路径规划。教师可以根据自己的教学进度、教学计划、教学经验以及对学生的了解，通过设定自适应引擎规则等对学生学习路径的生成进行强干预，优化教学活动设计与实施。⑥ 此外，为了保证教学活动设计的科学化，教师还可以基于学生的资源浏览时间、尝试解决问题次数等数据，分析掌握学生学习表现的动态变化，从而及时调整课程活动顺序和活动内容⑦，实现数据驱动的教学活动设计。

---

① 刘邦奇、吴晓如：《中国智能教育发展报告》，53～55页，北京，人民教育出版社，2019。

② 任海龙、赵雪梅、钟卓：《智能技术支持下的精准教学：技术框架与运行体系》，载《教育理论与实践》，2021(27)。

③ 赵琳、解月光、杨鑫等：《智慧课堂的“动态”学习路径设计研究》，载《中国电化教育》，2017(11)。

④ 陈凯泉：《智能教学代理的系统特性及设计框架》，载《远程教育杂志》，2010(6)。

⑤ 吴茵荷、蔡连玉、周跃良：《教育的人机协同化与未来教师核心素养——基于智能结构三维模型的分析》，载《电化教育研究》，2021(9)。

⑥ 汪存友、黄双福：《自适应学习支持下的美国高校课程设计和教师角色研究——以科罗拉多理工大学 IntelliPath 项目为例》，载《电化教育研究》，2020(7)。

⑦ 蔡荣华、陈链：《国内外主流自适应学习系统对比研究》，载《数字教育》，2021(2)。

案例 3-4 可视化学习设计工具助力教师提升教学活动设计效率[①]

香港大学罗陆慧英教授团队开发的学习设计工具(Learning Design Studio)[②]，可以基于教学活动模板开展可视化教学活动设计，还可以通过教学仪表盘功能呈现不同颗粒度(课程、单元和模块)的教学活动设计的实施结果，并能够把形成的设计方案同步到其他教学管理平台，助力教师快速有效地设计和创建课程教学活动。

学习设计工具可以为教师开展教学活动设计提供以下三个方面的支持。①提供教学活动设计模板，支持教师从课程、学习单元、学习任务三个层级开展学习设计。如图 3-5(a)所示，为了帮助教师设计出合适的学习活动，学习设计工具设计了统一的学习任务分类话语体系，包括自主型、探究型、生成型和反思型四大类，共 12 种任务类型，帮助教师在教学活动设计的任务上达成共识，同时有助于引导教师更有效地从不同的活动类型中做出选择。②提供可视化教学活动设计板块，支持教师更便捷地调整学习活动序列。如图 3-5(b)所示，教师可以通过拖拽，将左侧面板中的 12 种任务类型拖动到中间面板，并按照计划的学习顺序将它们连接起来，活动序列可以保存为一个设计模式，并以可视化方式呈现。每个活动的细节，如持续时间、评价方式和所需资源可以在右边的面板中指定，从而支持学习任务的类型、评价方式等更细粒度的设计工作。③提供教学活动管理功能，支持教师监控和评价教学活动设计实施情况。该工具还提供了一个教学活动监控仪表盘功能，方便教师在设计过程中的自我监控和自我反思。例如，课程层面可以帮助教师监控任务所解决的预期学习结果的百分比、每节课已经设计好的学习时间和预定的学习时间等内容；教学法层面能够显示 12 类学习任务的占比、学习活动组织形式的占比等。

总的来说，学习设计工具通过提供设计流程、设计要素、设计案例和设计指南等脚手架，并通过仪表盘功能可视化呈现教师的教学活动设计，为教师开展教学活动设计提供全流程支持和指引，有效提高教学活动设计输出的效率。

---

① 本案例根据香港大学罗陆慧英教授研究团队的相关论文整理总结。

② Nancy Law，Ling Li，Liliana Farias Herrera，et al. "A pattern Language based Learning Design Studio for an Analytics Informed Inter-professional Design Community，" *Interaction Design and Architecture (s)*，2017.

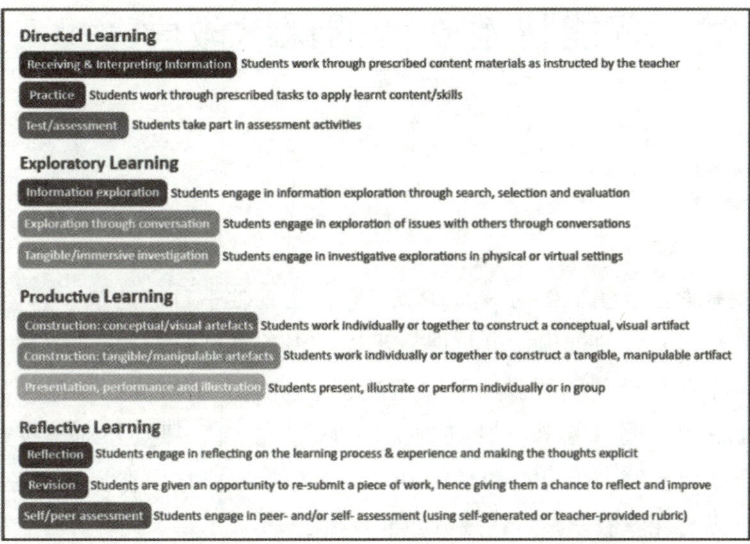

(a)

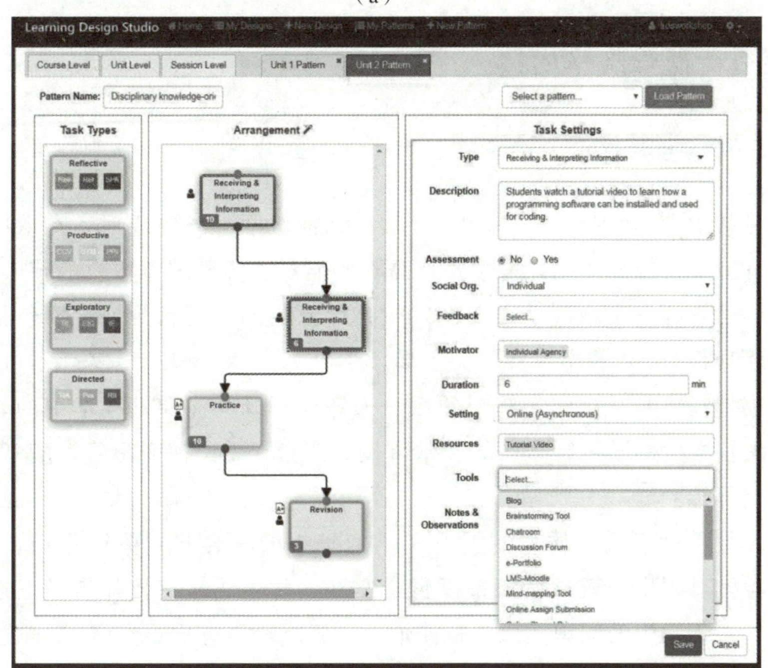

(b)

图 3-5　学习设计工具教学任务分类体系与可视化教学活动设计界面

第四章　智能技术支持的课堂教学

课堂教学是教学工作的核心环节。它是实现教学目标的基本途径，是把教学设计付诸实践的过程，也是课后巩固开展的基础与前提。课堂教学的水平对于教学质量至关重要。本章在阐述课堂教学内涵与特征、现状与挑战，以及智能技术支持课堂教学的基础上，以课堂讲授、课堂互动、探究学习、随堂诊断、课堂管理等典型场景为例，深入分析智能技术在探索构建智能高效课堂，助力课堂教学减负增效方面的作用。

第一节　课堂教学概述

一、内涵与特征

课堂教学亦称“课堂教学实施”，是在课前教学准备完成后，在课中按照教学设计方案实施的活动，是学校提高教学质量、实现减负增效的核心环节。课堂教学是教师为实施教学方案而发生在课堂内的系列行为，主要包括教学行为和管理行为。① 教学以教师为主导，学生为主体，“教”与“学”不可分割，因此本书把“教”与“学”作为统一的系统来考虑，既关注课堂教学中的教师行为，又关注学生的学习行为，如课堂讲授、课堂互动、探究学习、随堂诊断、课堂管理等。

课堂教学对于教学质量的提升和学业负担的减轻起到关键作用。首先，在课堂教学过程中，教学设计得以付诸实践，学生能够在教师指导下进行认识活动，对于学生的知识获取、技能形成、智能培养有重要作用②，学生在课堂上学足学好，有利于减轻学生焦虑和课后学业负担；其次，在课堂教学过程中，教师能够根据学生当堂学习情况，进行即时反馈和教学调整，对于教

① 崔允漷：《有效教学：理念与策略(下)》，载《人民教育》，2001(7)。

② 李秉德：《教学论》，29页，北京，人民教育出版社，1991。

学目标的达成至关重要；最后，在课堂教学过程中，教师与学生基于教学目标和教学内容的互动，能够促进学生知识建构、能力培养、个性塑造和社会化发展。课程改革、教学改革、“双减”等相关政策都对课堂教学实施阶段所要开展的教学活动有相应要求。例如，对于学校，强调要严格按课程标准零起点教学，做到应教尽教，优化教学方式，提升学生在校学习效率。对于教师，强调要精准分析学情，注重启发式、互动式、探究式教学，重视情境教学、差异化教学和个别化指导，课上讲清重点难点、知识体系，提高课堂教学效率。对于学生，强调要专心听讲、主动思考、积极提问、自主探究。

课堂教学是一个多要素参与、动态生成的复杂活动过程，其特征主要表现在以下三个方面。①互动性。师生在课堂教学过程中依据预定教学内容展开交流互动，包括师生之间和生生之间的互动，形成了“多种多样的、多层面的、多维度的沟通情境和沟通关系”。[①] 师生基于教学目标和教学内容展开的互动，是推进教学行程的动力。[②] 基于互动，师生得以实现知识双向建构、情感共融、价值共享、教学相长。②生成性。课堂教学过程是生成过程，充满不确定性、动态性，很难提前完全预设。学生在课堂中传递出的各类信息，包括认知、情感、行为等各方面的信息，都是教学过程中的生成性资源。[③] 教师要善于捕捉这些信息，并根据学生的情况做出恰当反馈，及时调整教学目标、教学内容或教学方法，以促进学生更有效地学习，使教学过程真正呈现出动态生成的创生性质。[④] ③情境性。学习与认知过程具有情境性。基于情境认知理论，知识镶嵌于产生它的情境之中，在课堂教学过程中，学生在特定情境下，通过与情境的互动，进行知识的主动建构。[⑤] 为实现特定教学目标所创设的适切的教学情境，对学生感悟知识本质有重要作用，有利于激发学生学习兴趣，启发学生思考，促进知识迁移，实现情感熏陶，培养核心素养。

---

① 钟启泉：《对话与文本：教学规范的转型》，载《教育研究》，2001(3)。

② 叶澜：《课堂教学过程再认识：功夫重在论外》，载《课程·教材·教法》，2013(5)。

③ 叶澜：《重建课堂教学过程观——“新基础教育”课堂教学改革的理论与实践探究之二》，载《教育研究》，2002(10)。

④ 叶澜：《重建课堂教学过程观——“新基础教育”课堂教学改革的理论与实践探究之二》，载《教育研究》，2002(10)。

⑤ 张辉蓉、朱德全：《走出教学情境创设的误区》，载《西南大学学报(社会科学版)》，2007(5)。

二、现状与挑战

当前课堂教学仍存在过度重视机械记忆而忽视学生真正理解①、对学生的差异化需求关注不够、学生参与度较低、课堂教学效率不高等问题。时代和社会发展对进一步提高国民综合素质的需求，“双减”等政策对减负增效的要求，以及信息技术应用的迭代升级，都对课堂教学提出了新的挑战。

（一）重视课堂教学互动，但互动质量和效率有待提升

课堂互动是课堂教学活动中最活跃的因素②，直接影响课堂教学质量。新课改强调核心素养的培养，提倡基于情境、问题导向的教学，重视互动式、启发式、探究式的教学方式，这些都强调要改变以往课堂中单纯进行知识讲授、教师满堂灌、学生被动听的现象，师生、生生之间的互动也因此越来越受到重视。但互动与讲授比例不协调、互动方式单一、互动深度较浅、互动反馈不及时等问题依然存在。如何平衡好课堂讲授和课堂互动之间的关系，保证课堂教学节奏和进度，做到应教尽教；如何提高学生参与度，拓展互动深度，促进高效的认知、情感、行为互动，都是课堂教学面临的重要挑战。

（二）强调学生探究学习，但缺乏有效的支持手段

新课改所倡导的“自主、合作、探究”理念，强调学生探究学习的开展，对课堂转型有极大推动作用。探究学习对于培养学生的问题解决能力、批判性思维、交流合作能力、创新能力等有重要意义。顾明远教授指出，让每位学生学会自主合作探究学习，提高学习能力是促进学生全面发展的前提。③ 但探究学习目前还存在多方面的问题，如适切的探究情境创设困难、学生缺少即时的过程支持和评价手段、学生难以自我监控和状态调节等，导致探究学习浮于表面，学习效果不佳。如何为学生创设良好的探究情境，学生如何提高探究学习过程中问题理解、假设提出、资料搜集与分析、结果论证、成果评价等环节的质量和效率，如何更好地进行自我反思和状态调节，都是探究学习实践中需要应对的挑战。

---

① 《“双减”背景下促进数学教学提质增效》，http://www.moe.gov.cn/jyb_xwfb/moe_2082/2021/2021_zl53/zjwz/202112/t20211223_589605.html，2022-04-29。

② 李静、张祺、苗志刚等：《中学信息化课堂教学交互行为研究——基于质性分析的视角》，载《中国电化教育》，2014(2)。

③ 顾明远：《素质教育要以学为本》，载《人民教育》，2014(16)。

（三）开展常态化随堂诊断，但精准诊断和即时反馈不够

精准分析学情，重视差异化教学和个别化指导①，是教学改革的重要内容，也是基础教育质量评价的重要指标②。随堂诊断是课堂中的常态化教学活动，也是教师掌握学生课堂学情的重要途径。即时精准的随堂诊断是因材施教的重要基础，是解决学生在课堂学习中“吃不饱”“消化不了”等问题的保障，也是减轻过重学业压力的重要手段。然而，传统课堂中随堂诊断的数据主要依赖手动采集和教师主观评判，时效性难以保证，教师很难及时精准地了解全体学生和每位个体的情况，影响其在课堂上进行及时决策和干预。当前，多个政策都提出要借助大数据等技术，加强教学过程的数据采集和诊断，提升教学服务和学习需求的匹配度，提高课堂教学质量和效率③。如何促进信息技术与随堂诊断深度融合，如何提升随堂诊断的即时性和精准性，如何基于学情数据进行教学决策和因材施教，都是教师要应对的挑战。

（四）普遍关注课堂管理，但管理费时费力的现象有待解决

课堂管理对课堂教学有效性至关重要，是实现教学目标和完成教学任务的关键。④ 课堂管理在教学中受到普遍关注。有效的课堂管理能够减少课堂的问题行为，保证良好的教学秩序，增加学生有效的学习时间，为学生在课堂上学足学好创建良好环境。然而课堂考勤、学生行为、物理环境等方面的管理往往需要花费较多时间，且容易打断教学进程，教师精力有限，难以兼顾好教学和课堂管理，课堂管理的效果难以保证。“双减”等政策对课堂教学质量和效率提出了更高的要求，也对课堂管理提出了新的挑战。如何提高课堂管理效率，减少课堂管理对教师时间和精力的占用，使其有更多时间投入教学任务的完成；如何提高课堂管理的广度、精度，提升管理效果，为学生创设更有序、舒适的教学环境，提升学生学习效率，这些都是课堂管理需要研究和解决的问题。

---

① 《中共中央 国务院关于深化教育教学改革全面提高义务教育质量的意见》，http：//www.gov.cn/zhengce/2019-07/08/content_5407361.html，2022-04-29。

② 《教育部等六部门关于印发〈义务教育质量评价指南〉的通知》，http：//www.moe.gov.cn/srcsite/A06/s3321/202103/t20210317_520238.html，2022-04-29。

③ 《教育部办公厅关于推荐遴选“基于教学改革、融合信息技术的新型教与学模式”实验区的通知》，http：//www.moe.gov.cn/srcsite/A06/s7053/201911/t20191107_407338.html，2022-04-29。

④ 中央教育科学研究所、比较教育研究室：《简明国际教育百科全书·教学(上)》，29 页，北京，教育科学出版社，1990。

三、智能技术助力课堂教学的应用场景

人工智能、大数据等智能技术的发展和应用，为教学方式和教学流程的变革提供了技术支撑，促进了课堂讲授、课堂互动、探究学习、随堂诊断、课堂管理等教学场景的变革与创新。

(一)智能技术支持的课堂讲授

借助扩展现实、知识图谱、智能推荐等智能技术，教师能够创设生动立体的教学情境，便捷灵活地进行知识点延伸拓展和体系建构，动态直观地呈现抽象知识。此外，手写识别、语音合成等技术能够实现手写板书智能识别、教材实时点读等，提高课堂讲授容量和效率。

(二)智能技术支持的课堂互动

基于课堂互动系统，师生能开展多元、多向、多维的课堂互动，并实现即时统计与反馈，扩大了课堂互动范围，使课堂互动更高效丰富。在线下课堂中，基于多屏联动控制系统，师生能实现教学资源的互动展示；在线上课堂中，基于屏幕共享等功能，师生能实现教学资源同屏查看和同屏批注；在同步课堂中，基于机器识别等技术，师生的行为能够被摄像头自动识别跟踪，使身处异地教室的师生能开展双向互动。

(三)智能技术支持的探究学习

虚拟环境创设技术和计算机仿真技术能够为学生创设虚实结合的探究情境；资料整理分析、实验探究、信息交流共享等技术能够支持多样化探究活动的开展；借助话语监测和学习分析等技术，学生的探究学习状态能够被自动监测，学生能够获得系统即时的支持引导，促进探究学习深入有效地开展。

(四)智能技术支持的随堂诊断

多模态学习分析、智能评测、教育数据挖掘等技术，可以支持随堂练习测评的作答数据与动作数据的自动采集，实现过程和结果数据的实时分析诊断，并以可视化的方式将分析结果实时呈现给教师，辅助教师及时调整教学内容和策略，做到精准施教，提升课堂教学效率和质量。

(五)智能技术支持的课堂管理

各类传感器结合人工智能技术的应用，能够实现无感知课堂考勤管理，学生课堂问题行为的自动识别，以及课堂照明、温湿度等方面的智能监测与调控，减少教师在课堂管理上的工作量和时间投入，提升课堂教学效率。

智能技术助力课堂教学的应用场景具体如图 4-1 所示。

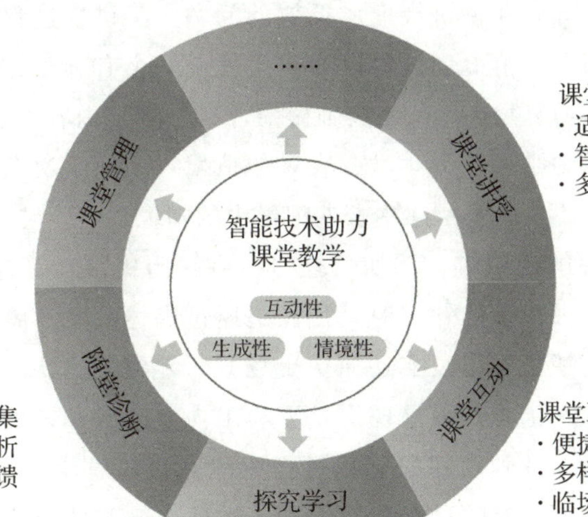

图 4-1　智能技术助力课堂教学应用场景

第二节　动态化的课堂讲授

一、课堂讲授问题简析

课堂讲授是课堂教学的核心部分，是教师通过言语、文字等向学生传递知识、描绘现象、设置疑问、引导思考的活动。有效的讲授能充分发挥教师在课堂中的主导作用，为学生提供有组织的信息，激发学生兴趣，启迪学生心智。“双减”政策中明确提到，教师要做到应教尽教，提升课堂教学质量，强化学校教育的主阵地作用。课堂讲授作为整个课堂教学成功的关键部分①，对提高课堂教学质量至关重要。

提高课堂讲授质量，要求教师要减少无效教学时间，不能简单地将认知

① Lee Dabae, Morrone Anastasia Stacy and Siering Greg, “From Swimming Pool to Collaborative Learning Studio: Pedagogy, Space, and Technology in a Large Active Learning Classroom,” *Educational Technology Research and Development*, 2018(1), pp. 95-127.

活动当作外部的“刺激—反应”①，避免“注入式”教学。在实际课堂教学中，当前仍然存在一些导致课堂讲授低质低效的问题。①讲授过程中的情境创设存在单一抽象的情况。情境创设旨在为学生创设一个有利于显性知识传递和隐性知识生成的学习环境。② 在课堂讲授中，部分教学内容仅通过文字、图片、声音等形式难以为学生创设生动、直观的情境，不利于激发学生的联想和解决问题的兴趣，不利于唤醒学生长期记忆中的知识、经验或表象③，易导致学生知识认知与理解的困难。例如，教师在讲解历史事件等与当前时代背景、学生生活经验相去甚远的知识时，往往是通过讲述故事、展示图片等形式为学生创设历史情境，难以真实还原历史场景，导致学生认知负荷较高，较难理解知识。②静态化的知识呈现形式不利于内容理解和拓展。教学是意义建构与生成的过程。教师在知识讲授过程中应注重让学生去认知和理解知识。然而在传统课堂上，教师对于几何原理、物理规律等的推演过程多以传统讲授为主，难以动态立体地呈现，导致学生理解困难。此外，教师对知识点的讲解大多基于教材内容，开放性不够，缺少拓展延伸，学生难以进行知识的分类和对比，并在知识之间建立联系，从而实现意义建构。③黑板板书的信息呈现便捷性有待提升。教师在讲授过程中往往会利用板书来呈现关键知识，然而板书在信息呈现上存在一些局限。例如，教师板书书写不规范可能会造成板书内容呈现不清楚、学生不理解板书内容的情况。又如，传统黑板板书的书写空间有限，且无法保存和复现。上述这些问题在不同程度上都会影响教师课堂讲授的效率和效果，需采取多种手段予以解决。

二、智能技术助力课堂讲授

人工智能、大数据、5G、扩展现实等智能技术的应用，为解决教师课堂讲授存在的问题提供了新的思路和方法。智能技术有助于教师把“应教”的知识都给学生讲明讲透，帮助教师更好地激发学生学习动机、促进学生学习投入，帮助学生从记忆走向理解，从浅表化的印象走向有深度的认识。④ 智能技术助力课堂讲授的作用主要体现在以下三个方面。

---

① 张国成、林新堤：《中学课堂教学减负增效的策略》，载《中国教育学刊》，2006(4)。
② 王荣良：《计算思维教育中的情境创设与模型建立》，载《中国信息技术教育》，2021(21)。
③ 张新华：《关于在课堂多媒体网络环境下的情境创设》，载《电化教育研究》，2001(5)。
④ 周序、付建霖：《“双减”背景下如何实现课堂教学的应教尽教》，载《中国教育学刊》，2021(12)。

（一）提升教学情境适切性

智能技术可以支持教学情境的创设，提升教学情境的适切性。扩展现实技术能够构建沉浸式、具有临场感的虚拟情境，使学生在教室内就能体验真实的场景，有助于提高学生的学习兴趣和学习体验①②，降低学生的认知负荷，促进学生对知识的理解、吸收与内化。思维导图、概念图、知识图谱技术等以网状的结构可视化知识文本，为教学构建结构化的知识情境，实现对教学信息有效的组织和管理。③ 例如，在小学历史课上，教师为了让学生了解西班牙最具代表性的罗马建筑，在讲授时借助虚拟现实技术创设逼真的情境，让学生以第一人称视角近距离观察罗马建筑，促进学生学习动机和学习成绩的提升。④

（二）实现知识讲解动态化

智能技术可以支持知识讲解内容的动态生成，以及知识呈现形式的动态表征，提升讲授的效果。一方面，基于知识图谱、智能推荐和智能检索等技术，系统可以动态推荐与知识点对应的资源，帮助教师丰富讲授内容。另一方面，动态几何、虚拟仿真等技术能够实现知识的三维动态表征，打破环境的制约，帮助教师将复杂的教学问题简单化、直观化⑤，使学生能全方位观察事物的具体形态和抽象原理推演过程，满足学生认知过程中感知具体事物和过程的需求⑥。例如，教师在物理课上借助动态几何工具 GeoGebra，可以进行动态绘图演示，并对参数进行调整，使学生能够直观地观察到入射角、折射率等参数对反射、折射及双折射结果的影响，促进学生对抽象物理知识的理解和掌握。⑦

---

① 李祎、王伟、钟绍春等：《智慧课堂中的智慧生成策略研究》，载《电化教育研究》，2017(1)。

② Chandrasekera Tilanka, Yoon So-Yeon, "Augmented Reality, Virtual Reality and Their Effect on Learning Style in the Creative Design Process," *Design and Technology Education*, 2018(1), pp. 55-75.

③ 孙倩、李崎颖：《建构主义观下交互电子白板在教学中的应用研究》，载《中国教育信息化》，2011(8)。

④ Villena Taranilla Rafael, Cózar-Gutiérrez Ramón, González-Calero José Antonio, et al. "Strolling through a City of the Roman Empire: An Analysis of the Potential of Virtual Reality to Teach History in Primary Education," *Interactive Learning Environments*, 2019, pp. 1-11.

⑤ 方海光、洪心、孔新梅等：《基于课堂交互行为数据的教学教研融合研究——以网络画板和 iFIAS 的数学教学教研应用为例》，载《中国电化教育》，2022(5)。

⑥ 胡翰林、刘革平：《从多态表征到置身参与：虚拟现实技术助力学科教学的价值路径》，载《电化教育研究》，2022(1)。

⑦ 王洪涛、石礼伟、李艳：《用 GeoGebra 实现反射折射及双折射的惠更斯原理绘图》，载《物理教师》，2019(5)。

（三）提升课堂讲授便捷性

智能技术可以辅助教师更便捷地进行讲授，提高课堂教学效率。红外感应、多点触控等技术，可以智能识别教师在智能电子白板上的手势操作，辅助教师进行板书和知识演示。手写识别技术可以智能转写教师在智能电子白板上的板书，将教师的手写体转写成印刷体，使板书更规范、更便于识别。语音合成、点读等技术能够帮助教师实现词语、句子、课文的自动带读，帮助提高带读的发音标准度。例如，华东师范大学附属杭州学校在语文课上，利用畅言智慧课堂的点读功能进行课文带读，帮助学生纠正字词发音，让学生更好地把握重音、节奏、语调、语速等。

三、典型场景

人工智能、扩展现实、知识图谱等智能技术能够让教师讲授的知识更为直观形象、条理分明、动态深入，拓展课堂讲授的广度和深度，提升学生的学习体验。智能技术支持课堂讲授主要体现在适切性情境构建、智能化知识讲解、多手段辅助讲授等典型场景中，具体如表 4-1 所示。

表 4-1　智能技术助力课堂讲授典型场景

典型场景	技术应用	说明
适切性情境构建	问题情境构建	借助 VR、AR、MR 等扩展现实技术，创设逼真生动的问题情境，引导学生思考问题。
	知识情境构建	基于知识图谱技术，帮助学生以联想的方式理解不同的知识概念及相关知识概念间的关系。
智能化知识讲解	信息解释与拓展	1. 基于智能检索技术，系统能根据教师的检索词，提供与检索知识点相关的结构化内容，还能根据教师的检索记录和浏览偏好等，自动提供检索建议。 2. 基于内容、协同过滤等的推荐技术，系统通过比较资源、学生学情与教师模型等信息，向教师推荐与知识点相关的教学资源。
	图形动态建模	借助动态几何技术，实现代数运算、函数作图、几何作图、图形变换、动画、测量和几何定理自动推理等。

续表

典型场景	技术应用	说明
多手段辅助讲授	智能辅助书写	1. 借助手写识别技术，教师在智能电子白板上手写的板书能被转化为印刷体，手绘图形能被转成标准图形。 2. 借助红外感应技术、多点触控等技术，智能电子白板能识别教师在白板上的手势操作，包括点击、放大、缩小、旋转、擦除、书写、批注等。
	智能辅助带读	语音合成技术、点读技术等能辅助教师进行带读，实时朗读教师在电子教材中所指的词语或段落。

(一)适切性情境构建

智能技术助力教学情境构建，主要体现在问题情境构建和知识情境构建两个方面。①问题情境构建。问题情境是以问题或任务为中心构成的活动场域。[①] 在问题情境中，知识隐含在一连串的学科问题或现实生活问题中，学生在解答问题的过程中，完成对知识的理解和迁移。借助 VR、AR、MR 等扩展现实技术，教师可以构建可视化的虚拟问题情境，真实还原自然景观、人文建筑等场景，赋予学生视觉、听觉、触觉等多通道的感官体验，让学生置身于这些虚拟场景中并与其发生交互。教师可以在学生体验虚拟情境的过程中抛出问题，或直接在情境中仿真呈现现实问题，引导学生在情境中探索和思考问题，提升学生对所教授知识的兴趣和理解。②知识情境构建。知识情境强调对知识的“认知、识记、识别”[②]，知识情境构建通过对知识本身进行组织、关联和管理，帮助学生更好地掌握、识记知识。思维导图和概念图工具，以及知识图谱等技术，可以构建可视化的知识情境。思维导图、概念图工具可以将教师输入的层级化概念，通过思维导图、概念地图等图示形式自动生成出来，以表征、描述不同概念之间的关系，辅助教师进行知识点梳理，帮助学生思考节点与节点之间的关系，加深概念记忆。知识图谱技术可构建学科知识概念库，用节点表征不同知识点，并将相关知识点链接组成网状的可视化结构图。每个节点由知识点或与知识点相关的教学资源组成，知识点之

① 教育部考试中心：《中国高考评价体系说明》，36～37 页，北京，人民教育出版社，2019。

② 张新华：《关于在课堂多媒体网络环境下的情境创设》，载《中国电化教育》，2001(5)。

间的关系具有明确的方向指向。[①] 在讲授知识的过程中，教师借助知识图谱能帮助学生通过联想的方式理解、识记知识，建立知识间的联系，这种方式符合学生学习知识的思维逻辑，促进了学生对知识的关联与整合。

（二）智能化知识讲解

智能技术助力教师进行知识讲解，主要体现在信息解释与拓展、图形动态建模两个方面。①信息解释与拓展。借助智能检索、智能推荐等技术，教师能高效灵活地对知识进行解释和拓展。智能检索技术包括文本检索、图像检索、视频检索等。以文本检索技术为例，教师在讲授英语课文的过程中，可针对某一单词进行关键词检索，系统能根据该知识点提供结构化的内容，包括单词本身的含义、相近词、同义词、例句等，帮助教师从多个角度进行阐述，有助于学生更全面地理解知识。此外，系统还会根据教师的检索记录、浏览偏好等自动校正检索策略，提供检索建议。智能推荐技术包括基于内容的推荐、基于协同过滤的推荐等，系统能通过分析教师个人特征、过往教学行为等数据，匹配教学资源、学生学情与教师模型，向教师推荐适配的教学资源，帮助其拓展讲解内容。②图形动态建模。图形动态建模主要基于动态几何等技术，通过建立动态变化的图形，将原本内隐的知识以动态化形式呈现。动态几何技术可以帮助教师讲解较为抽象的数学、物理、化学等理论知识，教师在基于动态几何技术的几何画板上，可以绘制点、线、函数等，通过改变相关参数等操作，动态演示图形变换、函数作图、几何定理自动推理等过程，使讲解过程化静为动。

（三）多手段辅助讲授

辅助讲授并不直接服务于知识内容的传授，而是作为一种支撑，支持课堂讲授的开展。基于智能技术的辅助工具能够提升教师课堂讲授的效率。辅助工具主要基于集成式的多功能终端设备，通过红外感应、多点触控、手写识别、语音合成等智能技术，缩短教师在板书、带读等方面所花费的时间，提升知识讲解效率。①智能辅助书写。红外感应、多点触控等技术通过红外光扫描跟踪教师在智能电子白板上的手指动作，智能识别教师手势操作，如点击、放大、缩小、旋转、擦除、书写、批注、圈画等，使教师能徒手进行

---

① 李艳燕、张香玲、李新等：《面向智慧教育的学科知识图谱构建与创新应用》，载《电化教育研究》，2019(8)。

知识重难点的讲解批注，使讲解更清晰有效。手写识别技术能够精确高效地识别教师在智能电子白板上书写的汉字、英文字母、数字、公式、函数、化学结构等笔迹，快速将教师的手写体转为印刷体，将教师的手绘函数图形转为标准图形，便于学生识别理解；同时，转化后的板书能够以图片形式保存，方便学生复习。②智能辅助带读。语音合成技术通过规则驱动或数据驱动这两种合成方法，将电子教材内的文本转换成机器合成的语音①，然后基于点读技术，电子教材可以实时朗读教师指向的词语或段落，帮助学生体会语段中的语音、语调。

案例 4-1　扩展现实技术赋能小学英语讲授②

北京师范大学教育学部"VR/AR＋教育"实验室和清华大学附属小学共同设计了一节基于扩展现实技术的英语课"The Sun and the Eight Planets"，此课入选了中国教育学会课堂教学展示与观摩(培训)系列活动。课上，教师基于扩展现实技术，带领学生学习了太阳系和八大行星的英文单词、相对位置等知识，为学生创设了虚实结合的教学情境，丰富了学生的学习体验，促进了学生的知识理解和语言表达，实现了智能技术与英语课程教学的深度融合。③ 扩展现实技术在讲授中的应用具体包括以下两个方面。

①问题情境创设。教师基于 VR 技术进行八大行星单词的讲授。第一步"情境引入"，教师带领学生通过佩戴 VR 眼镜进入"太阳系"这一情境，使学生仿若身临其境；第二步"引导探索"，教师通过提问，引导学生通过转动头部、躯干等动作来探索太阳系，感受太阳的光照、温度，以及太阳周围的行星，思考并回答教师提出的问题(图 4-2)；第三步"归纳总结"，教师根据学生的回答内容进行总结，引出本节课的授课内容。基于虚拟现实技术，太阳系直观展示在学生面前，突破了传统的学习方式和物理学习空间。

---

① 杨随先、刘行、康慧等：《互联网＋智能设计背景下的交互设计与体验》，载《包装工程》，2019(16)。

② 本案例根据北京师范大学教育学部"VR/AR＋教育"实验室、清华大学附属小学郭姗姗老师英语公开课"The Sun and the Eight Planets"的视频、相关论文资料整理。

③ Liu Enrui, Liu Changhao, Yang Yang, et al. "Design and Implementation of an Augmented Reality Application with an English Learning Lesson," *IEEE International Conference on Teaching, Assessment, and Learning for Engineering* (*TALE*), 2018.

图 4-2　基于虚拟现实的太阳系情境体验

②知识动态化讲解。教师基于 AR 软件进行单词和句式的教学。第一步"图片配对"，教师基于平板电脑的摄像头和增强现实软件，为学生演示太阳系行星与轨道的配对，当教师在讲台上移动印有行星图案的实体卡片时，卡片和软件上的行星虚拟影像会叠加出现在平板电脑屏幕上，软件会自动判断和反馈行星是否被放置到了正确轨道。通过将平板电脑与电子大屏相连，学生能实时看到教师在平板电脑上的操作过程(图 4-3)。第二步"词句跟读"，当判定行星卡片放置正确时，软件会呈现该行星的动画画面。教师在操作过程中，带领学生朗读行星单词和新句式，同时也能让学生感知行星的位置，加深了学生的知识认知和记忆。

图 4-3　基于增强现实的行星位置配对

授课教师和学生都认为，扩展现实技术能够将真实和虚拟的事物结合在一起，一方面能够帮助教师在课堂中创设出真实的英语学习情境，另一方面能够让学生真切地感知学习内容，帮助学生理解和记忆词汇，提升学习兴趣。

第三节　立体化的课堂互动

一、课堂互动问题简析

课堂互动是课堂教学中的重要活动和环节，也是教学实施效果与质量的重要反映。课堂互动是教师围绕教学目标的实现，调动课堂教学中的各项主要参与因素，以形成彼此间良性交互作用的整体性动态生成过程。[①] 课堂互动的本质是人与人之间有意识的相互作用的社会过程。[②] 高质量的课堂互动能营造良好的课堂氛围，在提升学生学习动机、课堂参与度、学习专注度，以及推进高阶思维发展等方面都有积极作用。

课堂互动是课堂教学活动中最活跃的组成因素[③]，直接影响课堂教学的效果和质量。然而在实际课堂教学中，课堂互动仍然存在一些亟待解决的问题。①单向互动为主，师生交流较少。在传统课堂中，师生互动多为“控制—服从”的单向型互动。在这种互动方式中，教师完全掌控互动的内容和方向。[④] 教师在课堂上进行讲授和提问，学生依据教师的问题被动回答。在单向型互动课堂上，师生之间的双向交流互动较少，难以发挥出互动对课堂教学的积极作用。②互动类型单一，师生互动不足。当前课堂中的互动以师生互动为主，具体表现为教师与全班学生的互动、教师与个体学生的互动，教师与小组之间、学生个体与群体之间的互动相对较少，不利于提升学生的课堂参与度和学习积极性。此外，受技术等条件限制，课堂中的互动形式较为单一，多为“问答”形式。③互动反馈不即时，互动有效性不高。传统课堂中缺乏开展互动反馈的设备或系统，大多以师生对话或学生当堂测评的形式收集课堂互动反馈信息，教师难以在短时间内获取全班学生的互动反馈，难以及时了解全班学生对某一知识点的掌握情况及想法观点，课堂互动的效率和效果较差。例如，教师想征集全班学生对某一观点的不同看法，需要持不同观点的

---

① 钟启泉：《“课堂互动”研究：意蕴与课题》，载《教育研究》，2010(10)。

② 朱京曦：《智能时代教学互动的内涵回归》，载《中国远程教育》，2021(3)。

③ 郁晓华、黄沁：《学习分析视角下的数字化课堂互动优化研究》，载《中国电化教育》，2018(2)。

④ 黄庭培、郑秋梅、李世宝：《教师和学生的课堂行为互动及优化策略》，载《教育理论与实践》，2016(32)。

学生多次举手才能统计得知结果，较为费时。上述这些问题的存在导致课堂有效教学互动的实施难度较大，互动质量和效果不佳，需要采取多种手段予以解决。

二、智能技术助力课堂互动

人工智能、大数据、扩展现实等智能技术不断渗透进课堂教学中，为解决上述问题提供了可行的方法途径。这些技术能够促进师生、生生之间的互动交流和思维碰撞，营造和谐的教学氛围，促进学生有意义的知识建构，助力实现高效的课堂互动。智能技术助力课堂互动的作用主要体现在以下三个方面。

(一)丰富课堂互动形式

在线下课堂、在线课堂和同步课堂等多种课堂形态中，智能技术可以支持开展诸如随机提问、抢答、投票、弹幕交流、课堂讨论、分组讨论、表扬等形式的活动。这些活动有利于打破师生单向互动的格局，促进师生之间信息的互相传递和反馈，实现双向互动。此外，智能技术还支持师生进行集体沟通、集体思维共创的群体教学互动，支持学生进行认知加工、认知发展的个体互动学习。例如，石家庄柏林庄学校在美术课上使用畅言智慧课堂进行教学，全班学生在平板电脑上绘制作品，并上传至平台进行同伴互评，教师也会给予学生鼓励性评价，提高了课堂上学生的参与度。

(二)增强课堂互动体验

智能技术能够增强课堂互动体验，促进师生之间的认知互动和情感互动。认知互动是师生之间进行认知活动时发生的交互行为，包括交流、分享、阐述、协商等；情感互动是生生、师生之间针对学习内容进行有意识的情感交流的过程。[①] 例如，中国移动借助 5G 远程全息投影和 AR 技术，实现了北京、深圳两地同步教学“彩虹的秘密”这节课。在课上，北京的教师按 1∶1 真人比例被全息投影至深圳的课堂上，实现了师生之间的异地全息交流。北京的教师引导两地学生借助 AR 技术深入观察彩虹形成的过程和现象，生生协作探究、交流讨论彩虹形成的原理，深化对彩虹的理解和感受。[②] 在智能技术的支持下，整个教学过程无卡顿、无时延，使学生能沉浸式地进行互动学习，

---

① 王小根、陈瑶瑶:《多模态数据下混合协作学习者情感投入分析》，载《电化教育研究》，2022(2)。

② 蔡苏、焦新月、杨阳等:《5G 环境下的多模态智慧课堂实践》，载《现代远程教育研究》，2021(5)。

给学生带来积极的认知和情感体验。

（三）提升课堂互动效率

智能技术可以使课堂互动更高效。智能教学终端（如智能教学大屏、教师平板电脑等）作为课堂教学互动的重要媒介，代替了教室中的黑板及投影，能够更快速地呈现及分享知识。智能学习终端（如学生平板电脑、答题器等）和课堂教学平台等可以支持多样化课堂互动活动的即时开展，如直播问答、实时投票等。课堂教学平台可以实现课堂互动情况的实时反馈，帮助教师更有针对性地调整教学内容和手段。例如，基于课堂即时反馈软件和带有专属编号的卡片，教师能够便捷、高效地获得学生在课上的回答情况。教师只需用手机或平板电脑扫描学生举起的卡片，就能对学生的回答情况进行实时统计。①

三、典型场景

智能时代，课堂形态发生了变革。智能技术可以为线下课堂、在线课堂、同步课堂等多种形态的课堂提供高速的网络传输环境，支持更丰富的课堂互动类型，带来更良好的课堂互动体验，实现更实时高效的互动。智能技术助力课堂互动主要体现在便捷的线下教学互动、多样的在线教学互动、临场性同步课堂互动等典型场景中，具体如表 4-2 所示。

表 4-2　智能技术助力课堂互动典型场景

典型场景	技术应用	说明
便捷的线下教学互动	多屏联动	借助智能教学大屏等设备可以多屏或分屏显示电子教材、课件、学生作业等教学内容，便于师生开展互动交流。
	智能答题	借助智能教学平台可以开展多种形式的课堂问答互动，包括随机选人提问、抢答、全班答题等；支持互动情况实时统计，包括互动活跃度指数、历次互动类型、互动参与人数、各选项人数统计、得分统计等信息。

① 赫荣秋、侯军：《Plickers 平台在课堂评测反馈中的应用——以生物学科教学为例》，载《中小学信息技术教育》，2021(1)。

续表

典型场景	技术应用	说明
多样的在线教学互动	同屏批注	支持师生在线上直播课中，将自己的电脑界面与他人共享，开展内容展示与操作演示等互动，使师生可在同一屏幕界面进行同步书写和圈画批注等。
	互联交流	借助网络教学平台可以进行多样的互联交流，如师生基于网络教学平台进行直播问答；教师借助平台的随机算法对学生进行分组，开展分组讨论；学生实时在屏幕上投放弹幕，进行交流互动等。
临场性同步课堂互动	异地教室同步直播	1. 借助拾音设备，可实现异地教室中师生发言的实时采集和传输。 2. 借助高清摄像头和机器视觉技术，可实现异地教室中师生行为的实时跟踪识别和同步直播。 3. 借助“5G＋全息投影”技术，可以将身处异地的师生或场景“搬”到现场，打造具有高度沉浸感的互动效果。
	异地教室双向互动	借助拾音设备、高清摄像头、同步课堂平台等，可实现主讲教室和听讲教室的双向互动，包括主讲教室和听讲教室同步进行实物展示、对比教学、课堂测验等活动。

（一）便捷的线下教学互动

线下教学互动指的是教师和学生在同一教学场所内进行面对面互动。智能技术能够促进师生在线下课堂开展更为便捷的互动，具体体现在多屏联动和智能答题等方面。①多屏联动。教师将电子教材、课件、学生作业等材料，传输至智能教学大屏等终端上的智慧课堂信息化平台，然后根据教学需要呈现教学材料。教师可以在多个屏幕上呈现相同或不同的教学材料，或在同一屏幕上分屏呈现多个教学材料，便于学生观看和开展互动交流。②智能答题。智慧课堂信息化平台可以支持线下课堂中多种问答互动的开展和实时反馈。教师可通过智慧课堂信息化平台发起随机选人提问、抢答、全班答题等活动。例如，基于平台的随机算法，教师可以随机抽取一位或多位学生进行提问，提升提问的公平性和趣味性。学生可通过平板电脑或无线射频答题器等进行作答。平台会采集互动操作信息并实时分析反馈，包括课堂互动活跃度指数、历次互动类型、互动参与人数、各选项人数统计、得分统计等，使教师能根据互动情况调整教学内容和教学方法。

(二)多样的在线教学互动

在线教学以网络为介质，打破了教学的空间约束，师生直接接触、操作使用各类智能终端设备和网络教学平台，可在任意地点开展教学，进行互动。[①] 智能技术助力实现多样的在线教学互动，如直播课中的同屏批注、互联交流等。①同屏批注。借助屏幕共享功能，教师可以将自己的电脑界面与学生共享，为学生播放课件、演示操作等，也可以发起多向屏幕共享，调取学生的电脑界面，并让全体学生跟随教师视角来查看不同学生的电脑界面，开展作业点评等活动；学生借助屏幕共享，可以将自己的电脑界面与教师和其他学生共享，进行发言和展示等活动。在屏幕共享的过程中，教师和学生可以同时在屏幕上进行书写和圈画批注，笔迹能实时向全班同步，加强师生之间的交流。②互联交流。基于网络教学平台的互动功能，师生和生生之间能进行多样的互联交流，如直播问答、分组讨论、弹幕交流等。在直播问答时，教师可将作答学生的视频窗口拖到屏幕上放大，便于观察学生表情并进行指导、追问。在学生结束回答后，教师还可通过颁发虚拟奖杯或徽章等形式给予学生鼓励，增加互动的趣味性，促进师生之间的情感互动。当需要分组讨论时，教师可借助平台的随机算法对学生进行随机分组，或对学生进行手动分组。分组后的学生能够看到小组成员的视频画面，进行实时在线讨论和同屏批注。教师可进入各小组参与讨论，或以“隐身”的方式进行旁听。在教学过程中，学生还可通过投放弹幕来表达观点、提出疑问，弹幕会实时显示在师生电脑屏幕上，帮助教师及时了解学生的想法与需求。

(三)临场性同步课堂互动

同步课堂以网络通信为纽带，在主讲教师所在的“主讲教室”及辅导教师所在的“听讲教室”之间，实现课堂教学及师生交流实况的全程同步传送。[②] 在同步课堂中，主讲教室的教师负责授课，听讲教室的教师协助进行课堂管理和辅助教学等。智能技术应用于同步课堂使互动更具临场感，具体体现在异地教室同步直播、异地教室双向互动等方面。①异地教室同步直播。借助拾音设备，师生的发言能够被实时采集，并同步传输到异地教室。通过机器视

---

① 郭绍青、高海燕、华晓雨：《“互联网+”单元教学模式设计理论研究》，载《电化教育研究》，2022(6)。

② 丁俊峰：《基于远程同步课堂的信息化教学研究——以扶沟县县直高级中学为例》，载《中国教育学刊》，2016(S1)。

觉技术，利用高清摄像头可以实时跟踪识别教师讲课、学生听课、师生互动等行为，以及黑板板书和课件等内容。视频信号能够被同步传输到异地教室，在显示终端上呈现特写、近景、全景等不同景别；同时，所有听课教室的画面能够多画面同时显示，或单画面轮回显示。依托“5G＋全息投影”技术，可以将身处异地的师生或场景“搬”到现场。例如，主讲教室里教师的全息影像能够以1：1真人比例出现在听讲教室，如临现场般与学生互动，打造具有高度沉浸感、临场感的课堂。① ②异地教室双向互动。基于智能技术，主讲教室和听讲教室的师生能进行协同互动，如实物展示、对比教学、课堂测验等。在实物展示时，主讲教室的教师对物体的演示和讲解，能够被高清摄像头和拾音设备记录下来，并实时传输到听讲教室；主讲教师还能调取听讲教室部分学生的画面，进行分组展示。在进行对比教学时，教师可在显示终端上分屏呈现不同班级的画面，让主讲教室和听讲教室的学生能看到彼此，形成竞争关系，激发学生的学习兴趣，提高课堂参与度。在进行课堂测验时，主讲教师可通过同步课堂平台同时为主讲教室和听讲教室发布当堂测验，不同教室的学生通过平板电脑进行作答，答题进程、答题结果等能被平台实时采集，并即时反馈给主讲教师，帮助教师兼顾不同教室，为不同教室学生存在的个性化问题，提供纠正和辅导。②

案例 4-2　基于智慧课堂的英语课堂互动③

为了提高课堂教育教学质量，广州市华师附中番禺学校（以下简称“番附”）将畅言智慧课堂推广到课堂教学中，用技术赋能课堂教学。借助智慧课堂的互动功能，课堂中的互动更加活跃。经过一段时间的使用，学校平均每节课的互动参与率达到50%。“The Space Hotel”这节英语课将智慧课堂互动功能与教学进行深度融合，使课堂更加生动有趣，提升了学生的课堂活跃度和参与度，在广东省教育“双融双创”2021年教师教育教学信息化交流活动中获得广州市一等奖。智慧课堂在课堂互动中的应用主要包括以下两个方面。

①师生互动。教师在课堂上灵活利用屏幕分享、翻翻卡等功能进行师生互动。第一步“任务布置”，教师进行任务说明，让学生根据课文总结太空旅

---

① 《“5G＋智慧教育”试点促进教育教学与评价改革》，https：//m.gmw.cn/baijia/2021-09/29/35202116.html，2022-08-05。

② 王萱、高婷婷、田俊等：《强交互专递课堂设计与师生接受度分析》，载《中国电化教育》，2021(12)。

③ 本案例根据广州市华师附中番禺学校田思涵老师提供的资料整理总结。

馆中每个地点的特征，并通过教师平板电脑将课文内容共享至每位学生的平板电脑上，让每位学生带着任务阅读课文。第二步“全班问答”，教师基于畅言智慧课堂中的翻翻卡功能发起全班问答。每张翻翻卡有两面，A面显示太空旅馆每个地点的名称，B面显示每个地点的特征。教师每指向一个卡片的A面，全班学生就一起用英文表述该卡片对应地点的特征，之后教师会点击卡片翻转至B面，公布正确答案(图4-4)。这种师生互动的方式能提升学生的学习兴趣，让全班学生都参与到课堂活动中，开口说英语。

图 4-4　基于翻翻卡的师生互动

②生生互动。教师在课堂上使用讨论群、拍照上传、计时器等功能进行生生互动，提高了课堂的效率和效果。第一步“任务布置”，教师让学生通过讨论，设计自己理想中的太空旅店，并形成短文。第二步“生生互动”，教师利用畅言智慧课堂建立小组讨论群，让学生用平板电脑将小组的短文拍照上传至讨论群。每位学生都可在讨论群里阅读、评论或点赞其他小组的短文。学生既巩固了知识点，又调动了学习的积极性，促进生生互动。在学生讨论时，教师还使用计时器功能来把控小组讨论及作答的时间，提升了课堂效率。

第四节　数智化的探究学习

一、探究学习问题简析

探究学习指学生在学科领域或现实生活的情境中，通过主动发现问题、体验感悟、实践操作、表达与交流等探究性活动，获得知识和技能的学习方式和学习过程。按照教师的指导程度和学生的探究能力水平层次，探究学习可以分为引导型、合作型和完全自主型。① 其中，引导型探究学习由教师预先设计好学习情境和学习目标，学生在教师的指导下开展探究学习；合作型探究学习是指师生之间共同合作开展的探究学习；完全自主型探究学习由学生自主发现问题、搜集材料、解决问题，强调学生的自主性和创造性发挥。三种类型的探究学习反映了新课程改革所倡导的"自主、合作、探究"理念。探究学习改变了传统的教学观念和教学模式，重在培养学生搜集处理信息的能力、获取新知识的能力、分析解决问题的能力、交流合作的能力等，符合信息时代下创新人才培养的要求。②

从多个国家官方发布的教育标准和指导框架等报告中可以发现，让学生通过探究学习的方式来生成知识和技能，已经成为未来教育范式转型的重要方向。③ 当前，探究学习中还存在以下有待解决的问题。①优质资源获取困难，探究环境易受制约。网络学习环境中信息量庞大，且缺乏妥善的管理，海量资源处于一种无序、优劣混杂的状态。这给中小学生带来了查询和检索方面的困扰，学生往往不知如何下手，或者易被其他信息吸引而迷失自己的学习主题，容易导致学习效率不高。另外，开展观察、测量、调查和实验探究等学习活动往往受到经费和场地的限制。课堂活动需要考虑仪器设备、教学工具、以探究为理念编制的教材等物质条件，而野外观察、户外样本采集等户外探索活动，还需考虑安全性的问题。②探究学习过程复杂多变，学生难以获得适切性支持。探究学习转变学生被动学习的方式，注重学生的主动探索、体验和创新，学习任务也从简单的口头读写、记忆背诵、数学运算，

---

① 吴子健：《探究学习与教师行为改善》，19～24 页，上海，上海教育出版社，2007。

② 《教育部关于印发〈基础教育课程改革纲要（试行）〉的通知》，http://www.moe.gov.cn/srcsite/A26/jcj_kcjcgh/200106/t20010608_167343.html，2022-06-10。

③ 徐光涛：《科学探究学习中技术使能的作用空间与效果研究》，博士学位论文，华东师范大学，2016。

转变为资料收集、逻辑推理、实验论证等基于问题的学习。这种转变使得学习实践的复杂性大大提升，教师很难在课堂中顾及每一位学生的不同需求，学生很难及时获得精准、细致、高水平的指导。部分学习投入度低、学习能力欠缺的学生容易掉队，出现浅层学习、假探究的现象。③探究学习评价复杂性高，实施效果难保证。与传统学习评价不同，探究学习评价由“结果判断式”向“思维发展式”转变，是一种发展性评价，具有全程性、多元性、多样性的特点。① 评价者不仅需要关注最后的探究报告和成果展示环节，还需要检查探究计划的创新性、证据收集的周密性、结论解释的科学性，乃至协作过程中的成员态度和协作能力。单一的评价手段和方法往往难以真正满足评价需求。发挥评价的诊断和导向性功能，需要综合运用观察访谈、问卷量表、测验征答等多种方式，评价实施效果难以保证。上述这些问题的存在导致有效探究学习的实施难度较大，质量和效果难以保证，亟须采取多种手段予以解决。

二、智能技术助力探究学习

利用智能技术构建探究学习环境，通过多种学习工具助力探究学习开展，可以有效提升探究学习的效率和实际效果。智能技术助力探究学习的作用主要体现在以下三个方面。

（一）提高优质资源获取效率，构建良好的探究环境

智能技术为探究学习中的优质资源获取和探究环境构建提供便利。一方面，智能技术可以将学生所需要的各类教学资源进行整合，如教学课件、教学素材、网络课程、学习网站、数字图书和教育游戏等，通过建立专题资源库、资源智能推荐等方式，为学生提供相关扩展性知识，协助学生减少盲目查找资料的时间。另一方面，智能技术发挥“无缝联通”和“虚实融合”的优势，为学生构建良好的探究环境：前者指终端设备能流畅接入网络，支持知识共享与信息交换，打破学习环境的边界，使学生在校园、图书馆、博物馆、社区、商场等场所，均可通过网络无缝连接，实现学习过程的连续性；后者指借助虚拟仿真和“互联网＋”等技术，将现实中由于场地、经费、师资、时间、安全性等种种限制难以达到预期效果的探究活动，从物理实体空间搬至虚拟空间，为学生提供了学习空间保障。例如，美国伊利诺伊州的 28 所学校使用 VR 套件

① 邱石：《探究性学习综述》，297～298 页，呼和浩特，远方出版社，2005。

带领学生前往月球、第一次世界大战战场和埃利斯岛大厅，以虚拟实地考察旅行的形式开展体验式探究，以培养学生实践探索和观察思考的能力。①

（二）增强交流协作，提供个性化学习支持与服务

探究学习包括问题理解、假设提出、资料收集与分析、结果论证和成果评价等阶段。智能技术可以根据学生的探究进程，为其提供适配的学习任务和资源，引导探究活动顺利开展。对于采取合作方式的学生而言，智能技术支持下的学习环境可以实现快速分组和信息交流，使有相同学习需求和兴趣的学生自动形成资料共享、相互协助的学习小组，从而就某个问题开展深入的互动交流。例如，美国教育部教育科学研究所资助的化学学科概念和原理学习平台（Molecules & Minds），能够支持高中生开展分子运动理论、扩散和气体定律等多个主题知识的探究学习。平台可以根据学生的学习进程，通过场景动画导入、电子教材展示、超链接注释等形式为学生更新任务信息、补充学习资源。②

（三）加强过程性评价，助力自我反思与学习调节

探究学习评价更注重活动过程中学生的体验和收获，重视过程性评价和学生的自我反思，如需要评价学生对每个概念的掌握程度、能否提出问题、能否灵活地运用知识解决问题、能否设计并实施探究计划、能否分析处理所收集的证据、能否判断证据是支持还是反对自己提出的假设等。智能技术可以对学生的笔记、报告、绘制的图表、制作的模型、针对某个问题所做出的解释、肢体动作或面部表情等信息进行自动化记录和综合分析③，帮助学生及时获得反馈，全面了解自身及团队成员对知识理解的深度和广度，便于自我反思与状态调节。例如，华中师范大学自主研发的“云课堂”网络学习空间支持资源浏览、在线考试、小组讨论、实时交互等功能，采用数据驱动的学习过程记录与监管机制，可以全面记录并分析师生交互过程数据和交互成效数据④，强化学生主动利用技术工具解决问题的能力与独立探索的意识。

---

① “EdTech：Focus on K-12. Virtual Reality Matures in the K - 12 Classroom,” https：//edtechmagazine. com/k12/article/2019/03/virtual-reality-matures-k-12-classroom，2022-06-10.

② 顾莹、孙红淼、陈凯：《基于网络模拟的化学学习工具——“Molecules & Minds”介绍》，载《化学教学》，2017(7)。

③ 柴西琴：《对探究教学的认识与思考》，载《课程·教材·教法》，2001(8)。

④ 梁云真、朱珂、赵呈领：《协作问题解决学习活动促进交互深度的实证研究》，载《电化教育研究》，2017(10)。

三、典型场景

探究学习具有开放性、多样化的特点。学习过程包括激发兴趣、鼓励探索、引导思维、提出问题、识别资源、收集数据、分析数据、整合信息、交流观点、评估成果等关键步骤。① 智能技术助力探究学习主要体现在虚拟化探究情境构建、多样化探究活动开展、动态化探究过程支持等典型场景中，具体如表 4-3 所示。

表 4-3　智能技术助力探究学习典型场景

典型场景	技术应用	说明
虚拟化探究情境构建	体验式活动情境构建	借助 VR 头戴显示器，通过三维场景模型、动画与模拟，实时渲染生成虚拟数字内容，让学生置身工厂、社区、田野等真实生活场景，极大地增强了教学内容的呈现效果，还原真实的探究活动情境。
	仿真实验情境构建	借助 NetLogo、AgentSheets 等计算机环境建模软件，通过规则编程模拟现实环境和发生的情况，满足实验教学的需要。
多样化探究活动开展	资料整理分析	借助智能数字词典工具、翻译工具、数据分析图示工具、知识管理工具等学习辅助工具完成资料的处理加工和分析工作。
	数字化实验探究	学生通过实验操作完成探究，支撑实验探究的技术应用主要包括： 1. 数字化信息系统实验，学生借助传感器可进行物理量测定。 2. 各类桌面端的学科实验平台，学生通过点击鼠标可任意组装实验器材、修改器材参数设置。 3. 基于扩展现实技术的虚拟实验室，学生借助体感交互设备可随意抓取、拖放实验仪器。
	信息交流共享	借助协作编辑工具、论坛、社交软件、游戏等开放平台同步学生对知识的理解和掌握情况，学生可以通过在线协作编辑或操作虚拟化身进行对话交流的方式实现信息对齐，提高探究效率。

① 林众、冯瑞琴、罗良：《自主学习合作学习探究学习的实质及其关系》，载《北京师范大学学报(社会科学版)》，2011(6)。

续表

典型场景	技术应用	说明
动态化探究过程支持	学习状态监测	借助话语监测、智能代理、学习分析与可视化等技术，实时诊断学生的认知、情绪方面的学习状态，提供自适应的资料更新、行为预警、任务分发与提示引导等个性化学习支持服务。
	动态学生分组	选取学生的个性特征、学习行为和地点环境等信息作为智能分组算法的输入项，实现实时、动态的学生分组。

（一）虚拟化探究情境构建

按照任务特征和探究手段的不同，典型的探究情境可以分为体验式活动情境与仿真实验情境。①体验式活动情境构建。在体验式活动情境构建方面，虚拟环境构建技术通过构建以情感体验为中心的活动情境，让学生在探索活动中体验和感悟。[①] 多样的呈现方式，极大地还原了真实的探究活动情境。在视觉沉浸技术不够成熟的早期，主要借助桌面电脑屏幕呈现二维画面。随着技术发展，通过三维建模、动画制作、实时渲染生成的虚拟数字内容在物理准确性、画面真实性、知识丰富度等方面发生了质的变化，可以为学生带来更加真实、生动的沉浸式情境体验，帮助学生在虚拟情境中任意切换视角，观察与发现事物细节，激发学生感悟。②仿真实验情境构建。在仿真实验情境构建方面，借助 NetLogo、AgentSheets 等计算机环境建模软件，通过规则编程，可以模拟基于复杂数学关系的自然现象或社会现象（如疾病传播、生态系统的形成等）。利用这类软件，教师可以过滤现实生活中难以排除的无关因素干扰，轻松创建特定的仿真实验情境，从而帮助学生聚焦实验问题、快速发现规律。

（二）多样化探究活动开展

探究活动的类型多样，学生往往需要通过观察、记录、分析、实验、讨论等多种活动，来对问题进行深入的思考和研究。智能技术通过资料整理分析、数字化实验探究、信息交流共享等为学生探究活动提供支持。①资料整理分析。资料整理分析是指学生使用辅助学习工具完成资料的处理加工和分析工作。例如，使用智能数字词典和翻译工具等进行拍照查词、翻译，辅助资料的理解和初步整理；使用支持协作编辑的数据分析图示工具，实现过程

---

① 吴子健：《探究学习与教师行为改善》，23～24 页，上海，上海教育出版社，2007。

数据、计算结果的便捷记录与分享；使用思维导图等知识管理工具帮助隐性的思维过程显性化，串联起证据信息，形成有力观点等。②数字化实验探究。数字化实验探究指学生通过借助数字化信息系统实验、学科实验平台、虚拟实验室等开展实验操作进行探究，验证假设的正确性。实验探究的相关技术应用大致可以分为三类。第一类是由传感器、数据采集器和计算机组成的数字化信息系统实验，学生使用传感器测量位移、光、温度、电压等物理量，数据采集器将处理过的信号输入计算机，经过软件处理后实时显示在屏幕上，用于观察分析。第二类是各种桌面端的学科实验平台，包括光学、力学、电学等实验操作工具，化学平衡系统、压强系统等交互演示工具等，学生可以通过点击鼠标任意组装实验器材、修改器材参数设置，来进行实验操作。第三类是基于手势触控、感知交互、实时渲染、沉浸式显示等扩展现实技术实现的虚拟实验室，能为学生提供真实的操作体验和丰富的虚拟操作内容。① 在实验过程中，学生借助体感交互设备，能够随意抓取、拖放实验仪器，完成实验操作。③信息交流共享。信息交流共享是指借助协作编辑工具、知识论坛，乃至社交软件与游戏等开放平台促进学生的交流讨论、互动协商，实现小组成员之间的信息对齐，激发更多观点的碰撞。一方面，借助面向社群的协作式写作工具，学生可以在阅读他人编辑的内容时，同步进行新内容的在线创建和修改，贡献自己的知识；另一方面，借助扩展现实技术，学生可以自由操控虚拟化身，在游戏、虚拟教室等开放平台中体验沉浸式的互动交流。②

（三）动态化探究过程支持

智能技术能够对学生探究过程中的学习状态进行监测，为学生提供自适应的学习资源和服务支持，辅助教师对学生进行实时动态的分组，助力探究学习顺利开展。①学习状态监测。学习状态监测是指通过分析学生的交流对话、面部表情、肢体动作，以及系统的后台日志等过程性行为数据，监督成员的探究进程，提供适切的学习支持。例如，借助话语监测技术，系统在检测到学生试图放弃，或者讨论无关话题等异常对话时，会触发弹窗提醒，给

① 姚俊、程华、应卫勇：《基于探究式学习的在线实验设计与研究》，载《中国电化教育》，2014(9)。

② 郑玲、刘革平、谢涛等：《协作学习中虚拟现实技术对学习效果的影响——2007—2019 年国际实证论文的元分析研究》，载《中国远程教育》，2021(4)。

学生鼓励，或提醒学生换位思考、聚焦任务①；借助智能代理，系统可以提供自适应的资料更新、任务分发与提示引导服务，在团队产生意见分歧时，限制小组在达成共识前跳转到下个环节②；借助学习分析与可视化技术，系统可以为学生呈现团队成员的贡献程度、讨论质量、知识掌握程度、情绪状态③、注意力集中度等细节信息，提供行为预警等学习支持服务，帮助学生调整学习状态。②动态学生分组。动态学生分组是指教师借助智能技术，可以充分考虑学生的主观意志和客观因素，根据学生状态、学习任务、学习要求和所处环境变化，实时调整分组结果。例如，基于聚类和分类等机器学习算法，或遗传算法、蚁群优化、粒子群优化算法等动态优化算法，系统能对学生进行动态分组。④ 借助移动设备自带的蓝牙、射频识别和全球定位系统等功能，系统还能实时获取学生所处的地点、环境等动态语境信息，作为分组算法的输入项，实现基于地理位置的学生分组，拓展在自然场所(植物园、博物馆等)进行分组的可操作性。

案例 4-3　智能教室支撑有效合作探究学习

来自莫纳什大学的学者马丁内斯(Martinez)及团队在悉尼大学开展了一项为期 13 周的合作探究学习教学实验。⑤ 该研究共组织了两个学习单元，分别有 108 名本科生和 42 名研究生参加。学生被划分为 3～5 人不等的小组，教师需要在智能教室(图 4-5)中进行辅导授课。课程结束后，参与实验的教师表示，在智能教室中开展的小组合作过程更加顺畅、交流更加深入、学习效果更佳。

智能教室内放置了五台内嵌多点触控显示器的桌面计算机，被指定分配

---

① Hayashi Yugo, "Gaze Awareness and Metacognitive Suggestions by a Pedagogical Conversational Agent: An Experimental Investigation on Interventions to Support Collaborative Learning Process and Performance," *International Journal of Computer-Supported Collaborative Learning*, 2020(4), pp. 469-498.

② Tissenbaum Mike, Jim Slotta, "Supporting Classroom Orchestration with Real-Time Feedback: A Role for Teacher Dashboards and Real-Time Agents," *International Journal of Computer-Supported Collaborative Learning*, 2019(3), pp. 325-351.

③ Milica Vujovic, Davinia Hernández-Leo, Simone Tassani, et al. "Round or Rectangular Tables for Collaborative Problem Solving? A Multimodal Learning Analytics Study," *British Journal of Educational Technology*, 2020(5), pp. 1597-1614.

④ 谢涛、农李巧、高楠：《智能学习分组：从通用模型到大数据框架》，载《电化教育研究》，2022(2)。

⑤ Roberto Martinez-Maldonado, "A Handheld Classroom Dashboard: Teachers' Perspectives on the Use of Real-Time Collaborative Learning Analytics," *International Journal of Computer-Supported Collaborative Learning*, 2019(3), pp. 383-411.

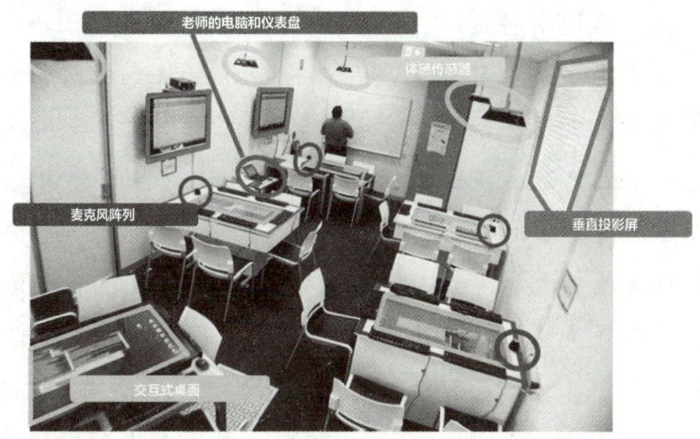

图 4-5　智能教室环境设置①

给不同小组。计算机中安装了概念图协作编辑器、支持头脑风暴的小程序以及项目事件管理工具。学生可以同时编辑和创建思维导图、分享想法、小组讨论、共享链接与文件、查看自己或小组成员执行的最新活动等。讨论的最终成果会呈现在教室墙上的三个显示器上，以便其他小组查阅评论。借助这些软件，不同观点可以被快速生成、记录、合并，讨论过程和进度也可以回溯追踪。学生通过综合使用这些工具，可以提升交流共享的效率，完成小组反思和口头报告等合作探究学习任务。同时，桌旁的动作传感器和麦克风阵列会自动收集学生的对话和肢体动作数据，并同步到教室内的服务器。系统会监测学生交换想法、编辑概念图等交流过程，进行错误自动检测、合作进程展示等，并将各组的具体交互过程和内容细节反馈给教师，帮助学生及时获取教师的支持与反馈，提升学生探究学习的效果。

案例 4-4　沉浸式 VR 模拟助力科学概念的探究学习

一项由欧盟 2020 地平线研发创新项目和塞浦路斯共和国政府共同资助的研究将 VR 技术融入高中物理课堂，突破物理空间的限制，为学生构建生动逼真的探究情境，提升探究学习的体验感和有效性。② 课程组织学生探究狭义

---

① Roberto Martinez-Maldonado, "A Handheld Classroom Dashboard: Teachers' Perspectives on the Use of Real-Time Collaborative Learning Analytics," *International Journal of Computer-Supported Collaborative Learning*, 2019(3), pp. 383-411.

② Oila Tsivitanidou, Yiannis Georgiou and Andri Ioannou, "A Learning Experience in Inquiry-Based Physics with Immersive Virtual Reality: Student Perceptions and an Interaction Effect Between Conceptual Gains and Attitudinal Profiles," *Journal of Science Education and Technology*, 2021(6), pp. 841-861.

相对论经典的双胞胎悖论问题，3～4人为一组，共有6个班级的107名高中生参加。教室中设有5个学习站点，旨在帮助学生收集所需的证据，其中2个站点采用VR技术营造沉浸式教学情境，另外3个站点使用视频或文本的形式提供信息。学生首先要提出假设，然后轮流进入5个学习站点完成相应任务，验证假设，得出结论，最后在全体会议上进行公开陈述。

由于抽象的物理概念和现象无法在日常生活中被观察到，传统教学方式无法让学生充分理解狭义相对性原理和光速不变原理。在这门课中，借助自研的图形渲染引擎，以及配备了身体跟踪系统和控制器设备的Oculus Rift头戴式显示器，学生能够在3D虚拟环境中体验驾驶宇宙飞船进行光速旅行。如图4-6所示，通过控制屏幕右侧的自动驾驶仪，学生可以任意修改目的地和速度，畅游在银河系中心、地球或其他行星之间。飞船座舱左侧的面板自上而下分别显示了飞船速度、目的地距离、在飞船上流逝的时间（观测者角度）、在地球上流逝的时间这四项数据指标。在模拟飞行的过程中，学生根据自己的操作，在沉浸式的环境中观察面板数据和画面中太阳形状的变化，进而深入理解时间膨胀和长度收缩效应。当一名学生使用头戴显示器时，显示器的画

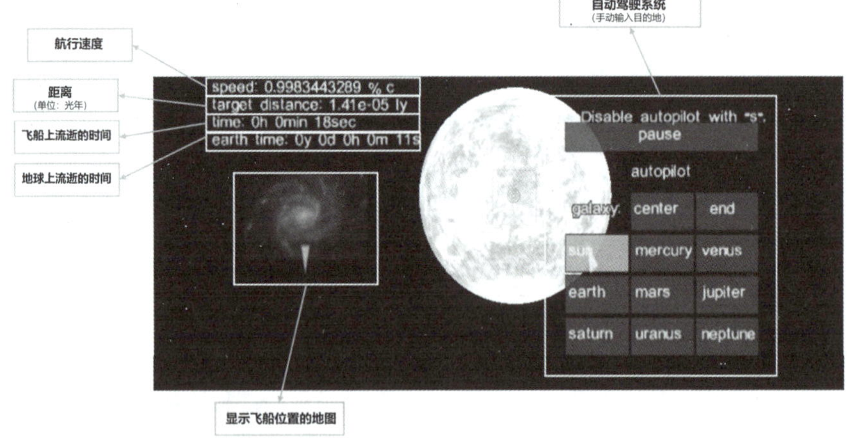

图4-6　VR模拟程序的画面截图①

---

① Oila Tsivitanidou, Yiannis Georgiou and Andri Ioannou, "A Learning Experience in Inquiry-Based Physics with Immersive Virtual Reality: Student Perceptions and an Interaction Effect Between Conceptual Gains and Attitudinal Profiles," *Journal of Science Education and Technology*, 2021(6), pp. 841-861.

面会实时投影到旁边的计算机屏幕上，以便其他成员可以继续参与讨论。课程结束后，对新技术接受良好的部分学生表示，沉浸式 VR 模拟可以提供更高水平的可视化效果和交互性体验，对抽象理论的理解和学习起到了积极作用。

第五节　精准化的随堂诊断

一、随堂诊断问题简析

随堂诊断是在课堂教学实施过程中针对学生学习情况进行的即时性诊断活动。有效的随堂诊断不仅能使教师了解课堂中学生的学习情况，发现并纠正学生的问题，还能帮助教师及时调整、改进教学。因此，随堂诊断对于提高课堂教学质量、实现有效教学至关重要。

尽管随堂诊断是教师了解学生课堂学习情况的重要手段，但当前随堂诊断仍存在一些问题，影响诊断作用的发挥，具体表现在以下三个方面。①诊断多依赖教师的主观经验，存在不够精准、客观的情况。传统课堂中，教师往往基于个人主观经验判断分析学生的学习情况，因此判断准确性取决于教师的个人经验和水平。此外，单纯依赖教师个人进行诊断，可能会出现客观性、准确性不足的情况。例如，在学生实验操作测评中，教师的评分存在一定主观差异，难以保证测评的客观性和公正性。②诊断缺少过程性数据支持，不利于教师了解学生动态变化。传统课堂中，教师主要以终结性的学习结果评价来衡量学生的学习效果，存在间断化、片面化的情况。这样的诊断往往只能了解学生现有的知识水平和能力水平，不利于教师动态跟踪学生的学习全过程①，了解学生学习过程中的具体情况，以及学生随时间发展的动态变化，不利于教师把握学生发展的深层规律。③诊断反馈存在迟滞的情况。传统课堂中，诊断受设备与技术的限制，教师需要借助随堂测验答卷、课堂观察记录表、学生问卷等工具手动采集学生的学习表现数据，比较耗费时间，采集和处理效率较低。这造成课堂诊断的反馈滞后于教学，具有一定的延迟性，教师难以进行及时干预和决策。当教师获取反馈信息时，一些错误认知

① 郭绍青、高海燕、华晓雨：《“互联网＋”单元教学模式设计理论研究》，载《电化教育研究》，2022(6)。

可能已在学生脑中存在较长时间，此时要再纠正这些错误则需要花费更多的教学时间，且效果可能不理想，导致事倍功半。上述这些问题导致随堂诊断难以做到精准即时，亟须采取多种手段予以解决。

二、智能技术助力随堂诊断

人工智能、大数据、物联网等智能技术支持量化学生课堂表现，为改进教与学提供真实、准确、及时的反馈信息。教师借助智能技术能够在课堂上对学生进行实时诊断分析，即时反馈与评判学生“学”的成效，动态调控“教”的行为，增强课堂教学的针对性，实现高效智能教学。① 智能技术助力随堂诊断的作用主要体现在以下三个方面。

（一）提升诊断数据采集处理效率

智能技术可以对学生课堂学习活动的过程性和结果性数据进行自动采集，提升随堂诊断的效率。语音识别、文本识别、图像识别、动作识别、运动跟踪等技术，可以实现对学生口语朗读对话、文本答题、实验操作和体育运动等不同活动数据的实时采集处理。例如，霍尔斯坦（Holstein）等人研究设计的教学系统 Lumilo，能够自动采集课堂上学生的各项数据，如测验完成情况、元认知、行为状态等，并在教师佩戴的智能眼镜上显示，使教师能更容易地掌握每位学生的学习情况，快速发现学生当前面临的学习困难。研究发现，该系统的使用能显著提升学生的学习效率和效益。②

（二）促进诊断分析的精准性

智能技术可以对学生课堂学习中的表现、过程及其特征进行刻画，更精准地反映学生活动过程全貌，帮助提高诊断分析的客观性。语音评测、文字识别等技术可以精准判断学生口语发音、测验答案的正误；纸笔数字书写技术可以实现学生用笔轨迹的展现③、记录与分析；机器视觉技术可以复现学生的实验操作过程，精准分析学生的实验操作正误。例如，深圳市盐田区田东中学在初中物理、化学和生物学实验教学中，借助 AI 实验操作“教—学—评”

---

① 晋欣泉、邢蓓蓓、杨现民等：《智慧课堂的数据流动机制与生态系统构建》，载《中国远程教育》，2019(4)。

② Holstein Kenneth, McLaren Brace Martin and Aleven Vincent, “Student Learning Benefits of a Mixed-Reality Teacher Awareness Tool in AI-Enhanced Classrooms,” *International Conference on Artificial Intelligence in Education*, 2018.

③ 张德广：《构建智笔生态系统　探索精准教学模式》，载《中国电化教育》，2021(12)。

一体化系统实施测评。该系统利用AI算法对学生实验操作视频进行自动打分，将学生的实际操作与大纲要求进行对应，全自动识别学生实验操作行为和操作顺序，帮助教师提高实验操作评分的精准性和客观性。

（三）提升反馈干预的时效性

智能技术可以帮助教师提高随堂诊断反馈的时效性，支持教师即时调整教学策略、实施教学干预。可视化技术可以将诊断反馈的信息以图表等形式直观地呈现给教师；文本自动生成技术可以从图表、数据等信息中快速提炼出主要内容，包括分析结果和教学建议，并以教师可理解的文本形式输出①；网络通信技术将诊断反馈的信息高速传输推送给教师，教师根据反馈的信息，结合教学目标，剖析当前学生的学习情况与目标之间的差距，即时调整教学节奏、教学策略和授课内容，以实现课堂教学的高效开展，促进教学目标的达成。例如，在中学体育课上，每位学生全程佩戴运动心率臂带，教师可以借助系统实时了解每位学生的心率情况，对心率超过阈值上限的学生进行提醒，并帮助学生制订更合适的训练计划。

三、典型场景

借助智能技术，随堂诊断能实现学生课堂学习活动数据的智能采集、智能分析与结果的及时反馈，帮助教师提升随堂诊断效率、优化教学路径，促进学生的学习发展。智能技术助力随堂诊断主要体现在课堂数据伴随采集、课堂数据实时分析、课堂诊断高效反馈等典型场景中，具体如表4-4所示。

（一）课堂数据伴随采集

课堂数据的自动化采集是实现课堂诊断结果即时反馈的重要前提。智能技术可以帮助教师实现课堂数据的自动化、伴随式采集。采集数据类型包括课堂作答数据、课堂行为数据等。①课堂作答数据伴随采集。课堂作答数据是对课堂中学生的知识掌握情况等进行测评而形成的数据，作答数据伴随式采集主要通过平板电脑、高拍仪、答题器、拾音设备等实现。平板电脑、高拍仪、答题器等设备可以自动采集学生在主观题和客观题作答时产生的答题数据；拾音设备可以自动识别并采集学生口语朗读、口语对话等活动中产生的语音数据。②课堂行为数据伴随采集。课堂行为数据是对学生课堂中学习

① 王进强、刘金硕：《基于注意力机制的结构化文本自动生成》，载《武汉大学学报（工学版）》，2022(2)。

表 4-4　智能技术助力随堂诊断典型场景

典型场景	技术应用	说明
课堂数据伴随采集	课堂作答数据伴随采集	平板电脑、高拍仪、答题器等设备可以采集学生当堂测验、当堂作业等活动产生的文本数据，包括主观题和客观题数据；拾音设备等可采集学生口语对话、朗读等活动产生的语音数据。
	课堂行为数据伴随采集	1. 在学生实验操作过程中，高清摄像头等设备可自动采集学生的实验操作数据，如仪器使用、操作步骤顺序、数据测算等。 2. 在学生体育运动过程中，高清摄像头、计步器、可穿戴设备等可以自动采集学生的运动数据，如跑步中的起跑反应时间、起跑角度、全程时长等，实现全过程无感知数据记录。
课堂数据实时分析	答题过程追踪分析	借助电磁感应和光学点阵技术，智能书写笔可以还原学生真实答题过程，帮助教师精准定位学生答题过程中的错误原因和薄弱项。
	视频动作分析指导	借助动作识别和行为分析 AI 模型，机器可以通过视频录像，分析学生在体育训练或理科实验操作中的动作、操作等信息，帮助教师及时发现学生的错误，进行有针对性的指导。
	随堂练习自动打分	1. 借助语音评测技术，可以在课上实现朗读发音实时纠正和口语表述题的智能评分。 2. 借助光学文字识别技术(OCR)，可以实时批改学生拍照上传的答案，帮助教师了解班级学生的学习情况。
课堂诊断高效反馈	报告可视化呈现	借助可视化技术，全班学生在随堂诊断中的个性问题和共性问题能够以表格、热力图、柱形图、折线图等图表形式呈现给教师。
	报告文本自动生成	借助文本自动生成技术，学生随堂诊断的数据能够被提取，自动生成评价报告中的分析结果和教学建议文本。

的技能动作进行测评而形成的数据，如学生在物理、化学、生物学等学科实验中的操作行为、在体育运动中的动作等数据。借助多个不同角度的高清摄像头，学生的实验操作行为可以被全程采集，如实验时学生的仪器使用、操作步骤顺序、数据测算等指标。高清摄像头、计步器、可穿戴设备等可以自动采集学生在体育运动中的动作，如跑步时学生的起跑反应时间、起跑角度、冲刺姿态等动作指标。

（二）课堂数据实时分析

智能技术可以对随堂诊断中采集的各类数据进行实时分析，按照具体的使用场景可以分为以下三类。①答题过程追踪分析。借助纸笔数字书写技术，教师可以追踪、回溯学生的完整答题过程。纸笔数字书写技术包括电磁感应技术和光学点阵技术。基于电磁感应技术的智能书写笔通过电磁信号采集学生在电磁板的笔触运动记录。基于光学点阵技术的智能书写笔通过光学信号采集学生在普通纸张上的笔尖运动轨迹[①]，从而实现教师对学生答题进度的实时跟踪，帮助教师动态把握学生答题过程中的文字笔画顺序、做题顺序、每道题停留时长、解题步骤的正确性、答案修改次数等，使教师了解学生答题全过程，助力教师更精准地判断学生的薄弱知识点。②视频动作分析指导。随着动作识别等机器视觉领域的技术发展，机器可以对学生体育训练和理科实验操作中的动作数据进行实时分析诊断。学生画面被摄像头拍摄下来后同步传送至系统后台，系统能自动识别学生的训练动作姿势、实验操作行为、实验操作顺序，利用AI模型，结合考试标准进行评分，实时诊断学生的发力部位是否正确、摆臂幅度是否到位、实验操作是否规范、操作顺序是否正确、数据记录是否无误等，并给出扣分和得分依据，帮助教师快速掌握学生的训练情况和操作熟练度，指导学生改进。③随堂练习自动打分。借助语音测评技术、光学文字识别技术（OCR）等，可以在课上实现对多种类型练习题的自动打分。对于课堂中的发音训练，语音评测技术可以实时诊断分析学生口语对话、朗读过程中的发音标准程度，识别发音错误，从多个维度（如语调、语速和语气）对学生口语进行智能评分。对于随堂布置的数学解答题，光学文字识别技术（OCR）可以将学生拍照上传的答题信息转化成文字，通过与正确答案的对比，来判断学生答题的正误。

（三）课堂诊断高效反馈

智能技术可以将学生在随堂诊断中的过程和结果数据高效反馈给教师，帮助教师实现对学生基于评价结果的智能分层及特殊个体精准定位[②]，为教师基于数据的科学决策提供支持，助力教师动态调整教学步调。诊断反馈报告可通过可视化、文本自动生成等技术实现。①报告可视化呈现。可视化技术

---

① 张晓梅、胡钦太、田雪松等：《智慧课堂教学新形态：纸笔数字书写技术教学应用》，载《现代远程教育研究》，2020(1)。

② 郝建江、郭炯：《智能技术赋能精准教学的实现逻辑》，载《电化教育研究》，2022(6)。

依托计算机强大的图形、图像处理能力，把海量的数据转换为静态或动态图像呈现在教师面前[①]，直观反映学生的共性和个性问题。可视化报告通过表格、热力图、柱形图、折线图等图表形式，能够呈现学生多方面的数据，如客观题作答的正确率、选择题不同选项的人数分布、答题时长，口语练习中的表达流畅度、准确度、完整度，体育运动中的心率变化情况、运动时长等信息。②报告文本自动生成。文本自动生成技术是以图表、结构化数据等为输入项，通过文本生成模型将这些关键信息进行提取，自动生成可视化评价报告中的文本。文本内容包括分析结果及教学建议等。一方面，分析结果能帮助教师理解学生的学习情况；另一方面，报告中生成的决策建议，可以辅助教师进行科学决策。

案例 4-5　智能技术支持下的英语随堂诊断[②]

2017 年，佛山市顺德区第一中学引入畅言智慧课堂，旨在融合信息化手段提升学校教学效果与教学质量，切实为师生减负增效。该校英语学科的教师率先运用畅言智慧课堂中的智能测评功能进行英语口语和习题的测评。智能测评功能可实现测评数据的自动批改分析和即时反馈，让教师能快速把握班级学生的整体学习情况和个体学习情况，并进行有针对性的教学指导，提高了课堂的教学效果和效率。

①口语测评。教师在课堂上利用智能语音测评功能，实现了对每位学生口语学习的进度跟踪、效果评价及个性化辅导。口语测评主要有以下三步。第一步为“口语任务推送”，教师将词汇、课文等口语练习任务推送至每位学生的平板电脑。第二步为“口语练习测评”，学生根据自己的步调进行口语诵读。如图 4-7 所示，系统会对学生的诵读情况进行实时评测，将学生口语发音正确的标记为“绿色”，发音错误的标记为“红色”，并进行评分，使学生能够即时调整，不断练习直至达标。第三步为“教师干预指导”，一方面，教师根据学生的口语可视化数据报告将学生分组，组织学生进行一对一结对帮扶学习；另一方面，针对口语尚待加强的学生，教师会根据数据报告的反馈，进行精准的个性化辅导。经过三年的口语练习，2019 届 20 个班的 990 位学生在英语高考口语听说考试中获得了出色的成绩，全年级口语听说考试平均分较上一年提高了 0.5 分，其中有 5 位学生英语口语获得满分。

---

① 任永功、于戈：《数据可视化技术的研究与进展》，载《计算机科学》，2004(12)。

② 本案例根据佛山市顺德区第一中学李智老师提供的资料整理总结。

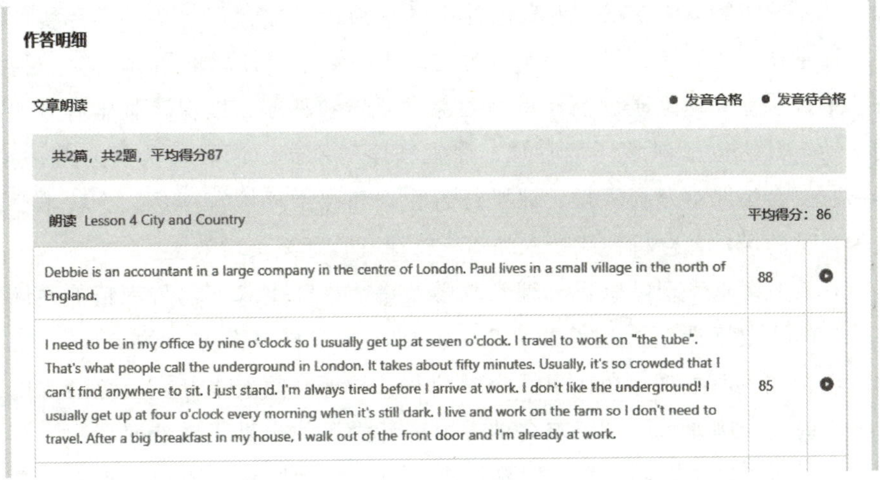

作答明细

文章朗读 ● 发音合格 ● 发音待合格

共2篇，共2题，平均得分87

朗读 Lesson 4 City and Country	平均得分：86	
Debbie is an accountant in a large company in the centre of London. Paul lives in a small village in the north of England.	88	●
I need to be in my office by nine o'clock so I usually get up at seven o'clock. I travel to work on "the tube". That's what people call the underground in London. It takes about fifty minutes. Usually, it's so crowded that I can't find anywhere to sit. I just stand. I'm always tired before I arrive at work. I don't like the underground! I usually get up at four o'clock every morning when it's still dark. I live and work on the farm so I don't need to travel. After a big breakfast in my house, I walk out of the front door and I'm already at work.	85	●

图 4-7 口语诵读情况

②习题测评。教师在课堂上利用随堂测试功能，实现了对每位学生知识掌握情况的全面了解。习题测评主要有两步。第一步为“当堂测验”，教师利用全班作答功能，将练习题推送给每位学生。系统实时收集每位学生平板电脑上的详细作答情况，并将作答情况数据呈现给教师，包括学生答题的正确率、各选项选择分布情况、学生薄弱知识点，以及答题速度、提交时间、是否完成订正等数据。第二步为“动态干预”，教师基于动态学习数据分析结果快速了解班级整体知识掌握情况，并按照班级共性问题重点精讲、个别问题个别辅导的原则，有的放矢地进行教学干预。教师表示，借助智慧课堂教学系统，能更快速、科学地了解学生的知识点掌握情况，更为客观地评价学生，使课堂教学更为精准、灵活和有针对性。

第六节 智能化的课堂管理

一、课堂管理问题简析

课堂管理是课堂教学实施的重要组成部分，其内涵丰富。有学者认为，课堂管理包括创建良好的课堂环境、维持积极的课堂互动、推动课堂快速生长等过程。[①] 也有学者认为，课堂管理包括课堂人际关系管理、课堂环境管

① 陈时见：《课堂管理论》，7页，桂林，广西师范大学出版社，2002。

理、课堂纪律管理等方面。[1] 有国外学者认为，课堂管理包括教学环境的创设、课堂秩序的维持、学生问题行为的纠正、学生责任感的培养等。[2] 可见，总体上，课堂管理是通过创建良好的课堂环境和秩序，以保障教学有效实施的活动，具体包括课堂环境管理、课堂秩序的维护、问题行为管理等活动。本书主要聚焦课堂考勤管理、课堂行为管理和课堂环境管理这三个技术赋能较为典型的场景，分析智能技术如何支持课堂管理减负增效。

有效的课堂管理可以提升课堂教学效率，给师生双方都带来精神愉悦和享受，但要做好课堂管理并非易事，需要应对来自多个方面的挑战。当前，中小学课堂管理主要存在以下几个问题。①管理时间成本高，难免会占用课堂教学时间。例如，用人工点名的方式统计学生的出勤人数费时费力，会占用宝贵的课堂教学时间。此外，学生课堂行为管理同样需要教师投入大量的时间和精力，一些教师对学生的问题行为不愿管、没空管，造成管理缺失、课堂秩序不佳。[3] ②管理覆盖面有限，难以关注到每位学生。教师在课堂上需要全身心地投入教学，同时需要关注学生的接受情况，难以抽出精力对每位学生的课堂行为给予反馈。[4] 在实践中，教师往往采取抓大放小的策略，即主要关注随意讲话、交头接耳等严重干扰课堂秩序的行为，难以兼顾走神、睡觉等未对他人造成干扰的异常行为，但这类行为也会对学生课堂学习效果产生不良影响。此外，班级规模大是我国中小学的普遍现象，学生人数多无疑也增加了教师管理的难度。③环境管理可控性不佳，物理环境的舒适度难以保障。舒适的学习环境有利于帮助学生集中注意力、提升记忆效果、提高学习成效。当前，很多教室难以提供舒适的学习环境。当采光、温度、湿度、空气质量、隔音等方面出现问题时，教师往往无法直接对物理环境进行调控，这些都会影响课堂教学的效果，不利于学生的身心健康。上述这些问题导致课堂管理的效果和效率不佳，亟须采取多种手段予以解决。

二、智能技术助力课堂管理

随着人工智能、大数据、学习分析等新兴技术的发展，技术对于教学的

---

① 赵楷平、白兆云、王国武：《中学有效课堂管理的实证探索》，2页，长春，吉林人民出版社，2019。
② 罗国杰、宋希仁：《西方伦理思想史》，105～110页，北京，中国人民大学出版社，1985。
③ 解晓莉：《教师课堂管理职能的失落与回归》，载《现代教育科学：普教研究》，2012(3)。
④ 张丽莉：《智慧课堂行为管理系统探究》，载《教学与管理》，2019(4)。

支撑作用越来越明显，已经被广泛应用于课堂教学的各个场景，包括课堂管理活动。借助智能技术，教师可以节省课堂点名时间，便捷地获取学生课堂行为的数据，还可以智能地调控教室的物理环境。智能技术助力课堂管理的作用主要体现在以下三个方面。

（一）促进课堂考勤管理省时且精准

近年来，新高考改革背景下的走班制教学对课堂考勤提出了新的挑战。将智能技术应用于课堂考勤，可以极大地节省考勤管理时间，提高考勤准确率，大幅减轻教师的常规管理工作负担。考勤管理的核心是身份识别，射频卡、手机和人体生物特征均可用于身份识别。手机考勤的优点是无须额外的硬件投入，部署灵活、简单易行，如通过二维码、NFC 芯片、ZigBee 芯片、iBeacon 等技术可实现智能考勤，节省考勤时间。生物特征识别主要包括人脸识别、指纹识别、声纹识别等。将刷卡签到和人脸识别同时应用到班级考勤系统中，可以确保考勤数据的精准，实现无感知考勤。例如，AI 智能班牌支持基于人脸识别、智能手环、电子学生证等方式的考勤，学生进入班级时可通过上述方式完成无感知远距离打卡，做到进班即考勤，实现考勤管理的自动化。

（二）助力课堂行为管理科学且高效

利用课堂行为智能分析系统可以协助教师收集学生的课堂行为表现，便于教师掌握每位学生的学习状态，及时发现学生的问题行为，如大声喧哗、制造噪声、窃窃私语等，并施以正面引导。学生课堂行为的数据留存，有助于教师在后期对学生行为进行分析和评估。教师不再只凭自己的记忆和教学经验来分析学生的行为特点，而是通过分析整合学生的行为记录，来洞悉学生行为的规律。华东师范大学团队将计算机视觉技术引入大学课堂场景，将“看黑板、看书、看电脑、举手答问、侧身交流、玩手机”这六个常见的课堂行为进行识别，开发了学生课堂学习行为投入度测量与分析系统。该系统以高清网络摄像头采集课堂教学的大场景图像，通过动作识别处理和数据管理，实现学生课堂过程行为投入度的自动记录与分析，并予以可视化呈现。该系统可以帮助教师掌握学生的课堂表现、客观评估课堂的教学效果，使得课堂行为管理更加科学且高效。①

① 赵春、舒杭、顾小清：《基于计算机视觉技术的学生课堂学习行为投入度测量与分析》，载《现代教育技术》，2021(6)。

（三）实现课堂环境管理智能且便捷

良好的课堂环境有利于提升课堂教学效率，使课堂焕发活力。智能技术可以帮助营造绿色、健康的课堂教学环境，极大减少教师和教学管理人员的工作量①。例如，智能照明系统可以精准控制每张书桌的光照强度，保护每位学生的视力，哪里不亮补哪里，实现动态健康护眼和节能省电。此外，智能技术可以对教室的环境数据进行自动采集，对温湿度、PM2.5 等进行智能监测和自动调控，大大提升了教室环境管理与调控的智能化、便捷化程度。

三、典型场景

智能技术助力提高课堂管理的数字化、智能化水平，帮助教师提升课堂管理的效果和效率，有助于营造舒适的课堂环境，形成和维持良好的学习氛围。智能技术助力课堂管理主要体现在自动化考勤管理、数字化行为管理、智能化环境管理等典型场景中，具体如表 4-5 所示。

表 4-5　智能技术助力课堂管理典型场景

典型场景	技术应用	说明
自动化考勤管理	刷脸考勤	系统通过教室内安装的组合摄像头识别学生人脸，实现刷脸考勤，几秒便可完成无感知考勤。
	刷卡考勤	学生进入教室时，射频感应装置可以自动识别学生卡的信息，并将信息传送给考勤管理系统，实现无感知考勤。
数字化行为管理	学生行为即时反馈	通过视频捕捉技术对动作行为和专注度进行实时统计，给学生的课堂表现提供及时反馈，帮助学生对问题行为进行合理归因，对积极行为进行鼓励和强化。
	学生行为过程性追踪	通过课堂行为管理系统对每位学生每个阶段的课堂行为进行过程追踪，形成成长记录图表，进而分析学生的课堂行为表现变化情况。
智能化环境管理	智能照明管理	智能照明管理系统可以有效地控制教学场所的平均光照强度值，从而提高光照强度均匀性。同时，系统能根据不同时间段、不同课型的需要，自动调节光照强度。
	智能温湿度调节	智慧教室通过温湿度传感器监测室内空气温度和湿度，根据软件预设值进行数据分析，当室内温湿度高于最高阈值时自动开启智能调节功能。

① 陈斌：《基于新技术的智慧课堂管理系统设计研究》，载《数字技术与应用》，2020(10)。

（一）自动化考勤管理

智能技术可以实现考勤管理的自动化、高效化。从考勤技术的类型来看，刷脸考勤和刷卡考勤较为常见。①刷脸考勤。该种考勤方法以人脸识别技术为核心，将考勤摄像机采集的学生人脸数据与系统登记的白名单进行比对，并通过校园网实时上传至考勤服务器，系统后台再根据数据进行分析统计，自动得出学生的考勤结果，统一呈现班级信息、缺勤人数、出勤人数、请假人数等信息。②刷卡考勤。刷卡考勤以射频识别技术为核心，学生在注册入校之后，学校会把学生的各项信息记录在考勤管理系统之中，并为每位学生准备学生卡，卡内有射频识别芯片。[①] 学生进入教室时，感应装置可以自动识别学生卡的信息，并将信息传送给考勤管理系统，完成信息采集。对于实验教室等非公共区域，考勤设备会与门禁设备联动，将采集到的学生信息和系统登记的授权名单进行比对，如果信息一致则允许学生进入，否则将不允许学生通过。无论是刷脸考勤还是刷卡考勤都可以实现无感知主动式扫描，这样的方式解决了传统考勤中代考、代到、漏考、误考、排队聚集等问题，有效缩减任课教师人工考勤时间的消耗，让课堂考勤更加科学、高效。

（二）数字化行为管理

智能技术可以实现学生课堂行为的自动采集、即时反馈和过程性追踪。①学生行为即时反馈。课堂行为智能分析系统通过表情识别技术和动作识别技术获取所有学生的情绪状态和动作行为，通过异常监测快速发现存在的问题，并根据问题类型、性质给予即时反馈。[②] 系统可以对起立、趴桌子、举手、听讲、阅读、书写等课堂行为，以及高兴、反感、难过、惊讶、害怕、愤怒等情绪赋予不同的分值，系统每隔一段时间会对学生的表情和动作进行一次扫描和实时统计，帮助教师了解学生的课堂学习状态。[③] 课堂行为智能分析系统可以判断学生的注意力是否集中[④]，给学生的课堂行为提供及时反馈，对需要纠正的错误行为给予温馨提示，引导学生对自己的课堂行为进行合理归因，帮助学生养成良好的行为习惯，最终实现学生的自我控制、自我调节

---

① 陈卓：《基于物联网技术的学生课堂考勤管理系统》，载《信息与电脑》，2018(16)。

② 杨晶晶：《数据智能支撑的课堂教学管理模式研究》，硕士学位论文，天津职业技术师范大学，2020。

③ 张丽莉：《智慧课堂行为管理系统探究》，载《教学与管理》，2019(4)。

④ 刘梦梦：《学习动机理论角度下人工智能课堂管理模式探究》，载《产业科技创新》，2020(12)。

和自我管理。②学生行为过程性追踪。系统通过大数据分析学生的课堂专注度，对学生的课堂整体表现进行量化评估，教师可以根据统计报告，对授课效果进行评估，对课程内容、讲课速度、授课方式等进行优化，从而进一步提高课堂效率。学生课堂行为数据的留存，有助于教师对学生的课堂表现进行定量分析，了解学生的成长变化，使课堂行为管理更加人性化。

（三）智能化环境管理

教学环境智能化管理有助于营造一个健康、舒适的教学场所，为提升课堂教学质量提供物理环境保障。① ①智能照明管理。智能照明调节主要是采用光照强度传感器，使得教室不同位置学生书桌的光照强度统一均匀。教室里靠窗与靠内侧亮度不均匀，如果全天全部开灯会造成浪费甚至眩光。教室中的照明设备基于光照强度传感器，能够对书桌的亮度进行探测，当书桌亮度低于健康标准时，立即启动教学补光，并随着窗外光线的强弱调节灯光亮度，保持桌面光照强度恒定。②智能温湿度调节。智能空调系统由中央空调电源控制器、温湿度传感器和配套控制软件构成。系统通过温湿度传感器监测室内温度和湿度，当室内温湿度超出预设范围时开启自动调节功能，当温湿度达到预设范围时关闭自动调节功能，从而保证教学场所的健康舒适。

案例 4-6　ClassDojo 助力课堂行为管理②

ClassDojo 是一款学生课堂行为管理软件。一项针对美国中小学教师的调研显示，很多教师会花费超过 40%的时间用于课堂行为管理。ClassDojo 可以通过游戏化的形式助力课堂管理，目的是帮助学生改善不良行为和鼓励积极行为。它一经推出就受到了教师、学生和家长的欢迎。现在全世界有 180 多个国家在使用 ClassDojo，仅美国就有将近 10 万所学校的教师在使用，其在小学学段普及率超过 90%。

ClassDojo 使用流程大致包括三个阶段。①行为定标。ClassDojo 最核心的功能是对行为进行跟踪管理，并支持自定义行为标准。这一步看似简单，却能直接影响课堂管理的成败。首先，所有的行为标准必须有清晰的界定，便于观察和识别；其次，教师需要帮助学生理解规则，认可规则；最后，教师需要了解问题行为发生的原因，并且给予表现不佳的学生改正的机会，避免因规则过于严苛而出现破罐子破摔现象。ClassDojo 可以定义积极和消极两

① 陈斌：《基于新技术的智慧课堂管理系统设计研究》，载《数字技术与应用》，2020(10)。

② 本案例根据 ClassDojo 相关论文资料整理总结。

类行为，分别对应绿色和红色(图 4-8)。例如，举手提问、开展活动时保持安静是积极行为，可以奖励 1 分(绿色)；如未经允许擅自起立、在课上讨论和主题无关的内容是消极行为，发现一次需要扣除 2 分(红色)。[①] ②高效录入。首次使用时，ClassDojo 会为每一位学生随机分配一个卡通头像，避免让表现不佳的学生在全班面前出丑，既有趣又可以保护学生的自尊心。教师通过点击学生头像，选择对应的行为，就能完成一次数据录入。教师还能对学生进行分组管理，以小组为单位来录入加减分。ClassDojo 还支持移动端应用，教师可以自由地在教室内穿梭，用手机或平板电脑来录入学生的行为。国外有学者将 ClassDojo 和另外两款同类软件进行了对比，他们认为 ClassDojo 在使用便捷性上表现最佳。[②] ③自动统计。ClassDojo 具有自动统计和分析功能，便于教师开展数据化决策。ClassDojo 支持按天、按周、按月、按学期来呈现

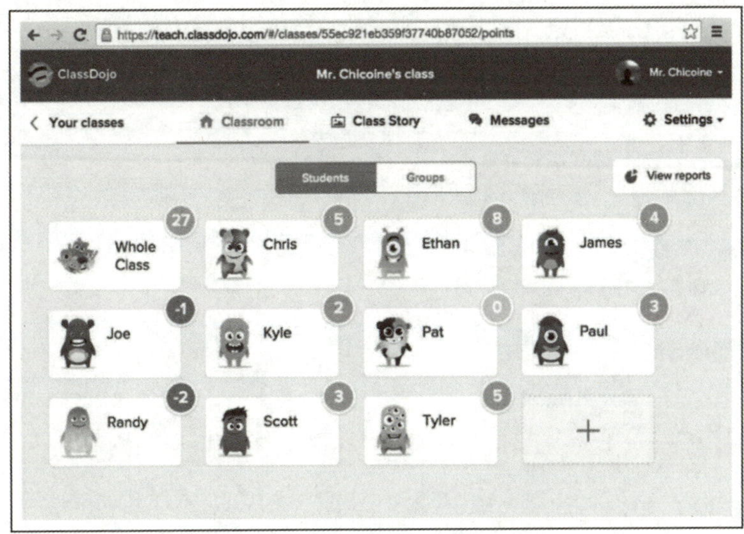

图 4-8　ClassDojo 班级管理示例[③]

---

① Mora Azucena Barahona, "Gamification for Classroom Management: An Implementation Using ClassDojo," *Sustainability*, 2020(22), 9371.

② Riden Benjamin, Markelz Andrew and Randolph Kathleen, "Creating Positive Classroom Environments With Electronic Behavior Management Programs," *Journal of Special Education Technology*, 2019(2), pp. 133-141.

③ Riden Benjamin, Markelz Andrew and Randolph Kathleen, "Creating Positive Classroom Environments with Electronic Behavior Management Programs," *Journal of Special Education Technology*, 2019(2), pp. 133-141.

学生的行为表现，这样教师就可以掌握一段时间内学生积极或消极行为的变化趋势，从而依据数据来调整干预的手段，做到数据化决策管理。此外，ClassDojo 还可以生成每位学生的个人报告，并发送给学生家长，方便家长掌握孩子在校内的表现，并让家长也能间接地参与到班级管理中，更好地激发学生的内驱力。

美国的一项研究表明，在使用 ClassDojo 后，学生的积极行为增加了45%～90%，不良行为减少了 50%～85%。国内学者的研究发现，在使用 ClassDojo 辅助课堂管理后，班级整体与学生个人的课堂表现行为均有了正向的改善，学生的学习兴趣、师生之间的关系、班级的归属感等呈现出积极的情感取向。此外，通过家长访谈了解到，参与课堂管理的家长们对采用 ClassDojo 进行管理的满意度较高，后期愿意继续参与管理①②。

---

① 邱钰：《基于 ClassDojo 的小学信息技术课堂管理实践研究》，载《中国教育信息化》，2016(8)。

② 左扬扬、周丹妮、王欢：《基于 ClassDojo 的课堂管理探究》，载《软件导刊(教育技术)》，2014(8)。

第五章　智能技术支持的课后巩固

课后巩固作为教学的重要组成部分，是课堂教学向课后延伸的必备环节，对学生所学知识的重组内化、认知结构的优化拓展具有重要意义。本章在阐述课后巩固的内涵与特征、现状与挑战以及智能技术助力课后巩固应用场景的基础上，以作业设计、作业批改、课后辅导、教学质量评价等典型场景为例，深入分析智能技术在探索构建智能高效课堂，助力课后巩固减负增效方面的作用。

第一节　课后巩固概述

一、内涵与特征

我国关于课后巩固的研究自古有之，《学记》曾有记载："大学之教也，时教必有正业，退息必有居学。"其中，"正业"是指教师在课堂上教授知识，"居学"则是学生在课后开展自主练习等学习活动。可见，课堂学习和课后巩固一直相辅相成。通过课后巩固来强化课堂所学知识技能这一观点自先秦时期以来就已经形成。课后巩固是教师监测课堂教学质量的重要手段，是学生进行知识巩固、课外拓展的有效方法。[①] 教师依据教学目标和课堂教学的重难点设置多种形式的练习供学生拓展思考、巩固课堂所学，同时根据学生作业等反馈信息发现教学问题，及时调整教学策略并精准指导学生学习。此外，为有效提升课堂教学质量、促进教师专业发展、保障育人目标顺利实现，教师需要对课前、课中和课后不同阶段的教学情况进行监测与评价，以掌握学生学习状态变化、明确教学目标的达成情况。显然，通过作业设计、作业批改、课后辅导、教学质量评价等活动对学生在教学过程中的行为表现进行观察、

① 陈曦蓉：《基于CBI教学理念的混合式教学模式探析——以"商务英语"课程教学为例》，载《中国电化教育》，2019(12)。

回顾及诊断，能够帮助教师有效反思课堂教学，帮助学生及时查漏补缺、不断加深对重难点知识的理解与掌握。

课后巩固也是实现教学减负增效的重要环节。我国非常重视课后巩固对教育教学的重要作用，在许多的政策文件中也都针对师生在课后巩固中所涉及的作业、辅导、教学质量评价等活动给出了相应的政策要求。例如，对于学校，要求学校克服唯分数、唯升学的评价倾向，充分激发教师教书育人的积极性、创造性①，鼓励教师开展科学评价、提高教育质量，强化过程性评价和发展性评价，有效发挥引导、诊断、改进、激励功能②，倡导基于证据的评价，捕捉学生有价值的表现③，引导学生发现自我④等；对于教师，要求要发挥作业诊断、巩固、学情分析等功能⑤，能根据学段、学科特点及学生实际需要和完成能力，精准分析学情、改进教学方法，鼓励布置分层作业、弹性作业和个性化作业⑥；对于学生，要求能够促进学生养成自主学习习惯，提高自主学习能力⑦等。

教师通过课后巩固可以了解学生对知识内容的掌握情况，是反馈学生学习效果、反思课堂教学的重要方法。学生通过课后巩固能够回顾课堂教学内容，进一步强化和拓展课堂所学知识，以便学生能够及时查漏补缺，完善自身的知识体系。作为提升教师教学质量和学生学习效果的有效教学手段，课后巩固具有巩固性、差异性、诊断性等特点。①巩固性。学生在课堂中所学的知识必须经过巩固才能掌握牢固、促进技能形成、提升学生在生活中应用知识解决问题的能力。课后巩固的巩固性不仅强调了学生原有认知结构的重

---

① 《教育部等八部门关于进一步激发中小学办学活力的若干意见》，http：//www. moe. gov. cn/srcsite/A06/s3321/202009/t20200923 _ 490107. html，2022-09-15。

② 《教育部等六部门关于印发〈义务教育质量评价指南〉的通知》，http：//www. moe. gov. cn/srcsite/A06/s3321/202103/t20210317 _ 520238. html，2022-09-01。

③ 中华人民共和国教育部：《义务教育课程方案（2022 年版）》，15 页，北京，北京师范大学出版社，2022。

④ 《教育部关于印发〈普通高中学校办学质量评价指南〉的通知》，http：//www. moe. gov. cn/srcsite/A06/s3732/202201/t20220107 _ 593059. html，2022-10-02。

⑤ 《中共中央办公厅 国务院办公厅印发〈关于进一步减轻义务教育阶段学生作业负担和校外培训负担的意见〉》，http：//www. gov. cn/zhengce/2021-07/24/content _ 5627132. htm，2022-10-02。

⑥ 《教育部办公厅关于加强义务教育学校作业管理的通知》，http：//www. moe. gov. cn/srcsite/A06/s3321/202104/t20210425 _ 528077. html，2022-10-02。

⑦ 《教育部等五部门关于大力加强中小学线上教育教学资源建设与应用的意见》，http：//www. moe. gov. cn/srcsite/A06/s3325/202102/t20210207 _ 512888. html，2022-10-02。

要性，更强调学生在课后应及时采取纠正、强化等方法，不断提高认知结构中原有观念的稳定性。[①] ②差异性。教师在课后巩固中需要着重考虑教学活动中知识传递的效率和效果。教师需要正视学生原有水平的个体性和接受能力的差异性，有效了解学生的内在潜力和优势智能[②]，掌握学生学习进度和理解程度的差异性，把握好如何在课后为学生提供差异化的辅导，促进学生的个性化发展。③诊断性。教师在课后巩固阶段实施评价反馈与指导，重点在于课后诊断学生对课堂所学知识存在的学习困难与问题，反馈教与学的信息，并能提出进一步改进的建议及措施。学生可依据课后诊断结果及时调整下一步学习计划，转变学习方式，通过各项学习任务相互配合、共同作用，最终达到最佳的学习效果。

二、现状与挑战

课后巩固是教学中不可或缺的一部分，课后的温习与拓展、迁移与巩固能有效延伸学生在课堂的学习活动。教师能通过课后巩固对学生的学习情况进行评价诊断，从而完善课程教学中的不足；学生则能总结反思学习中存在的问题，不断在学习中巩固，在巩固中拓展，在拓展中提升。[③] 尽管师生普遍认同课后巩固的重要性，但当前依然还存在一些问题影响着课后巩固效果的发挥。

(一)普遍重视作业管理，但作业设计质量与批改效率需要提高

作为巩固教学成效的重要手段，作业长期以来备受教师青睐[④]，通过高效的作业管理，可以达到规范教学管理、全面提升教育教学质量的目的[⑤]。但长期以来，一方面由于受“应试教育”思想影响，传统作业在设计和实施等方面存在着诸如量大质差、形式单一、结构失调、反馈矫正有效性差等种种弊端[⑥]，学科作业的设计质量仍有待提升。另一方面，在作业批改环节中，教师

---

① 王洪玉：《试析奥苏贝尔的学习理论及其启示》，载《教学研究》，2005(4)。

② 崔艳辉，王轶：《翻转课堂及其在大学英语教学中的应用》，载《中国电化教育》，2014(11)。

③ 林雷、乐纳红、陈恺等：《数字赋能，助力“双减”——作业数字化流程再造的探索与实践》，载《中国电化教育》，2022(4)。

④ 宁本涛、杨柳：《中小学生“作业减负”政策实施成效及协同机制分析——基于全国 30 个省(市、区)137 个地级市的调查》，载《中国电化教育》，2022(1)。

⑤ 王殿军：《以作业管理促进教学质量提升》，http://www.moe.gov.cn/jyb_xwfb/xw_fbh/moe_2606/2021/tqh/jdwz/202104/t20210427_528790.html，2022-09-20。

⑥ 宋秋前：《有效作业的实施策略》，载《教育理论与实践》，2007(5)。

要对学生作业进行"全批全改"，代替学生发现并纠正作业中的错误。[①] 因此，教师往往面临日常教学和作业批改的双重压力，使得作业批改成为教学过程中的薄弱环节。[②] 作业批改负担重、批改效率低等问题并未得到实质性的解决。

（二）注重课后学生辅导，但课后答疑辅导的精准性和针对性有待加强

课后辅导是课堂教学的延伸和补充，对于学生查漏补缺、加深知识理解、提升问题分析和解决能力具有重要的作用。但课后辅导并非简单地延长学生的学习时间或增加学生的作业任务，而是通过培养学生正确的学习方法和能力，不断增强学生的学习兴趣和信心，从而有效巩固学习内容。由于教师日常教学精力有限，针对学生学习过程中出现的错题，教师一般只能凭借经验选择部分共性的易错题进行讲解，难以精准满足所有学生的知识巩固与讲评指导的需求；而针对学生存在的个性问题，往往又会因教学方法陈旧、班级规模较大等因素，使得教师难以充分满足学生的个性需要。课后辅导的精准性、针对性不足制约了课后巩固的效果，不利于教学减负增效的有效落实。

（三）重视课后诊断评价，但教学质量评价的客观性、科学性需要增强

教学质量评价是当前深化学校教育改革、实施新课程标准的关键一环[③]，是学校全面质量管理的关键。[④] 开展教学质量评价对于引导教师不断改进教学内容与教学方法，提高课堂教学质量和水平具有积极意义和重要作用[⑤]，关系到教师如何教和学生如何学的问题。但在传统的教学质量评价实施过程中，由于缺乏恰当的采集方式收集师生在教学过程中产生的评价数据，教学质量评价常常只能将学生的考试检验分数作为教学质量衡量标准，或将教学质量评价窄化为对学生课后作业练习等的评价，并未能体现评价动态发展和变革的要求与倾向。当前，教学质量评价正从经验论的窠臼中走出来，不再以主观定性评价为唯一方式[⑥]，但碍于评价数据采集方式的单一、对数据的审视分析程度不足、数据结果的针对性指导应用欠缺等因素，定量化、技术化、准

---

① 熊川武、江玲：《论义务教育内涵性均衡发展的三大战略》，载《教育研究》，2010(8)。

② 吕星宇：《论传统作业批改方式的变革》，载《当代教育科学》，2007(18)。

③ 裴娣娜：《论我国课堂教学质量评价观的重要转换》，载《教育研究》，2008(1)。

④ 徐金寿：《教学督导和教学质量评价》，76页，兰州，甘肃文化出版社，2005。

⑤ 丁家玲、叶金华：《层次分析法和模糊综合评判在教师课堂教学质量评价中的应用》，载《武汉大学学报》，2003(2)。

⑥ 李定仁、刘旭东：《教学评价的世纪反思与前瞻》，载《教育研究》，2001(2)。

确化的教学质量评价依然任重道远。

三、智能技术助力课后巩固的应用场景

在传统教学视域下，课后巩固以设计有效作业、实施作业批改、进行课后辅导、开展教学质量评价等场景承接起课堂教学阶段的任务，意在对课堂教学阶段中学生所学到的知识进行巩固提升与效果检测。① 随着智能技术在课后巩固阶段中的深度应用，该阶段中作业设计、作业批改、课后辅导以及教学质量评价等重要场景都发生了变革与创新，助力课后巩固落实减负增效。

（一）智能技术支持的作业设计

借助版面分析、作业资源标签预测、作业资源智能推荐等技术，教师能够快速搭建符合本地学情的高质量作业资源库，高效整合优质的作业设计资源供教师选编、改编；教师依托学生学情画像分析、智能滚动分层等技术，能够减轻开展差异教学、设计分层作业的负担，为提高作业设计水平、创新作业类型方式提供技术支撑。

（二）智能技术支持的作业批改

借助作业数据采集与识别、作业智能批改、数据可视化等技术，教师能够快速实现对学生主客观题、中英作文、口语练习等作业类型的智能批改和结果反馈，有效降低教师的作业批改负担。同时，帮助教师能够基于学生作答结果开展精准讲评，提升作业讲评效果。

（三）智能技术支持的课后辅导

借助共性错题分析、相似题推荐等技术，教师能够依据可视化的反馈结果，整理出班级的共性错题和学生的薄弱知识点；借助知识点学习路径规划、基于知识追踪的试题推荐等技术，能够辅助教师充分把握学生学情、制订学生未来的学习计划，实现学习内容和试题资源的精准个性化推荐。

（四）智能技术支持的教学质量评价

基于平台自动记录、数据挖掘分析、可视化结果反馈等技术，能够实现教师教学过程的数据采集、挖掘分析、评价结果反馈和教学质量评价方式的改进；精准分析需要伴随性、过程性与动态性的数据支撑②，借助智能录播、

---

① 朱文辉、李世霆：《从“程序重置”到“深度学习”——翻转课堂教学实践的深化路径》，载《教育学报》，2019(2)。

② 郭绍青：《“互联网＋教育”对教育理论发展的诉求》，载《华东师范大学学报》，2019(4)。

数据挖掘算法、学习仪表盘等技术，能够实时记录学生的教学行为数据，为教师提供及时的风险预警与科学客观的学习评价结果。

智能技术助力课后巩固的应用场景具体如图 5-1 所示。

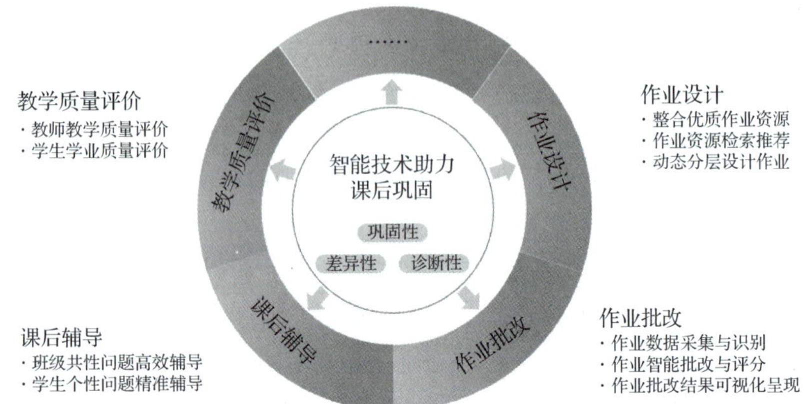

图 5-1　智能技术助力课后巩固应用场景

第二节　高质量的作业设计

一、作业设计问题简析

一般情况下，一个完整的作业系统，包括作业设计、作业批改、结果分析、教学调整等不同环节。① 作业设计作为作业系统的起点，是指教师根据教学目标和学习对象的要求，通过统筹安排教学各要素，科学合理地安排学生在非教学时间需要完成的学习任务。可以说，作业设计从某种角度建立了课程、教学、作业和考试评价四者之间的密切关系。② 作业设计主要包括作业目标、内容、时间、难度、类型和结构等的设计③，旨在有效发挥作业功能，优

① 张新宇：《作业设计质量要求：导向性与操作性的整合》，载《化学教学》，2016(1)。

② 毋丹丹、黄爱华：《“双减”背景下义务教育阶段学科作业设计的五个关键》，载《课程·教材·教法》，2022(6)。

③ 赵茜、钱阿剑、张生等：《回应“双减”要求的有效作业特征与实践策略》，载《中国远程教育》，2022(7)。

化教学效果，促进学生进行有意义的学习。①

为积极响应国家“双减”政策，各地也纷纷将提高作业设计能力作为提高学校教育质量、减轻师生负担的重要抓手。但在当前的作业设计实践中，依旧存在以下问题。①教辅材料良莠不齐，优质资源难以高效整合。当前各学科作业来源主要有教材、练习册、教辅材料、校本作业、备课组统一作业、网络来源的作业、自编作业等②，其中教辅材料由于简单易用成为教师开展作业设计的主要参考。但不可否认的是，一方面以教辅资料为基础的作业设计可能会弱化教师对作业统筹设计的能力；另一方面教辅材料中重复低效、质量不一的习题也会影响学生作业完成的最终效果。为有效解决上述问题，许多学校通过建设基于本校学情的高质量作业资源库来沉淀留存教师在日常教学过程中产生的大量优质作业设计成果。但受限于教师上传资源工作强度大、工具使用要求高、个人贡献成果追溯困难等因素，教师参与作业资源库建设往往积极性不高，优质作业资源因此难以有效整合并被教师真正利用。②适切资源选择困难，作业设计难以靶向发力。为实现个性化作业设计，教师需要对学生学情有实质性把握，以学生能力为锚点生成适应其发展的靶向作业。但在教师选择作业资源时，现阶段依然存在“作业资源是否用得上，用得好”“市面上的作业资源是否能够满足专业教学和学生练习的需求”等问题。另外，市面上的作业资源数量庞大、种类繁多，教师在挑选作业资源时往往费时费力、选择困难，不仅难以科学匹配本校学生实际水平，达到实现教学目标、提升学生能力的目的，更难有效利用该类资源激发学生学习兴趣，促使学生主动、高效的学习。③学生能力动态发展，作业分层设计负担较重。当前的作业设计忽视了学生的个性发展，存在相同作业内容过多、针对性不强、学生主体性难以发挥等问题，这些问题的存在主要还是源于传统的“一刀切”作业设计模式并未充分考虑学生个体的实际差异。不同学生的学习需求不同，教师布置的统一作业不利于学生的个性发展和潜能发挥。但若要开展基于学生个体差异的分层作业设计，教师又难以切实掌握学生动态学情变化、实时

---

① Rosário Pedro, Núñez José Carlos, Vallejo Guillermo, et al. “Does Homework Design Matter? The Role of Homework’s Purpose in Student Mathematics Achievement,” *Contemporary Educational Psychology*, 2015(43), pp. 10-24.

② 王月芬、张新宇等：《透析作业 基于30000份数据的研究》，110页，上海，华东师范大学出版社，2014。

调整作业层次。以上问题是教师在作业设计实践过程中较为常见且突出的问题。为有效提升教师的作业设计质量和能力，需要采用创新的手段为教师的作业设计提供助力。

二、智能技术助力作业设计

智能技术的引入能帮助教师在作业设计的实践中逐步掌握高质量作业设计的方法和路径，提升教师对作业的整体把握和系统设计能力，更好地发挥作业的功能效果，从而减轻学生的作业负担。智能技术助力作业设计的作用主要体现在以下三个方面。

（一）促进作业资源库的共建共享

作业资源库不仅是帮助教师进行高质量作业设计的有效载体，更是减轻教师负担、提高教师作业设计效率的资源整合平台。① 智能技术能够支持教师积极参与高质量作业资源库的建设，并从源头上提升教师的作业设计能力。在整卷的作业试题上传后，利用智能版面分析、作业资源标签预测等技术能够辅助教师便捷上传作业资源、做好作业资源的智能分类与整理，并能充分挖掘区域、学校教师共研共创的作业设计智慧，使教师积极参与高质量作业资源库建设，让教师贡献有动力、成果能追溯。例如，北京育英中学的教师结合本校教学特色，在日常教学中不断积累优质作业资源，并通过构建涵盖知识点、学科能力、难易程度、核心素养、命题情境等多维度标签体系，打造了覆盖初高中九大学科的数字化作业资源库，有效支持教师开展高质量的作业设计活动。

（二）提升作业设计的精准性和有效性

作业目的与学生差异性需求匹配是作业设计遵循的重要原则。② 为纠正当前作业数量过大、质量过低的“题海怪圈”，智能技术为帮助教师更新作业观念、开展更加科学精准的作业设计提供了可能。作业资源的智能搜索与智能推荐技术不仅能针对学生知识点掌握情况，为教师提供符合当前学生能力水平的作业试题，而且能推送适切的拓展作业资源供教师选编使用，辅助教师

---

① 毋丹丹、黄爱华：《“双减”背景下义务教育阶段学科作业设计的五个关键》，载《课程·教材·教法》，2022(6)。

② 赵茜、钱阿剑、张生等：《回应“双减”要求的有效作业特征与实践策略》，载《中国远程教育》，2022(7)。

依据学段、学科特点及学生实际需要和完成能力，合理布置书面基础性作业和拓展性作业。[①] 例如，温州市广场路小学的教师利用相似典型题库为学生提供丰富的拓展作业练习，帮助学生建立知识、思维和观念间的联结，让教师可以更加科学精准地指导学生学习和巩固知识，从而提升了学生的学习效率。[②]

（三）提高作业分层设计的效率

学生的个性化发展催生了个性化的学习需求，学生的学习水平、学习需求、学习进度等呈现多样化的特征。只有依据学习能力、学习水平、学习需求的分层聚类，才能使得群体的个性化特征得到彰显。[③] 智能技术为教师充分挖掘学生的个性特点、有的放矢地开展差异教学、设计分层作业提供了技术支撑。学情画像分析、滚动分层等技术能对学生进行学情诊断和动态分层，可以让教师依据学生分层情况，高效开展分层作业设计，既提升了作业设计效率，减轻了教师工作负担，又满足了学生的个性化学习需要。例如，合肥师范附属小学教师在结合班情、学情后，基于学生作业数据为学生推送分层作业。对于知识点掌握较弱的学生会推送基础类作业进行反复强化和巩固；对于知识点掌握较好的学生则不再推送基础类作业，更多侧重于拓展类作业的推送。[④] 利用智能技术开展分层作业设计，真正发挥了作业的诊断与巩固作用。

三、典型场景

智能技术在作业设计场景的深度应用能支持教师开展高质量的作业设计活动，帮助教师从整体上把握不同题目之间的关联性，强化作业目标，聚焦作业设计需要把握的关键问题，从而减轻教师作业设计负担、提升作业设计能力。具体来说，智能技术助力教师开展作业设计活动主要体现在整合优质作业资源、作业资源检索推荐、动态分层设计作业三个方面，如表 5-1 所示。

---

① 贾积有：《人工智能赋能教育与学习》，载《远程教育杂志》，2018(1)。

② 《浙江省教育厅办公室关于公布第六批“双减”优秀实践案例的通知》，http：//jyt. zj. gov. cn/art/2022/5/19/art _ 1532973 _ 58937328. html，2022-09-19。

③ 张进良、郭绍青、贺相春：《个性化学习空间（学习空间 V3.0）与学校教育变革——网络学习空间内涵与学校教育发展研究之五》，载《电化教育研究》，2017(7)。

④ 徐晓伟、汪伟、冯璐：《AI 平台支撑下的作业新研究》，载《中小学信息技术教育》，2022(1)。

表 5-1　智能技术助力作业设计典型场景

典型场景	技术应用	说明
整合优质作业资源	纸质作业版面分析	利用版面分析技术实现作业本或教辅书中的题块切分，是优质作业高效入库、分类整理的基本前提。通过文本识别、公式识别、自然语言理解等智能技术对整页作业上的试题进行题与题之间的单独切分，实现试题快速比对，将纸质作业快速转化为电子资源下的结构化试题，为教师原创试题的快速入库与作业资源库的高效整理提供保障。
	作业资源标签预测	在对作业练习题实现基本信息的提取后，还需要对作业资源进行语义表示以添加其他的有效信息，便于教师高效检索与应用。例如，为作业练习资源与教材知识点的关联关系添加难易程度、学科素养等多维信息标签，能极大提升教师选题、编题的应用效率。
作业资源检索推荐	作业资源智能搜索	借助丰富的语义标签信息，作业智能检索技术可以过滤超纲内容，帮助教师快速找到最接近、最有用的试题和课件等作业资源，也可为教师提供可扩展的作业内容，从而提高作业资源的利用率。
	作业资源智能推荐	通过充分挖掘学生认知能力水平、个性化学习需求、知识点掌握情况、作业资源的隐藏特征及资源间的关联关系等信息，构建相应模型，以此预测学生在作业资源上的可能表现，并依据认知诊断结果为教师推荐难度适合的作业资源。
动态分层设计作业	班级学情画像分析	依据学生作业学情开展认知诊断，分析学生对作业练习中所涉及的认知过程与技能的掌握概率，生成画像报告，为教师提供有效的信息，为教师布置分层作业提供数据支撑。①
	学生智能滚动分层	对学科能力水平相近的、知识点掌握程度相当的学生实现聚类分层，并能依据学生自身的能力发展情况及时调整层次，对学生进行智能滚动分层，从而为每层学生智能匹配合适的作业内容。

（一）整合优质作业资源

智能技术可以让教师高效上传日常优质作业资源，提升纸质资源转化为电子资源后分类整理的效率。①纸质作业版面分析。在上传纸质作业的过程中，对整卷作业运用版面分析技术能帮助教师有效解决电子资源转化难、上传作业资源慢等问题。版面分析技术可以对纸质的作业练习资源页面内的图

① 陈瑾、徐建平、赵微：《认知诊断理论及其在教育中的应用》，载《教育测量与评价（理论版）》，2009(2)。

形、图像信息和它们的结构关系进行分析、识别和理解[①]，并快速转化成电子作业练习资源，助力教师高效便捷上传纸质作业。②作业资源标签预测。借助扫描仪等设备将纸质作业转化为电子作业后，抽取题目的核心文本、图片、公式、知识点等，对多源、异构的作业资源进行语义表示，然后基于标签预测技术，将各类电子作业资源按照相应主题的分类体系结构存储起来，并通过建立相关索引，为教师整合学生作答数据、个性化内容推荐、作业难度预测等提供支撑[②]，助力教师围绕具体的教学目标，依据学生的认知逻辑和学科知识逻辑便捷应用各类作业资源，辅助教师进行结构化作业设计，最大化促进学生的思维参与和情感投入[③]。

（二）作业资源检索推荐

智能技术的深度应用能助力教师高效检索作业资源，实现作业内容与形式的不断创新、作业练习的精准提升。①作业资源智能搜索。作业资源通常基于教学目的建设编写，往往蕴含着丰富的语义标签信息，并具有深层次的逻辑知识特征。[④] 智能搜索技术能基于作业资源库的语义标签信息，帮助教师过滤超纲内容，精准检索所需资源并关联跨模态信息，不仅能够有效降低教师搜索门槛，而且能辅助教师通过多模搜索不断丰富拓展作业资源的呈现形式。②作业资源智能推荐。依据教师真实的作业设计场景，给教师推荐的目标可能是相似题、包含特定知识点的试题或课程视频、难题等。例如，在推送微课视频或拓展资源时，需要通过认知诊断等获得学生对各个知识点的掌握情况，确保视频或拓展学习资源符合学生的认知水平；而在作业练习题的推荐中，不仅需要知晓学生知识点的掌握情况，同时还需要考虑推荐的练习试题难度是否适合，推荐的练习与学生做过的练习是否相似等。作业资源的智能推荐能够深度挖掘教学内容的相互关系及学习者认知的过程规律，继而在教师制定教学目标的过程中，科学研判教学目标序列的逻辑关系，为教师推荐适切的目标知识点[⑤]，有效提升教师的作业设计效率，确保学生作业的针对性和有效性。

---

① 张当中：《汉字识别技术综述》，载《语言文字应用》，1997(2)。

② 郭崇慧，吕征达：《一种基于集成学习的试题多知识点标注方法》，载《运筹与管理》，2020(2)。

③ 杨清：《“双减”背景下中小学作业改进研究》，载《中国教育学刊》，2021(12)。

④ 陈恩红、刘淇、王士进等：《面向智能教育的自适应学习关键技术与应用》，载《智能系统学报》，2021(5)。

⑤ 郝建江、郭炯：《智能技术赋能精准教学的实现逻辑》，载《电化教育研究》，2022(6)。

（三）动态分层设计作业

智能技术能对学生进行学情画像分析和滚动分层，以辅助教师高效便捷地开展分层作业的设计活动，减轻教师在日常教学过程中实施分层作业的负担。①班级学情画像分析。班级学情画像模型的构建有效弥补了单向输送式教学方法无法满足学生的精准化、个性化的学习需求。班级学情画像基于学生的日常学习过程性数据，通过收集日常作业与测验信息、资源浏览情况、学习时长等数据，在分析基础上能够以数字化标签的形式即时反馈学习者的学习状态等各方面的发展情况[1]，掌握学生历次学习后的知识结构与认知水平，辅助教师优化调整教学策略或实施教学干预。②学生智能滚动分层。教师可通过认知诊断技术、聚类分析算法等智能技术实现学生的滚动分层。认知诊断可依据学生对作业内容的反应，将传统的单一分数转化为学生对作业练习中所涉及的知识与技能的掌握概率，为教师提供有针对性的信息，帮助教师实施教学评价、开展学习障碍诊断等。[2] 基于诊断反馈的数据信息，利用聚类分析算法还可将掌握情况相同或相似的学生个体聚为一类，辅助教师实施学生分层。同时，教师还可结合教学任务安排、学生兴趣等因素，合理调整分层层数和每层人数，动态记录学生的作答情况，及时跟进学生学习发展变化并进行自动调整，便于教师高效实施分层作业设计。

案例 5-1　基于智能技术实现高质量作业设计[3]

杭州市西湖区是整个杭州市乃至浙江省的教育高地。在“双减”政策的背景下，如何既做到减轻学生的作业负担，又做到进一步提升区域的教育教学质量，成为困扰杭州市西湖区教育工作者的重要难题。2021 年年底，杭州市西湖区教育研究院与科大讯飞展开深度合作，着手打造“双减”政策下的分层作业教学教研与应用示范区。所搭建的数智作业平台为西湖区所属中小学实现了作业设计、分层布置、数据收集、作业讲评、作业管理等多环节的作业流程闭环，如图 5-2 所示。

为了搭建符合本地实际情况的精品作业资源库，杭州市西湖区教育发展研究院借助自动版面分析和作业资源的语义理解等智能技术将多年积累下来

① 陈明选、来智玲：《智能时代教学范式的转型与重构》，载《现代远程教育研究》，2020(4)。

② 陈瑾、徐建平、赵微：《认知诊断理论及其在教育中的应用》，载《教育测量与评价(理论版)》，2009(2)。

③ 本案例根据杭州市西湖区教育发展研究院汤珏弘副院长提供的资料整理。

图 5-2　杭州市西湖区数智作业平台

的优质作业资源收录至西湖区数智作业平台，并为各类多源、异构的作业资源提供核心素养、题型难度、知识点等多维细分标签，供西湖区学校的教师日常作业选编、改编使用。学校教师遇到优质作业设计资源也可通过拍照上传等形式上传至作业资源库。数智作业平台能够对上传的整卷试题进行自动划题(图 5-3)和知识点标注(图 5-4)，能够帮助教师快速整理优质作业资源，真正实现了区域优质教学资源共建共享的目标。

在每学期的教学任务开始前，区研究员会组织区内各校骨干教师，集中开展选题、编题等作业设计工作。首先，这些骨干教师会通过西湖区数智作业平台反馈的学生作业作答数据结果，了解区域内学生对知识点的掌握情况，

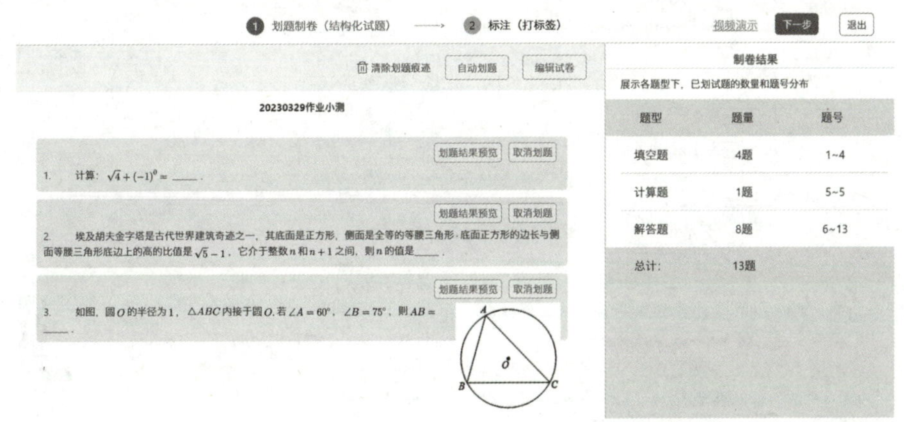

图 5-3　通过版面分析实现自动划题

图 5-4　通过语义理解为试题标注知识点

并分析整理出当前学生对课堂所学知识点的掌握情况。随后，他们会依据结果分析报告与教师教研成果，形成若干套匹配学生学情的课时练习，并通过西湖区数智作业平台服务区域内学校教师。

作业资源库的搭建极大减轻了学校教师实施日常作业设计活动的负担。学校教师不仅能够依据西湖区数智作业平台的优质作业设计资源挑选能够满足不同层次学生的内容，而且能依据学生能力发展水平为学生设置相应的弹性、分层作业，有效提高了教师作业设计水平，如图 5-5 所示。教师完成分层作业单的在线生成后，可批量打印好纸质作业活页题卡并通过课代表分发给学生，供学生选择完成。

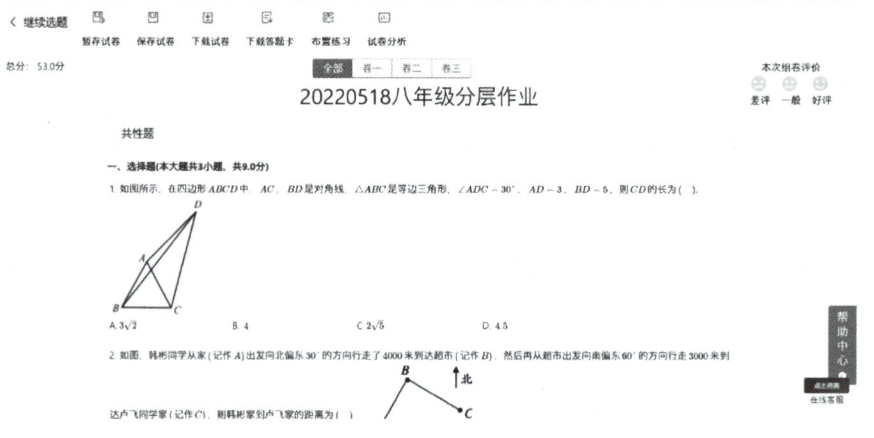

图 5-5　八年级分层作业布置

西湖区数智作业平台的深度应用，能够帮助教师实现对学生的作答结果和本次作业的作答时长的多维分析，进一步助力教师了解学生的作业完成质量与作答时长等数据，为教师开展后续的针对性教学奠定基础。

案例 5-2 “精准作业三步设计”助力教师作业诊断分析①

“双减”政策实施后，学生减负再次成为焦点问题，如何实现“双减”目标、如何确保学生作业减负增效，对学校提出了新要求。为落实“双减”政策要求，助力校内教学减负增效，沈阳市尚品东越学校从学生作业入手，通过智能技术聚焦学生作业的顶层设计，为学生带来精准高效、实用有趣的作业体验，为教师高效开展作业教研与作业设计活动提供了坚实的数据基础。

学校充分挖掘作业功能价值，通过长期的教学实践逐渐形成了学校独有的“精准作业三步设计”(图 5-6)，并首次在 2022 年年初，通过讯飞学生平板电脑实施“自主学”特色寒假作业积累学生作业作答数据，实现了教师在新学期的精准作业教研与作业设计活动。

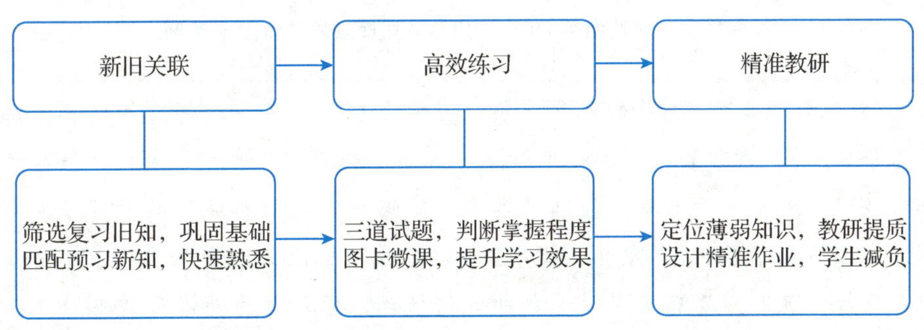

图 5-6 沈阳市尚品东越学校“精准作业三步设计”

针对七年级数学，教师首先根据学生平板电脑上的知识图谱梳理了全册关联知识点，并根据每个知识点的内在联系进一步构建知识框架，将新学期第一单元知识点与上册关联知识点进行联系匹配，依据智能检索与推荐为学生设置合适的专项练习，让学生在寒假期间既能巩固原有知识点，又能强化对新知识点的学习。将新旧知识点进行梳理结合，有针对性地击破薄弱点，减少了学生低效重复练习，为教师后续的教学计划安排提供了数据支持。学生通过教师设置的专项作业练习，便可开展有针对性的巩固提升练习。例如，学生可通过点击知识图谱上显示的掌握不足的橙色圆点开展作业练习，配合

① 本案例由沈阳大东区尚品东越学校相关案例撰写人李明浩、阙筱等提供，收录时进行了适当改编。

图卡知识点的讲解(图 5-7)，逐步提升对该知识点的掌握程度。

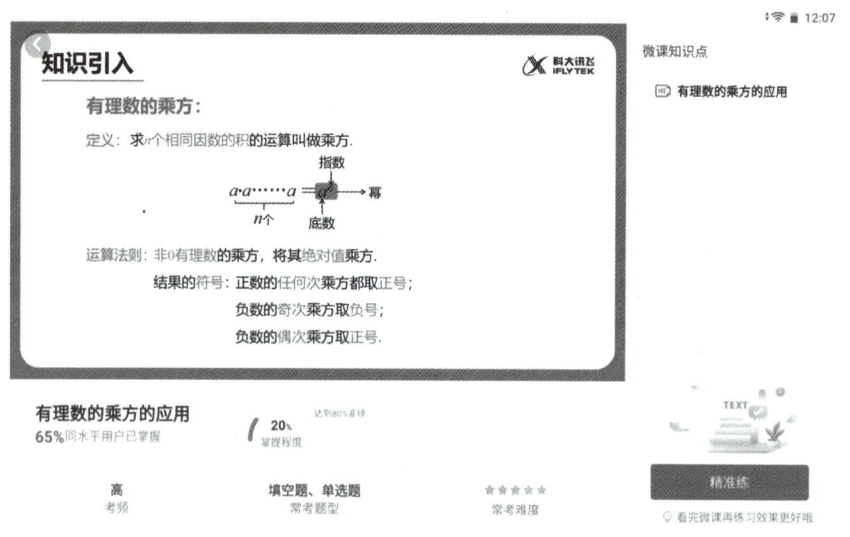

图 5-7 “有理数的乘方的应用”章节知识点的知识图卡示例

“精准作业三步设计”的实践应用，为学生自主学习、教师有效监督提供了基础保障。“假期里，学生打开平板电脑，可以定时定量地完成教师推荐的作业练习，尤其对于自驱力较弱的学生，能够帮助他们养成好的学习习惯。”数学组王冬雪老师说，“有了技术工具辅助，我们也能更清楚地了解学生的知识点掌握情况，开展有针对性的作业教研活动、设计更为精准的作业，真正实现了学生作业的减负增效。”

第三节 自动化的作业批改

一、作业批改问题简析

作业批改是教学过程的延续及重要组成部分，是为了判断学生知识掌握程度，对学生已经完成的作业进行评定的一种评价行为。① 目前在学校教学过程中，教师要批改的作业主要包括书面作业和非书面作业(口语类作业、实践

① 邱九凤、宋向姣：《试析小学数学作业批改存在的问题及改进措施》，载《教育探索》，2016(7)。

类作业等）。本节讨论的书面作业批改主要是客观题、主观题和作文的批改；非书面作业批改主要是中英文口语作业的批改。教师通过作业批改能够了解学生对教学内容的掌握情况，及时调整课堂教学、开展教学反思；学生依据作业批改结果能够诊断自身学习成效，及时开展自我整理和反思[①]；学校管理者通过班级作业批改结果能够及时了解全体学生的学习情况，实施精准管理与科学决策。因此，作业批改的意义不仅在于获取学生成绩，而且在于了解学生学情，掌握学生学习薄弱点，从而辅助教师有针对性地制定或调整后续的教学方案，为实现因材施教奠定基础。[②]

目前在学校教学中，作业批改是教师和学生了解教学效果和学习效果的重要途径。充分了解作业批改的现状与问题，并提出解决问题的可行措施，对于提高作业批改效率和质量具有积极作用。当前，作业批改主要存在以下问题。①人工批改费时多，批改效率低。在日常的教学活动中，教师作业批改工作量较大，按现行中小学教师工作量计算，如果每位教师教两个班级，按每班 50 人计算，批改每份作业需要 1.5 分钟，教师每天用于批改学生作业的时间至少需要 2.5 小时[③]。作业批改工作需要教师投入大量的工作时间和精力，长此以往，教师容易陷入疲劳应付状态，导致批改效率降低，对教学思考、教学设计的投入时间减少。②主观因素影响大，批改公平难保证。教师在批改客观题时有固定答案作为参考，而针对缺乏标准答案的主观题，作业批改的评分标准容易受到教师主观因素的影响而出现评分误差等现象，最终导致作业批改的公平性受到影响。例如，教师在长时间的作业批改过程中，由于受到个人精力限制以及对学生主观印象的影响，容易出现评分松紧度不一致，可能造成作业评分偏差的情况。③数据收集处理难，结果反馈不及时。作业数据收集与处理是实现作业结果有效反馈的重要前提。但仅依靠人工来进行作业数据的收集与处理，势必会增加教师的工作负担。一方面，日常作业的数据收集、整理工作量大，依靠人工来完成，实施成本较高；另一方面，人工处理作业数据时间长，导致结果反馈不及时，学生容易遗忘答题细节与解题思路等，不利于学生进行知识巩固。综上，这些问题的存在会对作业批

① 吕星宇：《论传统作业批改方式的变革》，载《当代教育科学》，2007(18)。

② 刘邦奇、聂小林：《走向智能时代的因材施教》，100 页，北京，北京师范大学出版社，2021。

③ 《换种方式批改作业，如何?》，http：//edu.people.com.cn/n1/2016/0111/c1053-28036718.html，2019-09-11。

改的效率和质量带来负面影响，同时不利于作业数据价值的发挥。为有效提高教师作业批改效率，减轻教师负担，需要充分利用智能技术等手段不断强化作业批改效果，发挥作业的数据价值，助力教师开展作业精准讲评。

二、智能技术助力作业批改

随着智能技术在教育领域的广泛运用，智能技术对提高作业批改效率和质量的作用日益增强。将智能技术应用在教师日常作业批改中，可以让教师从繁重、机械、重复性的作业批改中解脱出来，将更多的精力放在教学研究上，关注学生的个性成长①；同时，人工智能技术的应用可实现对每日作业的自动批改，并基于批改结果对班级整体和每位学生进行准确的、科学的定量分析②，实现学生整体和个体的学情画像，助力教师学情分析。智能技术助力作业批改的作用主要体现在以下三个方面。

（一）提高作业批改效率

利用智能技术提高作业批改效率主要体现在作业数据快速收集和批量作业自动批改两个方面。教师可以通过智能终端设备快速收集作业数据，并上传至智能批改系统中，通过 OCR 识别、语音识别、版面分析、自然语言处理等技术快速批改作业，实现部分作业的自动批改和自动统计，从而缩短批改时间，提高教师批改效率。例如，江西省以减轻师生负担和不改变学生作业习惯、教师批改习惯为前提，将光学扫描识别、点阵码、结构化知识图谱、云题库、人工智能引擎及大数据分析等先进技术应用到学生日常书面作业批改中，实现作业的快速批改③，提高了作业批改效率。

（二）保证作业批改的公平性

智能技术应用于作业批改可以减少人为主观因素干扰，通过设置程序化的评判标准，可以减少误判、降低批改错误率，从而提高作业批改公平性。利用人工智能、大数据等技术搭建填空题、解答题批改引擎、中英文口语评分引擎、中英文作文评分引擎等，可以实现填空题、解答题、中英文口语和

---

① 《两会聚焦丨科大讯飞刘庆峰：深化人工智能应用，落实减负增效，推动智慧教育发展》，https：//mp. weixin. qq. com/s/5ZzgzaUn6r3DMOghlWBgsg，2022-05-23。

② 《人工智能助力“双减”提升作业批改效率》，http：//www. ce. cn/xwzx/gnsz/gdxw/202107/30/t20210730_36764421. shtml，2022-07-30。

③ 《教育部办公厅关于推广学校落实“双减”典型案例的通知》，http：//www. moe. gov. cn/srcsite/A06/s3321/202109/t20210926_567037. html，2022-09-18。

作文等的自动批改。例如，郑州市文化路第一小学翰林校区，通过使用智能批改系统辅助教师批改作文，让作文批改不再费时棘手。智能批改系统基于OCR技术自动识别学生的手写作文，再通过语义分析技术，在结构、表达、语言等多维度的客观评分标准下进行作文的智能批改，并自动生成作文分数及修改建议。智能批改不仅能帮助师生纠正学生作文中的基本语言错误[①]，还可提供多维度点评，从而让教师的作文批改更加客观、公平。

（三）高效反馈作业结果

作业批改结果的全面反馈有利于教师和学生及时发现问题，调整相关教学、学习安排。智能批改系统能够全面、快速地采集学生的作业作答数据与教师的详细批改数据，并能依据上述师生数据使用自动统计和可视化技术，从多个维度高效呈现作业批改结果。区校管理者能够依据该类数据督导考核学校作业管理水平；教师也能够通过作业作答情况了解学生知识点掌握情况，及时调整教学任务安排。例如，安徽省蚌埠市第十中学利用智能技术实现作业结果全面反馈。在完成作业批改后，智能批改系统会及时形成作业报告，呈现包括班级提交情况、正确率、答题详情等数据在内的班级整体情况，以及包括薄弱知识点、错题分析等数据在内的学生个人作业情况。教师结合统计分析的数据，能够精准掌握班级学情，真正实现“以学定教”，切实提高课堂教学效果。

三、典型场景

智能技术赋能作业批改能够实现作业内容的快速批改、作业数据的及时反馈和批改结果的科学呈现。智能技术助力作业批改主要体现在作业数据采集与识别、作业智能批改与评分、作业批改结果可视化呈现三个场景，具体如表5-2所示。

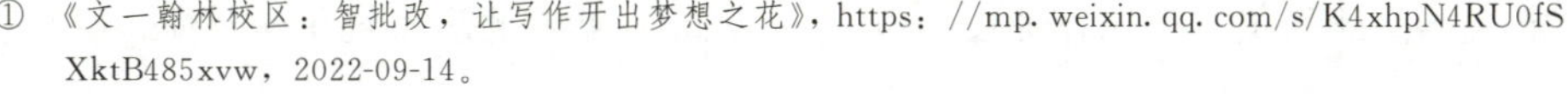
① 《文一翰林校区：智批改，让写作开出梦想之花》，https：//mp. weixin. qq. com/s/K4xhpN4RU0fSXktB485xvw，2022-09-14。

表 5-2 智能技术助力作业批改典型场景

典型场景	技术应用	说明
作业数据采集与识别	书面作业采集与识别	教师通过作业机、扫描仪、手机等设备采集学生的作业图像，并可利用版面分析、文字识别、公式识别、批改符号识别等技术进行学生答题数据、作业完成时长和教师批改数据的采集与识别。
	非书面作业（口语作业）采集与识别	通过麦克风等声音录入设备可将学生的声波信号转化为数字采样信号，从而为学生的口语作业评价与处理提供数据支撑。
作业智能批改与评分	客观题的批改和评分	可以建立起一个包含大量题目和答案的结构化数据库，通过文本搜索、图像搜索等方式，在数据库中搜索与所批改的题目相匹配的试题信息，进行自动批改。
	主观题的批改与评分	可以使用聚类辅助评分，将作答结果相似的学生自动分类为组，通过学习教师评分，实现批量批改，有效节省教师作业批改时间。
	中英文作文的批改与评分	利用图像处理技术、文字识别技术、机器学习算法并结合作文教学目标，通过对少量教师评分样本的学习，可以构建作文评分模型来评判作文的质量，自动生成作文分数、分数详情、教师建议、作文评注，并统计出作文字数、好词、优秀引用、精彩句段、错别字、病句等。
	中英文口语作业的批改与评分	在字、词、句、篇等不同题型的语音作业类型中，通过中英文朗读测评技术能够对学生的中英文朗读作业进行评分和问题定位，既能够对学生发音的准确度、流畅度、完整度、声韵调型等进行多维度评分，还能依据不同年龄提供不同的打分标准，为学生提供适切的优化建议。
作业批改结果可视化呈现	批改报告呈现	利用大数据分析及可视化等技术，通过汇总、分类、整理作业批改数据，可以生成多维度的作业批改报告，包括班级学情报告和学生个体报告。

（一）作业数据采集与识别

智能技术能够帮助教师实现作业数据的快速采集与识别。①书面作业采集与识别。通过图像采集、版面分析、文字识别等技术可以实现书面作业数据的快速采集与识别。教师可以使用作业机、扫描仪、手机、平板电脑等智能终端高速采集学生的作业图像并实时存储至智能批改系统中。例如，AI 作业机是一种用于智能采集书面作业学情数据的终端设备，可以实现教辅作业数据的边采边批，利用高速抓拍抽帧，实现无感知智能抓取批改作业；智能扫描仪可以高速扫描学生题卡作业，一分钟即可完成一个班级学生的学情采集。多终端采集到的作业图像可通过版面分析技术实现切题分割，并输出图像中的图、表、标题、文本等位置信息，实现题块之间的自动划分。最后利用文字识别、公式识别、批改符号识别等技术实现学生答题数据、作业完成时长和教师批改数据的识别。②非书面作业采集与识别。非书面作业(主要包括中英文口语作业)的采集与识别，即教师通过麦克风等声音录入设备将学生中文或英文口语作业中的声波信号转换为数字采样信号，收集学生口语作答数据，为学生口语作业的批改提供数据支撑。

(二)作业智能批改与评分

智能技术助力书面作业和非书面作业的快速批改与评分，主要体现在对客观题、主观题、中英文作文和口语作业的批改与评分等方面。①客观题的批改与评分。可以建立起一个包含大量题目和答案的结构化数据库，通过文本搜索、图像搜索等方式，在数据库中搜索与所批改的题目相匹配的试题信息，进行自动批改。②主观题的批改与评分。可以借助智能技术将数据挖掘领域的方法应用到主观题批改中，如将文本聚类算法应用到学生作业的主观题批改中。智能批改系统先将学生主观题答案进行相似答案聚类，然后再由教师评定各个类别答案的分值，系统通过学习教师评分，可以完成学生作业的批量批改，这在一定程度上降低了教师批改的工作量。③中英文作文的批改与评分。利用大数据、自然语言处理等智能技术，以一定的作文评分标准为依据，从作文的语法表达、语义内容和篇章结构等维度进行评分。④中英文口语作业的批改与评分。主要包括朗读测评和口头表达测评两项关键技术。朗读测评是在字、词、句、篇的朗读等题型中，针对学生的发音质量进行测评；口头表达测评是对口头翻译、口头复述、看图说话、话题表述等题型，针对学生的逻辑思维能力和语言组织能力进行考查与评分。[①] 口语自动测评技术的逐步成熟不仅极大减轻了教师对该类型作业的批改负担，而且使得测评的客观性和可靠性逐渐得到保障，较好地避免了个人主观因素的影响。[②]

---

① 魏思、吴奎、竺博等：《语音评测技术助力英语口语教学与评价》，载《人工智能》，2019(3)。

② 卢宇、马安瑶、陈鹏鹤：《人工智能＋教育：关键技术及典型应用场景》，载《中小学数字化教学》，2021(10)。

（三）作业批改结果可视化呈现

运用自动统计、大数据分析及可视化等技术，能够汇总、分类、整理作业批改数据，生成多维度作业批改报告，主要包括班级学情报告和学生个体报告。班级学情报告主要包括作业批改数量、批改结果、作业题量、人均作业时长、作业类型、题型难度、班级共性错题、班级知识点掌握情况等方面的内容。教师和管理者通过班级学情报告可以了解班级整体学情和学生之间存在的共性问题，为教师后续开展班级的共性错题讲评辅导提供数据支持。学生个体报告主要包括个人错题统计、个人答题正确率、个人错题分析、个人知识点掌握图谱等方面的内容。学生个体报告可以辅助教师实现个性差异辅导，帮助学生迅速定位薄弱知识点。

案例 5-3　智能批改技术助力作业批改效能提升①

为加速落实"双减"助推"双增"，郑州市第四十七初级中学使用畅言智慧课堂(以下简称"智慧课堂")的智能化作业批改功能，帮助教师减轻作业批改负担，汇集作业情况数据，最大限度地发挥作业诊断、巩固、学情分析的功能。原本的古诗词默写题，不仅需要检查学生书写的诗句是否正确，而且需要甄别错别字，一次作业改下来，教师可谓"眼花缭乱"。2021 年 12 月，郑州市第四十七初级中学的语文教师开启了智能批改古诗词默写的第一次尝试，基于 OCR 识别技术的智能批改，效果令人喜出望外，大大节省了批改时间。

古诗词默写的智能批改流程包括三个环节。首先是"拍"，当学生完成了古诗词默写后，教师会让学生打开平板电脑的摄像功能，让学生们将摄像头对准刚默写完的古诗词内容，进行拍照。随后，学生点进作业批改页面，上传古诗词默写的图片。智能批改系统对已上传的图像进行预处理，去除一些无关信息的干扰，提高古诗词默写图像的识别率。其次是"识"，当学生的古诗词默写内容上传到智能批改系统后，OCR 技术对图像中的字符进行识别，并利用字符识别算法将图像中的文字信息提取成计算机文字。例如，智能批改系统在对学生的四道古诗词默写题进行批改(图 5-8)时，会对图像中学生的答题界面进行分割，识别出学生的答题区域和手写内容，并将手写文字转化成系统可以识别的符号。最后是"批"，智能批改系统利用相似度算法将识别出的文本与答案库中的标准文本进行相似度对比，给出评分。如果学生的答

① 本案例根据郑州市第四十七中学的李新玲老师提供的资料整理。

案内容与标准答案一致，系统判定得 2 分；如果不一致，则系统判定得 0 分。如第 16 题，学生手写识别结果为“所以动心忍性，曾益其所不能”，与标准文本一致，得 2 分；图中的第 17、第 18、第 19 题学生默写结果与相应标准文本对比一致，系统判定各得 2 分，因此，四道题合计得 8 分。

16.	所以动心忍性	曾益其所不能	8分
17.	采菊东篱下	悠然见南山	16: 2分 17: 2分 18: 2分 19: 2分
18.	角声满天秋色里	塞上燕脂凝夜紫	
19.	无可奈何花落去	似曾相识燕归来	

图 5-8　智能批改结果

智能批改系统批改完后，系统会自动统计并呈现学生们古诗词默写的批改结果，并反馈给学生和教师。八年级语文备课组组长李老师说道：“八年级有 1100 名学生，古诗词默写 20 道题，10 位教师批改保守估计半小时，我们尝试使用智能批改，5 分钟完成。”目前，郑州市第四十七初级中学智能批改系统应用覆盖七、八年级，共 46 个班级，2400 名学生，每个学期使用次数可达 20 余次。

第四节　针对性的课后辅导

一、课后辅导问题简析

课后辅导是教学过程的一个重要环节，是课堂教学的补充。一般认为，课后辅导是教师在课堂教学活动之余，根据学生的学习情况，对学生群体进行有选择性的学习帮助的活动。① 从课后辅导的发生场域来看，这些活动不仅发生在学校，而且延伸至校外，如校外培训机构提供的课业辅导服务、家庭环境中发生的课业辅导活动等。根据“双减”政策的要求②，本文所述课后辅导不涉及由校外培训机构提供的学科辅导服务。作为教学过程的重要组成部分，课后辅导能帮助学生进一步消化、巩固和拓展课堂上所学的知识，及时解决学习中的疑难问题，为下一阶段的学习奠定坚实基础。同时，课后辅导能帮

① 季哲：《以学为本的课堂教学系统的研究》，硕士学位论文，华东师范大学，2012。

② 《中共中央办公厅 国务院办公厅印发〈关于进一步减轻义务教育阶段学生作业负担和校外培训负担的意见〉》，http：//www. gov. cn/zhengce/2021-07/24/content _ 5627132. htm，2022-09-24。

响应学生提出的问题，随时随地为学生提供在线答疑。吉尔具备高拟人化的互动交流能力，为学生提供了高质量的问题解决服务，在吉尔任教的 5 个月内甚至没有学生意识到是机器人在为自己答疑。

三、典型场景

智能技术对课后辅导的支持主要体现在辅助教师开展精准课后辅导、帮助学生进行高效个性巩固。一方面，教师借助智能教学系统、教学辅助工具等，可以精准定位学生薄弱点并面向全体学生实施专项的巩固提升训练；另一方面，利用自适应学习系统，借助大数据分析、人工智能算法等，可以生成学生个性化知识图谱，溯源学生薄弱知识点并进行有针对性的推题训练。下文从班级共性问题高效辅导和学生个性问题精准辅导两个典型场景，具体阐述智能技术助力课后辅导的实现路径，如表 5-3 所示。

表 5-3 智能技术助力课后辅导典型场景

典型场景	技术应用	说明
班级共性问题高效辅导	共性错题分析	共性错题分析主要涉及错题统计及错因分析。错题统计可借助智能教育平台的数据统计功能实现对错误率、错答人数、失分情况等数据的自动汇总，帮助教师快速定位班级共性错题，明确讲评重点；错因分析通过对学生作答信息中的错答知识点进行识别、分类整理和频率统计，分析学生作答的错因，并为教师提供可视化反馈以促进其精准讲评。
	相似题推荐	根据班级学生错题和学生自身的学情定位学生的薄弱点与最近发展区，提炼出匹配的训练试题集供教师选取，为不同层次的学生提供针对性强、质量高的巩固拓展练习。
	微课辅导	一方面，教师将教学辅导中的教学重难点和典型问题制作成微课，通过平台智能推荐、教师直接推送或学生自主搜索进行微课学习；另一方面，学生也可作为微课的提供者，通过录制微课上传平台，开展生生互教，并可实施全员点评，提高学生主动学习的积极性。

续表

典型场景	技术应用	说明
学生个性问题精准辅导	知识点学习路径规划	基于学生的学习目标与知识掌握情况可得到待排序的知识点集合，再利用学生认知特征、知识点属性特征及其相互关系可生成知识点路径。此外，为提高路径规划的准确性，学生的专属学习路径规划还可融合教育专家经验，助力学生实时调整学习策略，清晰安排学习任务。
	基于知识追踪的试题推荐	知识追踪可以对学生知识掌握状态进行动态估计和预测①，使用该方法能对学生知识习得过程中的知识状态进行动态建模，找到学生认知优势与弱势，针对未掌握知识点进行有针对性的试题推荐。
	智能答疑	通过自然语言处理等技术对学生的提问进行理解处理，结合提问关键信息进行答疑内容的检索匹配，自动生成解答内容并反馈给学生，为学生提供及时的问题解决服务。

（一）班级共性问题高效辅导

智能技术能够助力教师高效开展班级共性辅导，具体表现在共性错题分析、相似题推荐和微课辅导等方面。①共性错题分析。主要是通过错题统计分析、错因分析等整理出班级的共性错题和学生的薄弱知识点，辅助教师确定学生错点及错因。运用统计分析技术对学生练习作答情况进行分类汇总，迅速整理出班级学生的共性错题与知识薄弱区，并自动生成班级错题报告供教师参考。教师可查看班级共性错题、班级错题数、平均得分率等，并根据得分率、题型等维度对班级共性错题进行筛选，大幅缩短用于错题收录、整理和分析的时间。错因分析主要是借助语义标签、自然语言处理等技术识别出学生作答信息中的错答知识点，再对这些知识点进行分类整理和频率统计，进而分析出班级共性的出错点及错因。例如，解答题错因分析首先是对解答题的实际答案和标准答案进行提取，并利用结论分析模型判断实际答案是否错误；若错误，再利用错因分析模型获取实际答案和标准答案的向量表示，并基于向量比较分析出实际答案的错因。[②] ②相似题推荐。主要是通过大数据、人工智能等技术，以大量的优质题库资源为基础，进行“以题推题”式的变式巩固和拓展训练推荐，可以让教师为学生科学地选择练习资源。变式巩

① 卢宇、王德亮、章志等：《智能导学系统中的知识追踪建模综述》，载《现代教育技术》，2021(11)。

② 詹文超、沙晶、付瑞吉等：《解答题的答案分析方法、电子设备及存储介质》，安徽省，CN112732868A，2021。

固主要通过平行推题实现，基于班级学生的错题精准匹配出最佳的优质变式训练，帮助学生举一反三；拓展训练主要通过梯度推题实现，结合最近发展区理论，为学生提供不同难度梯度的拓展训练，满足不同层次学生的学习需求。③微课辅导。主要是由教师将教学辅导中的重难点和典型问题制作成微课上传到智能教学平台，平台基于人工智能算法为学生智能推荐满足其个性需求的微课，或由教师根据学情有选择的推送给不同学生，抑或由学生通过自主搜索获取相关微课，帮助学生在针对性指导下进行知识巩固和问题纠错。此外，学生也可作为微课的提供者，通过学生自主开发、制作微课开展生生互教，并可实施全员点评，可以有效调动学生学习积极性，帮助学生归纳反思。

（二）学生个性问题精准辅导

智能技术将课后辅导的实施主体由教师拓展到智能辅导系统，为精准解决学生学习中的个性问题提供助力，具体表现在知识点学习路径规划、基于知识追踪的试题推荐、智能答疑等方面。①知识点学习路径规划。首先是基于学生的学习目标与知识掌握情况得到待排序的知识点集合[①]；然后根据学生认知特征、知识点属性特征及两者间的关系，融合认知科学、学习科学等前沿理论和教学成果，利用大数据技术智能生成知识点路径；最后根据学生动态、学习行为及知识水平变化，实时调整辅导策略，智能安排学习任务[②]。②基于知识追踪的试题推荐。主要是通过追踪学生与习题的交互数据，包括作答题目、题目对应的知识点、作答结果等，对学生知识习得过程中的知识状态进行动态建模，预测学生未来的学习表现；之后根据知识追踪获得的学生认知优势与劣势，围绕尚未掌握的知识点直接推荐相对应的试题资源，进行补充练习；也可与协同过滤、矩阵分解等推荐领域常用方法相结合，以实现试题资源的有效、个性化推荐。[③] ③智能答疑。主要是以自然语言处理技术为基础，能够对学生疑问进行及时、有针对地解答反馈。智能答疑首先是利用

---

① Jiaqi Gao , Qianhui Liu and Win-Bin Huang, "Learning Path Generator Based on Knowledge Graph," 2021 12th International Conference on E-Education, E-Business, E-Management, and E-Learning. , 2021: pp. 27-33.

② 崔萌、穆肃、黄晓地：《基于过程数据及分析的在线学习路径研究：规律与规划》，载《开放教育研究》，2020(3)。

③ 戴静、顾小清、江波：《殊途同归：认知诊断与知识追踪——两种主流学习者知识状态建模方法的比较》，载《现代教育技术》，2022(4)。

语义分析对学生在课后提出的个性化问题进行分析处理，提取关键信息以理解学生的问题；之后利用搜索技术在问答知识库中找到与提问相关的问题答案对，并通过策略管理确定对话轮次长短；再由对话生成模块自动生成自然语言反馈。①

案例 5-4　利用智能技术实现科学高效课后辅导②

2018—2020 年，昆明八中陆续引进科大讯飞大数据精准教学系统，通过数据跟踪学生学习动态、数据支持精准辅导，助力教师开展更科学、更高效的课后辅导。

①跟踪学生学习动态。大数据精准教学系统为教师精准把握班级学生学习动态提供了数据支撑。教师借助系统数据分析结果把握班级学生学情，并关注到那些有大幅进步和大幅退步的临界生、波动生(图 5-9)。针对不同情况的学生，教师可以动态调整练习难度和进度，并为其提供有针对性的辅导和帮助。

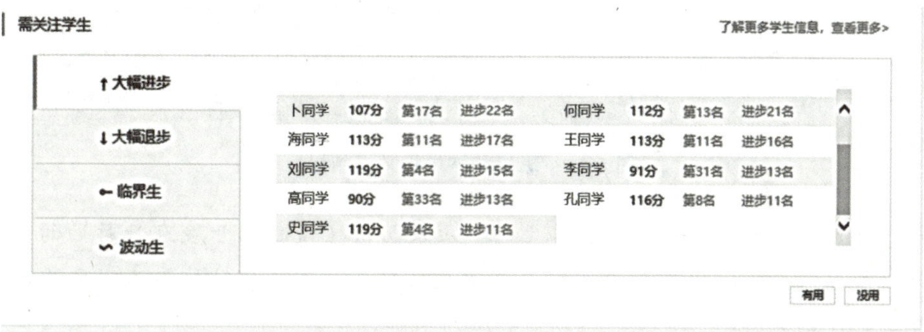

图 5-9　学生学习动态分析

②数据支持精准辅导。教师通过查看班级整体数据，可明确班级学生共性错题和高频错题，助力教师找准补救方向，确定讲解目标及内容。同时，教师通过班级与班级之间的横向对比，能够清晰找到数据异常点，察觉自身教学短板，充分借鉴其他教师的经验和教学闪光点。例如，在某次练习中，教师通过查看班级整体数据，发现单选题的第 5、第 9、第 10 题区分度较大(图 5-10)，且班级学生在这三道题上的得分率较低，应当作为讲解的重点，

① 郑庆华、董博、钱步月等：《智慧教育研究现状与发展趋势》，载《计算机研究与发展》，2019 (1)。

② 本案例由云南省昆明市第八中学杨平老师提供，收录时进行了适当改编。

并在后续的辅导中根据不同层次的学生进行不同难度的训练。同时，教师通过班级之间横向对比，发现在单选题的第9题上，本班同学的得分率明显落后于其他班级。因此，教师反思教学中是否存在知识讲解的遗漏，并借鉴其他优秀教师的经验，在课后辅导中补齐教学短板。

小题分析　　雷达图　表格　　+添加班级 | 导出

题号	题型	分值	难度	区分度	年级		高一年级1班		高一年级2班		高一年级3班	
					均分	得分率	均分	得分率	均分	得分率	均分	得分率
1 | 客	单选题	5	0.93	0.26	4.65	92.98%	4.79	95.83%	4.79	95.74%	4.63	92.59%
2 | 客	单选题	5	0.93	0.27	4.64	92.74%	4.79	95.83%	4.68	93.62%	4.35	87.04%
3 | 客	单选题	5	0.84	0.6	4.19	83.81%	4.38	87.5%	3.72	74.47%	4.54	90.74%
4 | 客	单选题	5	0.8	0.73	4.02	80.48%	4.17	83.33%	4.36	87.23%	4.17	83.33%
5 | 客	单选题	5	0.62	1	3.11	62.14%	3.65	72.92%	3.72	74.47%	3.24	64.81%
6 | 客	单选题	5	0.76	0.88	3.82	76.31%	4.06	81.25%	4.04	80.85%	3.98	79.63%
7 | 客	单选题	5	0.79	0.78	3.95	78.93%	4.48	89.58%	3.94	78.72%	4.26	85.19%
8 | 客	单选题	5	0.94	0.23	4.7	93.93%	4.9	97.92%	4.79	95.74%	4.54	90.74%
9 | 客	单选题	5	0.55	1	2.77	55.36%	3.23	64.58%	3.4	68.09%	3.7	74.07%
10 | 客	单选题	5	0.42	1	2.11	42.26%	2.5	50%	2.77	55.32%	2.31	46.3%

图 5-10　班级整体学情数据结果

此外，教师还可通过查看学生的单次及历次学情数据开展有针对性的辅导。例如，教师通过查看学生知识点掌握情况概览图，实时把握不同学生的学习进度和薄弱知识点(图 5-11)，精准推送练习资源。

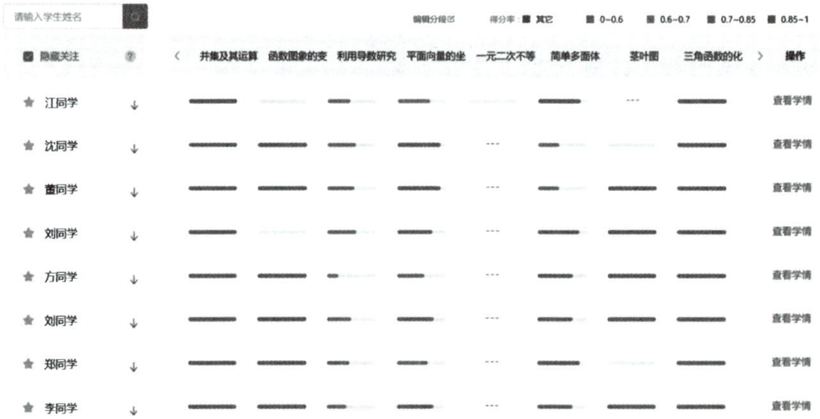

请输入学生姓名　　编辑分段区　得分率：其它　0~0.6　0.6~0.7　0.7~0.85　0.85~1

隐藏关注	并集及其运算	函数图象的变	利用导数研究	平面向量的坐	一元二次不等	简单多面体	茎叶图	三角函数的化	操作
江同学							---		查看学情
沈同学					---				查看学情
董同学					---				查看学情
刘同学					---				查看学情
方同学					---				查看学情
刘同学					---				查看学情
郑同学					---				查看学情
李同学					---				查看学情

图 5-11　学生知识点掌握情况概览图

大数据精准教学系统为教师提供了直观的数据反馈，有效减轻了教师统计处理教学数据、开展精准备课和授课的负担，让教师能够有更多的时间开展教研反思，提升教学水平。系统还为教师教学和学生学习提供了丰富的优质教学资源，帮助教师实施个性化辅导，助力学生查漏补缺，对教和学都起到了“减负增效”的作用。

案例 5-5　个性化学习手册助力学生精准练习①

在学生进行知识巩固的过程中，如何科学合理安排学生的作业和练习，是当前学校教育关注的焦点。2018 年，合肥市第一中学引入科大讯飞个性化学习手册(以下简称“个性化学习手册”)，借助人工智能和大数据分析技术精准定位学生薄弱知识点和最近发展区，推荐个性化的优质资源，为每位学生量身定制专属个性化学习方案，有效提升学生学业水平。

①错题查漏补缺。每次测验结束后，学生会拿到自己专属的个性化学习手册，包括测验情况分析、班级共性错题和自身错题、举一反三变式训练题、知识卡片等内容，有助于教师精准讲评、学生高效巩固。例如，某次数学测验后，个性化学习手册依托智学网系统采集的班级学生作答记录，对每位学生的知识点掌握程度进行优劣势分析，并展示每道题的得分情况(图 5-12)，让学生对班级共性错题和自己的错题情况有清晰的感知。针对班级共性错题，个性化学习手册借助“以题推题”将对应的变式训练题汇聚为“典例精练”[图 5-13(a)]，用于教师讲评课上讲解。针对学生个人错题，个性化学习手册结合人工智能算法和最近发展区的教育理念，推荐匹配学生能力的巩固题和拓展题[图 5-13(b)]。

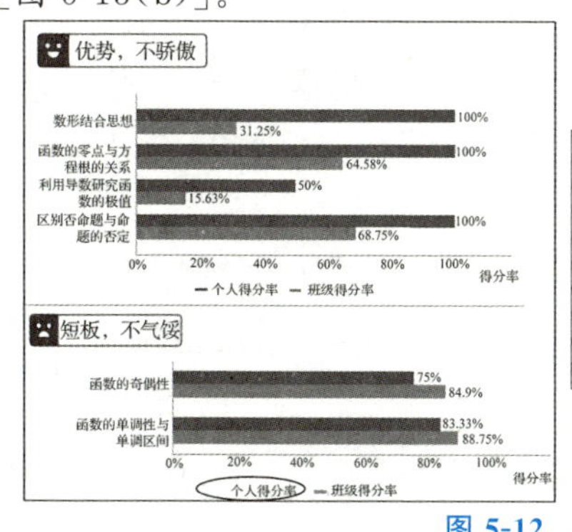

第12题　(单项选择题) 你的得分0.0/满分5.0，班级正确率62.50%，年级正确率36.84%

【考查方向】函数的单调性与单调区间；利用导数研究函数的单调性；函数的奇偶性

已知定义在 R 上的偶函数 $f(x)$，其导函数为 $f'(x)$；当 $x \geqslant 0$ 时，恒有 $\frac{x}{2}f'(x)+f(-x) \leqslant 0$，若 $g(x)=x^2f(x)$，则不等式 $g(x)<g(1-2x)$ 的解集为(　)

A. $\left(\frac{1}{3},1\right)$　　B. $\left(-\infty,\frac{1}{3}\right)\cup(1,+\infty)$

C. $\left(\frac{1}{3},+\infty\right)$　　D. $\left(-\infty,\frac{1}{3}\right)$

【错因分析】□ 审题错误　□ 概念模糊　□ 思路错误　□ 运算错误　□ 其他

图 5-12　学生作答情况

① 本案例由科大讯飞个性化学习手册产品线提供。

典例精练

13.1.【巩固题】（单项选择题）（智学精选题）可参考原题-第13题

已知P为空间中任意一点，A、B、C、D四点满足任意三点均不共线，但四点共面，点P不在平面$ABCD$中，且$\overrightarrow{PA}=\frac{4}{3}\overrightarrow{PB}-x\overrightarrow{PC}+\frac{1}{6}\overrightarrow{DB}$，则实数$x$的值为( )

A. $-\frac{1}{3}$　　B. $\frac{1}{3}$　　C. $\frac{1}{2}$　　D. $-\frac{1}{2}$

15.1.【巩固题】（单项选择题）（2021·湖北襄阳市名校单元测试）可参考原题-第15题

已知双曲线$C:\frac{x^2}{a^2}-\frac{y^2}{b^2}=1(a>0,b>0)$的离心率为$\frac{3}{2}$，直线$l$与$C$交于$A$，$B$两点，若线段$AB$的中点为$P(4,3)$，则直线$l$的方程为( )

A. $5x+3y-29=0$　　B. $5x-3y-11=0$

C. $3x-5y+3=0$　　D. $3x+5y-28=0$

16.1.【巩固题】（智学精选题）可参考原题-第16题

已知P是椭圆C：$\frac{x^2}{25}+\frac{y^2}{9}=1$上一点，$F_1$、$F_2$分别是椭圆$C$的左、右焦点，且$\angle F_1PF_2=\frac{\pi}{3}$

则$|PF_1|\cdot|PF_2|=$__________.

（a）

查漏补缺 基础必做

第20题　你的得分0.0/满分5.0，班级正确率0.00%，年级正确率0.00%

【考查方向】 不等式求解；导数中的零点问题；利用导数研究函数的极值

已知函数$f(x)=x^3+ax^2+bx+1(a>0,b\in \mathrm{R})$有极值，且导函数$f'(x)$的极值点是$f(x)$的零点·若$f(x)$，$f'(x)$这两个函数的所有极值之和不小于$-\frac{7}{2}$，则$a$的取值范围是__________.

【错因分析】 □ 审题错误　□ 概念模糊　□ 思路错误　□ 运算错误　□ 其他

20.1.【巩固题】（2019·江苏苏州市月考）

已知函数$f(x)=\frac{1}{3}x^3-mx^2+2n(m,n$为常数$)$，当$x=2$时，函数$f(x)$有极值，若函数$y=f(x)$有且只有三个零点，则实数$n$的取值范围是________.

20.2.【拓展题】（2019·江苏徐州市单元测试）

已知函数$f(x)=ae^x-\frac{1}{2}x^2-b(a,b\in R)$，若函数$f(x)$有两个极值点$x_1$，$x_2$，且$\frac{x_2}{x_1}\geqslant 2$，则实数$a$的取值范围是______.

（b）

图 5-13　依据学生学情精准推送练习

②专题综合提升。在进行专题练习或阶段性复习时，个性化学习手册能够根据学生日常测验、练习等数据，精准定位学生粗心、知识或方法未掌握等错因，并结合知识点的历史考频和学生历次练习中的错题出现频率，对学生的待突破项进行优先级排序，分层推荐专题作业。例如，在一周课程结束后，教师在周五晚自习的习题课上布置分层专题作业给学生，通过创设不同问题情境、提供多种解题思路，全方位助力学生掌握知识薄弱点、重难点和常考点，有效提升学生的知识迁移应用能力。

从错题讲评到专题提升，学生能够明确自己的学业情况、薄弱知识项，根据手册内呈现的错题，结合教师的讲解，有效开展错题再练，实现巩固提升。目前，个性化学习手册已覆盖32个省级行政区，广泛应用于27000余所学校，服务于4500万名师生。

案例5-6 AI学习机助力学生知识巩固①

湖南长沙西雅中学七年级的陈同学使用科大讯飞AI学习机(以下简称“学习机”)进行数理化学科的同步精准学和错题管理，助力知识巩固和拓展提升。学习机的学情诊断与智能推荐功能，帮助陈同学快速定位薄弱知识点，并给予学习辅导；学习机的错题管理功能，帮助陈同学高效进行薄弱知识的查漏补缺。

①学科同步精准学。针对数学、物理、化学学科，陈同学常在课后采用学习机的“同步精准学三步法”对教师课堂讲授的知识进行精准学习。第一步“测”：快速测试找到弱项。以九年级数学“函数及其表示”这一节为例，在陈同学完成10道左右的测试题后，学习机通过人工智能和大数据分析找到陈同学的薄弱知识点，并使用橙色(表示“一般”)和红色(表示“不好”)在“知识图谱”中进行标注(图5-14)，陈同学可根据知识前驱后继的关系对薄弱知识点逐个突破。第二步“学”：针对弱项精准学习。陈同学针对薄弱知识点“已知定义域和值域求参数”开展精准学。学习机根据陈同学的个性化“知识图谱”，精准筛选出对应知识点的结构化名师微课资源推荐给陈同学观看回顾，加深对知识点的学习。第三步“练”：知识内化形成闭环。学习机根据陈同学的薄弱知识点针对性推荐练习资源，并将陈同学的练习作答情况及时同步到“知识图谱”上，“已知定义域和值域求参数”知识点由黄色变为绿色，表明该知识点情况由“一般掌握”变为“较好掌握”，代表知识薄弱项被“消除”了。

① 本案例根据湖南长沙西雅中学陈同学提供的资料整理。

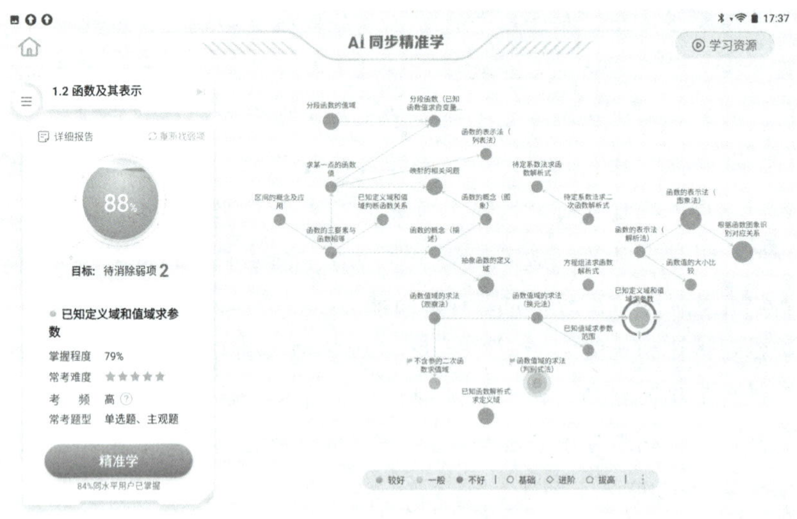

图 5-14　陈同学的个性化“知识图谱”

②错题资源高效用。学习机错题本不仅可以帮陈同学记录系统内出错的题目，还可以通过错题拍照收录日常纸质练习中的错题，大大节省了抄录错题的时间。同时，陈同学可以对每道错题进行错题原因和是否掌握的标注，学习机会根据错题原因进行分类整理，并结合科目、来源、时段以及年级等信息自动归集错题。在对错题进行巩固练习时，陈同学首先会通过观看教学视频解决存疑的知识点，再进行错题订正，随后再对学习机推送的相似题进行有针对性的拓展训练(图 5-15)。

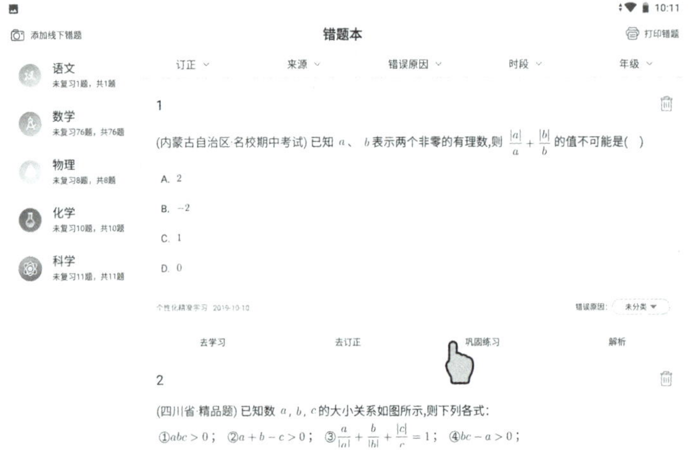

图 5-15　错题巩固练习

第五节　循证性的教学质量评价

一、教学质量评价问题简析

教学质量评价是衡量教学质量优劣的重要途径，是教学质量管理的重要手段。教学质量评价是利用教育评价理论和技术对教学过程及其结果是否达到一定质量要求做出的价值判断。① 对教学过程的评价不仅应包括课前、课堂和课后等基本环节，还应包括构成教学过程的其他要素。对教学结果的评价主要包括学生的学业成绩、学习行为、学习态度等方面。教学是教师和学生的双边互动活动，教学质量评价离不开对教师教学质量和学生学习质量的评价。本节主要从教师和学生两个主体出发，对教学质量评价进行探讨。教学质量评价既有助于提高教师的教学质量，又有助于改进学生的学习。对教师而言，评价可以提供反馈信息，帮助教师调整教学行为；对学生而言，评价可以诊断和反馈学习中的问题，帮助学生找准学习难点；对管理者而言，评价能够为教学管理提供依据，提高教师的教学质量和学生的学习质量。

教学质量评价不仅要对教学质量状况做出价值判断，而且要为教师和学生指明如何教和如何学的问题，使教学改革沿着正确的方向发展。然而，当前的教学质量评价仍不同程度地存在以下问题。①数据采集效率不高，评价数据类型单一。教学质量评价贯穿于教师教学和学生学习的全过程，涉及方面甚广、数据庞杂，如教师教学相关数据包括课堂教学行为、师生互动、教学成果等；学生学习相关数据包括学业成绩、学习行为、态度情感等。传统的教学日志、课堂观察记录、活动记录、档案袋等以人工数据采集为主的方式耗时费力，采集效率不高。同时，这些方式对教学过程中各类型数据的采集支持不足，且容易出现数据的遗漏和出错等问题，最终影响到教学质量评价的全面性与综合性。②数据分析方法欠缺，评价数据挖掘有限。合理的数据分析方法能够对教师教学数据和学生学习数据进行系统分析，挖掘出数据的潜在价值。但在当前的实践过程中，教学质量评价更多是通过简单的统计，对评价对象的现状进行定量描述而非本质的描述。例如，评价虽然指出教师在某个教学点上存在问题，但对问题产生的原因是什么，应该如何去改善等，

① 陈玉琨：《教育评价学》，70页，北京，人民教育出版社，1999。

没有做出分析和指导。数据分析方法的相对欠缺，数据挖掘深度的相对有限，导致对教师教学质量和学生学习质量的精准分析难以实现。③结果反馈呈现不佳，评价效果难以发挥。通过教学质量评价获取有价值的信息，这不仅是教师实施教学改进的重要依据，而且是学校管理者实施教学工作决策的前提条件。当前教学质量评价的结果反馈缺乏系统性和针对性，一方面，评价结果反馈多为对单次数据结果、单方面表现情况的反馈，难以将教师和学生在某个教学阶段内的多方面过程性变化情况进行整合呈现；另一方面，评价结果的使用者具有不同的结果需求，而当前的评价结果反馈难以针对不同使用者定制化呈现评价结果。综上，当前的教学质量评价在数据采集、分析、结果应用等方面存在不同程度的问题。为充分发挥教学质量评价对教师教学和学生学习的促进作用，未来还需要采用多样化的方式不断优化教学质量评价。

二、智能技术助力教学质量评价

智能技术在促进教学质量评价发展上发挥着重要作用。大数据、人工智能等技术的应用能够实现对教师教学和学生学习过程中各类数据的快速收集和综合分析，有效提升教学质量评价的客观性、全面性和科学性。智能技术助力教学质量评价的作用主要体现在以下三个方面。

（一）丰富教学质量评价数据采集类型

智能技术发展带来多元化的数据采集方式，有助于实现教育数据融通、多方协同参与的教学质量评价。移动通信、云计算等技术能够在不影响师生教学活动的情况下，实现多类型的教与学过程性数据实时、持续地采集，包括教师课堂提问次数、练习布置次数、备课资源使用率、学生学习轨迹、练习次数、课堂参与情况等。例如，成都二十中通过畅言智慧课堂实现了对教师与学生课前、课中、课后不同教学阶段的多维度数据采集记录，为提高教学数据采集处理效率、辅助教师开展过程性评价提供了有力的技术支撑，有助于实现教学决策数据化、评价反馈即时化。[①]

（二）增强教学质量评价数据分析深度

智能技术的发展提高了对海量复杂数据的统计分析能力，有助于提升教学质量评价的分析质量和分析深度。利用教育数据挖掘、学习分析等技术能

---

① 《科大讯飞携手成都二十中迈向智慧教育新未来》，https：//mp. weixin. qq. com/s/0OHQYT5rHlviv521epAYDw，2012-09-17。

对教师和学生教学过程、环境、背景等各方面数据进行挖掘分析，有助于探索教学质量水平变化趋势，检验非教学因素与教学因素之间的关联性，挖掘深层次的教育教学规律。[①] 例如，山西省平定县第一中学使用因子分析和聚类分析方法实现了对高三某班级学生考试成绩的建模。综合因子分值评价学生并对因子分值进行聚类，能够给予教师客观分类结果和教学建议，为教师完善对学生学习的评价提供了新的依据。[②]

（三）提升教学质量评价反馈精准性

智能技术支持下的教学质量评价，通过高度个性化定制的交互式数据可视化图表，能将评价结果精准反馈给教师、学生和学校管理者，帮助其及时调整课堂教学目标、管理措施和学习策略等，有助于提升教学、学习和管理的效率和质量。例如，美国普渡大学的“课程信号灯”(Course Signals)项目以挖掘学生实时性学习数据为特色，能够实现学生课程表现、努力程度、学生特征数据等全过程系统性的教学质量评价。教师通过中央课程管理系统中成绩册的可视化反馈结果不仅能对学生进行即时化的学习干预，而且能辅助教师适时调整教学策略，以帮助学生在未来的学习中取得成功。[③]

三、典型场景

为充分发挥教学质量评价促进教师教学质量提高、学生学业发展的作用，智能技术支持下的教学质量评价通过系统和全面地采集、处理、分析各类教学数据，能够辅助教师和学校管理者对教学活动做出客观判断。评价范围包括多个方面，如对教师教学过程的评价、对学生学习结果的评价、对学生能力发展的评价、对教学管理的评价等。这里重点阐述智能技术支持下的教师教学质量评价、学生学业质量评价两个典型场景，如表 5-4 所示。

---

① 钟薇、李若晨、马晓玲等：《学习分析技术发展趋向——多模态数据环境下的研究与探索》，载《中国远程教育》，2018(11)。

② 王有文、周志海、李瑞军等：《基于因子分析和聚类分析的高中学生成绩评价的数学模型——以山西省平定一中高三文科班为例》，载《成都师范学院学报》，2017(2)。

③ Pistilli M D and Arnold K E, “Purdue Signals: Mining Real-time Academic Data to Enhance Student Success,” *About Campus*, 2010(3): pp. 22-24.

表 5-4 智能技术助力教学质量评价典型场景

典型场景	技术应用	说明
教师教学质量评价	教师教学过程数据采集	学习管理平台可采集课前、课中和课后的教学数据，如通过平台自动记录技术①可以收集教师在课前发布的课程基本信息与资源；通过日志检索分析技术可以翔实地记录教师的课堂授课情况，如登录次数、授课时长、课堂互动、教师提问次数等；通过网络爬虫采集技术可以收集教师课后的教研、课程考核与评价、教学管理活动数据等。
	教师教学数据挖掘分析	通过对教师在教学过程中产生的多层次、多维度的数据进行分析，能够立体展现教师教学的具体情况。例如，使用聚类分析方法②能够对教师特征和行为进行监测与分析，有助于教师了解自身课堂教学过程中的优势和不足；利用数据挖掘分析技术，从各类教师教学评价数据指标的变化曲线，能够勾画出教师教学质量关系图等。
	教师教学评价结果反馈	基于用户画像技术可实现对教师评价的可视化分析。③ 通过将数字指标转化为图形图像，可对教师教学各环节的方法和内容等开展数据分析。例如，利用推荐、关联和语义分析等技术，可将评价指标转化为图像个性化标签，并与相应的教师关联，实现教师的具体特征图示化、简单化呈现。
学生学业质量评价	学生学习过程数据采集	通过流媒体及智能化全自动控制技术，能够实时、自动地收录课堂的学习数据，全真再现学生在课堂的学习表现。例如，在教室内设置可跟踪定位的摄像机及智能录播系统④，便可实时采集记录学生在课堂学习过程中的学习数据，如回答内容等文本数据与互动交流、小组讨论等行为数据等。

① Macfadyen L P and Dawson S, "Mining LMS Data to Develop an 'early warning system' for Educators: A Proof of Concept," *Computers & Education*, 2010(2): pp. 588-599.

② 王冬青、刘欢、邱美玲：《智慧课堂教师行为数据的分析方法与应用验证》，载《中国电化教育》，2020(5)。

③ 胡小勇、林梓柔：《精准教研视域下的教师画像研究》，载《电化教育研究》，2019(7)。

④ 张飞碧：《全自动智能录播系统的架构分析》，载《中国电化教育》，2008(5)。

续表

典型场景	技术应用	说明
学生学业质量评价	学生学习数据挖掘分析	综合运用统计学、学习算法以及数据挖掘技术能够对学生课堂学习行为中产生的数据进行处理和分析，发现学生学习结果与学习行为之间的关系，并预测学生未来的学习结果趋势。例如，在学生知识图谱的基础上结合学生个人需求进行关系推理①，以此分析学生课堂学习行为，了解学生在课堂学习的知识点掌握情况；利用机器学习的方法预测学生未来课堂学习表现等。
	学生学习评价结果反馈	通过对学生本身、学习过程及学习内容等数据进行有意义的抽取、挖掘和评价，最终以满足多方需求的方式对学生学习评价结果进行可视化呈现和反馈，如利用学习仪表盘技术呈现学生的多元化、多维度、多层次的学习信息，支持学生的学习反思。②

（一）教师教学质量评价

智能技术助力教师教学质量评价主要体现在教师教学过程数据采集、教师教学数据挖掘分析、教师教学评价结果反馈等方面。①教师教学过程数据采集。主要通过平台自动记录技术、日志搜索分析技术、移动 App 技术与网络爬虫等平台类采集技术对教师的全过程教学数据进行采集收录。平台自动记录技术能够自动记录教师在使用教学平台时产生的各类数据，如备课次数、授课次数、表扬次数、互动次数、布置作业次数、分享练习次数等；日志搜索分析技术与移动 App 技术主要用于采集教师的教学日志数据，如教师的授课日程、教学计划、教学内容等；网络爬虫采集技术可用于采集网络平台中学生对教师课程教学内容的评价数据③，如对授课内容的留言、难易度评分、满意度评分等。②教师教学数据挖掘分析。主要是利用数据挖掘分析技术，对采集的教师教学数据进行融合分析，能够挖掘出教师教学数据中的有用特征。例如，利用聚类分析方法，对教师听评课中采集到的多项课堂教学评分数据，包括教案准备、讲授思路、语言表达等，进行等级划分，更加准确地

---

① 李振、周东岱：《教育知识图谱的概念模型与构建方法研究》，载《电化教育研究》，2019(8)。

② 闫寒冰、段春雨、王文娇：《在线讨论质量分析工具的研发与实效验证》，载《现代远程教育研究》，2018(1)。

③ 邢蓓蓓、杨现民、李勤生：《教育大数据的来源与采集技术》，载《现代教育技术》，2016(8)。

对教师的教学能力进行评价，帮助教师发现自身优势和不足①；利用关联规则方法，对学生课堂表现活跃度、学生某门课程的平时得分、总评成绩与学生评教分数进行关联规则分析，进一步补充完善教师教学质量评价模型。③教师教学评价结果反馈。主要是利用大数据的可视化技术呈现教师教学的显著特征，有助于指导、改善和优化教师教学决策的制定和实施。例如，基于可视化技术的教师用户画像是将反映对象突出特征的个性化标签与对象关联起来，通过可视化的、完整的、层次分明的标签充分刻画出教师教学的主要特征，并以"画像"形式展现出来。教师用户画像可以较为全面地呈现出教师教学质量的各项评价结果。评价内容包括教师的教学方法、教学内容、课堂管理、教学效果以及其他构成教学过程的具体指标。

（二）学生学业质量评价

智能技术助力学生学业质量评价主要体现在学生学习过程数据采集、学生学习数据挖掘分析、学生学习评价结果反馈等方面。①学生学习过程数据采集。主要利用智能录播技术对学生在课堂学习过程中的各类数据进行采集记录。具体来说，教室中安装的智能录播系统可实时采集学生在课堂中产生的诸如回答教师提问、师生互动、生生互动等学习行为数据，还可以动态捕捉学生上课的情绪态度与学习投入等学习行为状态，搭建学生课堂学习行为的大数据库。②学生学习数据挖掘分析。主要利用数据挖掘算法、系统建模等技术，对采集到的多模态数据进行融合分析，通过多模态数据间的互补学习提取有用特征，实现对学生学习特征要素的精准表征。例如，通过数据挖掘与系统建模等方法，对学生课堂投入度、知识点掌握率、参与互动情况、作业情况、错题情况、学习资源使用频次、自主学习时长等学习数据进行综合分析，挖掘学习行为与学业表现之间的关联规则，建立预测模型以预测学生未来的学习趋势，并进行及时的学习风险预警。② ③学生学习评价结果反馈。可以借助学习仪表盘，对学生学习行为、学习结果等数据进行可视化呈现，帮助学生实现自我认知和学习反思。③ 例如，以评价学生知识掌握情况为

---

① 盛艳燕、赵映川：《基于多面 Rasch 模型的大学教师课堂教学能力评价方法研究》，载《高教探索》，2015(2)。

② 金义富、吴涛、张子石等：《大数据环境下学业预警系统设计与分析》，载《中国电化教育》，2016(2)。

③ 张振虹、刘文、韩智：《学习仪表盘：大数据时代的新型学习支持工具》，载《现代远程教育研究》，2014(3)。

目标的学习仪表盘，首先将学生待学习的课程精细切割成若干个知识点，然后将单个知识点进一步细化为多个学习任务，最后将学习任务可视化为小格并拼接形成学习任务图。学习仪表盘通过运用不同颜色及颜色深浅来标注学生对知识点的掌握情况，助力学生开展学习反思。

案例 5-7　基于智慧课堂大数据平台的教学质量评价①

长沙市长郡芙蓉实验中学借助畅言智慧课堂(以下简称“智慧课堂”)开展面向学生整体和个体的教学质量评价，充分发挥了教学质量评价的监测与诊断功能，为教学决策指明了方向。

该校杨老师利用智慧课堂大数据平台开展教学质量评价，具体包括以下三个实施步骤。①教与学数据伴随式记录。利用平台自动记录技术可实现对课堂上的教师教学行为和学生学习行为数据的自动采集。例如，杨老师基于智慧课堂开展七年级数学课堂教学，平台能自动记录教师发起问答的次数、教师表扬学生的情况、学生参与互动的次数等；杨老师通过智慧课堂平台向学生发布练习、作业任务，平台能自动记录学生作答次数、作答用时、微课观看数量、微课观看用时、错题产生数、错题订正数等数据。②教与学数据分析与呈现。基于数理统计、数据挖掘及可视化呈现等方法与技术，智慧课堂平台能从采集到的各类教与学数据中提取有效信息，并通过多张图表的交叉组合，生成简单直观的可视化评价报告。例如，评价报告中的“学情总览”板块主要是从班级整体情况出发，包含日常表现排名、作业用时分析、学生数据汇总、学习行为分析、学习结果分析等；“学业分析”板块主要从学生个体学情出发，包含学生画像(周学习指标、周综合排名、知识点掌握情况)，自主学习行为分析，学习投入度分析等。③教学评价结果应用。智慧课堂平台能为杨老师定制化呈现班级整体和学生个人的评价结果。杨老师可通过浏览班级评价报告，分析班级整体学习情况，明确学生薄弱知识点(图 5-16)，实施有针对性的教学；通过浏览学生个人评价报告，进行薄弱点、优胜点的生生横向比较，以及历次数据报告的个人纵向对比，掌握学生个体学习状态及发展，实施个性化的教学。

目前，长沙市长郡芙蓉实验中学已有 41 名教师常态化运用教学质量评价系统促进教学改进，完成了 485 名学生的个人评价报告，为任课教师提供了

① 本案例根据湖南省长沙市长郡芙蓉实验中学杨林青老师提供的资料整理。

105份班级分析报告。智能技术的使用极大地提高了教学质量评价的效率和质量。

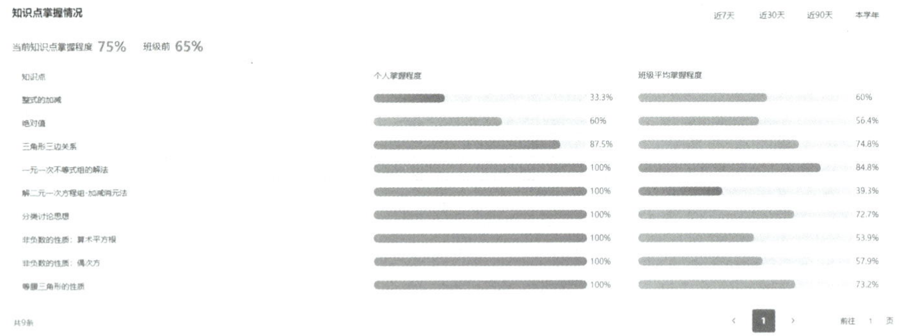

图 5-16　知识点掌握情况分析

第六章　智能技术支持的学科教学典型案例

教学案例凝结了教师的智慧，体现了学科教学的基本理念、手段、方法、策略等，对于开展相关教学研究具有重要价值。本章精选了语文学科、数学学科、英语学科、科学类学科、体育学科和其他学科中利用智能技术开展学科教学，助力教学减负增效的典型案例。案例详细介绍了学科教学的过程和实践效果，展现了教师利用智能技术开展学科教学的过程与方法，阐述了在智能技术助力下学科教学减负增效的特点和路径，为一线教师提供了借鉴和参考。

第一节　智能技术助力学科教学概述

进入21世纪以来，随着素质教育和新课程改革的深入推进，我国在教育教学中也越来越关注提升课堂教学质量，变革教学方式方法，培养学生核心素养。2016年，《中国学生发展核心素养》总体框架正式发布，描绘了中国学生应具备的、能够适应终身发展和社会发展所需的必备品格和关键能力，标志着我国新一代教育目标的确定。教育部在2017年发布的普通高中课程方案和课程标准，与2022年发布的义务教育课程方案和课程标准，都强调通过建设各科课程培养学生的核心素养。课堂教学是实现人才培养目标的根本途径，教学质量是直接影响人才培养质量的重要因素。根据《教育部关于深化基础教育课程改革　进一步推进素质教育的意见》的要求，当前基础教育课程改革进入深入推进的新阶段，要把教学改革作为深化课程改革的核心环节，使新课标的理念和要求落实到课堂教学中，并且要积极推进现代信息技术在教学中的科学应用，提高学生在信息技术环境中的学习能力。《中共中央 国务院关于深化教育教学改革全面提高义务教育质量的意见》提出，要强化课堂主阵地作用，切实提高课堂教学质量，优化教学方式，注重启发式、互动式、探究式教学。《国务院办公厅关于新时代推进普通高中育人方式改革的指导意见》

也提出，要深化课堂教学改革，提高课堂教学效率，积极探索基于情境、问题导向的互动式、启发式、探究式、体验式等课堂教学。近年来，智能技术的飞速发展正全方位深刻改变教与学的方式。智能技术与各个学科教学的深度融合，对提升教学质量、变革教学方式和促进学生核心素养培育起到越来越重要的作用。

我们在分析智能技术对教学的作用时，可以用不同的视角，如图 6-1 所示。其一，从教学场景视角，分析智能技术在各教学场景中的价值和作用。本书第三、第四、第五章均采用该视角，分别围绕课前准备、课堂教学、课后巩固三个阶段中的具体教学场景，基于对问题与现状的分析，探究智能技术在不同教学场景中的作用和具体应用方法。其二，从学科教学视角，分析智能技术如何助力各学科教学的全过程。本章从该视角出发，结合教学实践总结如何运用各项技术促进不同学科教学以及跨学科学习。该分析视角兼顾了学科的差异性、教学过程的完整性、教学场景的多样性。

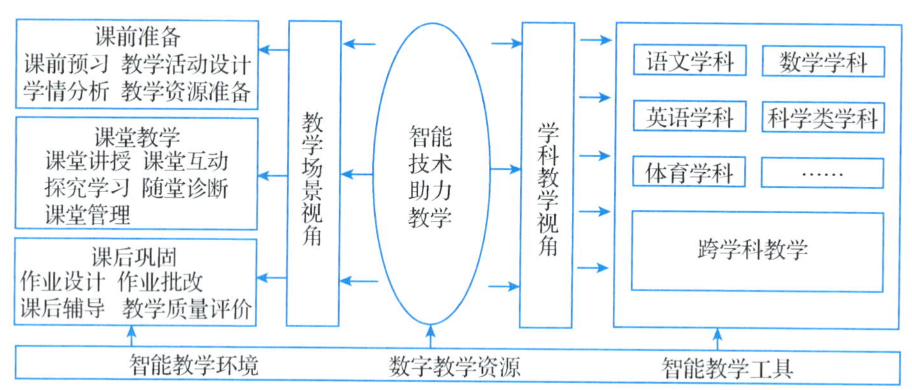

图 6-1 智能技术助力教学的教学场景视角和学科教学视角

智能技术对学科教学的促进作用，既体现在利用智能技术突破各学科教学难点上，也体现在对教与学方式的变革上。一方面，不同学科在教学实践中有着不同的教学特点和难点，形成了具有学科特色的技术应用。例如，在语文学科教学中，利用作文智能批改技术高效批改作文，不仅减轻了教师的批改负担，而且支持学生自主修改作文，助力学生提升写作表达能力；在数学学科教学中，利用动态几何、3D 建模等技术直观呈现复杂的函数、几何图像等，助力学生理解抽象的数学知识；在英语学科教学中，利用智能语音、虚拟现实技术构建英语语境，利用口语测评技术高效地开展口语练习，有助于提升学生的语言应用能力；在科学类学科教学中，利用虚拟仿真技术突破实验条件限制，安全、便捷地开展实验探究，锻炼学生的实验设计和操作能力；在体育学科教学中，利用智能穿戴、AI运动视觉分析等技术采集和分析学生运动数据，及时发现运动超负荷现象，有效避免教学安全问题等。另一方面，在核心素养的引领下，结合不同教学需要，教学实践中形成了各具特色的新型教学方式，如跨学科学习、项目式学习、精准教学等。大数据、人工智能等技术从多个方面助力新型教学方式的开展，改变了学生的学习方式，培养学生的学习兴趣和学习能力，促进学生核心素养的培育。本章在第2～7节分别针对语文学科、数学学科、英语学科、科学类学科、体育学科，以及历史、美术等其他学科，选择各学科的典型案例，展现在教学过程中如何利用智能技术突破各学科教学难点，助力教学方式变革。

第二节　语文学科教学案例

一、智能技术助力语文教学概述

语文课程是一门学习国家通用语言文字运用的综合性、实践性课程。① 围绕核心素养的落实，语文教学需要在识字与写字、阅读与鉴赏、表达与交流、梳理与探究等过程中，紧密关注学生在语言、思维、审美、文化等方面的发展。根据《义务教育语文课程标准(2022年版)》的要求，教师在语文教学中要关注个体差异和不同的学习需求，鼓励学生自主阅读、自由表达，充分发挥现代信息技术的支持作用，拓展语文学习空间，为学生的个性化、创造性学习提供条件。② 然而，当前在语文教学实践中，依然存在着一些问题有待解决，如阅读教学难以有针对性地实施，阅读教学过程以教师为中心，学生自主性未能有效发挥，作业批改“高耗低效”，作文讲评和指导不够及时等。③ 这些问题的存在不利于落实课程标准的要求，不能满足学生对个性化、高效学

① 中华人民共和国教育部：《义务教育语文课程标准(2022年版)》，1页，北京，北京师范大学出版社，2022。

② 中华人民共和国教育部：《义务教育语文课程标准(2022年版)》，3页，北京，北京师范大学出版社，2022。

③ 孔祥福：《加强小学语文阅读教学的思考》，载《语文建设》，2014(26)。

习的需求，影响了语文学科教学的质量和效果。随着智能技术的发展，越来越多的智能技术被应用到语文教学实践中，从多个方面助力语文教学提质增效。

第一，数据采集、数据分析和资源推荐等智能技术有助于实现个性化阅读，提升学生阅读的自主性和积极性。阅读不仅可以培养学生的语感，而且可以引导学生学习丰富多彩的文章表现形式及写作技巧，让学生在阅读中提高核心素养。各项智能技术的应用，可以实现学生阅读数据收集和阅读资源智能推荐的一体化，帮助教师精准地分析学生的阅读特征、阅读能力，为学生推送个性化阅读资源，避免同质化阅读和盲目性阅读。在智能技术的支持下，阅读教学的中心由教师转向了学生，学生的阅读自主性和积极性也得到了充分的发展。①

第二，作文智能批改技术助力提升语文作文批改效率，减轻教师批改负担。作文教学一直是语文教学的重点和难点，对作文进行批改、批注和撰写评语等工作需要耗费教师大量的时间和精力，导致教师作文批改压力大、讲评时效低。② 一些学校探索利用智能批改技术进行作文智能批改，学生完成作文写作之后，利用 OCR 识别或语音录入等方式将作文内容上传到作文智能批改系统中，系统对作文内容进行自动分析和处理，生成智能批改报告，然后向教师和学生进行反馈。智能批改报告不仅能够输出每份作文的整体分数，而且能针对作文的内容、结构、语言和思路等方面提出评价和修改建议。③ 作文智能批改技术不仅能够实现语文作文的高效批改，而且可以快速识别抄袭或套作等现象，针对每位学生的作文提出个性化的建议，减轻教师作文批改的压力，提高作文讲评效率。在我国 2020 年普通高等学校招生全国统一考试中，有九个省采用了机器阅卷与人工阅卷结合的方式进行作文批改，提高了阅卷效率。机器扫描识别试卷后，对字词、语法、内容是否正确以及是否存在抄袭进行系统判断。如果机器与人工阅卷结果分差较大，系统则会自动挑选出来交给专家组进行判别，从而减少主观评价的差异性，使得评价更加客

① 陈海东、邵宏锋、余贵泉：《互联网+课外阅读："宏·中文分级阅读系统"的创建与实践》，载《基础教育参考》，2018(15)。

② 黄文群：《探索小学语文作业批改的改进》，载《关爱明天》，2014(7)。

③ 陈凯泉、韩小利、郑湛飞等：《人机协同视阈下智能教育的场景建构及应用模式分析——国内外近十年人机协同教育研究综述》，载《远程教育杂志》，2022(2)。

观、公平。①

总之，智能技术应用于语文教学的识字与写字指导、智能朗读测评、阅读情境创设、阅读和写作素材积累、作文智能批改和指导等多个方面，能够在课前、课中和课后等各个环节全方位地助力语文教学。本节以安徽省蚌埠第二实验小学蓝天路校区六年级语文习作课"有你，真好"、安徽省滁州市定远县定远实验小学曲阳路校区四年级语文阅读课"圆明园的毁灭"为例，分别介绍教师利用智能技术助力语文习作教学和阅读教学的过程。

二、基于作文智能批改技术的语文习作课案例

（一）案例简介

"有你，真好"是统编版语文教材六年级上册第八单元的单元习作课。② 在学习本课之前，学生已经有了一定的自我表达和与人交流的基础能力，能根据内容表达的需要分段表述，对于人物写作也有一定了解，但还缺少将人物写作方法应用到写作实践中的训练，尤其是在真情实感的表达方面存在一定困难。本课的主要内容是引导学生进行选材，围绕一件事或几件事进行组材，运用环境描写及人物的动作、语言、神态、心理等细节描写把印象深刻的场景写具体，突出写作对象的品质，在场景描写中表达出真情实感，并根据作文评价标准与他人交流写作心得，互相评改作文，以分享感受，沟通见解。

2022 年 4 月，张佳老师在安徽省蚌埠第二实验小学蓝天路校区开展了"有你，真好"习作课教学。本课主要针对学生进行细节描写训练和作文评改训练，分为两个课时。课前，张老师利用智慧课堂信息化平台获取教学资源开展高效备课，并向学生推送微课和片段写作任务。第一课时，张老师利用智慧课堂信息化平台中的数据点评预习作业，引导学生明确写作思路，培养学生基本的人物和场景写作技巧和能力，课后学生完成整篇作文。第二课时，张老师借助作文智能批改功能开展互评讨论活动，学生互相评改作文和分享意见。课后学生提交修改后的作文，张老师再次利用作文智能批改功能进行批改，并对学生作文的智能批改报告进行补充和确认。

① 《高考语文、英语作文阅卷新形式来了，今年 9 省试行，如何有效加分》，http：//k.sina.com.cn/article_6177522941_1703584fd00100sm7m.html，2022-07-01。

② 本案例由安徽省蚌埠第二实验小学蓝天路校区张佳老师提供，收录时进行了适当改编。

(二)实施过程

1. 获取适切性习作教学资源，进行课前教学准备

在进行课前教学准备时，张老师在智慧课堂信息化平台的资源中心将查找资源的范围定位至本课。平台根据本班的学习情况、张老师的教学习惯、本课的教学要求，推荐了本课的教学课件、图片、音视频等教学资源，如图6-2所示。然后，张老师对推荐的资源进行调整和加工，制作了时长约8分钟的微课视频，并布置了两项预习作业。微课视频以动画的形式生动形象地介绍了人物写作的方法、技巧和典型案例。两项预习作业分别是：第一项，列出若干件对自己影响深刻的事情，并描述当时的场景；第二项，选择一个场景，将其详细地写出来。学生完成后，使用学生终端将预习作业拍照提交。张老师查看平台统计的完成结果，进行有针对性的教学设计。

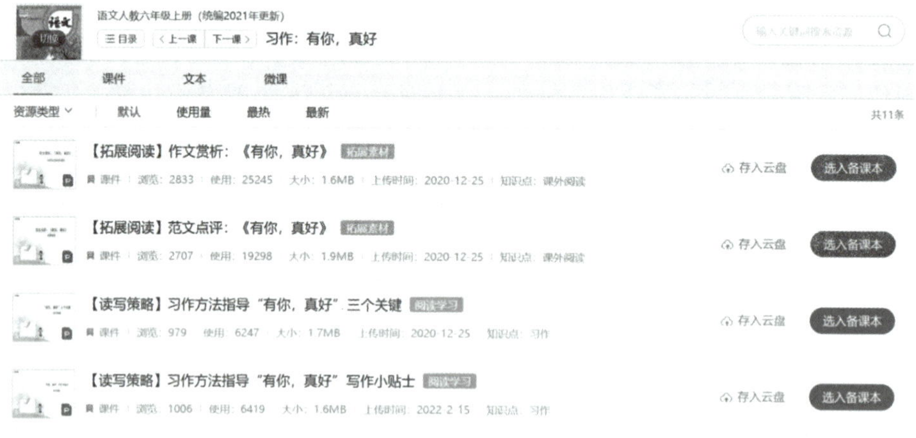

图6-2 “有你，真好”备课资源

2. 精准讲评预习完成情况，引导学生形成正确的写作思路

第一课时中，张老师基于班级预习作业的完成情况，准确指出并解决学生关于本课写作存在的问题。

首先，张老师利用智慧课堂信息化平台对学生预习作业的学情数据进行分析，平台以可视化的图、表等形式将学生的作业情况展示出来，指出学生在写作过程中出现的错别字、用词不当、语句不通顺、选题无新意、叙事不清晰以及多个事件描述详略不当等问题。其中，选题无新意、叙事不清和描写详略不当是学生在写作过程中出现的共性问题，需要在接下来的写作过程

中注意并加以改正。

其次，针对选题无新意的问题，张老师面向全班发起投票，引导学生选择新颖的写作素材，投票的具体内容如图 6-3 所示。张老师通过智慧课堂信息化平台实时统计学生的投票结果，根据学生的投票情况对学生的选题、选材思路进行引导。

☞ 假如你是报社编辑，请在你认为有新意的素材前面的方框打“√”。

- □ 下雨了，妈妈给我送伞。
- □ 妈妈出差了，为了让我吃上可口的饭菜，不会做饭的爸爸学做饭。
- □ 生病了，妈妈细心照顾我。
- □ 调皮可爱的弟弟，在我生气时逗我开心。
- □ 每当我意志消沉时，我的竞争对手就会采用“激将法”激发我的斗志。
- □ 每当我取得优异的成绩，有点骄傲时，老师总会提醒我：“人外有人，天外有天”。

图 6-3　关于选材的课中投票内容

再次，针对学生叙事不清的问题，张老师通过展示文章案例，与学生共同总结出时间推移法、事件脉络法、主题发散法三种叙述方法，帮助学生明晰写作思路。针对学生描写详略不当的问题，张老师组织班级讨论，让学生了解到详略得当在写作中的重要作用——一方面能够让读者有阅读重点，另一方面能让读者感受到作文内容的丰富性。

最后，张老师引导学生围绕本课主题进行选材和构思，列出作文提纲，撰写作文。

3. 进行作文智能批改，高效诊断作文完成情况

第一课时课后，学生按照张老师的要求完成以“有你，真好”为主题的整篇作文写作，并且将完成的作文拍照上传到智慧课堂信息化平台。平台经过智能批改和统计，生成了班级整体的完成情况和每位学生的完成情况。

平台统计的本次班级作文完成情况如图 6-4 所示。全班 32 名学生，共提交了 31 篇作文，其中作文成绩等级为优秀(85～100 分)的有 5 人，优秀率为 16.13%，作文成绩等级为良好(70～85 分)的有 26 人，良好率为 83.37%。

同时，智慧课堂信息化平台对每篇作文自动生成了智能批改报告。智能

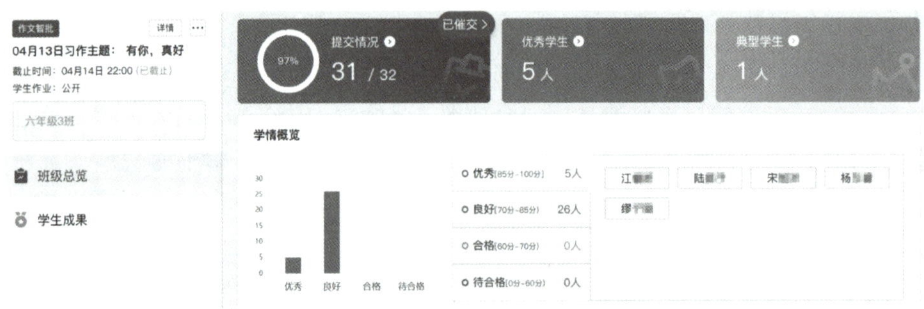

图 6-4　班级的第一次作文智能批改情况

批改报告包括整篇作文的错别字、修辞手法、描写方式、表现方式等方面的评语和修改建议，并且根据班级整体数据生成各篇作文在基础表达、文采、内容充实、语言流畅、思想健康、符合题意、行文规范等维度的雷达分析图。以黄同学为例，根据智慧课堂信息化平台的智能批改结果，黄同学本次作文成绩的等级为良好，在作文中出现了三个错别字，在表达和文采维度需要注意遣词造句，适当加强词汇的丰富性，注重灵活变换句式，巧用修辞。如图6-5所示，与班级平均水平相比，黄同学的本篇作文在行文规范、符合题意和语言流畅等维度表现较好，但在基础表达、文采和内容充实三个维度低于班级平均水平。

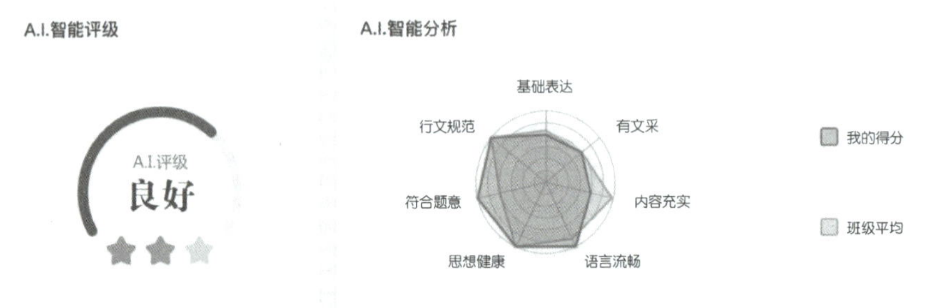

图 6-5　黄同学的第一次作文智能批改情况

结合报告结果，张老师分析班级学生在本次作文中存在的问题，并对每位学生的下一步修改提出建议。

4. 构建学习共同体，开展多样化互动和评价

第二课时中，张老师根据智能批改报告的情况，在课堂上指出学生在本次作文中存在三个方面的共性问题：第一，场景描写不够具体；第二，对人物形象的刻画不够生动细腻；第三，修辞等手法运用较少，语言不够优美。

随后，张老师在班级中发起互动讨论，让学生将自己的作文拍照上传到平台讨论区，同学之间互相点评。为了让学生能够在活动中更好地评价作文，张老师提供了五个方面的评价标准：第一，写出了这个人的“好”；第二，选择了典型的事例；第三，运用环境描写来衬托人物形象；第四，运用了人物的语言、动作、神态、心理等描述方法；第五，在结尾处把这个人的“好”加以提炼总结，抒发情感。学生在点评过程中积极参与，热烈讨论，不仅为优秀作品“点赞”，指出了同伴作文的优秀之处，还发现了一些问题并提出了改进建议。

针对黄同学的作文，张老师给出了以下建议：进一步突出文章主题，使全文的中心思想更加明确，注意用词的准确性。如图 6-6 所示，班级中的其他同学也为黄同学提出了建议，张同学提出“缺少语言描写，建议加上”，高同学也建议“在结尾处把朋友的好加以提炼总结，可以更好地写出友谊的深厚”等。黄同学也对大家的建议表示感谢。

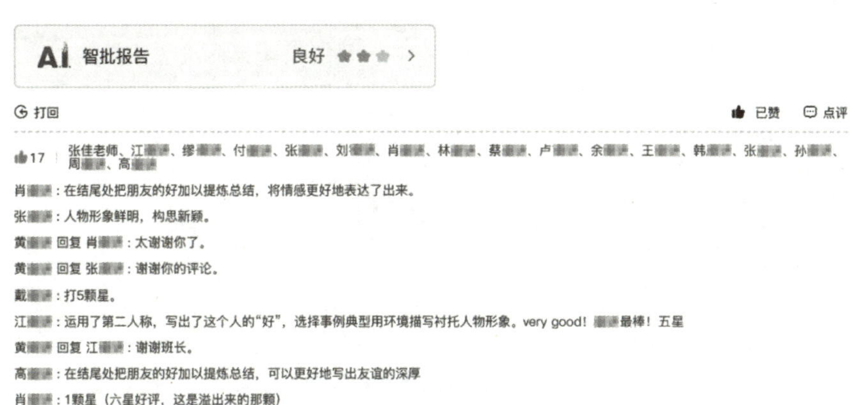

图 6-6　黄同学作文的互评交流情况

最后，经过师生对作文的讨论和评价，学生根据修改意见对作文进行详细的修改。

5. 智能批改学生修改后的作文，教师进一步点评与指导

第二课时课后，学生完成对作文的修改，再次使用学生终端拍照提交，平台生成作文智能批改报告。第二次作文智能批改结果如图 6-7 所示：全班

32 名学生，共提交了 31 篇作文，其中作文成绩等级为优秀(85～100 分)的有 12 人，优秀率为 38.71%，作文成绩等级为良好(70～85 分)的有 19 人，良好率为 61.29%。

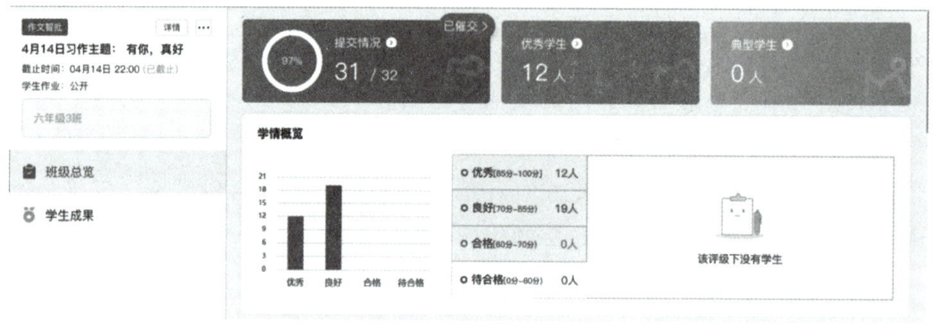

图 6-7　班级的第二次作文智能批改情况

经过修改完善，黄同学本次提交的作文智能批改结果显示，错别字数量为零，修辞手法和描写方式也有相应的提升，在基础表达、内容充实方面均有较明显的改进(图 6-8)。

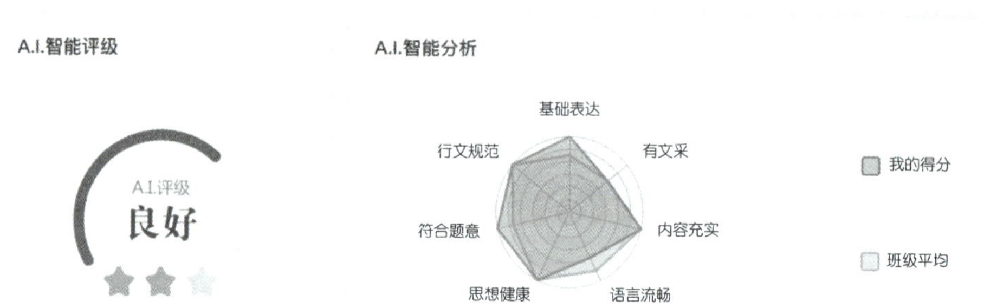

图 6-8　黄同学的第二次作文智能批改结果

张老师结合智能批改结果和智能生成的评语，对作文待改进的内容、下一步提升建议等方面进行了进一步指导。

(三)实践效果

根据智慧课堂信息化平台统计的备课、预习、课堂互动、作文智能批改等数据，结合教师访谈、学生反馈情况，本课的主要实践效果如下。

1. 高效查找和制作习作教学资源，提高了备课效率

在这节课中，张老师通过智慧课堂信息化平台制作了 1 节时长约 8 分钟的微课，1 个教学课件，使用了多个写作素材，促进了学生对环境描写及人物细节描写的理解。张老师表示，以前为学生准备适合的、丰富多样的教学资源是一个难题，网络上教学资源参差不齐，优质的、符合本班教学需要的资源难以快速找到，教学设计和课件制作会耗费大量时间。现在利用智慧课堂信息化平台，张老师能够很方便地筛选教学资源，减少了教学设计和教学资源准备的时间，提升了备课的效率。

2. 提升了作文批改效率，提高了讲评和反馈的针对性、及时性

张老师在本课中利用智慧课堂信息化平台的作文智能批改功能，减轻了作文批改负担，提高了作文的批改效率和讲评的及时性。在传统的作文批改方式下，语文教师的作文批改压力很大，教师通常要一次批改几十份甚至上百份作文，对作文进行较为全面的评价需要较长时间，难以保证讲评的时效性。本课中，张老师利用智慧课堂信息化平台进行了两次作文智能批改，每篇作文提交后，平台只需要 2～3 分钟即可生成一份个性化、详细的智能批改报告。张老师也表示，作文智能批改技术解决了自己在作文批改中的一大难题，利用智能批改技术能够快速地完成作文的批改，及时对学生的作文进行讲评指导。本课中，班级第一次作文智能批改的优秀率为 16.13%，经过讲评修改后，第二次作文智能批改的优秀率为 38.71%，班级作文的优秀率提高了 22.58%。

3. 课堂互动形式多样，促进学生表达和交流

在本课中，张老师利用智慧课堂信息化平台的投票、讨论等互动功能，充分地调动了学生学习的积极性和热情，学生能够公平地参与到课堂的互动中。张老师表示，以前课堂气氛比较严肃，学生的活跃度和参与度不高，由于课堂时间有限，难以及时地了解学生的一些想法，也没有条件让学生一一表述，通常只有一小部分学生在课堂上有发言机会。现在利用智慧课堂信息化平台的多样化互动应用，可以在课堂中便捷地实现师生、生生互动，每位学生都可以参与到课堂互动中来。在本课第一课时中，张老师通过设置全班作答进行作文选题的讨论，平台数据显示学生参与度为 100%。在第二课时作文评价的互动环节中，学生也能够在张老师的引导下，积极进行评论、点赞等，彼此分享感受，沟通见解，班级中学生共发言 128 次，评论 151 次，点赞 326 次(图 6-9)。学生也反馈，非常喜欢这种互动式的课堂教学，学习的积极性和兴趣得到了有效调动。

学生参与情况

发言数排行榜		评论他人排行榜		被评论数排行榜		点赞他人排行榜		被点赞数排行榜	
谢	12次	缪	8 次	蔡	22次	高	30次	谢	42次
余	8次	李	7 次	缪	21次	赵	30次	蔡	26次
蔡	7次	慕	7 次	高	21次	陈	30次	缪	24次
缪	6次	杨	6 次	慕	17次	慕	28次	高	24次
高	5次	孙	6 次	韩	15次	周	27次	韩	24次

图 6-9　学生在作文互评中的参与情况

（四）案例评析

众所周知，在小学语文学科教学中，作文教学一直是个难题。如何激发学生的表达欲望，让学生爱写、乐写、会写，是每一位语文教师都要面对的问题。“有你，真好”是六年级的单元习作课。在本课中，张老师利用智慧课堂信息化平台助力习作教学的各个环节。课前向学生推送微课和片段习作任务，课中有针对性地点评典型的预习作业，并借助互动讨论功能，让每位学生都可以及时浏览他人提交的作文，进行点赞评论，从而大大激发了学生合作交流的欲望，实现了有效的生生互动、生生评价，助力学生实现“分析、评价”等高阶认知目标。在作文批改方面，张老师合理运用了智慧课堂信息化平台的作文智能批改功能，对所有学生的作文进行智能分析，通过智能批改报告，对学生存在的共性问题靶向定位，实现精准教学。这同样也大大减轻了教师的负担，提高了作文批改效率。值得注意的是，作文智能批改功能目前对作文中的错别字、病句等基本问题诊断较为准确，而对于文章的中心思想、表情达意方面仍需教师人工介入，对学生进行进一步指导。张老师采用人机协同的方式，结合作文智能批改技术与人工指导的优势来评价和指导学生的作文，让批改过程更加科学高效。纵观整个课堂，张老师借助智能技术，提高了教学实效，让学生成为学习的主人，也践行了蓝天路小学“让学习真正地发生”的办学理念。

（杨橙　高级教师　安徽省蚌埠第二实验小学蓝天路校区校长）

三、智能技术环境下的小学语文阅读教学案例

（一）案例简介

“圆明园的毁灭”是统编版小学语文教材五年级上册第四单元的第三篇课

文。① 本课所在单元的重点是让学生在多种方式阅读文章的同时，通过多途径收集资料、整理资料增进对文章的理解，用心去感受字里行间饱含的民族精神和爱国精神。本篇课文描述了圆明园昔日辉煌的景观和惨遭侵略者肆意践踏而毁灭的景象。五年级的学生已经掌握了一定的阅读方法，具备了较强的理解能力，并且通过本单元前两课的学习，已经初步掌握通过结合资料体会课文表达的思想感情这一学习方法，为学习本课奠定了一定基础。但由于本课涉及的内容历史久远，在现实中已经消失，无法再现。因此，学生在课文思想情感的把握和升华上，需要教师的引导。学生通过学习本课了解圆明园过去的辉煌历史和遭受英法联军损毁后的惨状，感受美与丑、善与恶的鲜明对比，从而激起爱国之情和振兴中华的责任感。

2020 年 11 月，张老师在滁州市定远实验小学基于科大讯飞智慧窗开展了本课教学。在本节课的教学中，张老师课前推送拓展阅读资源帮助学生做好学习准备；课中通过电子白板进行生字词教学，并借助教学平台创设形象生动的教学情境，开展小组讨论等多种形式的课堂活动；课后布置可选择的多样化作业。同时，AI 智能笔也为张老师便捷地开展生字教学、课堂互动等提供了支持。

（二）实施过程

1. 筛选并推送优质学习资源，帮助学生做好阅读学习准备

课前，为了让学生在学习本课课文之前做好充分的学习准备，张老师在教学平台中筛选与教材相配套的优质资源，这些资源包括圆明园相关的拓展阅读文本、图片、视频、微课等。张老师从中选择了英法联军侵华图文资料、4 分钟的微课“圆明园的毁灭——抓住关键词，体会作者的情感变化”、课文情境诵读视频推送给学生，并布置了三项预习任务：一是跟着“圆明园的毁灭”课文情境诵读视频进行课文朗读，随后完成本课的朗读训练任务；二是学习微课，在课本上圈画出课文关键词；三是尝试收集一些圆明园的相关背景资料。学生提交预习作业后，张老师查看平台生成的朗读报告，以及学生上传的“课文关键词圈画”图片和收集的背景资料，给予相关点评和反馈。

2. 开展自由朗读活动，指导学生学习生字词

在课堂教学实施中，为了让学生从整体上感知课文，厘清课文脉络，扫

① 本案例由安徽省滁州市定远实验小学张艳老师提供，收录时进行了适当改编。

清生字词障碍，张老师布置了两项任务：任务一，请学生自由朗读课文，要求读准字音，读通句子，尤其是课前朗读报告中显示自己读得不够好的地方；任务二，自主找规律识字，并思考自己的识字方法，互相交流。学生在朗读完课文后，就张老师提出的问题进行积极地回答、交流和讨论。张老师利用电子白板中的田字格工具指导学生识记和书写“毁、拱、辉煌、殿”等重难点字词。以“毁”字的讲解过程为例，如图 6-10 所示，张老师用 AI 智能笔书写“毁”字后，电子白板中的“中文识别”功能自动将教师手写体转化为印刷体并形成生字卡片。张老师通过生字卡片的笔顺描红、朗读测评等功能指导学生学习“毁”字的笔顺和读音。

图 6-10　张老师进行“毁”字的讲解

3. 创设情境，带领学生感悟圆明园的辉煌与毁灭经过

为了更好地激发学生的情感，张老师首先利用平台的画廊活动展现圆明园昔日的布局、景观、文物等，让学生直观地感受圆明园的辉煌，并请学生思考：昔日辉煌的圆明园是怎样的？有哪些建筑和景物？各有什么特点？学生结合教师呈现的图片和自己对课文内容的理解，互相交流讨论以上问题，进而加深对圆明园的了解。

随后，张老师追问学生还想了解些什么，学生提出了各种问题，如圆明园建造了多久，圆明园到底有多大，英法联军火烧圆明园的时候清朝的军队在哪里，等等。张老师首先请学生结合自己课前搜集的资料来尝试互相解答。对于学生们回答不了的问题，如图 6-11 所示，张老师使用 AI 智能笔的语音指令搜索相关拓展资源和网络资源，包括《就英法联军远征中国致巴特勒上尉的信》文本、《火烧圆明园》视频等，针对相关问题进行讲解并组织讨论。学生在情境中朗读课文、交流感想，充分体会和感受祖国的灿烂文化，并在圆明园的今昔对比中激发起爱国之情。

图 6-11　圆明园及其毁灭的相关拓展资源和网络资源

4. 开展情境写话和小组讨论活动，品鉴写作手法并升华情感

完成课文的主要内容梳理后，张老师通过平台发起“全班讨论”，开展了情境写话活动，主题为“假如此时你就站在圆明园的废墟旁，你想说些什么”。学生按要求写话，并积极发表在讨论区，同时还可以查看其他学生的观点并进行点赞和评论。张老师就学生提交的写话内容进行指导和总结，进一步增强学生振兴中华的责任感和使命感。

此外，让学生领悟课文的写作手法和表达特点也是教学目标之一。张老师组织了小组讨论活动，讨论话题为“我们的课题是‘圆明园的毁灭’，但课文中作者却用了大量的篇幅来描写圆明园昔日的辉煌，这样写的目的是什么”。学生们分小组展开了热烈的讨论，并利用学生终端将小组讨论的成果拍照提交，小组代表进行展示汇报。在小组汇报过程中，张老师进行指导，最后师生共同总结作者的写作手法和意图，即运用对比和反衬的写作手法，以圆明园昔日的辉煌来突显圆明园毁灭的凄凉。

5. 布置多种类型的作业，促进学生阅读积累和表达交流

课后，张老师在平台的作业模块中，通过“七彩任务”布置了三项任务：第一项，通过拓展阅读材料或者自主查找材料，了解圆明园的文物现在在哪里，并给家人、朋友讲一讲，上传音频或视频；第二项，小练笔，说一说或者写一写你想对侵略者说的话；第三项，好词好句积累，梳理课文和拓展阅读资料中的好词好句。张老师将三项任务及配套的资料推送给学生，学生根据自身情况选择其中两项任务完成，采用文本、图片、语音、视频多种形式作答，并通过学生终端上传。学生提交作业后，张老师通过平台查看作业报告，根据学生选择完成的不同任务，有针对性的通过文字、语音、视频等方式进行反馈和指导。张老师还选择了一些典型的作业进行展示，在班级中树立榜样。

（三）实践效果

根据平台生成的课前预习数据、课堂互动数据、作业数据等，结合师生访谈情况，本节课的实践效果主要体现在以下几个方面。

1. 利用 AI 智能笔等设备高效开展课堂活动，提高了授课的便捷性

在本课的教学中，张老师首先进行了生字词讲解，利用 AI 智能笔高效完成了生字书写教学、字词读音教学。然后，张老师通过一系列启发式问题和教学活动来引导学生体会课文表达的情感以及情感的变化，进而引发学生思考，激发学生情感。在这一过程中，张老师利用 AI 智能笔的语音指令等功能便捷地开展随机选人回答、抢答、线上讨论、分组讨论和展示交流等活动，提高了授课效率。

2. 加强了朗读指导的精准性，提高了作业反馈的及时性

对于在课前布置的朗读任务，学生完成课文朗读后，张老师即可在作业中心查看到学生的朗读报告，全面了解班级学生的朗读情况，并重点关注得分较低的学生，及时进行点评与反馈，并要求部分学生进行订正。学生收到点评和反馈后，根据张老师的指导调整了读音、语速等。数据显示，学生们都积极进行了订正，订正后的班级朗读成绩优秀率为 93.33％，相比订正前提高了 27.95％。张老师表示，以前给学生们布置朗读任务，都是让家长在微信群中拍视频上传，需要教师一个一个点开听，非常费时费力，现在平台可以自动进行朗读评分，自己的批改负担得到了有效减轻，阅读指导也更加精准。

作业数据显示，学生基于自身兴趣和情况选择作业，并以视频、音频或文本等不同形式作答和提交，提交率100%。学生提交后，张老师通过平台查看学生的作业完成情况并及时给予点评和反馈。学生收到反馈后，可以按照反馈的意见进行调整，提升了学习效果。

3. 丰富了阅读教学内容，拓展了课堂空间

张老师在教学中非常重视通过拓展阅读资源来丰富教学内容。课前，张老师通过推送微课和组织学生收集相关资料的方式，帮助学生获取必要的阅读资源，并提供了适当的阅读引导，为正式的课文学习奠定了基础。课中，在开展相关教学时补充的许多背景资料，也帮助学生理解了作者的思想感情。课后推送的拓展阅读素材，在促进学生进行历史审视的同时，还能开阔学生视野，积累学习素材，升华思想感情。通过以上方式，张老师利用平台拓展了语文阅读教学的时空开放性，丰富了阅读学习资源，也让师生、生生之间的交流不仅在课堂上有序进行，而且延伸到了课外，打破了时空的限制。

（四）案例评析

这节课中，张老师借助教学平台中丰富的阅读学习资源，为学生提供多层面的阅读、表达和交流的机会，打通了课堂学习与课外交流的通道，真正让学生成为学习的主人。课前，张老师通过平台布置了预习任务，推送了相关资源，为学生学习本课内容做好准备，增强了教学的针对性。课中，张老师利用AI智能笔便捷地开展生字词教学和课堂互动，以疑问促阅读，师生在质疑解疑、互动交流、合作建构的过程中，共同深入探讨了阅读中出现的相关问题，交流了课文写作手法，表达了心中所思所想。技术手段的使用让课堂互动更加高效，让每一位学生在课堂上都有了展示自我的机会。课后，张老师布置的可选择的作业凸显了作业的育人功能，可以更好地激发学生完成作业的积极性。同时，平台支持学生通过提交文字、图片、音频、视频等方式完成作业，增强了作业的灵活性和多样性。总的来说，张老师这节课将智能技术与语文学科教学深度融合，拓展了学生的学习空间，取得了良好的教学效果。

（孟献贵　中学高级教师　定远县教育体育局电教中心主任）

第三节　数学学科教学案例

一、智能技术助力数学教学概述

数学是研究数量关系和空间形式的一门科学，与人类生活和社会发展紧密关联。① 数学是自然科学的重要基础，在形成人的理性思维、科学精神和促进个人智力发展的过程中发挥着不可替代的作用。② 作为基础学科之一，数学教学一直以来都受到高度重视，但在教学实践中仍然存在着一些难点需要研究和突破。例如，数学知识较为抽象，对一些学生来说难以理解；知识点与生活实际联系不够，不利于培养学生的核心素养；缺乏有效手段及时定位学生问题，教学评价缺乏及时性、针对性；题海战术等教学方法落后低效，给学生造成较大的学业压力等。智能技术的快速发展，为教育教学提供了重要的技术支撑。各项技术在数学教学中的应用，有望解决一些数学教育难题，助力数学教学减负增效。

第一，3D 建模、动态几何、虚拟现实等技术有助于直观化呈现几何、函数、微积分等数学知识，有利于锻炼学生的空间想象力，促进数形结合思想的形成和运用。数学是抽象的语言，抽象程度高、概括性强，对很多学生来说晦涩难懂。③ 例如，在教学几何、函数等相关内容时，定理公式较多，空间结构关系较难想象，学生容易产生畏难心理，导致学习兴趣低下，影响学习效果。在智能技术的支持下，可以将抽象的数学知识以更加立体、直观的形式展现出来，例如可以利用 GeoGebra 等工具绘制函数图像，让学生直观理解函数关系，帮助学生在头脑中建立表象，更加顺利地突破难点。

第二，教育数据挖掘和学习分析等技术可以精准、及时定位学生在数学学习中的问题，从而有针对性地解决问题。学生的数学学习能力和学习困难存在差异，一些教师由于缺乏有效的工具和方法，通常只能根据自己的经验判断学生学情，缺少过程性数据的支撑，对学生弱项的了解容易出现遗漏和

---

① 中华人民共和国教育部：《普通高中数学课程标准(2017 年版)》，1 页，北京，人民教育出版社，2017。

② 中华人民共和国教育部：《义务教育数学课程标准(2022 年版)》，1 页，北京，北京师范大学出版社，2022。

③ 马保国：《数学思想方法与数学分析教学》，载《中国大学教学》，2006(5)。

不全面的情况。对于数学这一知识点联系紧密、逻辑性强的学科来说，这种情况容易导致学生之间的差距越来越大。① 基于教育数据挖掘和学习分析等技术对学生的学习行为和学习过程进行量化、分析和建模，可以及时发现潜在问题，帮助教师理解和观察学生的学习过程，找到最合适的教学方法和教学顺序，还可以针对不同特点的学生采用不同的教学方法与教学策略，进行有效干预和做出全面正确的评价，从而显著提高教学的质量与效率。②

第三，教育知识图谱、学习路径规划、教学资源推荐等技术有助于突破题海战术，减轻学生作业负担。在数学教学中，部分教师采用题海战术，让学生通过不断的练习提高学生对知识的认知，数学作业布置存在题型比较单一、缺乏层次性和针对性等问题，对学生造成一定的压力。③ 基于认知诊断工具可以对学习者的学习效果进行评测诊断，并将诊断结果与学科知识图谱进行对照，为学习者规划学习路径，推荐适合其个人状况的试题与资源。④ 教师可据此布置适合不同学生的个性化作业，让学生利用有限的作业时间训练薄弱点，真正实现减负。⑤ 为提高作业的巩固效果，减轻学生作业负担，北京育英中学与企业合作，利用 OCR 识别、教育知识图谱等技术为学生制定个性化学习手册，即个性化作业。每位学生的作业都不一样，分为必做项和选做项，帮助学生有针对性地巩固提升，也满足了学有余力的学生更多样化的学习需求。同时，个性化学习手册中还记录了之前检测中的错题，并给予了相应的知识点分析和拓展题推荐，在精准把控作业时长的同时，给予学生个性化辅导。在智能技术的支持下，个性化学习手册对于学生来说，不仅降低了作业数量，还提升了作业质量。

总的来说，智能技术可以在直观化呈现抽象数学知识、精准诊断学情、公式快速识别、图像便捷绘制、个性化作业、自适应测试、问题及时反馈等方面支持数学学习，对于提高教学效率和促进学生的个性化发展起到了重要的作用。本节以安徽省蚌埠第三实验学校七年级数学“相交与平行”第一课时为例，介绍教师在智能技术的支持下开展初中数学精准教学的过程。

---

① 韩士龙：《初中数学教学中落实“减负增效”的有效性探究》，载《数学学习与研究》，2020(28)。

② 何克抗：《大数据改变教育：从教育数据挖掘到学习分析技术》，https：//bigdata.qfnu.edu.cn/info/1085/1281.htm，2022-07-03。

③ 陈德前：《数学作业设计和使用中存在的问题与对策》，载《教学与管理》，2013(31)。

④ 刘邦奇、吴晓如：《中国智能教育发展报告》，63 页，北京，人民教育出版社，2019。

⑤ 才让草：《“人工智能＋大数据”在初中数学教学中的应用》，载《新课程研究(上旬刊)》，2018(1)。

二、数据驱动的初中数学精准教学案例

（一）案例简介

本案例选自沪科版数学七年级下册第十章“相交线、平行线与平移”中“相交线”第一课时。[①] 本章研究的是平面内不重合的两条直线的位置关系，是初中图形与几何部分所要研究的基本问题。在学习本章前，学生已经有了一定的几何图形的学习基础，掌握了直线、射线、线段的特征与关系，以及角的有关概念和大小关系。在这一章中，学生将对图形的性质和判定进行第一次系统研究，对今后学习其他图形的性质和判定有引领作用。其中，“相交线”作为第一节，重点探究学习相交中的一般情形，促进学生明晰几何学习的发展脉络，也是后面学习平行线相关性质的基础。本节课的教学重点为“邻补角”“对顶角”的概念和性质，教学难点是探索“对顶角”的性质。

2022 年 3 月，程老师在安徽省蚌埠第三实验学校进行了“相交线”第一课时的教学。在这节课中，程老师利用智慧课堂信息化平台，课前推送微课与预习测验，根据学生作答数据了解学情；课中借助几何动画、作图工具等开展小组合作探究，突破教学重难点；此外根据课堂练习数据反馈，精准讲评习题；课后布置个性化作业，有针对性地巩固提高。

（二）实施过程

1. 根据学情数据，进行精准教学设计

在课前教学准备中，程老师利用智慧课堂信息化平台向学生推送复习微课“点、线、面、体”和预习微课“相交线的引入”。复习微课“点、线、面、体”用生活中的实例介绍了点动成线、线动成面、面动成体的几何知识。结合复习微课视频，学生回顾了之前所学内容“点线位置关系”，从而为引入本课主题“线线位置关系”做准备。预习微课“相交线的引入”介绍了生活中的相交线，以及在相交线这一节中需要学习的内容。结合预习微课和教材，学生对第一课时内容进行预习，并完成程老师推送的预习测验。程老师通过智慧课堂信息化平台对学生预习情况进行了统计（图 6-12），在全班 51 名学生中，预习成绩为优秀（得分率 90%～100%）的有 25 人，占比 49.02%；预习成绩为良好（得分率 80%～89%）的有 16 人，占比 31.37%；预习成绩为合格（得分

---

① 本案例由蚌埠第三实验学校程旭老师提供，收录时进行了适当改编。

率 60％～79％)的有 6 人，占比 11.76％；预习成绩为不合格(得分率 0～59％)的有 4 人，占比 7.84％。其中得分率较低的三道题目为第 1、第 2、第 4 题，说明学生对“对顶角的图形判断”“对顶角与相等角的关系”知识点的理解相对较差。根据统计数据，程老师细化教学目标和重难点，精准设置后续教学中重点关注的知识点。

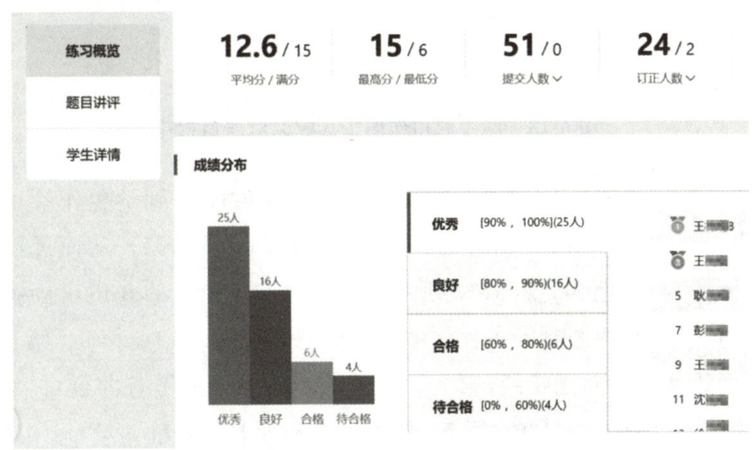

图 6-12　学生预习完成情况

2. 小组合作探究，精准突破重难点

在课堂教学实施中，程老师首先引导学生对“邻补角”“对顶角”进行观察、讨论、总结，形成“邻补角”“对顶角”的概念。随后，程老师组织学生 4～6 人为一组，借助智慧课堂信息化平台的几何动画和直尺、量角器等作图工具(图 6-13)，围绕“对顶角”的性质这一教学重难点进行合作探究。各小组经历观察、猜想、操作、验证、总结等过程，完成对“对顶角”性质的探究。最后各小组通过学习终端提交探究结果，小组代表展示介绍探究的结论和方法。以第一小组为例，小组成员通过学习终端的“对顶角”几何动画，观察图形的动态变化，提出“对顶角相等”的猜想，接着利用量角器等工具对不同角度的对顶角图形进行测量，发现每组对顶角的角度都是相等的，由此验证了猜想是正确的，从而得出“对顶角相等”这一性质。

3. 实时掌握练习数据，开展精准讲评

在小组合作探究后的课堂练习环节中，程老师将有关练习题推送至学生终端，并利用智慧课堂信息化平台关注学生作答情况的数据统计，实时掌握

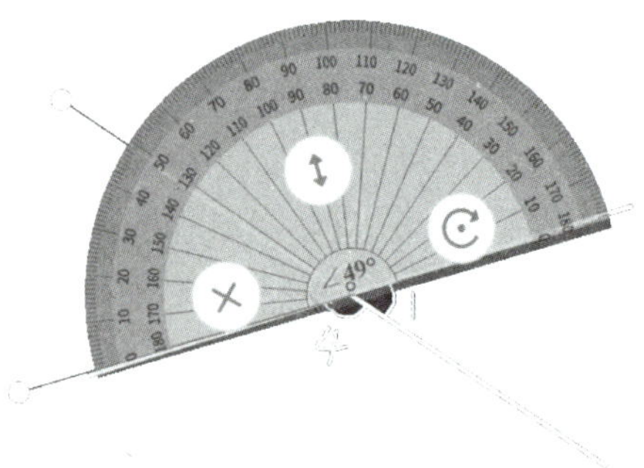

图 6-13　学生利用作图工具探究对顶角相等

学生作答情况。根据学生的练习数据，程老师及时了解到学生作答正确率较低的题目，精准定位易错题和做错的学生，了解易错思路，从而进行精准高效讲评(图 6-14)。例如，针对“对顶角判断”这一知识点的 6 道巩固练习，主要考查“对顶角”的两个判断条件，即有 1 个公共顶点(第 1、第 5、第 6 题考查内容)且两边互为反向延长线(第 2、第 3、第 4、第 5 题考查内容)。平台的统计结果显示，练习中的第 1、第 5、第 6 题全班回答都正确，第 2、第 3、第 4 题分别有 8 人、6 人、3 人做错，说明班级同学对第一个判断条件“有 1 个公共顶点”基本已经掌握，但部分同学对第二个判断条件“两边互为反向延长线”的认识存在误区，还有少数同学对“对顶角”和“邻补角”区分不明。程老师根据以上情况进行有针对性的讲解，进一步补充解释了“反向延长线”的含义，以及“邻补角”的概念。

图 6-14　教师有针对性地讲解课堂练习

4. 布置个性化作业，进行有针对性的巩固

在课后巩固拓展中，程老师利用智慧课堂信息化平台推荐的习题为学生布置个性化作业。根据学生的课堂练习数据，平台为每位学生生成了个性化拓展题目。如图 6-15 所示，某同学在课堂上做错了一道“对顶角”的图形判断习题，智慧课堂信息化平台为其推荐了原错题以及一道考查相同知识点的变式题。程老师对智慧课堂信息化平台生成的个性化拓展题目进行了确认和调整，并给全班学生添加了 4 道共性习题，生成了个性化作业推送给学生，以便对课上学生掌握不牢的知识点进行有针对性的巩固。

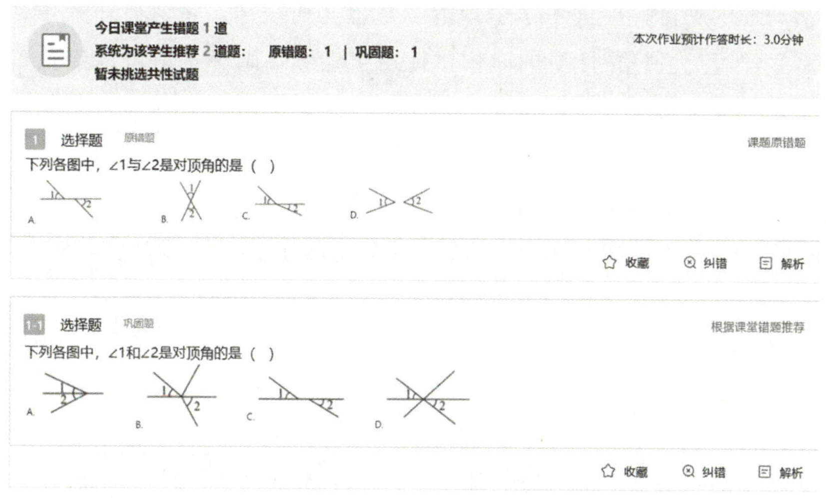

图 6-15　某同学的拓展练习

（三）实践效果

根据智慧课堂信息化平台的预习数据、课堂练习数据、课堂互动数据、作业数据等，结合师生访谈情况，本节课的主要实践效果主要体现在以下几个方面。

1. 精准推送习题，减轻了学生作业负担

根据学生课堂答错题目的数据，智慧课堂信息化平台会自动生成个性化拓展题目。程老师表示，以前在传统课堂环境下学习几何知识时，通常会布置 10～15 道练习题作为作业。在智慧课堂信息化平台的个性化作业支持下，程老师一般会布置 4～6 道全班学生都要作答的共性题，加上 2～3 道根据学情系统自动推送的拓展练习，虽然作业的题量少了，但是巩固的效果更好了。

本节课中，程老师结合平台推荐的个性化拓展题目，为不同学情的学生精准推荐个性化的习题作业，减轻了学生的作业负担，让有限的作业时间创造更高的价值。

2. 直观感知图形，促进学生理解和掌握几何知识

程老师利用智慧课堂信息化平台中的几何动画和直尺、量角器等作图工具，将“邻补角”“对顶角”的组成和特点直观展示出来，促进学生对抽象概念的感知，减轻对抽象知识的理解负担和畏难情绪。特别是在“对顶角”的性质的探究环节，几何动画促进了学生对图形规律的感知，作图工具为学生开展探究活动提供支持，促进了学生理解和掌握几何规律。在课后访谈中，王同学表示，学习“对顶角”性质的时候，他用学生终端画了一组可以变化角度的对顶角，很快就发现了对顶角相等的这一事实，然后用量角器测量验证，他觉得这样比教师在黑板上画图形更清晰，也感觉更有趣。

3. 突出学生主体地位，提升了学生课堂参与程度

在本课教学中，程老师关注智慧课堂信息化平台收集的教学过程性数据，及时了解学生对各知识点的学习情况，灵活调整教学进度和策略，针对班级普遍掌握不牢固的知识点进行重点讲解，使教学节奏更符合学生的学习需要，体现学生的主体地位。同时，程老师利用课堂互动工具，如全班作答、随机选人、屏幕推送、拍照讲解等，使师生、生生交流互动多样化、动态化，调动起了学生的积极情绪和思维。学生在小组合作探究“对顶角”的性质时，能够积极猜想，参与讨论和探究，提升自学能力，同时体验到学习数学的乐趣。如图 6-16 所示，班级在三次互动中的活跃度为 100%，所有学生都参与到了课堂活动中，能够积极主动地学习知识。

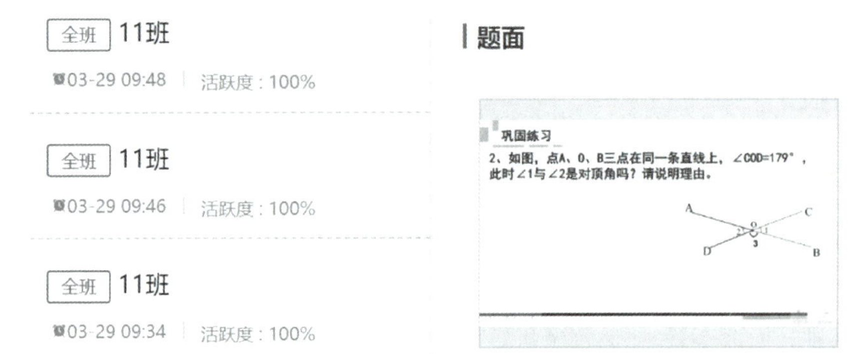

图 6-16　课堂互动活跃度

（四）案例评析

这节课中，程旭老师借助智慧课堂信息化平台，打通了课前、课中、课后的教与学，突破了传统教学的局限，基于数据将精准教学理念贯穿到底，以学定教，开展了有针对性的教学。课前，程老师利用智慧课堂信息化平台推送资源和习题给学生，以微课导学，并根据课前练习数据开展精准的学情分析。课中，程老师根据课前练习数据重点讲解学生存在问题的内容，有效利用课堂有限的教学时间，做到了有的放矢。同时，程老师通过合理使用课堂互动工具和资源调动学生学习积极性，与学生进行互动交流，利用作图工具支撑学生开展自主合作探究，帮助学生理解、消化问题，掌握知识。课后，程老师利用平台进行个性化作业布置，实现有针对性的课后巩固。整体来看，程老师把智能技术合理运用到本课教学中，促成了精准、高效的课堂教学。

（罗大坤　高级教师　蚌埠第三实验学校数学教师）

第四节　英语学科教学案例

一、智能技术助力英语教学概述

英语是当今世界上主要的国际通用语言之一，在国际交流、传播文明、构建人类命运共同体中具有重要作用。英语课程具有工具性和人文性的双重特点，对于学生形成跨文化沟通与交流的意识和能力、坚定文化自信、树立国际视野等方面具有重要价值。根据《义务教育英语课程标准（2022 年版）》的要求，英语课程要培养学生语言能力、文化意识、思维品质和学习能力等方面的核心素养。[①] 英语学科教学应基于核心素养，有计划、科学地减轻学生的英语课业负担，从“以教为重心”转向“以学为重心”，从而实现提质增效。[②] 然而，当前英语教学实践中仍存在一些问题，如真实的英语学习语境缺失，学生缺少用英语表达自己的想法与观点的环境，在口语和作文等方面的评价上

---

① 中华人民共和国教育部：《义务教育英语课程标准（2022 年版）》，4 页，北京，北京师范大学出版社，2022。

② 蒋京丽：《抓住“双减”契机提升英语课堂质量》，http://www.moe.gov.cn/jyb_xwfb/moe_2082/2021/2021_zl53/zjwz/202111/t20211119_580961.html，2022-04-21。

教师负担较重，且具有一定主观性，课堂中学生的主体地位体现不足等。上述问题影响着英语教学的质量和效率。在“双减”背景下，解决上述问题具有重要的意义。随着智能技术在教育教学中的应用越来越广泛，在英语教学中引入人工智能等技术是大势所趋。

第一，运用智能语音、虚拟现实等技术构建真实的英语语境，可以促进学生主动参与，提升语言技能。英语学科作为语言类学科，强调对语言的应用，语言环境对于学生学习非常重要。在传统的教学方式中，由于缺乏构建语言环境的有效手段，学生孤立地记忆语法、语音、句型、词汇等知识，无法将碎片化的知识应用于口语表达，这也是导致“哑巴英语”的首要原因。① 语音识别、语音合成、自然语言处理、虚拟现实、体感交互等技术的发展让英语教学实现从真实课堂到虚拟课堂的扩展，将具有高度沉浸感的三维虚拟现实环境融入教学过程，助力教师创设一个全新的、多元化的、贴合实际的英语学习环境，支持学生在拟真场景下进行真实自然的互动，激发学生学习英语的热情，提高口语交际技能，并将课堂中所获得的知识主动迁移到日常生活中去。②

第二，作文智能批改和语音测评等技术能减轻教师评价负担，提升英语评价的精准性。在作文批改方面，利用作文智能批改技术可以对作文文本特征进行评估与评分，从多个维度对作文进行智能批改，指出学生作文存在的问题，具有可靠性、客观性等优点，帮助教师高效采集和分析作文数据，挖掘教学中的重难点。③ 例如，作文自动评分(Automated Essay Scoring，AES)系统当前不仅在考试中辅助进行作文评分，还在英语教学中对学生的写作能力进行诊断，提供改进建议。④ 基于人工智能技术的 Grammarly 作为目前应用比较广泛的英文写作辅助工具，具有英语语法检查、拼写检查、提供写作建议等多项功能，可以帮助学生自主进行写作评价和修改。⑤ 在口语反馈方

---

① 梁迎丽、刘陈：《人工智能教育应用的现状分析、典型特征与发展趋势》，载《中国电化教育》，2018(3)。

② 郭晓宁、王小雪、刘金侠等：《虚拟教学环境下的英语外语学习：探索“第二人生”》，载《开放教育研究》，2012(5)。

③ 陈潇潇、葛诗利：《自动作文评分研究综述》，载《解放军外国语学院学报》，2008(5)。

④ 韩宁：《几个英语作文自动评分系统的原理与评述》，载《中国考试(研究版)》，2009(3)。

⑤ Tira Nur Fitria, “Grammarly as AI-powered English Writing Assistant: Students' Alternative for Writing English,” *Metathesis: Journal of English Language, Literature, and Teaching*, 2021(1), pp. 65-78.

面，语音测评技术是一种通过机器自动对发音进行评分、检错并给出矫正指导的技术，可以识别、纠正和评价语音、语调、流利度、语法使用正确率、使用词汇的频率等，从而有效提高学生口语学习的效率。[①] 目前，广东省高考英语听说考试、江苏省初中英语听力口语自动化考试等都应用了智能评分系统。[②]

总的来说，智能技术在英语教学的方方面面都发挥了重要作用，通过个性化精准测试英语水平、实时准确矫正英语发音、灵活智能测评口语能力、高效准确记录教学数据等方式辅助教学，把教师从简单、重复的工作中解放出来，对学生实施个性化辅导与测评，进而提升教学质量、提高教学效率。[③] 本节以安徽省合肥市梦园小学教育集团文曲路学校(以下简称“合肥市文曲路学校”)五年级英语“Unit 4 When is the art show?”为例，介绍教师利用智能技术助力英语教学的过程。

二、通过语音测评技术提升听说能力的小学英语教学案例

(一)案例简介

本案例选自人教版小学英语教材(三年级起点)五年级下册第四单元“When is the art show?”。[④] 在学习本单元前，学生已经掌握了一天中的时间、月份、季节以及“When”引导的特殊疑问句的表达，对于元音、辅音、字母组合发音都有一定的基础。通过这一单元的学习，学生将进一步掌握用英文表达日期，学习询问节日、生日以及学校活动的具体时间及回答，了解相关节日的习俗，感受中西方文化差异。本单元的教学重点为学生能够听、说、读、写“first(1st)、second(2nd)、third(3rd)、fourth(4th)、fifth(5th)”等序数词及其缩写形式；运用“When is…?”句型询问相关节日及活动的发生日期，并能够运用“It's on…”进行回答；感知并归纳“th”在单词中的发音规律。教学难点为在具体的语境中理解新词，掌握“th”字母组合的发音规律，在真实情境中灵活运用本单元重点词汇和句型。

---

① 梁迎丽、梁英豪：《基于语音评测的英语口语智能导师系统研究》，载《现代教育技术》，2012(11)。

② 汪张龙、徐俊、李晓臻等：《纸笔考试智能网上评卷系统的设计和应用——智能教育应用之“考试评价”篇》，载《现代教育技术》，2018(3)。

③ 李棠：《人工智能背景下英语教学改革路径研究》，载《山东农业教育》，2019(3)。

④ 本案例由合肥市梦园小学教育集团文曲路学校张宇老师提供，收录时进行了适当改编。

2022年4月，张老师在合肥市文曲路学校对该单元进行了为期两周的教学。在该单元的教学中，张老师在各个教学环节积极利用智能技术，尤其是充分利用语音测评技术来提升学生的英语听说能力。例如，课前推送微课并布置课前朗读预习任务，课中进行语音测评和角色扮演等课堂活动，课后布置听说专练巩固学生学习成果等。

（二）实施过程

1. 布置朗读预习任务，开展单元教学设计

在课前教学准备中，张老师通过平台数据分析学情，确定本单元目标，并使用智慧课堂信息化平台教学资源进行备课。在选择单元主题后，系统自动推荐了课件、文本、动画、微课、音视频等相关资源。其中针对 Part A，其部分资源如图 6-17 所示，张老师选择了中西方传统节日文化差异的知识解析课件等教学资源，并将序数词微课视频一键分享给学生。学生使用学生终端自主学习微课，了解序数词相关内容，为课堂教学做铺垫。学习微课后，学生完成张老师布置的朗读单词和课文的预习任务并提交，智慧课堂信息化平台进行自动评分和统计。张老师根据平台生成的测评结果掌握学生的预习情况，细化了单元教学目标和课时教学目标，进行精准教学设计。

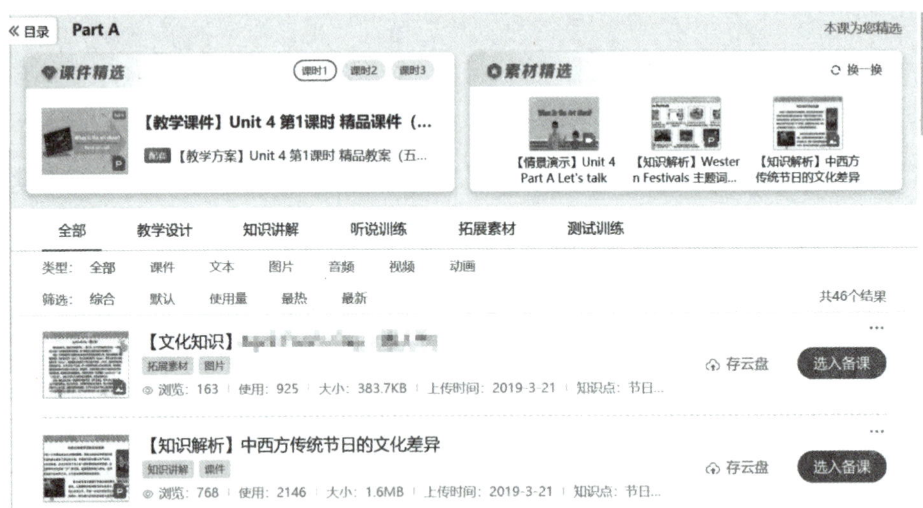

图 6-17　英语智能推荐备课资源

2. 创设真实语境，开展学生互动交流活动

在课堂教学实施中，为了更好地引入新课和开展对话交流，张老师使用

智慧课堂信息化平台的视频、音频等资源创设与学生日常生活密切相关的情境，使他们身临其境，为之后的新知学习做好准备。例如，在 Unit 4 第 1 课时“Part A Let's try & Let's talk”教学中，张老师播放“Let's talk”教材对话的“角色扮演”动画，再现关于学校活动日期的对话场景，让学生通过配音和模仿感知本课核心句型“When is…?”“It's on…”的意义及语境(图 6-18)。为了帮助学生进一步掌握该句型，建立音、形、义之间的联系，张老师使用“When is your birthday?”的动画资源，构建生日聚会的场景，促进学生在真实场景中进行知识迁移。学生在该场景下进行角色扮演，互相询问生日日期，巩固并拓展该课的核心句型，在有趣的生活化情境中激发学生对英语学习的动机与兴趣。

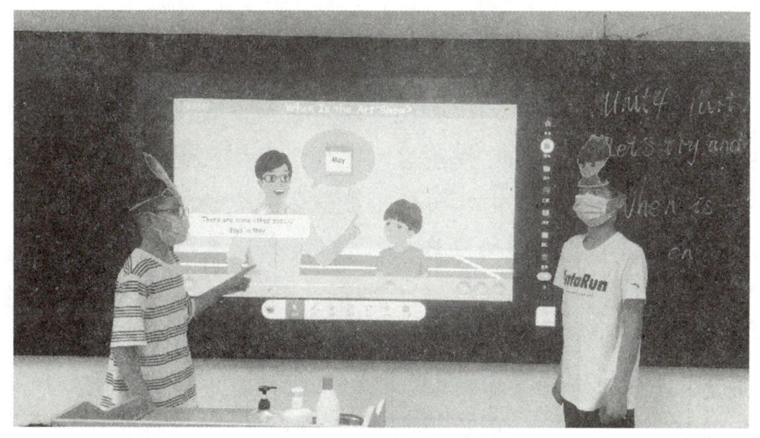

图 6-18　学生在课中进行角色扮演对话

3. 开展实时测评反馈，纠正学生的口语发音

在本单元中，掌握字母组合“th”的两种发音规律对学生而言是个难点。为了解学生对“th”字母组合的发音掌握情况，张老师利用智慧课堂信息化平台的语音测评中的单词测评功能开展口语测评，对学生的“three”“think”“third”“fourth”“fifth”等单词发音进行测评(图 6-19)。根据平台实时反馈的测评结果，张老师进行有针对性的指导，帮助学生更好地掌握“th”字母组合的发音规律。

4. 布置多样化的英语听说任务，自动生成测评报告

在课后巩固拓展中，张老师使用智慧课堂信息化平台为学生布置视听结合的多样化作业，促进学生对英语知识的有效复习与巩固，同时检测学生的学习质量。在 Unit 4 学习中，为了提升学生的口语能力，强化重点单词和句

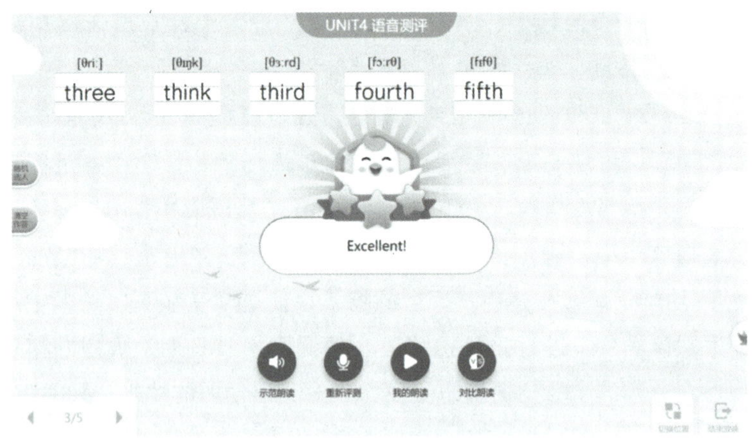

图 6-19　课中口语测评实时反馈

子的发音，张老师共布置了四次听说专练，包括发音测评、听音选词、情景对话、分句朗读。学生在提交作业后，智慧课堂信息化平台对作业进行自动批改并生成测评报告。报告内容包括班级整体完成情况统计、每道题的答题情况统计、每位学生的完成情况等。其中，在听说专练中，智慧课堂信息化平台对班级整体和学生个体的发音准确度、完整度、流畅度等维度进行了智能测评和分析，某学生的 AI 智能分析结果如图 6-20 所示。学生不仅能根据测评结果及时了解自己的掌握情况，也能了解自身水平和班级平均水平的对比情况。同时，张老师也能根据测评结果及时调整教学策略和计划，有针对性地开展教学。

（三）实践效果

在本单元教学结束时，张老师为了解学生该单元的学习情况，对学生进行了问卷调查。基于对智慧课堂信息化平台收集的学生学习数据、问卷调查结果、师生反馈等多方面数据的整理与归纳，本单元的教学效果主要体现在以下几个方面。

1. 营造良好的语言学习环境，锻炼了学生的语言应用能力

张老师在该单元的教学中利用智慧课堂信息化平台为学生构建了轻松、愉快、个性化的新型课堂，营造了良好的语言学习环境，特别是在课堂教学中使用智慧课堂信息化平台进行英语口语角色扮演练习和实时测评，课后布置多样的听说专练作业，锻炼了学生的语言应用能力，尤其是口语表达能力。根据问卷调查结果，74.47%的学生表示，教师通过智慧课堂信息化平台布置

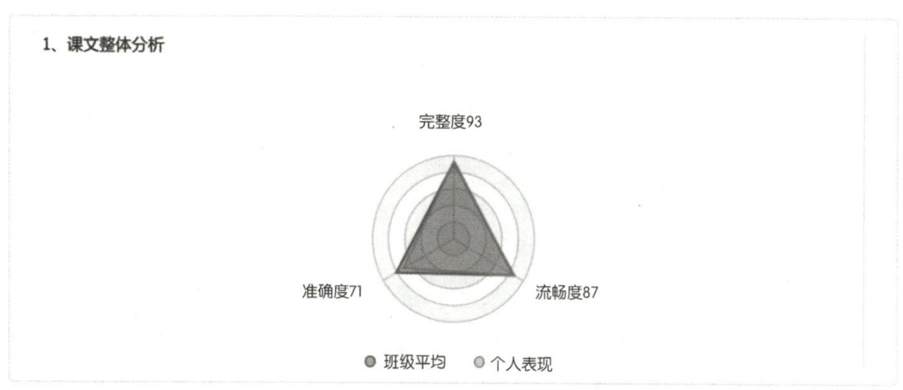

图 6-20 某学生英语口语作业与班级总体情况对比

的英语口语作业很有趣；78.72%的学生认为，通过智慧课堂信息化平台布置的听说专练作业能帮助自己提升口语能力。同时，如图 6-21 所示，从本单元的四次听说专练的得分情况来看，对比第一次平均得分 91.00 分，经过一段时间的英语学习，第四次平均得分为 95.00 分，提升了 4.40%。

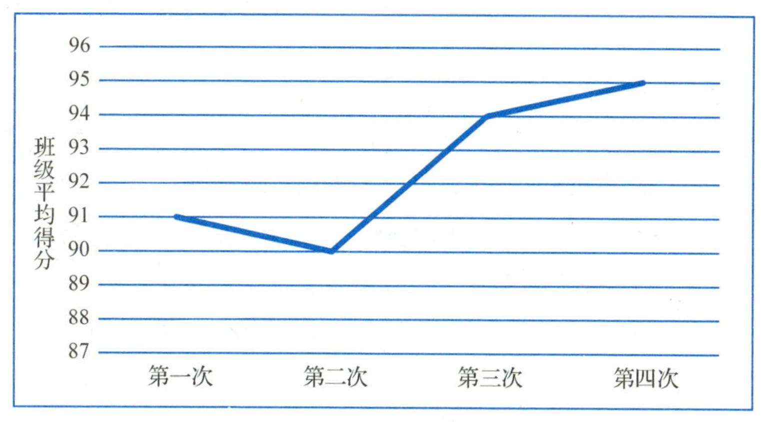

图 6-21 本单元班级四次听说专练平均成绩

2. 突出学生主体地位，提升了学生的英语学习积极性

在本单元的教学中，张老师在智慧课堂信息化平台的支持下，通过图文声像并茂的教学资源和丰富的教学活动开展英语教学，提升了英语学习的趣味性，增强了学生课堂参与的有效性和自主学习的积极性。在问卷调查中，72.34%的学生表示，在英语课堂上能集中注意力学习，说明教学内容能吸引大多数学生的注意力，一定程度上保证了英语教学的效果；80.85%的学生表示，在英语课堂中愿意积极参与互动，说明本单元的课堂活动能够激发多数学生主动参与；80.85%的学生表示，会主动进行课前预习或课后复习，说明学生在本单元的学习过程中具有主动性。从调查结果可见，智慧课堂信息化平台环境下的英语教学，一定程度上突破了传统教学方式的限制，让学生由被动的接受者，转变为主动的学习者，在提升学习积极性、课堂参与度、学习兴趣等方面都取得了良好的效果。

3. 减轻了教师备课及作业批改负担，提升英语教学效率

在备课方面，张老师在本单元使用了智慧课堂信息化平台智能推荐的图片、音频、视频等资源进行备课，提升了备课效率。在作业批改方面，张老师通过平台布置了课前预习任务和多样化课后作业，平台对学生提交的作业进行智能批改，大幅降低了张老师作业批改的时间成本。据张老师反馈，以往批改一个班的纸质作业一般需要40分钟以上，而使用智慧课堂信息化平台布置作业能实时获得口语测评、客观题等练习批改结果，实现更加及时的作业反馈。利用智慧课堂信息化平台开展备课和作业批改，帮助教师从繁重的备课、作业批改任务中解放出来，从而有更多的时间研究和制订合理、科学的英语教学计划，提升教学效率和质量，从源头上减轻学生的英语课业负担。

（四）案例评析

“双减”政策的颁布和实施对英语教学效率、学习效果和课后作业的质量等方面都提出了更高的要求。在本单元教学中，张老师使用智慧课堂信息化平台，从备课、课堂活动、作业等方面，为学生构建了智慧英语学习环境。备课方面，张老师运用平台备课，减轻了备课负担，并通过平台推送智慧微课，培养了学生的自主学习能力。根据课前预习情况，张老师围绕学生实际需求，精心设计教学内容。课堂活动方面，张老师创设贴合生活实际的英语教学情境，并开展趣味性的教学活动，师生、生生互动性强。通过自主、互动、探究的方式开展课堂教学，课堂气氛活跃。学生踊跃参加课堂活动并取得了良好的效果，提高了英语学习的积极性。作业方面，张老师布置了音频、视频、文本相结合的口语练习作业，有效提升了学生完成作业的积极性，增强了口语表达能力。张老师合理运用智能技术为英语学科教学提质增效，对学生的英语课业负担进行有效管制，在科学、合理的课业减负中落实学生核心素养培育，促进学生个性化发展，也落实了梦小教育集团“减量增质”“关爱每一位学生”的要求。

（陈倩倩　一级教师　合肥市梦园小学教育文曲路学校英语教研组组长）

第五节　科学类学科教学案例

一、智能技术助力科学类学科教学概述

科学是人类在研究自然现象、发现自然规律的基础上形成的知识系统，以及获得这些知识系统的认识过程和在此过程中所利用的方法。① 根据研究对象不同，科学可分为物理学、化学、生物学、天文学、地球科学等分支。我国中学科学类学科包括物理学、化学、生物学等学科。② 这些学科具有一些共同的学科特征，如需要观察和实验、抽象化、微观化、模型化等。③ 科学类学科教学对于培养学生的科学精神、科学素养、创新能力等具有重要意义，是培养科技人才的主要阵地。④ 党中央、国务院高度重视培养具有科学创新精神和能力的人才。2021 年 6 月，国务院印发《全民科学素质行动规划纲要(2021—2035 年)》的通知，强调要增强青少年的科学兴趣、创新意识和能力，培养一大批具备科学家潜质的青少年群体，并提升基础教育阶段科学教育水平，推进信息技术与科学教育深度融合。《中共中央 国务院关于深化教育教学改革全面提高义务教育质量的意见》和《国务院办公厅关于新时代推进普通高中育人方式改革的指导意见》提出，要改进科学文化教育，加强科学教育和实验教学，强化实验操作，培养学生创新思维和实践能力。此外，教育部在《关于加强和改进中小学实验教学的意见》中就中小学实验教学工作提出相关要求，提出要利用新兴技术来创新实验实践教学方式，切实增强实验教学的趣味性和吸引力，提高实验教学质量和效果，培育学生的兴趣爱好、创新精神、科学素养和意志品质。在教学实践中，科学类学科教学还存在着一些问

① 中华人民共和国教育部：《义务教育科学课程标准(2022 年版)》，1 页，北京，北京师范大学出版社，2022。

② 胡卫平：《中学科学教学心理学》，1 页，北京，北京教育出版社，1999。

③ 张四方、江家发：《科学教育视域下增强现实技术教学应用的研究与展望》，载《电化教育研究》，2018(7)。

④ 王涛、宋倩茹、王晶莹：《我国中学科学课程的百年嬗变：从学科导向到学生为本》，载《基础教育课程》，2021(23)。

题，如受实验设备、环境等客观条件限制，教师的教学手段较为单一，学生的实验设计和实际操作能力不足，对抽象的科学知识感到难以理解，应用科学知识解决复杂问题的能力较弱等。人工智能、大数据、虚拟现实等技术的快速发展，可以帮助化解科学类学科教学实践中的一些难题。

第一，利用数字化传感、数据采集、数据分析等技术开展数字化实验，有助于培养学生的实验能力和科学素养。在科学类学科实验教学中，存在着实验过程难以记录、整理、分析等问题，导致教师在进行实验的指导、测评时存在着一定困难。数字化实验具有采集智能化、定量研究便捷化、实验现象直观化、实验创新化等优越性，传感器采集实验数据后，计算机进行数据分析，清晰地展示实验现象，揭示实验规律，将无法用肉眼观察到的反应变化通过数据和图像的形式直观呈现。国内外的多项研究表明，数字化实验不仅可以激发学生的学习兴趣，促进学生概念认知发展，而且能提高学生的图像表征能力，进而促进学生科学素养的提高。①

第二，虚拟现实、扩展现实、智能代理等技术可以助力构建拟真情境，促进学生理解抽象的科学知识，培养学生应用科学理论知识解决现实问题的能力。科学类学科的抽象性、微观化、模型化等特征，使得学生有较重的理解负担。② 同时，科学类学科普遍应用性较强，但是我国基础教育阶段的科学类学科教学往往更注重理论知识的传授，存在与现实联系不够紧密的情况，学生在实践应用方面的能力较为薄弱。③ 虚拟现实、扩展现实等技术可以辅助教师创设真实感强且无干扰的教学情境，学生在虚拟情境中观察、操作微观结构和抽象模型，促进对抽象概念和空间关系的认知与理解，还可以突破时空、设备等限制，支持学生在没有实验设备和器材的情况下随时随地开展虚拟实验。此外，智能代理可以在情境中与学生进行互动和对话，学生可以在拟真情境中与各种对象进行复杂且多元的交互，进行身临其境的探究学习和合作学习，从而提升解决复杂现实问题的能力。

智能技术对科学类学科的教学支持还体现在资源智能推荐、微观结构直观展示、个性化作业布置、针对性辅导等方面。本节以安徽省蚌埠市第二中

---

① 徐惠、马宏佳：《“数字化实验”校本课程的开发与实施》，载《化学教育》，2017(7)。

② 张四方、江家发：《科学教育视域下增强现实技术教学应用的研究与展望》，载《电化教育研究》，2018(7)。

③ 曾琦：《二十世纪我国科学教育回顾》，载《学科教育》，1999(8)。

学高二年级物理“简谐运动”、江西省南昌市第一中学高二年级化学“羧酸 羧酸衍生物”课程为例，介绍教师利用智能技术助力物理和化学教学的过程。

二、信息技术促进高中物理教学案例

（一）案例简介

本案例选自人教版高中物理选择性必修一第二章第一节“简谐运动”。① 本节课是一节物理知识和方法相结合、理论探究和实验探究相结合的探究课。通过前面章节的学习，学生已经具备了运动学的基本知识及分析物理规律的基本能力。因此，本节课从研究弹簧振子的振动过程出发，去了解简谐运动的特点。虽然通过高一的学习，学生已有一定的观察、实验能力，但抽象思维、推理和综合分析的能力仍然有限。本课通过演示实验和引导学生猜想探究，来进一步提高学生这几个方面的能力。本课的教学重点是简谐运动的概念，以及探究弹簧振子的“位移—时间”的图像性质，教学难点是建立简谐运动“位移—时间”的函数关系。

2021 年 2 月，渠老师在安徽省蚌埠市第二中学开展了本课教学。在教学过程中，渠老师基于智慧课堂信息化平台，课前推送学习资源和任务，并根据数据精准定位学生的问题；课中利用技术手段和实验设备进行实验演示和探究，由浅入深地突破本课重难点；课后利用平台智能推荐的习题和丰富的学习资源指导学生复习和巩固。

（二）实施过程

1. 推送课前学习任务单，根据数据精准分析学情

课前，为了帮助学生做好学习准备，渠老师通过智慧课堂信息化平台向学生推送了三项课前任务。第一项，观看机械振动相关微课；第二项，完成机械振动的三道练习题；第三项，找一找身边的机械振动现象。

学生按照渠老师的要求，利用学生终端学习微课后，通过练习题及时检测微课学习情况。在这三道练习题中，第 1 题主要考查机械振动的判别，第 2 题主要考查机械振动的性质和规律，第 3 题主要考查机械振动中位移的相关概念。学生完成提交后，渠老师查看平台数据发现，三道题的整体得分率为 75.17%。其中第 1 题、第 2 题得分率较高，分别为 90.91%、86.36%，说明

① 本案例由安徽省蚌埠市第二中学渠雷雷老师提供，收录时进行了适当改编。

学生对机械振动的概念及基本特点掌握较好。第 3 题正确率较低，只有 36.36%，说明大多数学生对机械振动中相对位移的概念还不能正确理解。根据练习数据，渠老师分析了学生的薄弱知识点，对本课的教学内容、教学策略等进行了有针对性的设计和调整。

2. 有针对性地解决学生问题，明确机械振动概念

在课堂教学实施中，渠老师首先通过智慧课堂信息化平台展示了学生课前提交的生活中的机械振动实例，然后提供实验器材——弹簧振子演示仪，介绍装置并让弹簧振子自由振动，同时利用平台的实物展台功能清晰地在教室大屏上同步呈现。针对课前检测情况，渠老师引导学生注意振子最初的位置及状态，强化“平衡位置”的概念，为后续明确位移的概念做铺垫。渠老师指导学生观察振动现象，总结运动规律，学生纷纷提出了“重复性”“周期性”“对称性”等观点。渠老师适时明确“机械振动”的概念，并将弹簧振子作为机械振动的一个理想化模型，明确物体偏离“平衡位置”的位移即为“振动的位移”，解决学生在预习中存在的问题。

3. 实验探究弹簧振子运动规律，认识简谐运动

为了获取弹簧振子运动“位移—时间”图像，渠老师以弹簧振子演示仪为背景，使用教师终端的相机对钢球的运动过程进行录像，然后把拍摄的视频文件导入动画制作软件，将视频文件分解为一帧一帧的图片，并按所拍摄的时间顺序向右平铺开来，时间轴自左向右形成，相邻两帧照片的时间间隔为 0.04 s，形成“位移—时间”图像(图 6-22)。在实验操作过程中，渠老师利用智慧课堂信息化平台的实物展台功能进行实时展示。学生根据照片中背景的刻度读出小球在不同时刻所在的位置，做出“位移—时间”图像。渠老师指导学生观察图像，学生猜想图像的规律，并发现图像与正弦函数图像非常相似。于是，渠老师进一步鼓励学生思考和提出验证方案。经过头脑风暴，师生共同梳理验证方法，学生分小组使用不同的方法进行验证，主要有图像拟合法、代入特殊值法、实验现象对比法等。

其一，在图像拟合法中，学生将记录的小球坐标输入学生终端中的数学几何画板中，同时根据三角函数公式绘制函数，将标准的三角函数图像与记录小球振动的图像进行对比，发现轨迹一致。

其二，在代入特殊值法中，学生假定图像是正弦曲线，用刻度尺测量振幅和周期，写出对应的表达式，然后在曲线中随机选取小球的若干个位置，

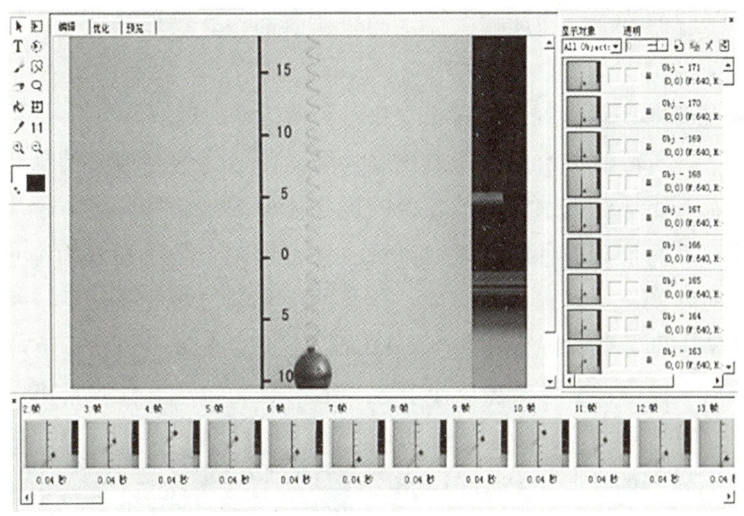

图 6-22 通过动画制作软件获取弹簧振子运动“位移—时间”图像

用刻度尺在图中测量它们的横坐标和纵坐标，代入所写出的正弦函数表达式中进行检验，发现随机选取的小球坐标满足正弦曲线表达式。

其三，在实验现象对比法中，渠老师指导学生设计了“弹簧振子与圆周运动同步投影”实验，由于匀速圆周运动的质点在沿圆周平面上的投影遵循正弦函数规律，因此如果弹簧振子与圆周运动同步即可证明弹簧振子运动图像也是正弦函数。如图 6-23 所示，渠老师带领学生采用自制电动皮带轮带动固定其上的乒乓球做匀速圆周运动，选择周期合适的弹簧振子适时释放，用强光手电沿着圆周所在平面照射，乒乓球的投影与振子的投影同步，从而得以验证。

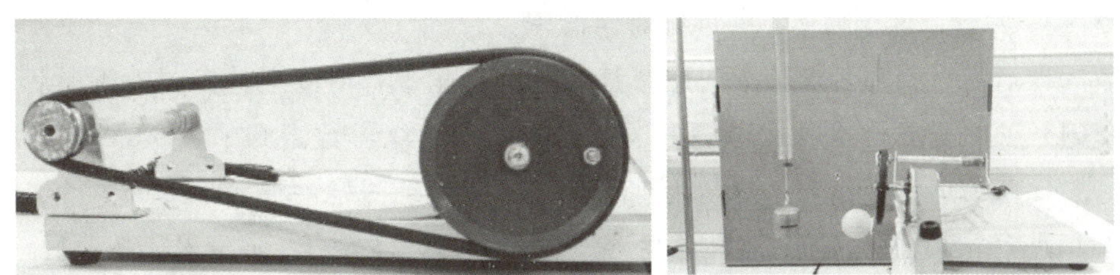

图 6-23 “弹簧振子与圆周运动同步投影”实验

验证结束后，渠老师表扬学生采用不同方法证明了猜想。师生共同总结结论，并明确简谐运动的概念——如果质点的位移与时间关系遵从正弦函数

的规律，即它的“位移—时间”图像是一条正弦曲线，物理学上把这样的振动叫简谐运动。

4. 拓展迁移与课堂练习，深化学生对简谐运动的理解

为了进一步帮助学生理解简谐运动，渠老师通过智慧课堂信息化平台发起全班讨论，让学生观察图像，并说一说还能获取到哪些信息。学生积极思考，并将观点发布在平台的班级讨论区。渠老师结合学生发表的观点，并结合图像，明确关于质点运动的速度、位移的变化情况等相关规律。接着，渠老师引导学生思考获取弹簧振子“位移—时间”图像的其他方法，有学生受实验过程的启发提出：在弹簧振子小球上安装一支记录笔，让一条纸带在与小球振动方向垂直的方向上匀速运动，笔在纸带上画出的就是小球的振动图像。于是渠老师和学生使用自制教具演示这种直接记录的方法，如图 6-24 所示。完成实验演示后，渠老师使用平台播放视频，介绍直接记录法在实际生活中的应用，如心电图仪、地震仪等，同时明确这些复杂的振动图像大多不是正弦或余弦曲线，这是因为它们的振动不是单纯的简谐运动，但可以看作若干个振幅和频率不同的简谐运动的合成。学生通过视频学习加深对机械振动、简谐运动等物理概念的理解。最后，渠老师向学生推送了一组课堂练习，检验学生对本课知识点的掌握情况，也进一步加深了学生对知识的理解。

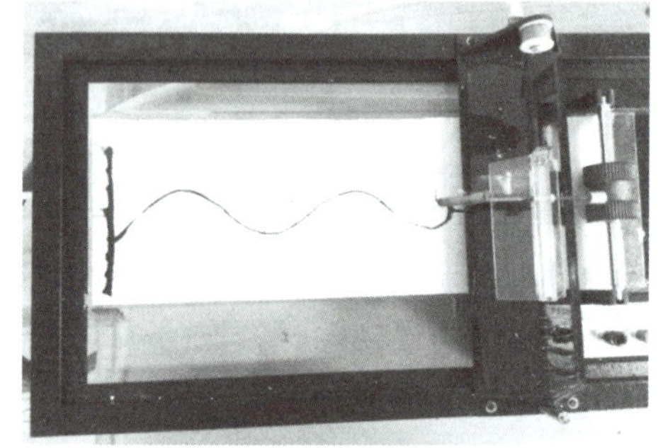

图 6-24　简谐运动记录仪绘制振动图像

5. 布置个性化作业，开展针对性指导

课后，渠老师要求学生利用智慧课堂信息化平台中的丰富资源进行课后复习，并完成平台推荐的习题。根据学生的课堂练习数据和平台学习数据，智慧课堂信息化平台为每位学生推送了个性化的练习题，帮助学生巩固薄弱知识点，并通过变式习题强化学生对所学知识的迁移能力。学生提交作业后，渠老师及时查看平台数据，掌握学生的课后学习情况，并根据数据分析学生在作业中存在的问题，向学生推送微课、知识点资料卡片等学习资源，及时进行有针对性的指导。

（三）实践效果

根据平台统计的课前预习数据、课堂互动数据、课后作业数据等，本节课的主要实践效果梳理如下。

1. 多种方式进行实验探究，提升了实验教学的效果

本节课中，渠老师充分发挥多种技术优势，不仅利用智慧课堂信息化平台的拍照、实物展台等功能，为全班学生清晰地展示实验过程和现象，还利用 GIF 动画制作软件呈现实验结果，将肉眼难以观测的实验现象进行了直观展现和记录。在探究图像规律时，渠老师让学生自主提出猜想，指导学生使用平台的数学几何画板工具，便捷地探究和呈现图像规律，帮助学生理解物理规律。

2. 有针对性地解决学生的问题，提升了教学精准性

本节课中，渠老师发挥数据的价值，进行了环环相扣的精准教学。渠老师课前布置了预习任务和检测试题，根据智慧课堂信息化平台自动统计分析的数据，及时掌握学生在预习中出现的问题，从而在课堂上开展精准教学，并在课后根据课堂练习数据布置个性化作业，最后针对作业中的问题再次进行指导。学生在课前没有掌握的知识点，在课中、课后都得到了相应的学习和巩固。在每个教学环节中，渠老师都基于学生数据精准分析问题、解决问题。平台数据显示，学生课后作业的整体得分率为 87.83％，比课前提升了 12.66％。

（四）案例评析

有深度的物理教学，应该能将真实的物理现象还原到学生面前，帮助学生利用技术手段，进行可见的探究过程，揭示现象背后不易发现的规律。本节课以简谐运动为主题。简谐运动是一种常见的运动模型，生活中的简谐运动虽然轻易可见但却不容易研究。这主要是因为振子（小球）运动的往复性造成其运动轨迹的重叠，导致以前研究匀变速直线运动的方法（纸带加打点计时器）不再适用。渠老师巧妙地运用技术手段，突破了上述难点。渠老师首先用教师教学终端中的相机拍摄钢球的运动过程，利用软件将视频文件分解成一帧一帧的画面，按时间顺序平铺开来，得到振子在不同时刻的位置变化图像，实现技术手段与物理实验探究的深度融合。为了帮助学生探究这种运动的规律，渠老师在教学中指导学生使用了多种验证方案，通过技术手段帮助学生逐步揭示运动规律，实现了科学探究过程的可视化，提高了科学探究的深度，渗透了对学生科学思维素养的培育，促进了学生物理观念的建构，提升了物理教学的质量。同时，渠老师在教学中还通过智慧课堂信息化平台关注学生数据，根据反馈的数据及时优化教学设计和实施策略，提升了教学的针对性，落实了以学定教的理念。

（宋勇　正高级教师　蚌埠市教育科学研究所教科研管理科科长）

三、融合虚拟实验的高中化学在线教学案例

（一）案例简介

本案例选自人教版新教材高中化学选择性必修3《有机化学基础》第三章第四节“羧酸 羧酸衍生物”第一课时。[①] 该节课是一节疫情防控期间的“停课不停学”在线教学课程。学生在必修2第七章第三节中已经学习了羧酸的典型代表物——乙酸的物理性质和化学性质，在本章前三节系统学习了醇、醛，为学习羧酸和建立醇、醛、酸、酯的转化关系奠定了一定的知识基础。但学生在设计实验方案、认识有机物的基本思路和方法，以及认识醇、醛、酸、酯转化关系方面还有所欠缺，科学探究能力、建立结构化知识的能力还有待加强。本节课的教学重点是结合乙酸的结构特点、性质，运用类比迁移的方法预测羧酸的性质，理解和运用醇、醛、酸、酯转化关系模型。教学难点是探究和比较羧酸酸性强弱，掌握酯化反应实验及酯化反应中有机化合物的断键规律。

2022年3月，江西省南昌市第一中学余老师使用智慧课堂信息化平台开展在线直播教学。课前，余老师利用智慧课堂信息化平台高效准备了各种类型的教学资源，并选择了一些适切的资源推送给学生；课中，余老师展示了甲酸、乙酸等分子的3D结构模型，促进学生理解羧酸的化学性质，引导学生利用虚拟实验室设计、探究“羧酸的酸性”和“乙酸和乙醇酯化反应”等实验，与学生进行在线交流互动；课后，余老师根据学生课堂检测情况，布置分组作业，推送有针对性的辅导微课。

（二）实施过程

1. 高效获取教学资源，开展精准学情分析

在课前教学准备中，余老师利用智慧课堂信息化平台提供的优质资源进行备课，这些资源包括课件、文本、图片、视频等，涵盖了教学设计、知识

---

① 本案例由江西省南昌市第一中学余佳伟老师提供，收录时进行了适当改编。

讲解、拓展素材等多个方面。

首先，余老师在平台资源中心定位到第三章第四节“羧酸 羧酸衍生物”这一课，检索出 64 种教学资源。同时，平台还智能推荐了相关的精品备课资源包，余老师根据实际教学需要筛选了教学设计方案、课件、微课视频以及拓展资料(图 6-25)。

图 6-25 “羧酸 羧酸衍生物”第一课时备课资源

其次，为了帮助学生做好学习准备和更好地了解学情，余老师布置了课前预习任务，具体包括学习“常见的羧酸”“羧酸的酸性”“羧酸的酯化反应”三个微课和完成三道练习题。学生学习微课后，完成练习题并提交，平台对学生的作答情况进行自动批改与分析，生成作业报告。报告展示了班级学生练习题的成绩分布、正确率、作答详情、薄弱知识点以及根据薄弱知识点自动推荐的备课资源等。

最后，余老师依据学情分析结果进一步细化了教学目标、教学重难点、教学资源、教学活动等，并计划重点关注在预习练习题中存在问题的学生。

2. 呈现羧酸类物质的分子结构模型，引导学生总结羧酸的性质

在课堂教学实施中，为了能够更好地引导学生总结和掌握乙酸、甲酸等羧酸的分子结构和性质，余老师通过 3D 动画立体直观地为学生呈现乙酸、甲酸等物质的分子结构模型。结合分子结构模型，余老师带领学生回顾与讲解乙酸的分子结构特点、结构式、分子式、官能团和化学性质，促进学生形成直观的感受和理解，帮助学生树立构建模型的意识，发展学生“宏观辨识与微观探析”的素养。学生观察甲酸、乙酸、丙酸等几种羧酸的球棍模型，并在余老师的引导下自主总结羧酸代表物的分子结构特点、性质和分类，并填写在学案上。

3. 利用虚拟实验室，指导学生在线开展实验探究活动

根据这节课的教学目标和教学内容，学生需要通过“羧酸的酸性”“乙酸和乙醇酯化反应”这两个实验来认识不同酸的酸性强弱和理解酯化反应原理，体验科学探究的过程。疫情防控期间，学生在家上课并不具备开展化学实验的条件，因此余老师利用虚拟实验室组织开展了实验探究活动，其中“羧酸的酸性”实验由学生自主探究，“乙酸和乙醇酯化反应”实验由余老师演示，主要活动情况如下。

在“羧酸的酸性”实验中，学生在余老师的指导下自主设计实验方案，包括实验试剂、器材、实验步骤等。完成实验方案设计后，学生利用学生终端里的虚拟实验室进行自主实验探究。在这一过程中，余老师和学生在讨论区分享交流实验操作、实验现象及实验过程中遇到的问题。实验完成后，学生在实验单上补充实验现象和结论，并在余老师的带领下一起总结了羧酸的酸性及原因。学生自主开展虚拟实验探究，从“宏观、微观、符号”三重表征的角度理解实验原理，体验了科学探究的一般过程。

在“乙酸和乙醇酯化反应”实验中，余老师通过共享屏幕为学生演示酯化反应实验，在演示的过程中结合知识点讲解，通过一系列启发性问题带领学生逐步理解化学平衡移动的原理，促进学生结合化学原理知识思考提高乙酸乙酯产量的措施。

4. 开展在线互动，通过课堂检测即时反馈学习效果

余老师利用智慧课堂信息化平台开展在线直播教学，实时与学生互动、交流。在讲授“羧酸的分类及典型代表物”时，余老师请学生列举生活中常见的羧酸类物质，学生们在评论区积极回答(图 6-26)。在引导学生自主开展“羧酸的酸性”实验探究时，余老师随机提问一位学生，授权该学生共享屏幕为大家讲解实验原理、实验仪器和实验步骤等，帮助学生明确实验过程。学生在实验过程中可以在讨论区随时提出自己的疑问、困惑，余老师及时进行指导和解答。此外，在整个在线授课过程中，余老师对表现优异的学生点赞表扬，还随机发起线上签到，检查学生是否在屏幕前认真听讲。

完成新课内容学习后，余老师为了检测学生对重难点知识的掌握情况，向学生推送了四道随堂练习题。学生完成作答后，平台对学生提交上来的作

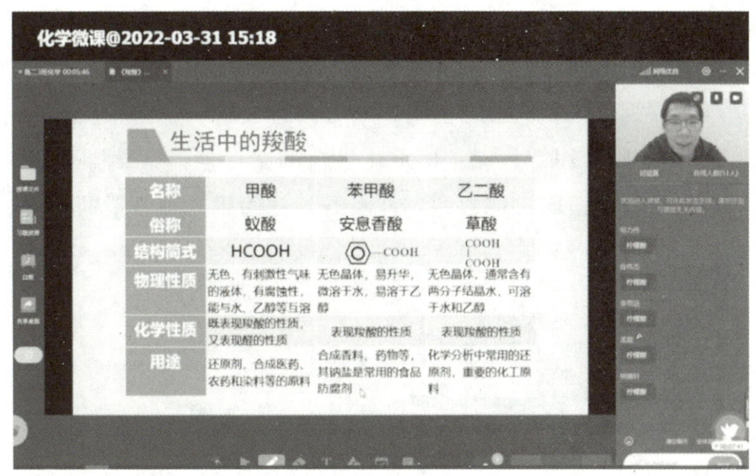

图 6-26　学生在讨论区与余老师线上互动

答结果进行自动批改并生成测评结果分析报告。报告显示：全班 52 位学生，其中有 3 位学生未能及时作答提交，提交率为 94.23%；有 24 位学生 4 道题全对，有 20 位学生做错了 1 道题，5 位学生做错了 2 道题；第 1 题的正确率最高(100%)，第 3 题的正确率最低(65.31%)。余老师查看课堂检测报告，针对其中错误率比较高的题目进行了讲评，并及时给予学生反馈。

5. 依据课堂报告设计分层作业，开展针对性课后辅导

课后，智慧课堂信息化平台自动生成了详细的课堂报告，包括课堂回放、课堂出勤率、完成率、互动次数、学生学习详情、课堂互动详情等。余老师查看课堂报告，根据课堂数据设计和布置分层作业，并进行有针对性的微课辅导。

第一，设计和布置分层作业。余老师依据课堂报告中的课堂练习数据对学生知识掌握情况进行分析，发现班级里一部分学生在课堂检测中的表现情况良好，一部分学生对羧酸的化学性质、酯化反应实验方面掌握得不太好。因此，余老师将学生分为两组，设计了分层作业：针对掌握情况较好的学生(第 1 组)，布置了 5 道相对较复杂的练习题；针对掌握情况较差的学生(第 2 组)，布置了 6 道相对容易的基础练习题。

第二，开展有针对性的微课辅导。学生完成作业后，余老师查看作业报告并通过微课对学生进行作业辅导。作业报告显示，第 1 组学生第 1、第 2、第 3 题的正确率都较高，均在 85%以上，第 4、第 5 题的正确率较低，分别为

66.67%和80.95%。余老师根据这两道题考查的知识点直接在系统微课资源中筛选出相关的微课视频推送给第一组做错的学生(图6-27)。第2组学生第1、第2、第3、第4、第6题的正确率均在85%以上，第5题的正确率较低(58.04%)。余老师使用智慧课堂信息化平台的录课功能，录制了第5题的讲解过程，制作成高频错题讲解微课，并将其发送给第二组答错的学生。

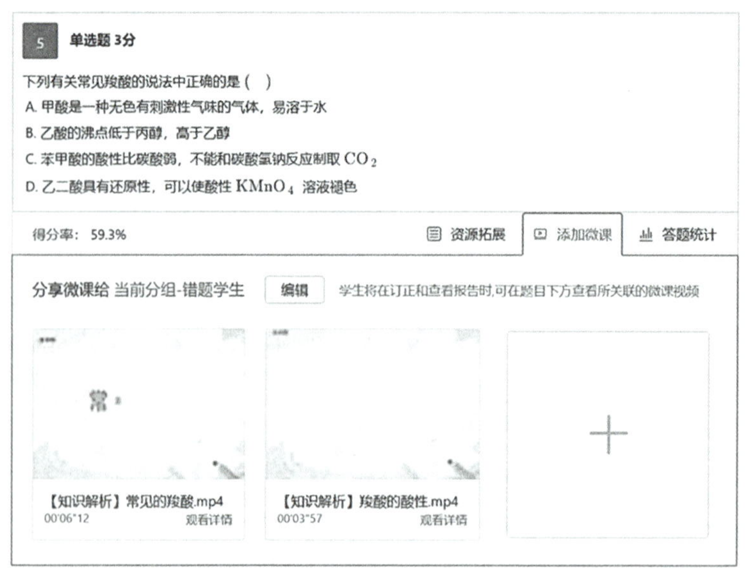

图6-27 学生的共性错题和有针对性的辅导微课

(三)实践效果

为了更好地了解本课教学效果，余老师课后对学生进行了问卷调查，结合调查结果、课堂报告、作业报告等，本节课的实践效果梳理小结如下。

1. 提升了教学的直观性，帮助学生理解抽象知识

有机化合物因其种类繁多、组成复杂、空间结构多变、性质抽象、规律性不强等特点，对一些学生而言有着较重的理解负担。余老师运用3D分子结构模型、虚拟实验等手段，加强了学生对抽象内容的直观理解。课中，余老师让学生利用表格总结典型羧酸代表物的俗称、结构简式、物理性质、化学性质和用途等，从学生拍照上传的完成情况来看，大部分学生都能够很好地填写相应表格。课后，对学生的问卷调查中，84.91%的学生认为3D动画、虚拟实验等有利于更加直观地理解羧酸的结构和性质。在对部分学生的访谈中，多名学生纷纷表示，用3D动画将乙酸的分子结构模型变成立体图形呈现在眼前，理解起来要更容易些。

2. 突破场地和设备的限制，学生的实验能力得到了锻炼

“羧酸 羧酸衍生物”这节课的教学内容包括两个实验，分别是“羧酸的酸性”和“乙酸和乙醇酯化反应”。由于疫情防控期间全校开展线上教学，学生在家中没有实验设备和药剂，不具备做化学实验的条件。在这种情况下，智慧课堂信息化平台的虚拟实验室可以突破这些限制，让学生充分地体验科学探究过程。余老师表示：“学校虽然配备了较为完善和先进的化学实验室，但是由于教学任务重，学习时间紧，在教学过程中大多还是采用播放视频的方式来进行实验教学，疫情防控期间的实验教学更是落不到实处。但是今天这节实验课通过虚拟实验软件组织学生进行实验探究，真正落实了实验教学。”在这节课中，全班学生在余老师的指导下，利用学生终端中的虚拟实验室开展了“羧酸的酸性”实验。根据学生提交的实验现象截图，全班 52 人中有 41 位学生都顺利地在课堂规定时间内完成了实验，促进了学生在分析物质结构、预测物质性质、设计探究方案、开展化学实验等方面的能力发展，培养学生“证据推理与模型认知”和“实验探究与创新意识”的化学学科核心素养。学生问卷调查的结果也显示：71.70%的学生认为通过自主虚拟实验探究，提升了其学习化学的兴趣；75.47%的学生认为通过操作学生平板中的虚拟实验，自己的实验设计和操作能力得到了锻炼。

3. 开展分层作业和定向辅导，减轻了学生的学业负担

余老师课后根据课堂报告设计了分层作业，为基础较好的学生和基础较为薄弱的学生分别布置不同难度的练习题，这些题目比较契合不同层次学生的知识水平，减少基础较好的学生在容易题上花费的时间，也减轻了基础较差的学生的作业压力。学生完成后，余老师还针对不同组学生作业中的高频错题，推送了有针对性的微课视频进行辅导，进一步巩固了学习内容。课后余老师随机询问了两组学生，学生表示分层作业这种形式使做作业、订正作业花费的时间比之前要减少很多，心理压力也没有那么大了。

（四）案例评析

余佳伟老师对这节课的课前、课中、课后的教学进行了精心设计，利用智慧课堂信息化平台中的 AI 直播系统实施教学，结合虚拟实验，取得了良好的教学效果。课前，余老师在平台的资源库中初步筛选出本节课所需的教学资源，同时还给学生推送了微课视频和预习任务，通过学生预习任务完成情况进一步修改教学设计和补充教学资源，做到了“以学定教”。课中，余老师通过3D动画呈现羧酸类物质的分子结构模型来促进学生的直观理解；组织学生开展虚拟实验探究活动，发展了学生的科学探究能力；利用直播系统与学生进行实时交流讨论，营造了良好的课堂氛围。课后，余老师利用课堂报告，设计与布置了分层作业，并通过微课进行精准辅导，减轻了学生的作业负担。

（邓涛　高级教师　南昌市第一中学化学教研组组长）

第六节　体育学科教学案例

一、智能技术助力体育教学概述

体育与健康教育是实现儿童青少年全面发展的重要途径，对于促进学生积极参与体育运动、养成健康生活方式、健全人格品质，提升国民综合素质，推动社会文明进步，建设健康中国和体育强国，实现中华民族伟大复兴具有重要的现实和长远意义。① 2020年10月，中共中央办公厅、国务院办公厅发布《关于全面加强和改进新时代学校体育工作的意见》，要求把学校体育工作摆在更加突出的位置，强调坚持健康第一的教育理念，推动青少年文化学习和体育锻炼协调发展，中小学校要严格落实国家规定的体育与健康课程刚性要求，开齐开足体育与健康课程，强化学校体育教学训练。2021年4月，教育部办公厅印发《关于进一步加强中小学生体质健康管理工作的通知》，进一步要求着力保障学生每天校内、校外各1小时体育活动时间，聚焦“教会、勤练、常赛”，逐步完善“健康知识＋基本运动技能＋专项运动技能”学校体育教学模式，让每位学生掌握1～2项运动技能。体育教学越来越受到重视，但在实践中还存在一些问题影响着教学质量。例如，对于一些运动中的高难度动作，学生往往难以通过传统的示范讲解教学快速掌握和理解；学生的运动过程难以收集、记录、监督，学生在运动中的情况和问题也各不相同，教师难以进行有针对性的评价和指导等。随着数字化进程的加快，人工智能、大数据、数据挖掘、数据分析、虚拟现实等技术在体育产业的方方面面得到应用并取得了丰富的成果，体育教学也迎来了新的发展机遇。

---

① 中华人民共和国教育部：《义务教育体育与健康课程标准（2022年版）》，1页，北京，北京师范大学出版社，2022。

第一，虚拟现实等技术有助于进行全视角运动动作示范，降低学生的理解难度。在体育教学中，往往由教师先进行示范和讲解，再让学生模仿练习。这种教学方式的教学效果依赖于教师的专业水平和课堂示范情况，如果示范不标准、讲解不到位则会非常影响教学效果。借助虚拟现实等技术，运动动作要点能够得以一一清晰呈现，改变了以图片、语言为主要媒介的讲授方式，让学生置身在沉浸式、游戏化的学习状态当中，获得直观、真实的效果。[①] 例如，北京体育大学利用 Kinetic 系统和 3D Studio Max 建模平台建立虚拟仿真教学环境以及运动技术的三维展示模型，使得运动技术展示可以按照教学内容的需要进行实时控制、全视角切换、多角度观察等操作，提高了教学效益。[②]

第二，智能穿戴、AI 运动视觉分析等技术有助于获取和分析学生过程性运动、操作等数据，实现更加高效、精准的教学分析和评价。可穿戴设备、学习终端、摄像头等设备可以收集学生运动过程的数据信息并通过智能技术进行多层分析，从而突破体育教学过程中信息难以记录和分析的问题。教师根据分析结果实施个性化的教学评价和高效的教学反思，并针对学生的不同情况进行差异性指导，更好地挖掘学生潜能。例如，北京大学前沿计算研究中心的人工智能辅助体育教学项目，利用计算机视觉技术中的单视角人体姿态估计算法，通过一段视频即可恢复三维空间中的人体骨架，并结合专业的体育评价指标开发相应的评价算法，对体育训练做出图文评价。[③]

总的来说，智能技术融入体育教学、体育作业、学生体质健康管理全过程，在练习监控、技能考核、数据分析、效果评价、个人成长记录、体质测评、数据分析、个性化锻炼指导等方面都发挥了重要作用。本节以北京市第十八中学为例，介绍学校利用智能技术开展体育教学的过程。

二、智能技术促进体育教学案例

（一）案例简介

北京市第十八中学是一所全日制公立完全中学，是北京市示范性普通高

---

① 张丽春：《虚拟现实技术在高校美术史课程教学中的应用研究》，载《教育理论与实践》，2021(24)。

② 陈志伟、张一民、刘坚等：《基于 Kinect 的体育动作三维模型辅助教学软件的研究》，2015 第十届全国体育科学大会会议论文，杭州，2015。

③ 伍汝杰：《王亦洲课题组：人工智能辅助体育教学（AIPE）》，http://cfcs.pku.edu.cn/news/239814.htm，2022-09-22。

中、丰台区重点中学。① 为了有效提升体育教学质量和推动体育评价改革，针对当前学校体育课程中出现的课堂测试指导效率低、课后自主运动开展难、缺乏有针对性的指导等问题，北京市第十八中学与企业深度合作，依托人工智能技术开展体育教学活动，让智能技术与体育融合，让科技助力“双减”政策落地。

2021年12月，北京市第十八中学建设的智慧操场和智慧体育系统正式投入使用。北京市第十八中学体育教师利用人工智能等技术创新体育课堂教学方式，通过采集和分析学生运动过程数据，客观记录学生日常体育参与情况和体质健康监测结果，给出科学的改进建议，实现对学生体育教学的精准指导和智能测试，深化智慧体育教学改革，促进学生体质健康发展。

（二）实施过程

1. 通过海量资源和多媒体技术，进行直观化教学

北京市第十八中学教师利用智慧体育系统中丰富的体育教学资源，通过教学视频演示，帮助学生更加高效地领会动作要领。学生在进行运动练习时，教师也可以及时回看学生练习视频。当学生出现错误动作时，教师可以立刻使用智能教学终端与学生进行讲解分析，学生能够更直观地明确自身的问题。例如，在立定跳远项目中，整个运动过程时间较短，对学生的动作标准程度、肌肉发力位置准确性等要求较高，很多学生难以把握。通过回看视频和系统自动识别的关键动作瞬间，学生能够快速明确问题，从而掌握该动作技能。

2. 实时监测学生运动和体质数据，开展精准、安全的体育教学

北京市第十八中学教师通过智慧体育系统实时关注学生的运动和体质数据，及时调整教学策略。学生在上课期间佩戴臂带等可穿戴设备，能够实时收集学生的运动和体质数据并将数据进行可视化展示，从而帮助教师根据数据调整上课节奏，帮助学生实时了解自身运动的状态。通过实时数据的共享，教师可以及时指导学生调整运动锻炼内容，学生也可以实时调节自身运动强度，教师开展体育教学更有科学依据。

例如，在2022年3月某班的健美操课程中，学生佩戴可穿戴的运动心率臂带，教师实时掌握每位学生的运动负荷情况，针对不同身体素质的学生进行个性化训练，优化体育教学结构，让每一位学生在可承受强度范围内得到

---

① 本案例由北京市第十八中学朱俊老师提供，收录时进行了适当改编。

最好的锻炼效果，实现精准化体育教学。如图 6-28 所示，该课中，平均心率 129 次/分，平均密度 64%，运动负荷 80%，运动强度 63%，大部分时间心率都在有效运动(120 ～ 183 次/分)区间内，具有较好的锻炼效果。

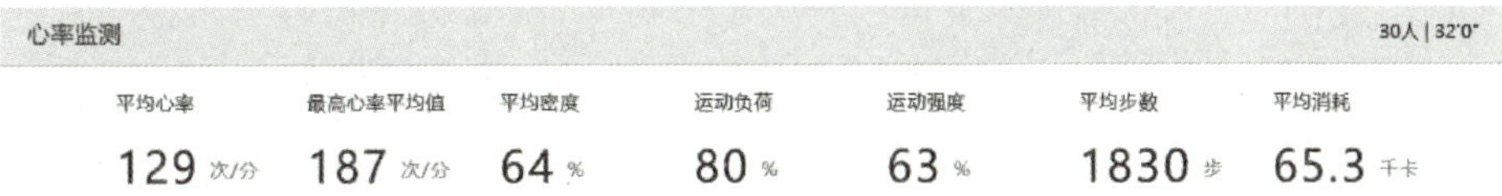

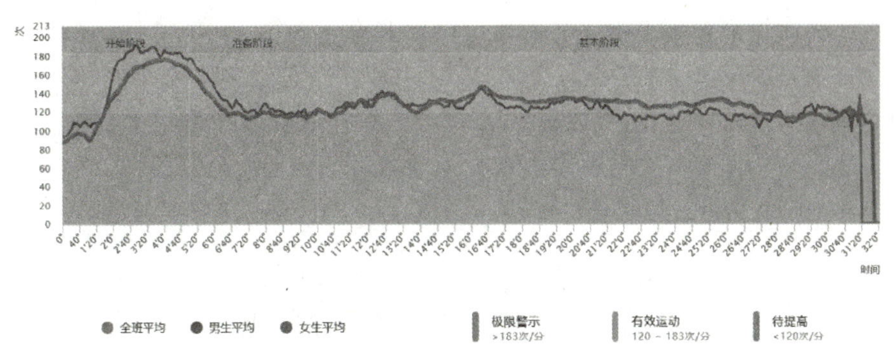

图 6-28　某班健美操课程心率检测总体情况

同时，如图 6-29 所示，这节课在准备阶段的热身活动中，多位学生出现了心率过高的情况，于是教师及时进行干预并调整运动强度和运动负荷，避免了运动损伤，保护了学生的运动安全。

平均心率曲线

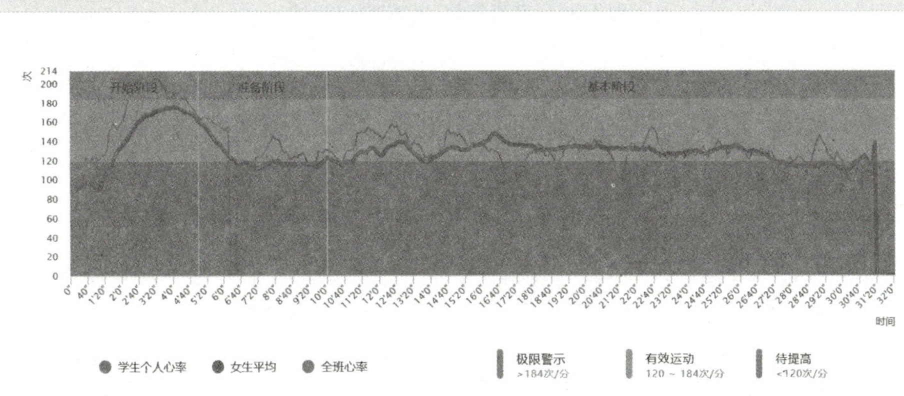

图 6-29　某学生健美操课程心率曲线

3. 高效开展体质健康测试，即时进行成绩统计分析

国家学生体质健康测试是为了综合评定学生体能状况，测试结果不仅关乎体育考试成绩，而且可以反映健康方面的问题。因此，在测试中采用准确、快速、高效的方式收集学生真实的体质数据非常必要。

北京市第十八中学利用智能体育测评设备，如运动摄像头、无线传感器等开展高效测评。例如，测试 50 米、100 米等跑步项目时，可以同时进行多位学生测试(图 6-30)，运动摄像头会自动采集和上传学生跑步的数据并生成成绩，既能提高测试效率，又能保证结果准确。又如，在测试仰卧起坐时，教师只需讲解动作要领，便可组织开展自主测试，智慧体育系统可以通过红外传感等实现自动计数。学生完成测试动作后，测试数据会立刻反馈在智能终端中，当有成绩不及格或者出现异常情况时，数据会显示红色以作提醒，方便及时补测以确保成绩的准确性。

图 6-30　某班开展 50 米跑步测试

测试完成后，教师通过智慧体育系统即时查看测试结果，全面了解班级整体和学生个人的各项体质情况和运动情况。智慧体育系统根据《国家学生体质健康标准》建立数据模型，自动计算体测分数和等级，从班级、年级、校区、性别等多个角度分析，并可视化呈现学生每项体测项目的优秀率、良好率、及格率、不及格率等，为教师后续调整教学目标和策略等提供科学依据。

4. 基于数据报告，为学生提供个性化的体育锻炼指导

教师组织学生完成体质健康测试和录入成绩后，智慧体育系统根据学生体质健康测试数据自动生成学生体质健康报告。报告呈现了每位学生的个性化体质健康视图和多维度体质健康评价结果，辅助教师全面了解学生体质健康情况。根据学生体质健康报告，智慧体育系统评定学生五大身体素质水平，并生成个性化运动报告。报告包含了学生的各项运动成绩、专业运动建议和相应视频教学资源，具体又分为提高力量素质运动处方、提高柔韧素质运动处方、减脂处方等八项内容，辅助体育教师给学生提供个性化的锻炼指导，提升学生体质健康水平。教师还可将报告推送给家长，让家长更加了解学生的体育成绩，也能按照报告里的运动建议和视频教学资源指导学生进行体育锻炼，实现有效的家校共育。

（三）实践效果

北京市第十八中学建设智慧操场和智慧体育系统后，教师和学生积极应用和参与，主要实践效果有以下几个方面。

1. 加强了运动教学的直观性，促进学生掌握运动技能

北京市第十八中学教师利用智慧体育系统的多媒体教学资源和视频回看功能，加强了运动演示和讲解的直观性。学生通过观看体育教学视频及同伴和自身的运动视频，能直观了解标准动作和自身练习存在问题，结合教师的指导，利于形成正确的动作概念，帮助学生理解动作要领、掌握运动技能。

2. 实时收集学生的运动数据，开展更加安全和具有针对性的体育教学

北京市第十八中学教师利用智慧体育系统的数据采集与监测功能，实时掌握学生每项体育动作的运动过程数据，并结合系统自动生成的数据分析结果和改进建议，为学生提供基于数据的个性化指导。同时，教师在授课过程中通过关注学生运动和身体情况的相关实时数据，及时发现运动超负荷现象，并给予调整，有效避免了教学安全问题。

3. 突破了传统体育测评方式的局限，测评更加精准和高效

北京市第十八中学利用智慧体育设备和系统有效减轻了教师的测评负担，让测评过程更加高效，测评结果更加精准。学校体育教研组组长朱俊老师在接受北京电视台和中国教育电视台的采访中谈到，以往在立定跳远、实心球等项目犯规、落地测量成绩等问题上，只能依靠教师的肉眼来看，有些轻微的犯规可能会存在没有看出的情况，成绩测量也可能会有一定的误差。现在通过 AI 运动视觉分析等技术，任何细小的犯规都会被智能设备“看到”并立刻报告给教师，有效提升了测评的精准性。同时，在 50 米、100 米等测试项目中，多位学生可以同时进行测试，在保证结果准确的同时提高测试效率。

（四）案例评析

在“双减”政策和体育考试改革不断深入的背景下，北京市第十八中学利

用智能技术建设了智慧操场，开展智慧体育课堂，将智能技术应用到了体育课堂教学、课间锻炼、体质监测等各个场景中。体育教师在“智慧操场”这个助手的帮助下能轻松完成体育教学的“勤练、常测”，帮助教师实时掌握学生情况，从而做到及时发现问题、及时反馈问题、及时指导学生，帮助学生充分了解自己的运动情况，有方向、有指导地进行训练，运动锻炼更加科学、高效。北京市第十八中学通过开展智慧体育，提高了教师教学和学生学习、锻炼的效率，有效提升了学生对体育运动的兴趣，很好地落实了体育精神、运动实践、健康促进等核心素养的培养，实现体育学科教学的减负增效。

用科技为体育赋能，用科技助力体育教学，是学校体育教学改革走出的重要一步和勇敢尝试。智慧体育的引入相信会让学子、家长、教师乐在其中，这也是北京市第十八中学的体育教学工作的又一次重要飞跃。

（程福春　高级教师　北京教育学院丰台分院体育教研员）

第七节　其他学科及跨学科教学案例

一、智能技术助力其他学科及跨学科教学概述

除了语文学科、数学学科、英语学科、科学类学科和体育学科，道德与法治、历史、音乐、美术、信息科技等其他学科也是中小学课程的重要组成部分，是学校落实“五育并举”的重要途径之一，对于促进学生身心全面发展具有重要意义。同时，核心素养对学生的要求是全面的、综合的，学生在学科课程中习得的学科能力，不应该只在这门课程中才有运用价值，不应该只在考试中才有价值，而应该成为自己在未来解决更复杂的跨学科的真实问题的基础。① 在2022年修订的义务教育课程标准中，各学科类课程都专门设置了跨学科主题学习。开展跨学科学习，将实际问题与多个学科内容有机结合，有助于学生打破学科之间的壁垒，丰富思考问题的路径，提升解决实际问题的能力。一定意义上，跨学科主题学习是对分科课程的解弊与补充。② 人工智能、大数据、物联网、云计算等技术的飞速发展和在教育教学中的应用，有

① 夏雪梅：《学科项目化学习设计：融通学科素养和跨学科素养》，载《人民教育》，2018(1)。

② 郭华：《落实学生发展核心素养突显学生主体地位——2022年版义务教育课程标准解读》，载《四川师范大学学报(社会科学版)》，2022(4)。

效赋能相关学科教学和跨学科教学的开展。

首先，智能技术与各个学科教学的深度融合，可以不同程度地突破教学中的难题，促进新型智能化课堂教学模式的创建。第一，在地理、历史教学中，基于大数据、遥感等技术的地理信息系统(Geographic Information System，GIS)有助于直观展示地理信息，可对地球表面实体的图形与属性数据进行采集、编辑、储存和管理，促进学生从中观察、描述与分析地理事物及现象。① 同时，地理信息系统还可以辅助历史学科教学，运用GIS绘制出形式多样、时空分明的历史地图，从时空角度分析、理解历史事件的发生，涵养学生的时空观念素养。② 第二，在音乐教学中，基于人工智能技术的电子乐器、音乐教室等与音乐教学深度融合，可以突破课堂的局限性，方便学生在课堂上把不同乐器的音色编排到一起进行创作，为学生创新、创造提供支持。第三，在美术教学中，将人工智能中的智能风格迁移算法、智能笔画生成算法、智能艺术阴影算法融入美术课堂教学，可以促进学生的图像识读能力、美术表现能力和审美素养的发展，激发学生的创作思维。③ 第四，在人工智能教育教学中，智能机器人作为人工智能教育课程的教学载体，充分涵盖了感测技术、控制技术、智能技术、通信技术等，让中小学人工智能教育课程更加适应时代的需要，学生亲身接触和体验现代高新技术，在学习活动中通过尝试用不同的方法解决问题，提升设计能力、动手能力、分析能力、创新能力和综合应用能力。④

其次，智能技术可以从多个方面为跨学科学习的开展提供支持，能够深度融合跨学科知识，促进学生学会解决实际问题，实现知识与技能的迁移。第一，在学科渗透、融合方面，人们正探索利用知识图谱技术在各学科知识体系的基础上整合多学科知识，深度、直观地揭示跨学科知识的关联性，并为同一个问题提供多方面的学习内容选择，方便师生开展跨学科教与学活动。⑤ 同时，智能技术通过对学生的数据分析与挖掘，能够基于兴趣和能力为

---

① 陈实：《新编计算机辅助地理教学》，148页，武汉，华中师范大学出版社，2012。

② 许月玲：《指向时空观念素养的GIS技术在高中历史教学中的实践——以〈中外历史纲要〉为例》，载《中学历史教学》，2022(1)。

③ 刘斐斐、徐燕：《人工智能技术在美术教学中的应用探究》，载《美术教育研究》，2021(16)。

④ 高银龙：《谈信息技术与智能机器人教学整合的尝试》，载《科技资讯》，2007(4)。

⑤ 曹树金，曹茹烨：《基于知识图谱支持科研创新的跨学科知识发现研究》，载《情报理论与实践》，2022(11)。

学生规划学习路径，能够推荐合适的、关联度高的学习资源来满足学生的学习需求。第二，在跨学科学习交流方面，学生在其中的交互是多元化的，既包括学生与学生之间的交互，也包括学生与教师之间、学生与资源之间、学生与环境之间的交互，通过多元交互融合的方式，促进学生在学习过程中进行知识共享。[①] 第三，在教学评价方面，跨学科学习评价应贯穿整个学习过程，数据采集、分析等技术可以实时、动态地反映学生学习成果，实现以过程性评价为主、总结性评价为辅的多元评价方式。

本节以浙江省温岭市第三中学东部校区七年级历史"三国鼎立"、深圳市福田外国语高级中学高一年级美术"海报设计"、武汉经济技术开发区实验小学四年级信息科技"校园 AI'解说员'"课程为例，介绍学校利用智能技术赋能相关学科教学和跨学科教学的过程。

二、整合资源的初中历史教学案例

（一）案例简介

"三国鼎立"是统编版中国历史七年级上册第四单元的第一课。[②] 本课由引言、官渡之战、赤壁之战和三国鼎立等部分内容组成，既是本单元的起点和开端，又是第三单元的延续，起着承上启下的作用。学生在学习本课之前大都已经看过《三国演义》相关读物，对三国时期的人物及主要故事情节较为熟悉，但他们的抽象思维能力欠缺，对历史事件之间因果联系的分析能力较弱，同时逻辑思维能力仍在发展中，对历史人物或历史事件的认识容易出现单一和绝对的偏向。学生通过本课学习，可以了解古代历史中的官渡之战、赤壁之战等著名战役，以及三国鼎立时期各国的治国方略及取得的成就，并联系其他学科知识，学会辩证地看待历史人物和历史事件，体会战争给人民带来的灾祸，懂得国泰民安的来之不易，从而更加热爱伟大的祖国。

2021 年 11 月，余老师在浙江省温岭市第三中学东部校区开展了本课教学。在本课教学中，余老师利用智慧课堂整合语文、地理等多学科资源，通过文字、图片、视频、历史地图等多种方式呈现历史资料，开展竞猜、小组讨论、自主研究等丰富多样的课堂活动，布置多层次作业，开展多元评价。

---

① 唐烨伟、郭丽婷、解月光等：《基于教育人工智能支持下的 STEM 跨学科融合模式研究》，载《中国电化教育》，2017(8)。

② 本案例由温岭市第三中学东部校区余嘉嘉老师提供，收录时进行了适当改编。

（二）实施过程

1. 组织成语、歇后语趣味竞猜活动，导入新课学习

为了激起学生的学习兴趣，余老师在课堂教学中首先组织学生进行“趣味竞猜——歇后语我来接，历史人物我来猜”活动。如图 6-31 所示，余老师利用智慧课堂信息化平台，展示了一些有关三国的歇后语和成语。学生利用平台抢答功能积极抢答，激发其对三国时期历史事件和人物的兴趣，并通过活动初步了解了相关历史事件和人物。

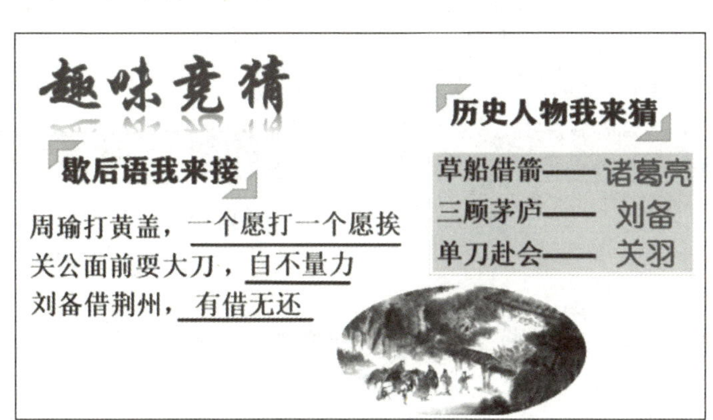

图 6-31　成语、歇后语“趣味竞猜”活动

2. 结合地图和视频资源，了解历史事件和人物

为了促进学生了解历史事件的背景和过程，掌握官渡之战和赤壁之战等史实，余老师设置了“汉室衰微乱世起”和“官赤逐鹿英雄出”等教学内容。

在“汉室衰微乱世起”教学过程中，余老师先播放介绍东汉末年局势的视频，然后结合东汉末年北方局势图，展示东汉末年军阀割据混战的局面，以及战争给人民带来的深重灾难。学生通过视频和历史地图了解了三国鼎立的时代背景，为官渡之战、赤壁之战和三国鼎立等学习内容做好了铺垫。

在“官赤逐鹿英雄出”教学过程中，余老师重点围绕官渡之战和赤壁之战两场著名战役展开教学。围绕官渡之战，余老师运用历史动态地图展示战争过程（图 6-32），综合交战双方战争物资及兵力等元素图，组织学生进行角色扮演，通过排兵布阵，模拟官渡之战的交战过程。围绕赤壁之战，余老师采用视频速记的方式，通过智慧课堂信息化平台发布任务，指导学生从时间、地点、作战双方、特点、结果、影响等方面了解一场战争。学生带着问题观看视频，在学案上记录自己在视频中获得的信息，并使用学生终端拍照提交，

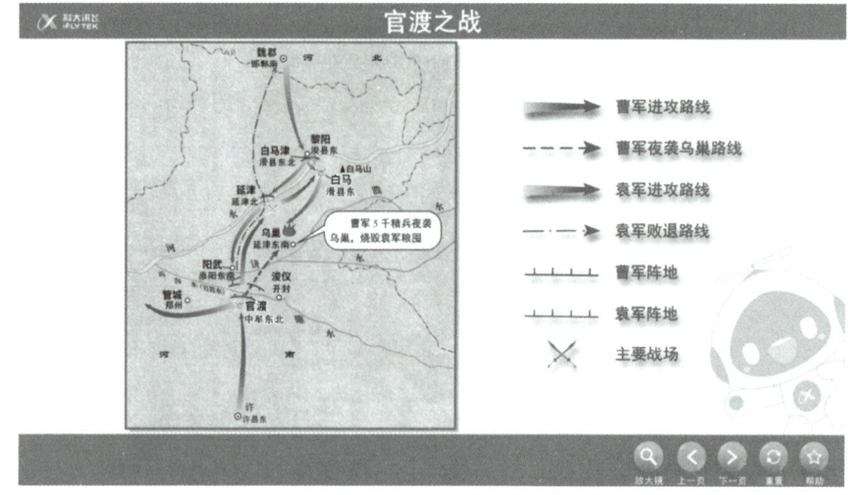

图 6-32　官渡之战历史地图

训练获取历史信息的能力。

3. 开展小组讨论，分析曹操在两次战役中的胜败原因

为攻克本课重难点，掌握与本课相关史料的因果关系，余老师组织学生分小组讨论曹操在两次战役中的胜败原因。小组成员按照余老师的要求，首先通过教材、课外书、网络等途径搜集相关的图片，并将相关图片上传到平台，讨论图片中的事件对战役结果的影响，然后共同归纳出战争胜败的原因，小组成员利用智慧课堂信息化平台的思维导图等工具进行整理和记录，使用学生终端拍照上传，并由小组代表上台展示和讲解。

完成小组讨论和汇报后，余老师出示戏剧舞台上的白脸曹操形象和史书上的曹操图片，引导学生思考为什么人们对同一个历史人物的看法有着如此大的差异，并让学生谈谈自己心目中的曹操是什么样的人。学生结合小组讨论的结果，纷纷说出曹操的才略和一些缺点，全方位、立体地感受到“英雄”的多面性。余老师及时指导学生将人物放在特定的历史环境中，一分为二、功过分明地评价历史人物。

4. 组织学生自主收集和梳理资料，进行历史事件辩论

对于三国鼎立的相关内容，余老师组织学生自主进行梳理和归纳。学生结合教材内容、三国鼎立形势历史地图和学生终端中的网络学习资源等进行梳理，填写导学案的表格，并通过学生终端拍照提交(图 6-33)。余老师通过平台查看学生完成情况并有针对性地讲解指导。

然后，余老师通过智慧课堂信息化平台组织学生进行“鼎立进退之辩”，再次运用辩证的思维评价历史事件，讨论三国鼎立是历史的进步还是历史的退步。学生积极查找资料，在智慧课堂信息化平台的讨论区发表观点。余老师对学生的不同思考视角表示肯定，引导学生感受三国的治理开发与东汉末年的割据混战之间的鲜明对比，使学生认识到三国鼎立在一定程度上是历史的进步，促进了局部的统一；同时，英雄人物在历史中起到了一定的作用，但人民群众才是历史的推动者。

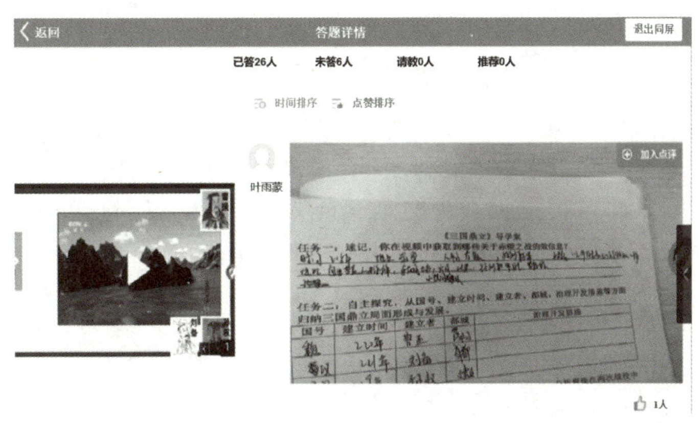

图 6-33　学生自主梳理三国鼎立相关内容

5. 布置分层作业，开展多元评价

课后，余老师通过智慧课堂信息化平台发布本课的分层作业，学生根据自己的情况选择性作答。作业包括三个层次：基础巩固类作业要求学生结合历史地图，绘制三国鼎立简图；拓展类作业要求学生绘制本课的知识思维导图，并对其进行解说；延伸类作业让学生根据史论结合、一分为二的原则，选择一位三国时期的人物进行评述。学生提交作业后，余老师通过平台及时查看学生完成情况，并结合平台的课堂报告，通过学生自评、教师导评、生生互评三种方式，从资料收集、分析阐述、作业成果三个方面，对本课学生学习情况进行评价和反馈。

(三)实践效果

本节课中，余老师利用平台丰富的学习资源组织学生开展了文史结合的学习，不仅向学生呈现了成语、戏剧、地理等多方面的资源，还引导学生自主查找收集资料，并分析资料与历史事件的关联，通过分析曹操胜败原因、评价曹操、评价三国鼎立等话题，引发认知矛盾，促进学生梳理历史关联，有效提高了学生的思维高度以及历史材料的解读能力。学生在学习活动中，结合各种史料，从多个角度呈现史实，强调史料实证，培养学生的历史意识，也促进学生学会用辩证的眼光去看待历史人物，认识到史料是通向历史认识的桥梁，认识到英雄与时势的互相造就与成全，从而形成正确的历史观。同时，教学过程中，余老师利用智慧课堂信息化平台拉近了课本与生活的距离，运用平台的抢答、奖励、讨论等互动功能，开展了丰富多样的课堂活动，整体加深了学生对历史的理解和感受。学生积极参与其中，聚焦历史话题发表观点，激发了学习兴趣和参与热情。

（四）案例评析

本课围绕“英雄”这一主题展开学习活动，“明史实、析关联、话英雄”。余老师运用智慧课堂信息化平台的多学科学习资源，以图片、文学作品、视频、历史地图等多种方式呈现史实，帮助学生在活动中构建系统、综合的知识体系，促进各学科知识的迁移和贯通。同时，在平台的支持下，余老师组织学生开展丰富多样的学习活动，充分利用学生已有的知识储备调动学生的学习积极性，发挥学生的主体作用。

在历史学习中，理解历史事件之间的关联性是重要一环。学生要准确把握基本史实，学会分析历史事件之间的因果关系，学会横向比较与纵向分析，这对学生的逻辑思维能力要求较高。余老师通过史料分析、评价历史人物和历史事件等层次递进的教学活动，结合课后多层次作业，循序渐进地培养了学生的逻辑思维、辩证思维，培养了学生的史料实证、历史解释等核心素养，强化了学生的家国情怀、国家认同，真正促进历史教学“点—线—面”的教学目标达成。

（叶灵通　高级教师　温岭市教育科学研究室教研员）

三、智慧课堂支持的高中美术协作式学习案例

（一）案例简介

“海报设计”是人民美术出版社高中美术选择性必修 4 教材中，第二单元第三课“宣传与推广的利器｜招贴设计”的部分内容，结合教学实际和校本特

色进行二次开发的一节课。① 授课对象为学校高一年级“数字艺术”课程的选课走班学生。由于该班学生已经学习了半个学期左右的数字手绘课程，在本课学习前，学生已经能灵活使用数字手绘软件，但缺乏设计技巧，没有系统的海报设计思路。本课对于学生理解数字海报在生活中的运用、意义和作用，以及如何分析和理解数字海报的构成元素和表现手法具有重要价值。本节课以学生小组合作的形式开展，主要教学内容包括两个方面：一是了解海报设计的特点、构成要素以及作用，欣赏、理解海报设计的创意，培育学生审美判断、文化理解等核心素养；二是结合本节课所学知识，梳理海报设计的方法与步骤，利用数字绘图软件制作数字海报，培养学生创意实践、美术表现等核心素养。

2022 年 5 月，黄老师在广东省深圳市福田外国语高级中学开展了本课教学。教学过程中，黄老师组织学生进行协作式学习。学生在智慧课堂信息化平台的支持下开展小组合作和互动交流，并利用数字绘图软件进行海报设计。

（二）实施过程

1. 开展小组讨论互动，明确海报设计要素

为了更加高效地开展协作式学习，课前黄老师在智慧课堂信息化平台的支持下，按照组内异质、组间同质的原则，对学生进行了科学分组。

在课堂教学实施中，为了引导学生明确海报设计要素，黄老师首先通过智慧课堂信息化平台向学生推送多种主题和风格的数字海报作品，并通过两个小任务引导学生交流和思考。两个小任务分别为：任务一，小组内互相分享和讲解自己最喜欢的一张海报，并说明原因；任务二，思考一幅完整、优秀的海报应该具有什么样的要素，并提交相关关键词。学生欣赏数字海报作品，在小组内互相交流分享，通过学生终端提交海报设计要素的关键词，多位学生对海报设计要素提出了“创新、创意、主题鲜明、引人深思、引起共鸣、画面丰富”等观点。黄老师通过智慧课堂信息化平台展示学生观点，使用聚焦、画笔等白板工具圈选、标注关键点，并采用同屏功能方便学生观看和理解。黄老师在学生观点的基础上进行补充，与学生共同归纳、提炼出优秀海报的核心设计要素，即“标志、背景图像、图形、标题宣传口号、主题创新图形或插图、详细内容说明文案”等。黄老师引导学生进一步总结上述要素，归纳为“图”和“文”两大要素，并分别解释“图”和“文”在海报设计中的重要作用。

① 本案例由深圳市福田外国语高级中学黄志炫老师提供，收录时进行了适当改编。

2. 开展小组探究，梳理数字海报的设计制作步骤

黄老师播放课前录制的绘制数字海报过程的微课视频，组织学生小组讨论数字海报的设计制作步骤。学生分小组展开讨论与分析，并利用智慧课堂信息化平台的流程图梳理数字海报设计制作步骤。完成讨论和梳理后，小组代表在班级中展示小组梳理的流程图，并进行讲解。结合各小组的讨论结果，师生再次总结，明确数字海报的设计制作步骤如下：第一步，立意构思；第二步，截取局部，手绘草图；第三步，提炼概括，深化绘制；第四步，调整完稿。

3. 利用数字绘图软件，小组协作开展海报设计创作实践

在学生创作实践之前，黄老师提出将“疫情防控期间印象最深刻的事情”作为本节课海报设计的主题。随后，黄老师组织学生通过小组协作共同完成数字抗疫海报设计。黄老师针对小组分工提出参考建议，包括创意构思、手绘草图、造型细化、图层上色、创意文本等。学生以小组为单位进行“头脑风暴”，讨论具体分工，共同明确各组海报设计的创意构思，制订设计方案，然后使用数字绘图软件进行数字海报背景设计(图 6-34)。

图 6-34　学生利用数字绘图软件制作海报背景

数字绘图软件中的图层功能和丰富的素材为学生设计海报提供了便捷支撑。学生在海报设计的过程中可以着重关注海报的形式设计，将搜集到的电子图片素材添加到画布上，随意地进行复制、平移、变形，再利用图层功能对任意一个素材单独进行重构，省去了直接绘制的过程，节约了课堂时间。以第一小组为例，如图 6-35 所示，该组计划制作一张由众多医护人员排列组合构成的海报，于是小组成员先在网络上找到一张医护人员的简笔漫画形象图，添加到了电子画布上，再进行多次复制、变形，形成了一张近大远小、人物形象各异的医护队伍海报图，然后利用绘图软件的各种笔刷工具、绘图工具对各个医护形象进行造型细化，形成海报的初稿。随后，小组继续设计文字内容和形式，精修海报细节，形成终稿。

图 6-35　第一小组学生进行数字海报设计

学生完成数字海报设计后，以小组为单位上传作品至智慧课堂平台，标注小组成员、分工情况、作品构思说明等。课后，黄老师利用智慧课堂平台，开展作品线上展示活动，并设置投票与评价栏目，学生积极参与对其他小组作品的投票与评价。

(三)实践效果

在智慧课堂信息化平台的支持下，本课以协作式学习的方式有序开展。黄老师组织学生以小组为单位，开展了丰富的教学活动和作品展示活动，丰富了课堂互动形式和作品呈现形式，促进学生积极协作。此外，通过课前录制微课、课后展示作品等方式，延伸了课堂教学的时间与空间，提升了师生的参与深度，促进了学生的个性化学习与表达。同时，现代数字技术的融入给美术课堂带来了更好的视觉体验和新鲜感，使传统的数字艺术课堂更加新颖和富有吸引力，激发了学生的创新思维。本节课中，黄老师利用数字绘图软件开展海报设计实践教学，方便了学生绘图设计的各个环节，在拓宽了设计思路的同时，节省了学生的制图时间，有利于发挥学生的创意。

后续，基于本节课的师生作品，班级联合学校德育处、团委等部门，组织策划线上抗疫文化宣传活动。如图 6-36 所示，学生将已完成的数字海报作品进行整理，打印制作为真正的海报，张贴在学校的各个角落。同时，学生将数字海报的绘制过程导出，制成海报视频。黄老师也利用绘图软件、视

与爱同行

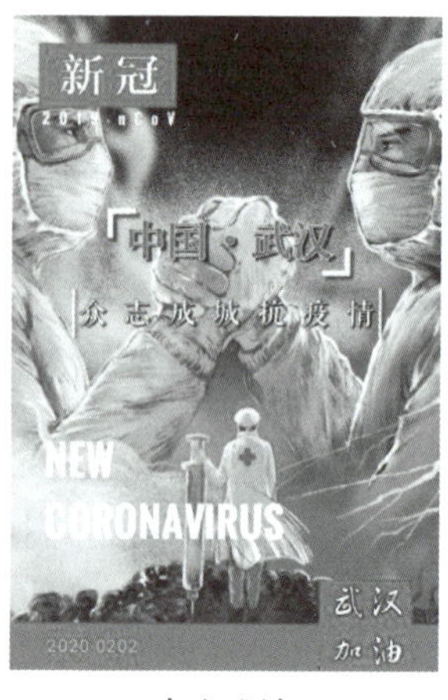

众志成城

必胜

图 6-36　师生作品

频剪辑软件等新媒体工具进行作品的二次加工与深化，进一步进行宣传与展示。本节课后续校园活动的组织与策划，延伸了教学内容，促进了学生作品的分享，让学生更加有学习成就感，也让学生进一步感受疫情之下市民、医护人员、志愿者等众志成城、一心抗疫的精神，培养学生热爱家国、勇于奉献的情怀。

（四）案例评析

新时代的美术课堂，教师不仅要关注学生对美术技法的掌握、运用等“术”的传授，更重要的是要关注对学生“创意实践”核心素养的培育。本节课中，黄老师利用智慧课堂信息化平台，组织学生小组协作，对海报设计相关知识进行头脑风暴和讨论梳理，各小组进行初步构思，由小组成员通过数字绘图软件“流水线”合作完成同一幅海报设计。黄老师在教学中采用技术手段，为学生提供了更为广阔的设计思路。在这样的课堂上，学生可以更专注于“设计”，而不需要被“技法”牵绊。

本节课以传统海报设计教学观念为主体，结合现代信息技术，实现对教学理念、内容以及手段等方面的创新。黄老师利用智慧课堂信息化平台打造了一个局域共享的美育课堂。学生不仅在小组内讨论和协作，还利用平台实

现作品的即时分享。黄老师也在课堂上利用平台随时同屏自己或任何一位学生的作品，并利用数字绘图软件进行作品讲解与修改调整，打通了师生之间的空间物理隔阂，实现了互通有无。同时，黄老师在本节课中利用数字绘图软件进行海报设计，与传统纸本绘画相比，软件上的各类绘图工具和图层功能极大地方便了学生绘图设计的各个环节，在拓宽了设计思路的同时，节省了学生的制图时间，让师生充分关注教学重点，课堂取得了良好成效。

（黄宏武　高级教师　深圳市教育科学研究院美术教研员）

四、基于项目式学习的跨学科教学案例

（一）案例简介

本案例选自武汉经济技术开发区实验小学人工智能校本课程小学版上册“校园智能讲解员”一章的“校园 AI‘解说员’”一节。① 2017 年，国务院出台了《新一代人工智能发展规划》，要求实施全民智能教育项目，在中小学阶段设置人工智能相关课程，逐步推广编程教育。本案例将人工智能知识、scratch 图形化编程知识与相关学科内容等相结合，将学生根据个人特长进行分组，围绕主题开展项目式学习。本项目实施之前，学生经过一学年 scratch 图形化编程的学习，掌握了一定的编程知识，如循环、控制、条件等，并在图案绘制、立体造型设计、写作简单的说明文等方面也有较为充分的经验，为本项目学习奠定了一定的基础。同时，四年级的学生勤于思考，善于想象，乐于表达，好于动手，能与同伴开展协作学习。本项目从学生真实校园生活场景出发，在明确项目任务后，学生经历入项设计、项目开展、项目评价等过程，通过小组合作完成“校园 AI‘解说员’”的设计和制作。基于以上分析，结合 STEAM＋领域相关学科内容和要求，刘老师制定了本项目的目标，如表 6-1 所示。

表 6-1　“校园 AI‘解说员’”项目目标

S	基于人工智能机器人“小飞”学习编程知识。通过编程模拟现实生活场景，创造性地解决问题，感受智能技术的魅力，提高信息素养和面对未来的能力。
T	在小组合作中，学生根据特长进行项目任务的分配，体验制作 AI 机器人的手段、方法和过程，感受合作的重要性，激发学生的责任感。

① 本案例由武汉经济技术开发区实验小学刘佳佳老师提供，收录时进行了适当改编。

续表

E	从真实的校园生活情境问题出发，形成从日常的学习生活中发现问题的意识，能够思考解决方案的可行性并进行优化，培养解决实际问题的能力。
A	设计 AI 机器人的外形，在造型、颜色上融合班级、学校文化特色，使机器人具有文化、艺术的美感。
M	能使用图表、文字、数据等方式记录、整理、分析整个设计的过程和结果，知道记录的重要性。灵活运用数学知识，辅助、研判研究过程。
+	撰写解说词，提升说明文写作能力。通过在情境中的真实运用，体验写作的实用性、趣味性。

2021 年 4 月至 5 月，刘佳佳老师在湖北省武汉经济技术开发区实验小学开展了本项目教学。在教学过程中，刘老师利用智慧课堂信息化平台推送学习资源，引导学生开展自主学习；实时收集学情数据，掌握学生学习情况；利用平台的互动、评价等功能组织学生高效地互动交流，增加学生的课堂参与度等。同时，智能机器人“小飞”作为教具，为学生进行“校园 AI‘解说员’”产品设计、图形化编程、产品展示等提供了支持。

（二）实施过程

1. 感知生活智能性，明确项目主题

第一课时，刘老师在课堂教学中通过智慧课堂信息化平台播放了多个视频，包括“智能景区讲解员”“智能送餐机器人”等，展示了 AI 技术在生活中的广泛应用，引导学生感知人工智能技术可以用来解决生活中的实际问题。接着，刘老师通过播放“我是校园讲解员”的视频再现了学校解说员的真实工作场景，并提出思考问题——如何利用智能机器代替人的工作，从而引出此次项目任务：设计和制作“校园 AI‘解说员’”机器人。

接下来，刘老师介绍任务要求，组织学生 5～6 人为一组，并模拟公司部门明确小组分工：1～2 名产品经理，负责设计产品功能和制作产品使用说明书；1～2 名程序设计员，负责进行图形化编程，实现 AI“解说员”的功能；1 名宣传员，负责设计和装扮 AI“解说员”的外形；1 名监督员，负责记录和监督本组的活动情况。学生根据刘老师提供的产品设计支架，利用智慧课堂信息化平台的思维导图工具，围绕机器人名称、造型、功能、使用说明书的呈现形式、作品宣传展示方式等方面展开讨论，形成初步设计方案，并梳理出需要学习的知识和准备的材料，通过学生终端提交给刘老师。

2. 线上线下相结合，学习人工智能等知识

第二课时，刘老师课前基于上节课各组对 AI“解说员”的初步设计，将各组需要学习的知识进行汇总、分析，发现各组设计的机器人都需要开口说话，即需要用到“语音合成”这一技术。因此，刘老师将“语音合成”的概念、原理、图形化编程方法作为本课时线下课堂学习的重点。同时，对于各组需要用到的其他知识点，刘老师在平台选取相应的微课，组织学生进行线上自学。学生利用学生终端进行自主学习，为项目开展奠定知识基础，并将学习所思发布在智慧课堂信息化平台的讨论区。

在课堂教学实施中，为了帮助学生理解“语音合成”的概念和原理，刘老师首先将人说话和机器“说话”类比，引导学生初步感知“语音合成”的概念。接着，刘老师播放课前邀请专业人士录制的微课。学生观看微课，了解机器“语音合成”的工作原理，并在平台讨论区交流自己的理解。最后，刘老师利用智慧课堂信息化平台的图形化编程功能和“小飞”机器人，演示如何利用图形化编程进行“语音合成”。学生通过学习、交流、实践操作，掌握“语音合成”的图形化编程方法。

3. 小组合作，完成 AI“解说员”作品

第三课时，学生以小组为单位，按照分工合作完成项目作品。以第三组为例，该组设计的是图书馆 AI“解说员”，产品经理对产品前期的设计方案进行细化完善，并制作产品使用说明书；程序设计员针对 AI“解说员”的行走路线、图书馆解说等进行图形化编程和测试，实现产品的功能(图 6-37)；宣传员利用彩纸、画笔、橡皮泥等各种素材来装扮 AI“解说员”的外形(图 6-38)；监督员利用智慧课堂信息化平台的拍照上传等功能记录项目开展过程，并做好

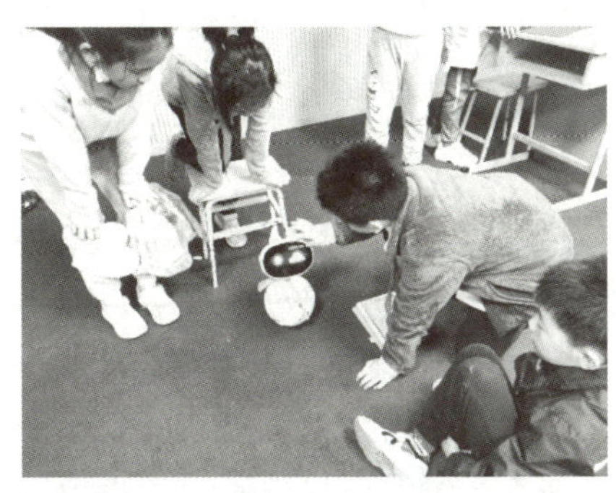

图 6-37　小组对 AI“解说员”进行图形化编程和测试

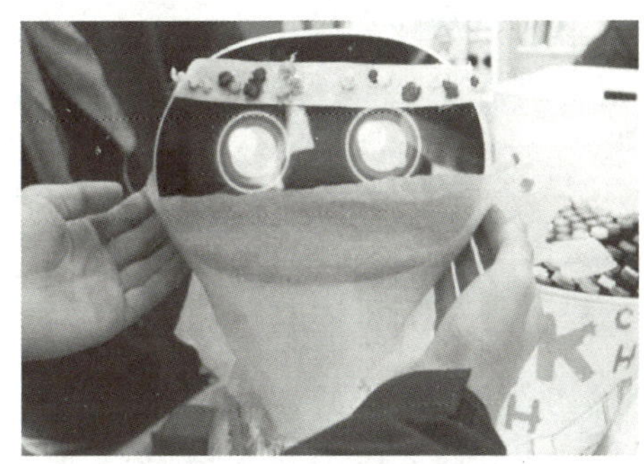

图 6-38　小组对 AI“解说员”进行装扮

时间、纪律等提醒。完成作品后，各小组将本组的作品拍照上传到平台。刘老师通过现场观察、互动和平台数据跟踪各组学习活动成果，实时了解各组的项目开展情况。

4. 汇报展示作品，开展多元评价

第四课时，刘老师利用智慧课堂信息化平台组织各组展示作品，并通过组评、自评、师评三种形式开展评价。如图 6-39 所示，各小组依次上台展示作品，让各组的 AI“解说员”对校园的各个地方进行讲解，小组成员也介绍了他们在此次项目活动中的进步与收获。同时，各小组将本组产品的简要介绍、图片、视频等资料上传到智慧课堂信息化平台，其他小组的学生进行组间评价，通过平台进行星级评定，小组成员也从“知识、合作、收获”等方面进行自我评价。各小组完成展示后，刘老师对本次项目学习活动进行总结，对各个组的表现情况进行点评，表扬亮点，提出期望，颁发奖励。

图 6-39　小组展示项目作品

（三）实施效果

本项目以学生为中心，基于真实校园生活情境中的问题，融合人工智能和多学科知识开展跨学科学习，促进学生高层次思维应用和积极的情感投入，解决复杂问题，全面提高了学生的动手能力和创新能力。刘老师将全班学生根据“绘画、编程、作文、演讲、手工”等个人特长进行分组，模拟公司的工作部门赋予每位学生任务和职责，通过智慧课堂信息化平台组织学生线上线下学习，基于平台的各种展示、互动、评价功能，促进了学生更加高效、便捷地进行讨论和协作。刘老师也实时通过平台数据了解项目进展和学生活动情况。学生在项目学习中体验制作 AI 机器人的过程，帮助学生充分认识到科学技术在创造美好世界方面发挥的重要作用。同时，运用多学科知识，通过深度思考、作品设计、制作、展示、总结等，增强学生利用人工智能技术服务人类发展的责任感，帮助学生形成正确的科学观和终身学习理念。在小组合作过程中，学生发挥了个人优势，积极提出创意和表达观点，通过小组合作完成了各具特色的作品，帮助学生树立了团队意识，提升了协作能力。

（四）案例评析

武汉经济技术开发区实验小学作为“中央电化教育馆人工智能教育实验校”，积极响应相关政策，进行了一年多的人工智能课程实践探究。学校融合多学科知识，着重培养学生的批判性思维与问题解决能力、沟通与协作能力、创造与革新能力。

在此次项目式学习中，刘老师以真实情境为主题开展跨学科学习，通过智慧课堂信息化平台进行跨学科素材搜集、课堂授课、总结评价等，促进了项目式学习的顺利开展。特别是在大班教学中分组开展项目式学习的情况下，平台对师生交流、学生自主学习、小组协作等提供了很多便利。在项目式学习过程中，得益于智慧课堂信息化平台在多学科资源、互动、评价等方面的支持，有效调动了学生的学习积极性，学生的学习参与度很高。同时，智能机器人“小飞”作为智能教具，也促进了学生对人工智能和图形化编程知识的学习。学生从真实生活情境中的任务出发，在制作“校园 AI‘解说员’”的过程中，学习了人工智能知识，体验了人工智能产品，通过迁移多学科知识，解决了实际问题，培养了计算思维、创新思维。此外，采用项目式学习的方式来实施人工智能课程，可以整合多学科知识，让课堂更加智慧、灵动，也进一步深化了学校“乐创·共生”的办学理念。

（高钰　一级教师　武汉经济技术开发区实验小学信息科技教师）

第七章　产业现状及发展趋势

依托相应的产品和服务为教育实践提供有效支撑是智能技术助力教学减负增效的重要条件。实现减负增效目标的关键在于让教育回归校内课堂主阵地，提升课堂教学的有效性。本章以教育信息化产业中聚焦教学场景的智能化教学相关企业和产品为研究对象，从产业发展视角对企业图谱、相关产品及应用、典型企业案例进行梳理和分析，最后从政策、技术和产业三个方面对未来发展趋势进行展望。

第一节　智能化教学相关企业图谱

近年来，智能技术在教育领域的应用日益成熟，影响产业发展的政策、经济和社会环境也都呈现利好形势。教育类企业、互联网企业和智能技术提供商都在积极推动智能技术在教育领域的落地，发展智能化教学相关业务。本节以教育部教育移动互联网应用程序备案管理平台上备案的1007家企业与第78、第79、第80届中国教育装备展示会的2567家参展企业为企业总样本库，并参考中国互联网协会发布的智慧教育产业图谱①及本书第二章的智能技术框架，将智能化教学相关企业分为基础服务、智能技术服务、内容资源服务和智能化教学服务四大类，绘制出智能化教学企业图谱，如图7-1所示。

一、基础服务

基础服务是支撑智慧教育创新发展的核心基石，是上层智能技术、内容资源和智能化教学服务的载体，主要包括通信服务、智能云服务、数据服务和各种智能硬件等。基础设施提供商主要为电信运营商、ICT设备商、互联网企业和教育信息化企业。通信服务提供商基于高速网络、云计算、智能终

---

① 《智慧教育发展及产业图谱研究报告(2021年)》，https://mp.weixin.qq.com/s/M7oRqFGc9NtrYNCfMfKimw，2022-10-09。

图 7-1 智能化教学相关企业图谱

注：企业排名不分先后，企业列举不完全。

端等技术，通过建设教育公共服务平台，将教育与信息化相结合，发力智能教育。智能云和数据服务提供商依托技术优势，提供云计算和大数据支撑服务，是实现教学提质增效的基础保障。智能硬件提供商以优势硬件为基础大力发展教育业务，如鸿合科技立足硬件优势，将公司战略调整为全面聚焦教育，提出了以“教育信息化产品和解决方案”为核心，以“课后服务”和“师训服务”为两翼的“一核两翼”发展战略。

二、智能技术服务

智能技术服务是智能化教学发展的重要支撑。智能技术服务提供商既有以谷歌、微软为代表的全球化企业，也有以科大讯飞、百度、旷视为代表的国内厂商。全球有近千家公司都期望在人工智能市场占得一席之地。入局教育赛道的智能技术企业，纷纷以人工智能技术为核心竞争力，瞄准教育行业的相关业务和场景。例如，科大讯飞等企业基于语言识别、自然语言处理等核心技术，研究智能口语测评、智能批改、自适应学习、智慧课堂等场景解决方案，用人工智能助力因材施教，推动教育变革。腾讯等互联网企业，基于多年技术积累，形成覆盖各类教学场景的业务板块，促进教育创新发展。

三、内容资源服务

内容资源服务包括为不同学段、不同学科提供的音视频内容和数字教材等资源，以及相关的平台运营支撑。内容资源提供商主要包括教育企业和机构、教育信息化企业、出版商和互联网企业，如好未来、菁优网、学科网、人教出版社等。其中，学科网提供覆盖小初高全学段、全学科 1000 多万套、400 多个教材版本的优质资源。其“e 备课”平台集快速组卷、协同备课、云端存储、高效授课、可视化管理于一体，一站式解决教师备授课问题，减轻教师备课负担。

四、智能化教学服务

智能化教学服务覆盖教师备课、课堂教学、课后作业、教学评价和个性化学习等教与学的各个场景，每个场景下都有典型企业。此外，也有一些综合型企业在所有场景中都有产品和服务。这些企业涵盖了教育企业和机构、教育信息化企业、互联网企业等不同的企业类型。总体来看，各个场景下的典型企业一般以某一优势产品打开市场，建立品牌知名度，然后逐渐往教育教学的其他场景拓展业务。综合型企业，如科大讯飞、天喻信息等，在教育领域积累深厚、具备较强的技术实力，其教育业务和产品覆盖面广、商业模式成熟，凭借在教育领域深耕多年积累的知名度，占据较大市场份额，形成头部效应。

在智能化教学服务各场景下，相关企业不断投入力量优化产品、完善功能，以满足师生更加个性化的教与学需求。具体企业及产品功能举例如表 7-1 所示。

表 7-1　智能化教学服务各场景下的典型企业和产品功能举例

细分场景	典型企业及产品	产品功能举例
教师备课	科大讯飞——畅言智慧课堂 贝壳网——优课大师 网龙网络——101备课	①半结构化模板。教师可根据需求更改，形成特定化教学活动方案。 ②可视化编辑器。支持教师灵活编排教学内容。 ③基于知识图谱构建，对教学资源精准标注、智能推荐。 ④学生画像。根据学生学情数据，生成学生个体或班级群体的学情画像，帮助教师更直观地查看和掌握学情。
课堂教学	科大讯飞——畅言智慧课堂 鹰硕科技——纸笔智慧课堂 阿里——钉钉智慧课堂	①资源管理。丰富的教学素材和媒体音画资源，教师可灵活调用。 ②互动工具。智能教学系统支持随机提问、投票、抢答等功能；支持手写识别、朗读、测评、生成卡片等操作。 ③课堂模式识别。通过声纹识别等技术分析教师讲授时长、学生发言时长、学生思考时长等数据，判断教学模式和教师行为，促进教师及时调整教学方式，优化时间结构，并为教研提供依据。
教学评价	讯飞启明——智慧评测 学海密探——题型大数据 爱易佰——评测学 全勾教育——全勾教学常态评估系统	①智能分析数据。通过教师发布课堂速测题，系统采集学生测试结果，自动判断正误，快速分析数据。 ②可视化呈现。评价数据以可视化方式呈现，教师及时获得反馈，掌握实时学情，从而调整教学节奏，改变教学策略。 ③综合评价。通过 OCR 识别、自然语言处理、大数据分析及可视化等技术，采集学生学习成长数据，多维度评估学生学习情况，生成学生综合评价报告。
课后作业	科大讯飞——“双减”智慧作业 一起教育——一起作业 七天网络——小七作业	①题库。基于知识图谱技术进行知识点标注并重新归纳整理，帮助教师快速选编作业内容。 ②数据采集。通过 OCR 识别技术采集学生作业数据，降低作业批改过程复杂度。 ③智能批改。客观题自动批改，主观题协同批改，提高作业批改效率。 ④数据展示。批改完成后，教师便可获得该学生的学情报告，帮助教师进行个性化辅导、教学。

续表

细分场景	典型企业及产品	产品功能举例
个性化学习	科大讯飞——智学网 步步高——学习机 Knewton——自适应学习平台	①智能辅导。基于丰富资源，利用人工智能、大数据等技术，为学生制定个性化学习方案；利用语音技术，实现标准朗读、背诵等功能，为学生创设语言学习环境，解决家长辅导难问题。 ②自适应学习。借助人工智能技术，为学生建立AI智能画像，对学生进行学情分析，根据学生的学习目标、学习风格、学习习惯以及对知识点的掌握情况，为学生提供个性化的学习服务。

第二节 智能化教学产品及应用的多维度分析

本节从总样本中剔除已注销、信息介绍不全、不符合智能化教学产品的无效样本后，最终筛选出与智能化教学相关的1055个产品作为有效样本。下面主要从产品类型、应用场景、学科类别、核心技术、用户对象等维度来分析国内智能化教学产品的现状。

一、产品类型分析

从产品类型维度看，在1055个智能化教学产品中，解决方案类型的产品共计526个，占比最大，为49.86%。其次是软件类和平台类产品，分别有239个、205个，分别占22.65%和19.43%。内容和硬件类的产品占比较少，分别有62个和23个，占比分别为5.88%和2.18%。具体分布情况如图7-2所示。

将1055个智能化教学产品按照产品类型、功能和名称进行统计、聚类，梳理出相关产品的主要产品形态，绘制出相关产品形态词云图，如图7-3(a)所示。其中教学平台、智慧课堂、资源题库产品形态最多，分别有113个、104个、71个，如图7-3(b)所示。

基于以上分析可知，解决方案是主要产品类型，教学平台、智慧课堂和资源题库是当前市场上智能化教学产品的主要产品形态。

一方面，相关企业通过整合各类产品形成因地制宜的解决方案，有助于满足学校个性化的需求。企业在教育服务市场赖以生存的关键就在于能够提

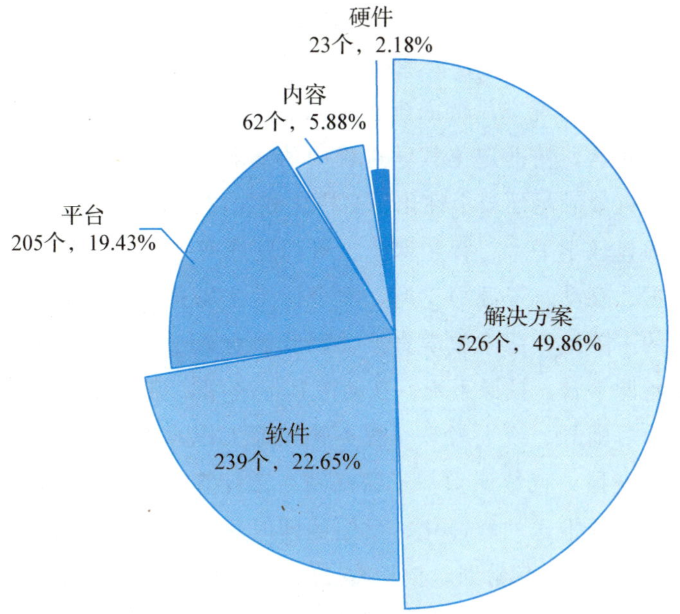

图 7-2　智能化教学产品的产品类型分布

注：图中涉及的产品类型数据没有交叉。

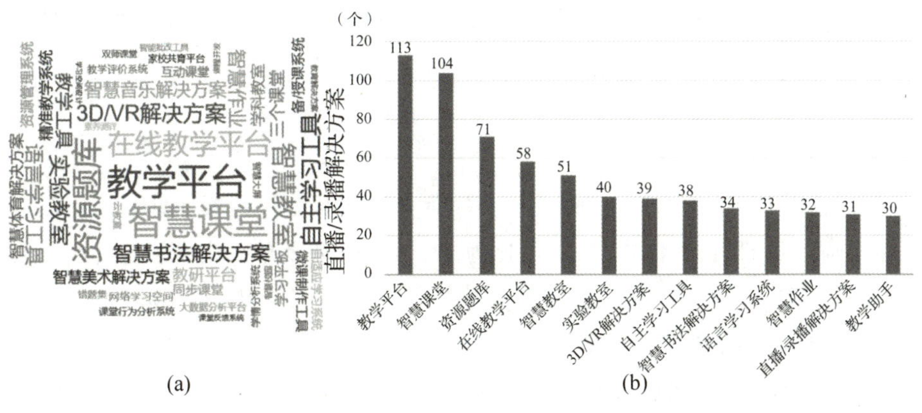

图 7-3　智能化教学产品形态分布

注：右图(b)列举了产品数在 30 以上的产品形态。

供满足市场需求的产品和服务。① 而不同地区的不同学校在办学条件、师资水

① 王飞、李绚兮、顾小清：《教育信息化产品和服务的生态发展研究》，载《电化教育研究》，2020(10)。

平、信息化条件等方面存在很大差异。因此，相关企业以各类学校的不同需求为导向，结合当地的实际发展现状①，通过整合硬件、软件、内容或平台打造综合解决方案，实现产品链的延伸和高度集成。此外，相关企业还配有远程教研和服务团队，精准定位教学过程中的薄弱环节，有区别和有侧重地按需供给，能够有效满足学校个性化、多样化和深层次需求。②

另一方面，教学平台、智慧课堂、资源题库等产品形态围绕课堂教学提供技术、数据、互动、资源等支持，契合课堂主场景的实际需求。课堂是学校教育教学的主阵地，课堂教学直接关系到教育教学的质量和效果。教学平台通过集成备课平台、授课系统、互动工具等应用，帮助教师顺利开展备课、课堂互动、学习辅导、线上教学、教务管理等工作，为课堂教学提供了丰富的资源和工具支撑。智慧课堂基于物联网、云计算、大数据、人工智能等智能技术，实现资源推送的智能化、反馈的即时化、交流互动的立体化以及教学决策的数据化③，为日常课堂教学质量的稳步提升提供技术和数据支持。优质数字教育资源在激发学习兴趣、辅助教学活动、促进教学创新、提升教学质量等方面具有独特优势。④ 资源题库类产品能够提供载体和形式多样的专题教育资源和覆盖各年级各学科的学习资源。同时，通过大数据和人工智能等技术实现资源的个性化订阅、智能推送、精准检索等功能，为教师的高效备课和学生的自主学习提供适切性资源支持。

二、应用场景分析

从应用场景维度来看，在1055个智能化教学产品中，大部分产品同时涉及多个应用场景，共计755个，占比为71.56%；涉及单一应用场景的产品有300个，占比28.44%。进一步的统计分析发现，涉及多个应用场景的755个产品中，同时涉及“课前＋课中＋课后”全场景的产品占比最高，有382个；其次是涉及“课前＋课后”和“课前＋课中”的产品较多，分别有191个和148

① 任友群、郑旭东、冯仰存等：《新时代教育信息化的供给侧改革——市县级需求与问题的分析视角》，载《电化教育研究》，2018(1)。

② 刘名卓：《教育信息化服务类企业的现状调研与发展建议》，载《现代远程教育研究》，2018(6)。

③ 刘邦奇、吴晓如：《智慧课堂——新理念、新模式、新实践》，56～69页，北京，北京师范大学出版社，2019。

④ 柯清超、鲍婷婷、林健：《“双减”背景下数字教育资源的供给与服务创新》，载《中国电化教育》，2022(1)。

个；涉及“课中＋课后”这两个场景的产品最少，只有 34 个。涉及单一场景的 300 个产品中，涉及课前场景的产品最多，有 136 个；其次是课后场景，有 99 个；涉及课中场景的产品最少，有 65 个。具体如图 7-4 所示。

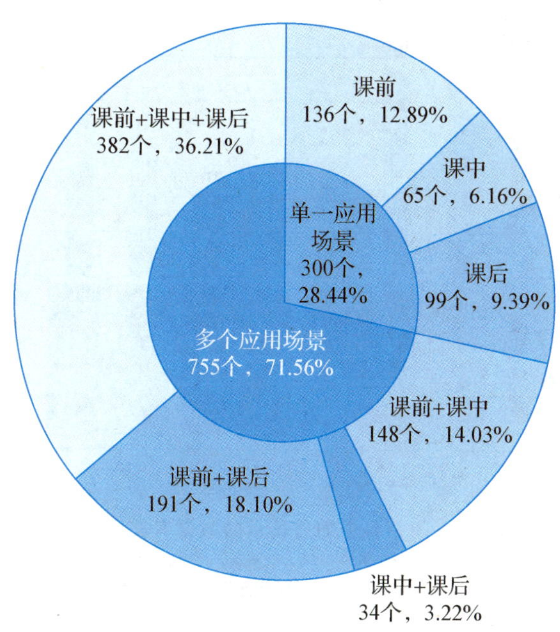

图 7-4　智能化教学产品涉及单一应用场景和多个应用场景的情况

注：图中“单一应用场景”指只涉及“课前”“课中”“课后”中某一个场景的产品，“多个应用场景”指涉及多个教学场景的产品。

实际上，在统计的所有相关产品中，涉及课堂教学场景的最多，合计有 1201 个，其中课堂互动、课堂讲授和课堂管理细分场景的相关产品分别有 469、467 和 265 个。其次是课前教师备课场景，合计有 847 个，其中涉及资源准备的产品较多，有 691 个；涉及活动设计的产品较少，有 156 个。接着是个性化学习和教学评价场景，分别有 767 个和 742 个；最后是课后作业场景，共有 335 个，其中涉及作业批改的产品较多，有 197 个；涉及作业设计的产品较少，有 138 个。具体如图 7-5 所示。

基于以上的统计分析结果，在智能化教学产品中，贯穿“课前—课中—课后”教学全场景的产品相对较多，但涉及教学活动设计以及作业设计等细分场景的产品较少。

一方面，贯穿“课前—课中—课后”教学全场景的产品通过整合应用、研

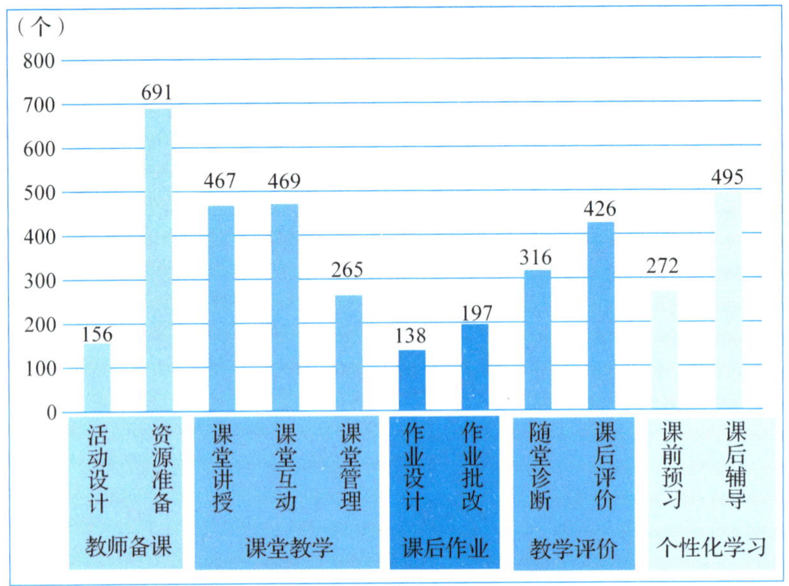

图 7-5　智能化教学产品的应用场景分布

注：图中各个细分场景的数据有交叉。

发定制化工具，实现数据融通，在一定程度上能够帮助师生共同改进教学各环节。“课前—课中—课后”各环节之间环环相扣，共同影响最终的教学效果。相关产品聚焦不同应用场景下教师精准教学、学生自主学习以及师生互动等需求，通过形成完整的教学闭环，有效提升教学各环节效率，从而促进教学减负增效。同时，教学全场景的贯通也有助于打破数据孤岛现象，实现场景联动创新，为因材施教和个性化学习提供数据基础。例如，“双减”政策出台后涌现的智慧作业产品在已有的作业布置、批改、数据统计与分析等功能的基础上，逐步与课前的备课系统、资源平台以及课中的反馈系统打通，助力课前预习作业、课中随堂练习以及课后诊断作业的设计和布置，实现作业批改、反馈、辅导、检测等的动态智能化作业管理，形成完整的作业反馈闭环。

另一方面，帮助改进教学活动设计以及作业设计等细分场景的产品研发对企业的教研水平和技术能力有较高要求。针对活动设计以及作业设计这类细分场景的教育应用研发是一项专业性极强的工作，需要企业对教育教学理论有深刻理解，对作业设计有深入研究，同时还需要根据实际教学应用效果和师生需求反馈持续迭代改进，一般的企业很难拥有这类专家级的人力资源或教研服务团队。① 此外，对这些细分场景需求的有效支撑还离不开技术与教育教学的深度融合，对企业的技术研发和融合创新能力要求高。一般的企业受限于自身的技术研发和融合能力，其产品对创新性、个性化教学工作的支撑有限，因此涉及这些细分场景的产品相对较少。

三、学科类别分析

从学科维度看，涉及多个学科的产品共计 823 个，占比高达 78.01%，其中不限学科的产品最多，有 548 个，占比 51.94%。涉及九门学科的产品有 103 个，占比 9.76%。涉及单一学科的产品有 232 个，占比 21.99%。进一步的统计分析发现，单一学科产品中，英语学科的产品最多，有 55 个，占比 5.21%；其次是书法、语文、音乐学科，分别有 32 个、30 个和 28 个，分别占比 3.03%、2.85%和 2.66%。具体如图 7-6 所示。

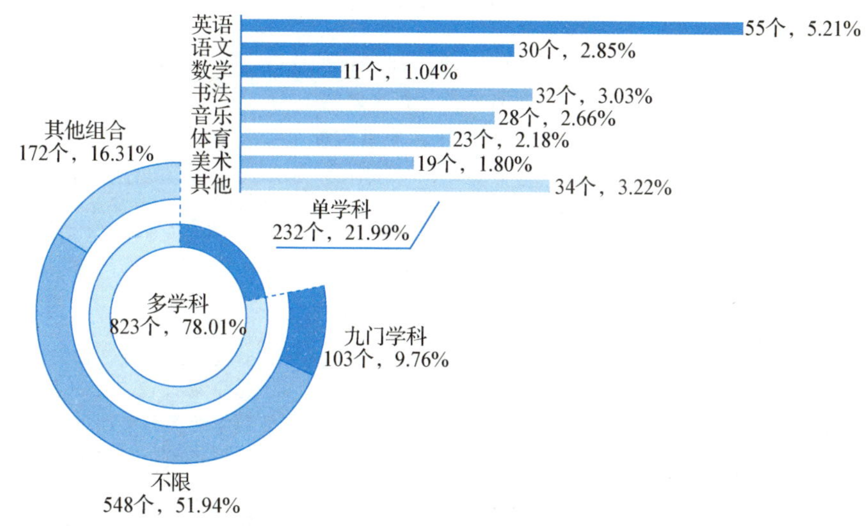

图 7-6　智能化教学产品的学科分布

注：图中“不限”指不针对特定学科教学的产品；“九门学科”指涉及语文、数学、英语、政治、历史、地理、物理、化学、生物学这九门主要学科的产品。

在 1055 个智能化教学产品中，涉及英语、语文、数学以及书法、音乐、体育、美术等素质类学科的相关产品形态及其主要功能如表 7-2 所示。

① 余胜泉、陈璠：《智慧教育服务生态体系构建》，载《电化教育研究》，2021(6)。

表 7-2　涉及单一学科的智能化教学产品形态及主要功能

学科	产品形态	主要功能	产品举例
英语	英语听说课堂	智能批改、智能听说测评、虚拟教师、作业布置、专项训练、学情报告、家校互通、全真模考、课堂互动	·科大讯飞——AI 听说课堂 ·上海朗鹰教育——轻松英语
	英语学习应用	单词记忆、单词查询、智能听说测评、阅读测评	·北京英澳教育咨询——雅思智学 App ·广东省出版集团——人教口语 App
	作文批改应用	作文布置/提交、作文题库、自定义规则、作文自测/批改、相似度检测、跑题检测、学生互评、作文诊断	·科大讯飞——E 听易说 App ·北京词网科技——批改网
语文	作文素材/批改应用	作文智能评阅、作文素材库、作文培训课程资源、作文题库、写作思路引导、作文素材智能推荐、语句解析、改写润色	·科大讯飞——AI 语文本 ·广州世纪华轲——友章作文 App
	阅读/诵读训练解决方案	阅读资源、书籍智能推荐、阅读智能评价、多维阅读评测、分级阅读、阅读竞赛、普通话测评	·厦门印天电子——印天智慧阅读生态系统 ·重庆课堂内外——诵读训练系统
	汉字教学解决方案	板书记录、汉字智能评价、汉字教学资源、智能检索	·北京易文汉学——汉字智能教学解决方案 ·深圳柔果——AI 练字方案
数学	数字化数学学科教室	数学图形动态呈现(动态数学系统、几何画板资源、立体几何三维演示)、课堂互动、随堂诊断、数学实验课程、教室环境建设	·四川众森同越——中学数学学科教室 ·南京极域——数学智慧课堂
书法	智慧书法教室	数字临摹台、书法教学资源、授课系统、远程教学系统、学生签到管理	·北京京师讯飞——京师书法 ·北京华文众合——数字书法教室

续表

学科	产品形态	主要功能	产品举例
音乐	智慧音乐教室	教师备授课系统、控制系统、欣赏教学、演唱教学、识谱教学、创造教学、课程评价	·北京龙羽时代——数字化音乐互动教室解决方案 ·福建星网视易——魔欢智慧音乐教室
美术	智慧美术教室	资源库、备授课系统、对照点评、微课录制、远程教学、作业发布、画板工具、作品展览、虚拟美术馆	·北京汉王鹏泰——数字化美术教室 ·北京讷纳渔——艺学宝美术网络教学系统
体育	智慧体育解决方案	运动强度监测、运动技能评估和诊断、体质检测和提升、课堂测试记录、数据分析、作业推送、教学管理	·科大讯飞——讯飞智慧体育方案 ·成都怡康——智慧体育课堂建设解决方案

基于以上分析可知，当前大部分智能化教学产品不限学科；面向单一学科的相关产品的功能布局具有鲜明的学科特点，其中英语学科是主要赛道，体育、艺术类学科开始受到关注。

一方面，适用于多学科教学场景、面向统一流程的通用型产品有助于在全国范围内推广，帮助企业快速占领市场，同时便于留出应用接口满足学科教学的个性化需求。为了迅速占领市场，企业会重点关注不同学科教学中的统一流程，优先研发适用场景多、学科覆盖范围广的产品。例如，扩展学科资源建立一站式教学平台或学习平台，以此满足区域或学校大范围应用的共性需求。同时，一些通用型产品也会根据学校自身的实际教学需求配备相应的功能模块和学科工具。例如，智慧课堂产品中的英语听说测评工具、数学画图工具、语文朗读测评工具等。此类学科工具能够基本满足日常学科教学场景的个性化需求。

另一方面，随着智能技术与学科教学融合的不断深入以及相关政策的出台，学科专用型产品开始受到关注。英语学科用户基数大，相关技术较为成熟，较早分离出学科细分赛道，以支持自主学习的软件类产品居多。此外，随着英语听说人机对话考试纳入多省中高考科目，英语听说类产品的适用场景也从考试测评拓展到日常教学。在新高考、新课标、新教材背景下，语文学科考核内容和方式更加凸显语文素养的培养。相关企业围绕阅读、写作、汉字教学与日常语文教学打造产品体系，满足教师和学生的多样化需求，助力学生语文素养提升。聚焦数学学科的产品以学科教室、数学学习应用以及一些数学软件工具为主，作为细分赛道的独立性较弱，大多为综合解决方案中的一个科目。近年来，政策持续推进五育并举，全国已有多地将艺术类科目列入中考考核范围。此外，《义务教育课程方案和课程标准(2022 年版)》也强调"落实立德树人根本任务，发展素质教育"[①]，体育、艺术类学科成为教育类企业关注的焦点，针对书法、音乐、美术、体育等学科的定制化方案不断涌现，为五育常态化教学的开展提供支撑。

四、核心技术分析

从核心技术维度看，在 1055 个智能化教学产品中采用人工智能技术的最多，有 538 个；其次是大数据技术，有 321 个；涉及云计算的产品有 309 个；采用物联网技术的产品有 135 个；最后是 5G 网络技术，有 14 个。具体如图 7-7 所示。

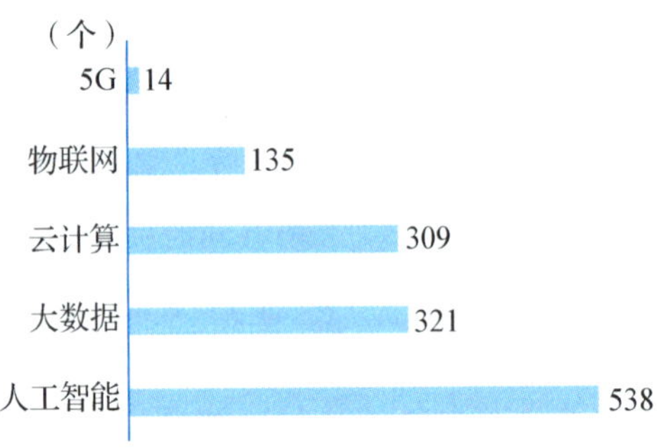

图 7-7　智能化教学产品的核心技术分布

注：图中涉及的技术数据有交叉。

在 1055 个智能化教学产品中，主要产品形态的核心技术采用情况如图 7-8 所示。

基于以上分析可知，当前市场上的智能化教学产品大多集成了多种智能技术。人工智能、大数据和云计算是相关产品采用的主要智能技术。

---

① 《教育部教材局负责人就〈义务教育课程方案和课程标准(2022 年版)〉答记者问》，http://www.moe.gov.cn/jyb_xwfb/s271/202204/t20220421_620066.html，2022-05-24。

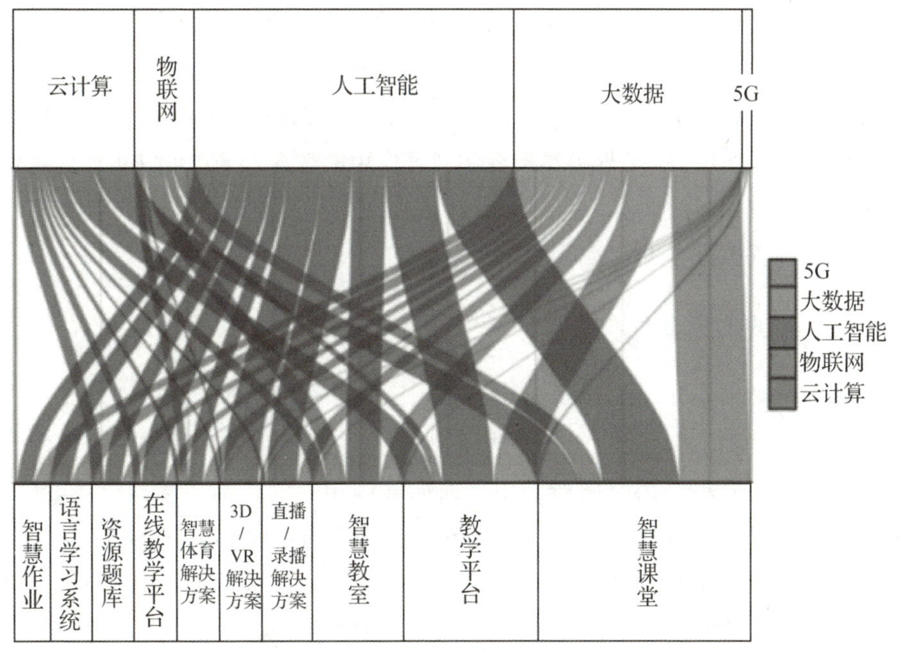

图 7-8　智能化教学产品主要产品形态的核心技术采用情况

技术集成应用有助于解决复杂多变的教学过程中的关键性问题，能够为师生提供沉浸与濡染的数字化环境。[①] 面对复杂多变的教育场景，单一的技术很难适应，只有将相关领域的新技术融合才能解决教学组织、情境创设、资源管理等应用及开发中的关键问题。此外，技术的融合还使得硬件设备的性能得以提升，软件间的互联互通更加高效，有助于打造物联化、智能化、感知化、泛在化的新型教育环境。例如，3D/VR 解决方案类产品将情境感知、5G 和扩展现实等技术相结合，创设虚实融合的教学环境，营造沉浸式虚拟体验，有助于激发学生的兴趣、想象力和创造力，培养学生的学科核心素养。

人工智能、大数据和云计算等技术在提高学科教学质量、推动优质资源共享方面起着重要作用。人工智能技术在学习诊断、学习行为分析以及学情反馈等方面发挥重要作用。例如，基于人工智能的学习平台可以构建过程评价和结果评价相结合的评价体系，有助于教师改进教学过程，帮助学生提升

① 任友群、郑旭东、冯仰存等：《新时代教育信息化的供给侧改革——市县级需求与问题的分析视角》，载《电化教育研究》，2018(1)。

学习主动性。[①] 大数据技术对于支持适应性教学和个性化学习具有独特优势。例如，基于大数据的精准教学系统通过对教与学过程的记录、分析和测评，助力教师精准教和学生个性学。云计算在推动优质教育资源共建共享方面起着至关重要的作用。[②] 汇聚各类资源和教育应用的教育云平台可以实现教育资源的统一管理和开放共享，能够有效解决资源共享程度低、缺乏交流与相互协作、教育资源分布不均等问题。

五、用户对象分析

从用户对象来看，在1055个产品中，面向单一用户的产品有182个，占比17.25%；面向多个用户的产品共计873个，占比82.75%。进一步的统计分析显示，面向单一用户的产品中，面向教师用户的产品较多，有109个；面向学生群体的产品较少，有73个。在面向多个用户的873个产品中，同时面向教师、学生用户的产品最多，有517个；其次是同时面向教师、学生、家长用户的产品有103个；同时面向学校、教师、学生和家长用户的产品有98个；同时面向学校、教师和学生用户的产品有76个；面向其他用户组合的产品较少，共计79个。具体如图7-9所示。

在1055个相关产品中，主要产品形态的用户对象分布情况如图7-10所示。

根据以上数据统计结果可知，当前智能化教学产品的主要用户是教师和学生。加强家校沟通，助力家校共育是相关产品的重要设计导向。

一方面，教师和学生是教学活动的主体[③]，教师方面、学生方面以及双方交互方面的因素都会影响有效教学。[④] 因此，相关企业主要聚焦于教师和学生这两类用户对象的需求，通过提供互联互通的教学平台、智慧课堂、资源题库等产品，帮助师生改进“教”与“学”环节，增进师生互动与交流。例如，智慧课堂产品中的学情报告在帮助学生及时发现问题、调整学习计划、精准掌握薄弱知识点的同时，也能帮助教师了解学生学情，从而及时调整教学进度、

---

① 彭斌：《基于人工智能的教学赋能“双减”》，载《教育导刊》，2022(1)。

② 何克抗：《21世纪以来的新兴信息技术对教育深化改革的重大影响》，载《中国现代教育装备》，2018(16)。

③ 冯向东：《从“主体间性”看教学活动的要素关系》，载《高等教育研究》，2004(5)。

④ 罗生全、程芳芳：《大学教师有效教学特质及其养成》，载《黑龙江高教研究》，2012(6)。

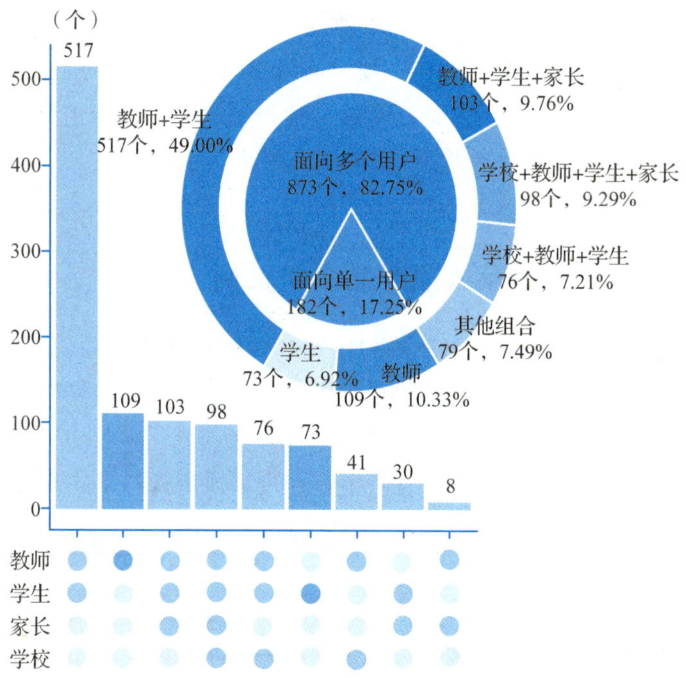

图 7-9　智能化教学产品的用户对象分布

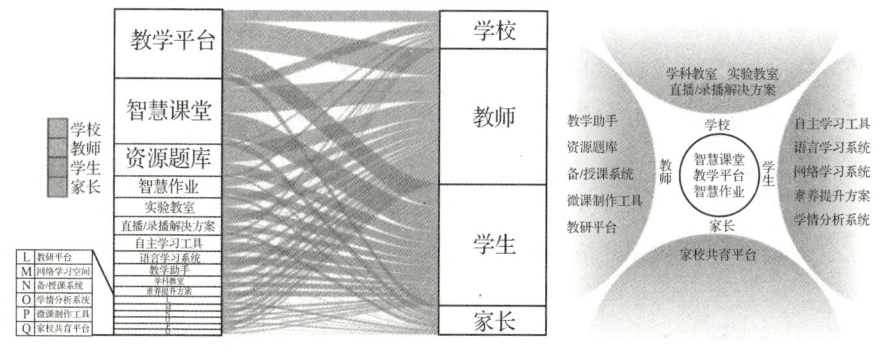

图 7-10　智能化教学产品主要产品形态的用户对象分布情况

改进教学计划。

另一方面，家校协同育人是现阶段基础教育综合改革与减轻学生学业负担的重要举措。① 相关企业立足家校协同育人机制需求，建立家校共育平台，

① 陈晓慧：《“双减”时代智能技术的可为与能为——基于“家—校—社”协同育人视角》，载《中国电化教育》，2022(4)。

为家长提供学生学业和其他发展状况的实时反馈，有助于增强家长对学校和教师的信任，在一定程度上减轻家校沟通负担。此外，有的企业聚焦家校协同育人中的协同难题，采用智能技术形成虚拟交流空间，优化异步交流模式，有助于家校在协同过程中达成育人共识，形成育人合力。

第三节　典型企业及典型产品应用案例

本节选择了一所高校研究单位和三家典型企业作为案例，它们长期深耕教育教学，在智能技术助力课前准备、课堂教学、课后巩固以及教学全流程方面具备丰富的应用经验，其核心产品或方案在区域、学校中得到广泛应用，在一定程度上帮助师生改进教学各环节，促进高质量教与学的开展。

一、北京师范大学未来教育高精尖创新中心研发智慧学伴，以大数据驱动精准教学

（一）北京师范大学未来教育高精尖创新中心简介

北京师范大学未来教育高精尖创新中心（以下简称“中心”）成立于2015年，是隶属于北京师范大学的二级单位，是北京市政府支持建设的首批高精尖中心之一。中心汇聚了北京师范大学教育技术、学科教育、教育心理、信息技术等领域的知名教授和一流智力资源，并与全球范围内的一流大学、研究机构和专家合作，积极推动基础教育从班级授课的标准化教育向线上线下融合的个性化、精准化、多样化教育体系转型，全面探索移动互联时代的创新教育业务形态和治理方案。其主要业务如表7-3所示。

（二）智慧学伴功能介绍

中心专注于全面提升学、教、研、评、管、服的教育生态发展。智慧学伴是中心推动教育生态发展的重要一环。智慧学伴通过线上汇聚学生学科知识学习、心理成长、体育学习等学习过程数据，对学生知识与能力结构进行综合建模，对学习问题进行智能诊断与精准改进，发现与增强学生的学科优势，实现学生的个性化学习，提升教师精准教学和在线教学的能力。智慧学伴主要模块功能如表7-4所示。

表 7-3　北京师范大学未来教育高精尖创新中心主要业务介绍

业务	产品/服务	说明
科学研究	课题申请 开放数据下载	满足申报条件的单位或个人可向中心提交课题申请，申请通过后中心将为课题项目提供资金和智力支持。 中心面向社会免费提供学习者个人基本信息、家庭信息、学校基本信息等数据集下载，为相关研究提供支持。
教育产品研发	智慧学伴、开放辅导、智慧教研、三余阅读、AI 好老师、雷达数学、EPBL①、PSAA②、学习元知识社区、师德 99	中心为社会提供公益性教育产品，如开放辅导以“互联网＋”形式赋能教育公共服务供给侧改革和个性化教育服务模式创新；雷达数学利用人工智能技术构建新一代数学智能导学系统；EPBL、PSAA 为发展和测评学生的问题解决能力、培养学生综合素质提供支撑；学习元知识社区为学习者提供泛在学习的服务等。
国内合作	未来学校设计与规划项目、大数据助力区域教育质量提升项目、未来教育高精尖创新中心高端培训项目等	中心与区域、学校开展深度合作，通过各类项目构建智能教育公共服务新模式。例如，未来学校设计与规划项目旨在探索各类创新型学校设计和建设，以应对信息社会对公民核心素养的培养要求，用互联网思维探索新型教育服务供给方式，构建智能时代富有前瞻性和未来感的新型学校形态。
国际合作	研究中心、2030 未来教育项目、人工智能教师项目、国际标准化项目	中心与美国斯坦福大学、芬兰赫尔辛基大学等一流大学合作，建设中芬联合学习创新研究院、Siegler 创新学习研究中心和教育大数据研究中心。以“2030 未来学校”“人工智能教师”等国际合作项目为抓手，引进国际智力服务于中国教育的发展。

① EPBL，Evidence-based Project Based Learning，证据导向的项目式学习系统。

② PSAA，Problem Solving Ability Assessment，问题解决能力测评系统。

表 7-4　智慧学伴主要模块功能介绍及改进教学分析

<table>
<tr><th>模块</th><th>功能</th><th>功能介绍</th><th>改进教学分析</th></tr>
<tr><td rowspan="2">资源推荐</td><td>学科资源</td><td>提供初、高中学段语文、数学、英语、物理、化学、生物学、历史、地理、政治九门学科 15000 多个微课资源，覆盖中学阶段所有必备知识点。系统会根据学生知识掌握的情况，自动给每位学生推荐学习资源，教师也可以将资源定向推荐给有相关学习需求的学生。</td><td rowspan="2">· 丰富的资源可支撑学科教学和拓展学习的实施。
· 资源推荐机制方便了学生课前预习和教师备课。</td></tr>
<tr><td>健康知识和体育专项资源</td><td>为师生提供了生活技能、社会适应能力、健康状况三类健康知识和体育专项资源，同时还可以为师生推荐其他可居家完成的家庭运动资源，指导师生在家开展体育运动。</td></tr>
<tr><td rowspan="2">在线教学</td><td>互动课堂</td><td>教师通过计算机，学生通过手机、平板电脑等终端，共同基于“智慧学伴”平台实现音频、图片和文本的多形态在线一对多互动课堂。教师按照提前规划好的班级(年级)学习计划，面向学生开展实时在线教学辅导。</td><td rowspan="2">· 通过多种在线活动的形式满足教师线上课堂互动的需求。
· 有效支撑线上开展多种创新性教学尝试和探究性活动。</td></tr>
<tr><td>特色课堂</td><td>可支持在线美术课、在线体育课的开展，可实施在线项目式学习、翻转课堂等教学模式。</td></tr>
<tr><td rowspan="4">在线诊断</td><td>学期总测</td><td>由北师大九大学科团队与实验区的教研员联合命题，编制适合本区学生特点和本区教学进程的期中、期末等统考统阅的测试。</td><td rowspan="4">· 通过各类在线诊断实现了学生各科学习数据的精细化管理。
· 教师精准掌握个人、班级、年级的学情后，可及时调整教学策略。</td></tr>
<tr><td>单元微测</td><td>基于单个核心概念，设计学习理解、应用实践、迁移创新等九个能力层级的测评题目，是考查学生在单个核心概念上学科能力状况的微型测试，通常包括 9～13 道小题。</td></tr>
<tr><td>日常测评</td><td>学科教师利用平台公共题库或自行命题发布日常测评，学生可以有效利用日常测评，及时检测，夯实基础。</td></tr>
<tr><td>素质测评</td><td>从发展潜力、汉语阅读能力、心理健康、学习品质、教育环境、认知能力等角度全方位对学生进行综合性和多元性评价的测评。</td></tr>
</table>

续表

模块	功能	功能介绍	改进教学分析
分析报告	知识地图	根据学生监测情况，将涉及的知识单元的学习情况进行汇总，并以不同颜色代表各个核心概念的表现(蓝色代表优秀，绿色代表良好，橙色代表合格，红色代表不合格)，呈现出学生在不同知识点的学习状态。	·提供全面的分析报告，让学生对自身学习状态、优势和弱势学科有更加清晰的认识，提升学习动机。 ·多维度的能力素养报告提供自主学习支架，支撑个性化学习的开展。
	查优鉴短	学生在各学科知识点的学习过程中可以通过问题改进和双师服务进行系统学习，系统可以精准总结出学生的优势学科和弱势学科，并提供相应资源帮助学生巩固优势学科、提升弱势学科。	
	能力素养报告	主要围绕学生学科能力表现和素养表现，具体包括考试成绩概况、能力水平表现、学科素养表现，并将学生各学科素养的总水平、关键能力要素表现情况以不同的颜色标识出来。	

(三)应用情况分析

中心面向全国开放智能教育公共服务平台——智慧学伴，目前已在全国十几个区域、200多所学校得到了深度应用。[①] 其应用情况总结如下。

1. 响应“停课不停学”要求，为初高中学生提供在线教学服务

中心响应北京市教委对疫情防控期间教育工作的决策部署，免费向全国开放智慧学伴微课资源，重点支持实验区线上教学与教研。微课资源由北师大学科教育团队及全市优秀教师制作，覆盖语、数、外、理、化、生、史、地、政九大学科，学生可根据个性化学习需求，按学科、教师姓名、学科核心概念、微课资源的评分和更新进度情况对所有微课资源进行筛选。

2. 创新学科教学模式，实现数据驱动的精准教学

以智慧学伴在汕尾市城区香洲街道逸夫初级中学的应用为例。[②] 逸夫初级中学应用智慧学伴构建了初中数学精准教学课堂，通过线上与课堂教学相融

① 《北京师范大学未来教育高精尖创新中心简介》，https://aic-fe.bnu.edu.cn/zxgk/index.html，2022-06-17。

② 吕锦生：《利用智慧学伴构建初中数学精准课堂》，载《汕尾日报》，2021-04-11。

应用生态，打破时间和空间的界限，将课前、课中、课后、家校融为一体化教学空间，提升全场景教与学质量，培养学生的创新能力和综合素质，引导学校育人方式改革，真正落实师生减负增效。具体如图 7-11 所示。

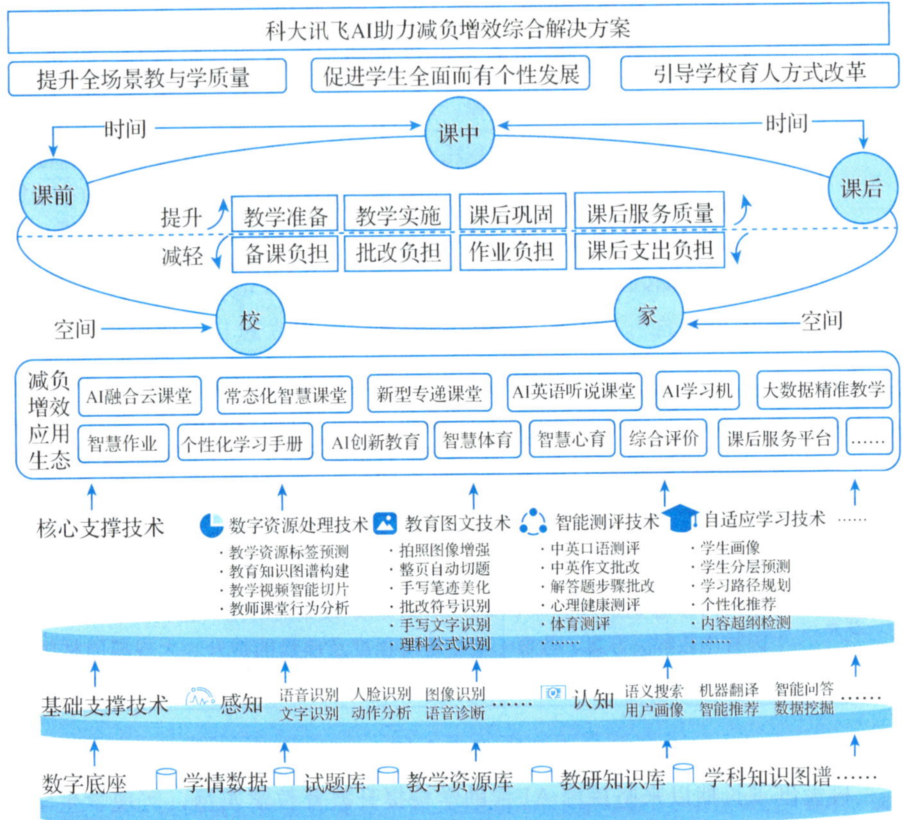

图 7-11　科大讯飞 AI 助力减负增效综合解决方案

方案为课前预习、学情分析、教学活动设计、教学资源准备等课前准备细分场景提供丰富的体系化资源，有效提升课前准备的效率，减轻教师备课的负担，具体如表 7-6 所示。

表 7-6 课前准备细分场景技术应用及说明

场景	技术应用	说明
课前预习	推送预习导学任务	构建“预习导学、自主探究”的学习模式，为学生精心设计预习方案，引导学生自主学习，初步感知新内容，调动学生的学习积极性。
学情分析	生成学情分析可视化报告	依托大数据分析和 AI 推荐引擎，基于学生的历史学习数据及课前预习的测评反馈，对学生学情进行精准分析，方便教师精准备课，实现更精确的课程设计，有利于教学预设、以学定教。
教学活动设计	备活动	针对课堂互动教学需求，提供分类、连线、画廊、翻翻卡、语音测评等课堂活动模板，教师可根据课程需求，快速生成多样化的课堂活动。
	备问题	提供自由出题及题库出题方式，为教师提供海量优质题目，减少教师课前找题、选题的负担。
教学资源准备	体系化资源平台	提供覆盖全学科、全学段的体系化资源，包括情境导入、知识探究、知识小结和拓展练习等专项资源，以及精品教案课件、虚拟实验室、地图册、元素周期表等学科特色资源，资源形式丰富多样，满足常态化、个性化的备课与教学的需求。
	集成大单元教学资源包	在“新课标、新教材、新高考”背景下，为高中学段各学科各单元提供大单元教学资源包，包括教学设计、语言学习、阅读学习、教材解析等，重点突出学科素养培育。
	智能推荐教学资源	基于知识图谱构建，通过教学资源精准标注、智能推荐和搜索，解决“素材难找”问题，显著提高备课效率；基于同步预习结果开展学情分析，智能推荐资源包，帮助教师实现课前个性化分层导学。

方案为课堂讲授、课堂互动、探究学习、随堂诊断、课堂管理等课堂教学细分场景提供多样化的教学辅助手段，提升课堂教学的效率，减轻课堂教学及管理负担，具体如表 7-7 所示。

表 7-7　课堂教学细分场景技术应用及说明

场景	技术应用	说明
课堂讲授	基于电子教材的教学	提供与教材章节匹配的电子教材，支持标注、聚焦、翻页等操作来辅助教学。针对语言类学科，如语文、英语，电子教材提供即点即读和语音测评功能，为班级构建标准的语言学习环境，同时减轻教师带读工作。
	基于虚拟空间的教学	通过全息技术和低延时多人互动技术，在虚拟教学空间中开展沉浸式教学体验，改变传统单一的讲授方式，实现教学内容的可视化、情境化呈现。
	精准讲评	通过智能分析班级学生的作答结果，自动统计每道题的得分率、平均分数、平均用时等参数，支持教师调取学生作答结果以及批注练习时所标注的典型错题进行课堂讲评，充分利用有限的课堂时间重点讲解班级的共性错题，提高讲评效率。
课堂互动	通用互动工具	提供包括翻翻卡、连连看、活动卡片、投票、抢答、单选、多选、判断等通用互动工具，自动采集所有互动数据，形成对学生在课堂中表现的过程性评价。
	学科特色互动工具	通过语言测评练习，提升语言学科教学的趣味性和学生的参与度，营造乐学、爱学的语言学习环境，如单词接龙，可支持以“接龙”方式展开互动；理科教学则提供了物理、化学、生物学等学科的虚拟实验，师生、生生可通过共同完成虚拟实验，进行直观化、可视化的理科教学互动。
探究学习	小组协作式探究任务	支持自动分组、手动分组，实现更加科学、轻松的分组效果；通过分组讨论式教学，组织思维碰撞、讨论热烈的课堂，让学生成为课堂的主角；通过探究式教学，让学生基于实践问题，自主寻找答案，打造生成式课堂；通过多屏调度系统，将每个小组的作品分享给其他各小组，共同讨论交流。
随堂诊断	随堂测验	支持发起形式多样的随堂测验，帮助教师精准判断学生对本节课知识的掌握情况，动态调整教学进度，实施学生分层教学策略，使教学始终在学生的思维最近发展区进行。
课堂管理	精准教研	基于语音识别、自然语言理解、知识图谱构建技术，通过对课堂教学全程、结构化的记录，为教师进行教学反思和集体研讨提供数据支撑。
	安全管控	基于深度学习技术，提供图片及视频等多媒体内容智能鉴别、预警和敏感过滤，利用人脸识别＋设备锁等安全管控技术，保障教学数据隐私安全。

方案为作业设计、作业批改、课后辅导、课后评价等课后巩固细分场景提供了全面而个性化的服务，提升了课后巩固的效率，减轻了教师批改、学生作业的负担，具体如表 7-8 所示。

表 7-8　课后巩固细分场景技术应用及说明

场景	技术应用	说明
作业设计	智能选题	智能选题可布置全班共性作业、必做选做的弹性作业或者多卷多层的分层作业，可基于学情自动对人分层，并为每层学生科学匹配分层提升试题。试题推送支持灵活设置校本优先、区本优先，针对分层结果支持教师手动灵活调整。
	个性化作业	基于校内日常学业数据，将“历次总分相近、知识点掌握度相似的学生”聚类分档，为每位学生定位亟须巩固掌握的知识点，形成个性化学习路径，结合最近发展区理论，对学生应做的试题进行难度适配，结合多维度深度标引，形成优质试题推荐库，最终设计出符合学生发展路径的个性化作业。
作业批改	纸质作业批改	线下纸质作业 AI 辅助批改，在保留纸质教辅作答习惯的同时，基于 OCR 技术将学生提交的整张作业进行智能切分、分析，自动识别选择题手写内容，实现客观题自动批改，并通过 AI 聚类，减轻教师批改主观题的负担。
	作文智能批改	从结构、表达、语言等多维度进行 AI 智能分析，可自动指出作文中的优美词句表达、引用修辞等好的方面和错别字、病句等需要提升的方面，并智能生成作文评语，有效减轻教师作文辅导和检查的负担，提升学生作文水平。
课后辅导	远程教学服务	支持区域/学校组织名师团队线上答疑，支持学生发送疑问到名师团队，由名师进行直播和答疑辅导，提供课堂教学录制视频，供学生课后复习。
	AI 家庭教师	为学生居家学习提供 AI 个性化精准学、AI 作业批改以及 AI 口语互动等支持，有效解决家长作业辅导的问题，打通在校学习和居家学习的数据闭环。
课后评价	班级学生总体分析	教师可查看全班学生总体的学情表现数据，包括学生日常表现和作业用时分析。通过学生日常表现数据，教师可了解班级学生作业提交率、作业得分率、作业完成平均时长、获表扬次数及全班学情近期波动情况。

续表

场景	技术应用	说明
课后评价	学生个体分析	通过周学习指标、周作业成绩走势，直观呈现学生近一周的学习表现及波动情况，帮助教师掌握学生学习成绩波动情况，并结合课堂表现及时给予针对性指导。同时基于学生在课中互动、课后练习及测验和自主学习全场景的数据，智能分析学生各学科的知识掌握情况，系统性分析学生薄弱点，制定个性化改进方案。
	学校教师总体分析	自动收集全校教师授课使用次数、互动使用次数、表扬次数、资源分享次数、资源引用次数、布置作业次数等数据，以排行榜的形式激励教师更多地开展信息化授课，助力提升学校总体教学水平。同时支持对日常教学过程中的作业以及资源应用情况进行统计分析，辅助管理者了解智慧教学的整体应用情况。
	教师个体分析	系统分析每位教师在教学周期内的各项教学行为数据，可通过系统查看个人所有的备授课记录，支持按照时间、年级、学科和教学场景进行查询。教师课堂报告展示某一节课的相关数据，包括课堂信息、课中数据、互动类型比例及 S－T 教学分析结果，为教师的教学回顾与反思提供精准数据支撑。

方案提供课后服务综合管理平台、五育并举特色课程资源及本地化服务，一站式解决课后服务开展中的资源、管理和服务难题，具体如表 7-9 所示。

表 7-9　课后服务细分场景技术应用及说明

场景	技术应用	说明
学生选课	智能排课	传统的线下选排课操作，耗人耗时，出错率高，效率低下。方案采用人工智能引擎，支持行政班、走班等各形式排课，智能校验排课冲突，在减少选排课等事务性工作的同时，提升学校资源使用效率。
	在线选课	方案详细展示学校开设的所有课程，家长与学生可查看课程内容介绍，选择托管或个性化课程，提供不同角色专属课表，提升选课效率。

续表

场景	技术应用	说明
课程学习	个性化深度学习课程	该类课程包含 AI 自主学习课程与作业解决方案两大细分领域课程，提供以学习机为载体的自主学习课程，基于薄弱知识点诊断，对学生进行个性化课业辅导。聚焦作业布置与管理的精准性，通过 AI 技术实现智适应推荐、智能批改、学情分析等，助力师生减负增效。
	素养拓展类课程	该类课程囊括历史、天文地理、名著通识以及传统文化等各方面内容，在促进学生知识面拓展、综合素养提升和健康成长的同时，又可以实现学校对学生的思想品德教育，实现育人的根本目的。
	兴趣普适类课程	该类课程包含众多细分领域的课程，如科创类、艺术类、棋艺类、体育类等，旨在培养个人兴趣爱好、提升学生的动手实践能力。
	专业社团类课程	该类课程以白名单赛事课程为主(如软件编程赛事、硬件编程赛事、无人机赛事等)，课程结合项目式学习等教学方法，借助专业的课程道具开展授课。课程强调培养学生的合作共赢精神、沟通协作能力、科技创新思维、动手创作能力，为学校打造金牌赛事校园奠定基础。
课后服务管理	走班巡课	通过信息化手段帮助巡课教师快速掌握当前时段班级内学生动向，高效完成多个班级的巡课；教学管理者可通过今日快报，快速了解当天课后服务开展及学校课后服务整体推进情况。
	数据驾驶舱	基于大数据分析能力构建市级、区级、校级三级数据驾驶舱，以可视化形式为各级管理者呈现课后服务的落实推进情况，提供及时、全面的管理数据支撑，实现预警分析与规划建议，提升管理效率。
	家校信息服务	方案提供即时 IM 通信系统(封闭式通信模式)，确保家校沟通安全、及时、高效、便捷。家长可定期从 App 上收到学生的上下课动态、学情报告，方便家长安排接送学生时间、掌握学生的周期性学习情况，达到成长可见。

(三)应用情况分析

在“双减”政策的大背景下，科大讯飞积极响应国家“强化学校教育主阵地作用，提升课堂教学质量”的要求，把优化教学方式，强化教学管理，提升学生在校学习效率作为区域教育教学改进方向。方案在全国多个省市开展规模化的落地应用，取得了一系列实践应用成果。① 其应用情况总结如下。

① 本小节所有具体指标数据均来源于相关产品在蚌埠市全国智慧教育示范区的长期跟踪调研统计结果。

1. 减轻备课、批改等重复性工作的负担，优化学科教学环境，提升课堂效能

一是在班级学生的优势点和薄弱点的大数据统计基础上，提供优质备课资源，帮助教师优化教学设计，大幅减少备授课资源准备时间，可为教师节约 33.81％的备课时间。二是实现客观题、部分主观题的智能批改和评分，自动完成数据统计分析工作，教师平均批改作业的时间减少 67.26％。三是为班级构建标准的语言学习环境，在提高语言教学效率的同时减轻教师带读工作。四是提供多种学科应用和互动工具，便于课堂教学随时调用，满足学科教学特色，帮助学生理解抽象知识，促进课堂氛围活跃，全面提高课堂教学质量。

2. 减轻无效作业量，实现精准化、个性化学习

一方面，基于日常考试与作业数据，生成学生个性化知识图谱，为不同层次学生匹配不同难度的分层同步练习、个性化考后作业、阶段性个性测验，为学生过滤作业中难度过高或过低的试题，有效避免低效重复练习，相比传统考后再练巩固，能够大幅减少学生的作业量。另一方面，根据历次作业、考试学情数据，精准定位学生薄弱知识点，为学生推送个性化习题以及拓展性学习资源，帮助学生达成学业成就，并促进学生全面发展、健康成长。

3. 减轻家庭辅导负担，依托数据实现高效教学管理

疫情防控期间，居家学习的重要性愈发突出，家长也需要参与其中，方案提供的 AI 学情分析可帮助家长了解孩子学习动态，辅助家长指导孩子在家学习遇到的问题，协助家长纠正孩子不良坐姿、用眼习惯，提高家校共育效能。同时，基于大数据技术，通过对教师与学生过程性应用数据的采集和智能分析，提供融合全情数据的班级、个人学情图谱，持续梳理分析包含历次课堂表现、作业完成情况及考试成绩在内的学业波动趋势，实现对深层次教学规律的挖掘，促进高效、科学的教学评价和决策。

4. 提供优质课程资源，助力课后服务提档升级

一是依托讯飞课程自研能力、北师大等高校合作共研能力及头部课程内容厂商、科协等机构的生态合作，打造“五育并举”特色兼顾的课程体系，形成面向 1～9 年级 50 多门类 200 余种课程资源。二是针对各地开展课后服务面临的师资、课程、保障机制等问题，基于 AI 智能引擎，强化优质课后服务资源链接，实现供需适配。通过全流程、过程性地智能监管，为各地区学校提供差异化、特色化的课后服务内容，有效提高学校课后服务的质量和管理水平。

三、聪颖教育推广数字化资源，方便师生量才适用

（一）聪颖教育简介

聪颖教育(Smart Education)有限公司成立于2003年，为各个年龄层的学生提供数字化资源产品和国际化考试服务。该公司深入扎根港澳地区的教育市场，紧跟香港教育局推动的资讯科技教育战略①，开发以校本课程为基础的数字化资源，为香港和澳门地区的600多所中小学及大专院校提供英语、汉语、数学等学科的数字化教学服务。聪颖教育还与多家国外出版商、教育科技公司、教育机构开展合作，开展国际考试代理、海外升学、Mimio电子白板代理等业务。其数字化业务如表7-10所示。

表7-10 聪颖教育数字化业务介绍

业务	产品/服务	说明
数字化资源	My Smart ABC My Smart Chinese My Smart 123 My Smart Readers My Smart TSA	聪颖教育是香港教育系统的数字化资源供应商，负责从一年级到九年级的包括数字化教材在内的全套数字化资源的开发工作。
Mimio电子白板代理	Mimio Interactive Teaching Mimio Projector	Mimio是国外广泛应用的一款电子白板产品，该产品为教师提供丰富的教学技术手段，具有部署简单、应用灵活的特点。聪颖教育是该产品在港澳地区的总代理。

（二）My Smart系列和MimioStudio功能介绍

聪颖教育积极推广多元化、简单易用、适配课程体系的数字化资源，可有效配合不同能力与背景的师生进行课前准备。其核心产品My Smart系列和MimioStudio课堂教学软件拥有丰富的多媒体元素和多样化的教学支撑功能，可有效增加课堂教学容量、提高课堂教学效率，其主要模块功能如表7-11所示。

① 《资讯科技教育》，https：//www.edb.gov.hk/tc/edu-system/primary-secondary/applicable-to-primary-secondary/it-in-edu/index.html，2022-06-17。

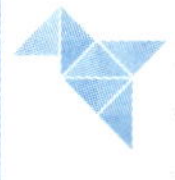

表 7-11　My Smart、MimioStudio 主要模块功能介绍及改进教学分析

模块①	功能	功能介绍	改进教学分析
My Smart ABC	自由阅读	提供数千篇英文阅读材料，题材类型覆盖小说、散文、寓言、报纸、期刊、名人日记等。	·教师可以按需调取阅读、语法、词汇、听力等资源，完成英语学科的教学资源组织。 ·学生基于数字化资源完成英语课前预习。
	歌曲和诗歌练习	提供“Unchained Melody”“Joy to the World”等经典歌曲和诗歌等资源，可用于课堂练习发音、纠正口音。	
	语法和词汇练习	提供语法专项练习，教师可发起时态、介词、情态等语法知识的小测试；提供单词拼写练习，帮助学生通过参考单词的定义来拼写单词。	
	听力练习	通过使用独特的交互功能来提高学生的听力技巧，学生可在录音和字幕之间切换，从而提高预习效果。	
My Smart Chinese	辅读文章	配合新高中选修课程提供相应的文章，同时附设问题以了解学生对文章的理解掌握情况。	·教师可以按需调取阅读、拼音、听力等资源，完成语文学科教学资源准备。 ·学生基于数字化资源完成语文课前预习。
	汉语拼音训练	提供汉语拼音练习，以提高学生的普通话拼读及朗读能力。	
	听力练习	配合高质素的普通话发声功能，全部内容均设有标准普通话发声，有助于强化学生普通话聆听能力。	
	专题研习	训练学生的语文基础、写作、思维及自学能力。	
	诗词歌赋	培养学生对中华优秀传统文化及文学的欣赏兴趣和能力。	
My Smart 123	互动练习	提供训练数学逻辑思维、批判性思维、解决实际问题能力的数学互动游戏，根据学校的教学安排更新学习内容，培养学生养成独立思考的学习习惯。	·自动推送数学互动资源，帮助学生课前预习。 ·根据预习监控掌握学生学情，教师可高效备课。
	预习监控	教师、家长可以随时随地在线查看学生的预习情况，从年级、班级、学生等不同视角进行预习进度监控。	

① 产品按任务单元可划分为多个模块，模块是完成某项任务的多个功能的集合。

续表

模块	功能	功能介绍	改进教学分析
My Smart Readers	RAC 学习单元	采用 RAC(跨课程阅读)的学习理念，提供包含语音朗读、高亮文本、精美插图和有趣动画的阅读资源，内置互动游戏提升学生对课程的兴趣。	·通过多媒体技术满足各学科课前导学需求。
My Smart TSA	网上系统评估测试	提供课前阅读、文法练习、聆听测验及基本能力评估，计算机将依据学生成绩生成答题能力和技巧分析报告，协助教师制定针对个人的教学方案。	·运用一系列测评技术有效支撑学情分析。
Mimio Studio	Activity Wizard	作为一款灵活的智能活动创建工具，能够让教师针对特定年龄段和年级设计教学活动，实现活动创建过程的自动化，可在数分钟内生成高质量、有吸引力的教学活动。	·教师可基于教学活动模板，高效完成各类教学活动设计。 ·课前评估为课前准备提供数据支持。
	Mimio Mobile 评估应用	教师可以使用学校配备 MimioMobile 评估应用的移动设备，自由创建简答、阅读、单选和多选等问题进行学情诊断，形成过程性和总结性评估结果。	

(三)应用情况分析

聪颖教育推广数字化资源，有效解决了港澳地区推动资讯科技教育中遇到的数字化资源不足的问题，提高了港澳地区数字化教学的普及率。2021 年，全港小学采用电子教科书的比例已达 50%，较 2018 年(38%)有显著提升。[①]其应用情况总结如下。

1. 推广富有趣味性、互动性的教学资源，方便不同层次师生量才适用

聪颖教育按照不同学段学生特点定制推送各学科数字化教材，充分运用多媒体元素，让资源更加生动活泼，吸引学生主动进行课前预习。例如，在英语阅读资源设计上，设定了从小学到中学 10 个阅读级别，低级别的资源支持音频伴读、互动动画、精美插图和自助词典功能，降低学生自学门槛；高级别的资源则设计了在线挑战游戏和扩展学习任务，锻炼学生阅读的综合能力。在数学资源设计上，小学数学资源多以互动游戏练习为主，强调寓教于

① 《调查显示小学采用电子课本比例大幅增加》，https://www.sohu.com/a/502976397_120099902，2022-06-17。

乐；中学数学则设置多元启发智力题，并特设教学短片，重点培养学生的高阶数学思维。

2. 普及多样、方便的教学活动设计模块，减轻教师教学设计负担

在学校具体教学应用中，依托学科知识引擎，教师可根据学科教学特点选择不同的活动主题，套用合适的活动模板，自主切换互动方式和答案呈现形式。技术支持在短时间内制作高质量、有吸引力的教学活动，有效节约教师时间、减少教师设计的负担。基于教学设计成果实现高效的课前导入活动，促使学生进入更佳的课堂学习状态。

四、Knewton 设计自适应跟进作业，为学生定制个性化学习路径

（一）Knewton 简介

Knewton 成立于 2008 年，专注于为全球学生提供个性化的学习内容，提出规模化地实现以学习目标为导向的连续人工智能自适应推荐，实现数据驱动的适应性学习。其针对每位学生的个性化需求，采用路径规划技术和学生能力模型，设计与之匹配的学习路径，快速定位到每位学生的知识漏洞，为学生提供自适应性的课后巩固方案，可有效提升学习效率，激发学习潜力。Knewton 深耕于自适应技术支持、自适应课程、自适应作业与考试服务等业务，其主要业务如表 7-12 所示。

（二）自适应跟进作业功能介绍

Knewton 为学生设计了匹配个人学习情况的课后巩固学习链条，其核心产品自适应跟进作业基于对学生已经掌握的内容以及尚未掌握的内容做出综合判断，从“掌握学习库”中智能选择相应的试题来帮助学生巩固学习内容，保障学生高效掌握必备知识，同时提供个性化的学习体验。自适应跟进作业的主要模块功能如表 7-13 所示。

表 7-12　Knewton 主要业务介绍

业务	产品/服务	说明
自适应技术支持	课堂分析工具、个人学习路径规划工具	Knewton 为在线课程平台向自适应学习转型提供技术支撑。例如，霍顿米夫林出版公司(Houghton Mifflin Harcourt)使用 Knewton 的应用程序编程接口进行儿童学习资源推荐以及提供个性化、即时性的教学分析。

续表

业务	产品/服务	说明
自适应课程	Alta 课件	Alta 课件是 Knewton 独立开发的、将自适应性学习技术与自研高质量课程内容结合在一起的课程资源，致力于提升学生的个性化学习体验，主要内容涉及数学、化学、经济学和统计学等。
自适应作业与考试服务	自适应跟进作业、自适应考试、GMAT 考试培训	Knewton 为各类课程的课后作业与标准化考试的设计、进行、批阅提供自适应技术支持，并支持练习、考试过程分析和成绩诊断。

表 7-13　自适应跟进作业主要模块功能介绍及改进教学分析

模块	功能	功能介绍	改进教学分析
自适应分析	诊断	Knewton 的知识图谱涵盖了不同的学科和知识领域，学科的核心知识转化为图谱中的节点，节点间以包含、并列、前置、后置等关系相连接；当学生在作答中遇到了问题，即可通过知识图谱的推理，快速诊断，定位到学生有问题的节点。	基于知识图谱和自适应分析引擎完成对学生学习水平的诊断、学习内容的推荐、学习效果的预测，让课后作业设计更加匹配个人学习需求。
	推荐	依据学生的认知水平、偏好、学习风格和上一步认知诊断的结果，结合知识图谱中概念之间的相互关系，为学生推荐与其认知水平一致的、符合兴趣偏好和学习风格的内容。	
	预测	根据学生交互数据对其学习结果进行预测和分析，预估目标实现的速度、可能性、预期分数、能够达到的熟练程度等。学生训练的频率越高，平台提供的学习材料就越有针对性，在预测学生未来的学习情况上的效果也更佳。	

续表

模块	功能	功能介绍	改进教学分析
自适应作业	完全自适应作业	完全自适应作业指完全由自适应作业库出题，系统基于教师提前选择希望学生掌握的学习目标和达到的掌握水平（“一般掌握”或“熟练掌握”）自动完成作业布置。当学生进行完全自适应作业时，会看到一系列学习目标，以及与学习目标相对应的多组“掌握条形图”，学生每完成一道问题，系统自动识别正误，直到条形图被填满，表明学生完成全部学习目标。	①两种模式让教师布置作业更加高效、方便。 ②支持作业自动批改，教师省时省力。 ③“热身作业”帮助学生以更好的状态去完成作业。
	部分自适应作业	部分自适应作业结合了静态作业（即教师布置的固定作业）以及动态作业（即平台生成的自适应作业），教师可按需调整自适应作业在整个作业中的比重。当学生进行部分自适应作业时，先完成“热身作业”，再完成静态作业，最后完成“跟进作业”。	
课后评估	个性化学习中心	个性化学习中心为每位学生提供实时的、个性化的课后巩固建议。当学生完成作业以后，该中心可准确地评估学生对内容的理解，然后推荐个性化的辅导内容，以帮助学生巩固对核心概念的理解；也可基于对全班学习进度的整体把握和对整个课程内容范围的理解来支撑精细化课后辅导。	①个性化学习中心为学生提供及时、有针对性的课后辅导，帮助教师减轻课后辅导的负担。 ②提供完善的课后评价体系，助力师生发现问题、解决问题，实现教学改进与学习进步。
	教师仪表盘	教师仪表盘能够持续跟踪学生的表现，呈现学生对内容掌握程度、熟练水平等信息，并分析学生犯错的原因（如不熟练、遗忘、分心或问题本身的歧义等）。仪表盘支持对全班学生的跟踪调查和整体评估，教师可以直观地看到学生在不同学科领域的表现、在课程中取得的进步和遇到的挑战性问题；此外，仪表盘可以测量学习内容的效度，帮助教师确定教材的优点和缺点，对教学内容进行整体评估。	

（三）应用情况分析

迄今为止，全世界有超过 1500 万名学生使用过 Knewton 课程。[①] Knewton 在实践中不断升级自适应推荐技术，力求精准分析每位学生的知识掌握情况，定位学习差距并预测巩固效果，为学生推荐适宜的课后巩固内容，更好地为学生提供学习支持，提高课后巩固效果。其应用情况总结如下。

1. 综合分析学生水平、学习策略、作答反馈信息，自动生成课后巩固学习路径

Knewton 首先收集学生的知识结构、能力水平、学习进度等动态数据信息，旨在表征学生的学习状态；然后收集学生学习进度、学习评价等方面的数据信息，同时捕捉学生在完成作业过程中对学习资源、学习目标等改变做出的反应信息；最后将学生当前作答反馈数据统一处理后，实现知识图谱与学习过程信息之间的精准关联映射，智能生成匹配个人的课后巩固学习路径。

2. 建立"连续性"的追踪机制，保障课后巩固更有针对性、更有效果

区别于一般的单点自适应练习，Knewton 坚持对学生进行长期跟踪测试，不断挖掘学生课后练习中的各种数据，包括概念、结构、媒体格式数据及学生的"个性特征数据"，并采用复杂算法把这一系列针对学生个体的数据内容拼接起来，综合做出判断，从而能更加动态地揭示学生的真实学习现状。一次大规模的 Knewton 平台使用效果调查(该调查共包含 288000 名大学生，涉及物理、生物学、化学、解剖学和生理学等学科)显示，使用 Knewton 平台的学生成绩比未使用 Knewton 平台的学生成绩平均高出 11.5%。[②]

3. 提供多种提高课后学习兴趣的手段，激励学生成为学习的主人

Knewton 通过即时性反馈、练习奖励和游戏化模式来帮助学生全身心投入作业。例如，在完成作业的过程中，平台发起多选择模式和自由试题反馈两种方式及时给学生发送个性化的反馈，让学生快速自我修正，确保注意力集中；引入积分、关卡形式的游戏元素，建立知识习得的正向心理反馈，营造沉浸式学习的氛围，可视化反馈让学生直观感受到完成作业的激励，有效培养学生自主学习的习惯。

---

① 《盘点美国五大"AI＋教育"公司，排名第一的 Knewton 融资额超 1.8 亿美元》，https://www.163.com/dy/article/E7M9KUI205118K7K.html，2022-06-17。

② Illya Bomash, "A Knewton White Paper," https://cdn2.hubspot.net/hubfs/214594/White%20Papers/Knewton%20Efficacy-Whitepaper.pdf，2022-06-17.

第四节 智能化教学产业发展趋势

一、政策指引：产品业务创新发展，推动行业转型升级

随着“双减”等重大政策出台及配套政策的落地，教育数字化转型、“五育并举”、课后服务水平提升、优质资源共建与服务、智能终端普及应用等重要举措正在逐步推行。作为行业主体，相关企业要在政策指引下，不断创新产品，调整业务方向，助力教育减负增效，协力推动教育转型升级。

（一）教育数字化转型，引领教育高质量发展

从“十三五”规划纲要正式将“数字中国”上升为国家战略开始，数字技术逐渐全面应用于中国各领域的建设，教育领域的数字化改革逐渐加速。《“十四五”数字经济发展规划》强调，推进教育新型基础设施建设，推动“互联网+教育”持续健康发展；《“十四五”国家信息化规划》提出，实施全民数字素养与技能提升行动。教育部部长怀进鹏在2022年全国教育工作会议等多个场合提出，实施教育数字化战略行动，推动实现教育数字化转型。作为教育数字化转型的路径之一，课堂教学数字化将极大提升教育教学质量和效率。其关键在于利用人工智能、大数据等技术支持课堂数据采集和分析，以数据驱动教育教学改革。但是当前多模态数据的分析与应用类技术和产品还不成熟，基于传统要素的教学数字化还存在瓶颈和障碍。① 探索基于各种生态的课堂教学数字化方式，从教学内容、学习资源、教学过程等方面进行数据采集、分析和应用，以智能技术支持教育教学数字化转型和智能化升级是行业内相关企业的着力方向。

（二）推动“五育并举”，促进学生全面发展

“五育并举”是促进“双减”政策落地的重要举措。2019年，中共中央、国务院在《关于深化教育教学改革全面提高义务教育质量的意见》中明确提出，将构建德智体美劳全面培养的教育体系作为基本要求，坚持“五育并举”，全面发展素质教育，强化课堂主阵地作用，切实提高课堂教学质量。2020年，随着《深化新时代教育评价改革总体方案》的发布，“五育并举”被纳入教育评

① 黄荣怀、杨俊峰：《教育数字化转型的内涵与实施路径》，载《中国教育报》，2022-04-06。

价顶层设计方案，发挥指挥棒作用。2022 年教育部工作要点强调，加快完善德智体美劳全面培养的育人体系，促进学生健康成长、全面发展。相关教育企业在政策指引下，围绕“五育并举”开展相关业务。例如，科大讯飞通过体系化教育资源、轻量化工具实现“五育”教学普及；通过专业化学科教室和智慧化教学模式推动“五育”教学质量提升；基于智慧体育、智慧心育、AI 创新教育等多种产品和方案，促进学生全面健康发展。其中，智慧心育产品基于大数据动态监测学生心理状态，建立学生心理画像，首创人机对话减压模式，构建了“预防、预警、干预”体系，帮助学校系统性地预防学生心理疾病发生。部分素质教育类企业则借助政策利好，专攻课程资源开发，帮助学校丰富课程类型。当然，围绕“五育并举”相关业务所存在的问题，如缺乏科学健全的评价机制、数据之间互通程度低等，行业内相关企业也在不断投入力量，以期早日解决难题。

（三）提升课后服务水平，落实教育减负增效

2017 年，教育部办公厅出台《教育部办公厅关于做好中小学生课后服务工作的指导意见》。2021 年，“双减”政策的实施对学校课后服务提出更高要求。教育部基础教育司司长吕玉刚表示，推进课后服务是支撑实现“双减”工作目标的重要举措，要努力满足学生不同的学习需求，切实增强课后服务的吸引力和有效性。随着课后服务相关政策文件的陆续出台，实现了课后服务“校校全覆盖”。目前，课后服务已正式进入我国义务教育体系，成为一种新型教育活动，众多企业闻风入局。该赛道越来越热，竞争者的规格也越来越高。① 课后服务质量有了明显提升，区域差距缩小，服务呈多样化发展。业内企业在课后服务赛道的业务布局涉及课程内容、配套服务、科技支持和平台应用等，类型丰富。典型产品如科大讯飞“课后服务平台”、鸿合“课后三点伴”，均是积极响应政策要求，利用智能技术提高课后服务水平的范例。总之，课后服务是贯彻教育减负增效的有力手段。在政策导向下，行业相关企业将不断提升课后服务水平，探索优质的业务模式，找准教育和商业的平衡。

（四）共建共享优质资源，促进教育优质均衡发展

数字教育资源在激发学生学习兴趣、促进学生自主学习、提高课堂教学质量、推动教育均衡发展等方面能够发挥基础性、支撑性的作用。2021 年，

① 陈蓁轩：《千亿课后服务市场，如何打破“天花板”》，https://mp.weixin.qq.com/s/y2cjQRcaXgd-bERQIr2mZEw，2022-08-08。

教育部等五部门发布的《关于大力加强中小学线上教育教学资源建设与应用的意见》明确提出，要充分用好平台资源，以优化教学设计、丰富教学内容、创新教学方式，不断提高课堂教学效率与质量。教育部2022年工作要点提出，要丰富数字教育资源和服务供给。在此背景下，2022年3月1日，“国家中小学智慧教育平台”正式上线运行。顺应政策风向，相关企业积极发展优质资源共建项目，为教师提供多样化的教学类数字资源，为学生提供个性化的学习类数字资源；同时，利用大数据技术指导数字教育资源管理，优化资源建设方向；利用人工智能技术实现优质资源精准推送与助学服务，满足教师的“精准教”与学生的“个性学”，努力确保课堂教学的高质量、高效率与高成效。例如，科大讯飞新增新课标教学资源体系、新高考题库，并利用AI赋能资源查找，提高资源获取效率。纳米盒接入国家数字教育资源公共服务体系，助力教育基础设施建设升级。可见，共建共享优质资源，利用智能技术提升资源供给能力，促进教育优质均衡发展，已成为行业发展趋势。

（五）智能终端普及应用，推进大规模个性化教育

2019年，中共中央、国务院发布《中国教育现代化2035》提出，要利用现代技术加快推动人才培养模式改革，实现规模化教育与个性化培养的有机结合。2021年，教育部等六部门发布《关于推进教育新型基础设施建设构建高质量教育支撑体系的指导意见》提出，有条件的地方普及符合技术标准和学习需要的个人学习终端，支撑网络条件下个性化的教与学。智能终端普及应用就是实现规模化个性教育的举措之一。多样化的终端设备进行数据采集，再通过多终端数据一体化融通应用，精准刻画学习者和学习情境①，促进教学提质增效。科大讯飞的规模化因材施教方案，即利用基于全场景覆盖的智能终端和应用，推进全场景数据采集、分析和智能推荐。依托大数据和人工智能技术突破，对学情做分析，对学习做推荐，以成效促信心，推进大规模个性化教育实现。另外，“双减”政策出台之后，部分教培机构转向教育硬件赛道，客观上促使智能终端类型更加丰富、功能更加完善，为基于智能终端的大规模个性化教育夯实了基础。由此，随着智能终端普及应用，推进大规模个性化教育的趋势也就十分明显了。

---

① 王一岩、郑永和：《多模态数据融合：破解智能教育关键问题的核心驱动力》，载《现代远程教育研究》，2022(2)。

二、技术赋能：前沿技术融合应用，助力减负增效实现

当前，技术与教育融合不断深入，并深刻影响着教育的各个细分场景。通过对各国智能教育相关的技术研究报告和文献资料进行分析，本部分梳理了对教育教学减负增效具有重要意义的关键技术和实践。以下对多模态情感分析(Multimodal Sentiment Analysis，MSA)、智能物联网(Artificial Intelligence of Things，AIoT)、教育数字基座和虚实融合四项近年来智能教育研究领域的热点技术进行简要阐述。这些技术应用分别在学习机理剖析、师生行为智能感知、数据互联共享和沉浸式学习体验创设等方面为减负增效带来新的突破。

(一)多模态情感分析支撑学习机理探索

情绪是影响人类学习认知和行为的关键非智力因素。多模态情感分析技术可以通过对文本、视频、音频等多模态数据进行综合挖掘，发现其隐藏信息，预测说话者、作者或其他主体对象的情感状态。[①] 结合文本情感分析基础，多模态情感分析还涉及多模态表征学习、多模态对齐与多模态融合技术，提升了对复杂情感信息的鉴别能力。[②] 在教育神经科学的推动下，该技术被广泛应用于教育领域，通过采集行为数据、文本数据、语音数据、面部表情数据、心理数据、学习情境数据与生理数据[③]，利用数据融合与建模方法整合多通道情感信息，发现学习过程中的真实情感变化过程，帮助研究者与实践者理解复杂的学习行为[④]。了解学习者的情绪状态不仅能反映学习者对教学内容、教学媒体、教学环境的偏好，有助于挖掘深层次的认知风格和学习兴趣，而且能反映学习者的知识水平、认知结构、学习动机对学习者主观学习体验的影响机理，有助于剖析深层次的学习发生机制。[⑤]

(二)智能物联网促进教学行为模式改善

智能物联网是人工智能和物联网的融合应用，将传统的 IoT 设备赋予 AI

---

① 王旭阳、董帅、石杰：《复合层次融合的多模态情感分析》，载《计算机科学与探索》，2023(1)。

② 张亚洲、戎璐、宋大为等：《多模态情感分析研究综述》，载《模式识别与人工智能》，2020(5)。

③ 蒋艳双、崔璨、逯行等：《双师课堂中的多模态学习情感分析：关键问题、逻辑理路与实施路线》，载《现代教育技术》，2022(4)。

④ 周进、叶俊民、李超：《多模态学习情感计算：动因、框架与建议》，载《电化教育研究》，2021(7)。

⑤ 王一岩、刘士玉、郑永和：《智能时代的学习者情绪感知：内涵、现状与趋势》，载《远程教育杂志》，2021(2)。

推理的能力，实现智慧互联，提升连接的广度、深度和有效性，实现大数据智能分析，提升融合应用解决复杂问题的能力和智慧化水平。① 该技术的核心优势在于实现万物智联化、数据化，以“数据”作为智能时代信息交换和流通的智力资源，实现不同用户群体、不同终端设备、不同系统平台、不同应用场景之间的互融互通。② 借助智能录播系统、佩戴式话筒、点阵笔、眼动仪与脑电仪等设备，基于 AIoT 的智能课堂可以实时捕捉师生语言、动作、面部表情和运动轨迹等各类课堂行为，为教师精准评估和诊断课堂教学问题提供更加全面客观的证据支持。利用采集到的师生外显行为数据和内在生理数据，可以实现对复杂学习情境的智能感知和精准建模，并将结果实时反馈给教师和学习者，及时调整教与学的策略。③

（三）教育数字基座赋能数据互联共享

2021 年 9 月，上海市教育委员会正式提出，将“打造教育数字基座，赋能各类教育应用发展”列为上海市教育数字化转型主要任务之一。④ “教育数字基座”引起了广泛的关注。长宁区作为上海市首个“教育数字化转型实验区”，通过打造教育数字基座，实现了全区教职人员、数据、应用、软硬件资源、智能化设备的连接与联通，实现了过程性数据的采集，各级各类信息数据得以融汇。⑤ 以人工智能、云计算、大数据技术为基础，教育数字基座通过一系列的工具、应用、服务，为区域、学校、机构提供一套开箱即用的新型教育数字化操作系统，帮助区域、学校、机构建标准、搭平台、盘数据、接应用，解决区域、学校、机构的教育生态建设、均衡发展以及数据治理等问题。通过统一数据标准与统计口径，构建全域数据的互联共享，教育数字基座打破了阻碍业务发展和部门信息流通的数据壁垒，为创新教育教学应用、重塑教育业务管理流程、推动区域教育科学治理打造了具有奠基作用的数据基础。

（四）虚实融合技术助推学习体验升级

虚实融合技术整合多种新技术，产生新型虚实相融的互联网应用和社会

---

① 吴吉义、李文娟、曹健等：《智能物联网 AIoT 研究综述》，载《电信科学》，2021(8)。

② 王一岩、郑永和：《智能教育产品：构筑基于 AIoT 的智慧教育新生态》，载《开放教育研究》，2021(6)。

③ 顾小清、王超：《打开技术创新课堂教学的新窗：刻画 AIoT 课堂应用场景》，载《现代远程教育研究》，2021(2)。

④ 《上海市教育委员会关于推进教育数字化转型试点区建设的通知》，https://www.shanghai.gov.cn/gwk/search/content/93d584264df445dc9dc5bde9b758ca96，2022-08-08。

⑤ 王星：《智联数联物联，撬动教学深度变革》，载《文汇报》，2022-01-27。

形态，也称为元宇宙技术。它基于虚拟现实、增强现实、混合现实等数字技术构建[①]，在脑机接口、物联网与可穿戴设备的支持下，为用户提供一个沉浸体验、具身交互的虚拟现实深度融合系统。[②] 虚实融合技术极大地拓展了教与学的时空边界，通过视觉追踪、手势交互、声效反馈、声纹语音交互、触觉反馈和嗅觉反馈等为学习者打造沉浸式体验[③]，在情境教学、游戏化教学、仿真实验教学等场景中应用潜力巨大。例如，支持创设与教学内容高度关联的"身临其境"的虚拟情境，可以降低学生认知负荷；开展游戏化教学可以提升学习投入感和专注力，激发学生学习兴趣；构建仿真实验室，可以减少实验、训练材料的损耗，降低实验风险或试错成本，同时结合部分实体内容，使学习者实现精准训练，提升学习效度。通过为师生创设一种沉浸式的教学互动场域，虚实融合技术突破了物理世界的局限，为学生带来全新的学习体验。

三、需求导向：产业持续优化，推进教育内涵式发展

基于对智能化教学企业和产品的调研分析，结合产业现状及存在的问题与挑战，可以对产业优化方向及发展趋势进行推测。综合来看，产业发展以需求为导向，存在以下趋势：智能化产品研发、实用化师资培训、建立统一的行业标准、发展校内自适应教育。

（一）智能化产品研发

当前，全年龄段教育需求旺盛、精细化教育需求崛起，促进了教育产品智能化的发展。[④] 但是，当前教育产品在教学中的应用还不够智能，无论是在学校场景还是家庭场景，不方便、不实用等现象时有发生，没有发挥出智能化产品应有的作用。同时，教育行业尤其是硬件产品同质化现象严重。一方面，各大厂商产品研发方向较为趋同，难以满足消费者的差异化需求。另一方面，市面上销售的大多数产品功能形式单一、内容多样化不足，很难提高用户使用频率和黏性。从用户需求角度看，教育产品的功能无论多么新颖，概念多么潮流，其核心竞争力还是实用性，即能够帮助教师提高教学效率和

---

① 钟正、王俊、吴砥等：《教育元宇宙的应用潜力与典型场景探析》，载《开放教育研究》，2022(1)。

② 刘革平、王星、高楠等：《从虚拟现实到元宇宙：在线教育的新方向》，载《现代远程教育研究》，2021(6)。

③ 徐铷忆、陈卫东、郑思思等：《境身合一：沉浸式体验的内涵建构、实现机制与教育应用——兼论AI+沉浸式学习的新场域》，载《远程教育杂志》，2021(1)。

④ 陆飞：《经济日报携手京东发布数据——教育产品智能化成趋势》，载《经济日报》，2022-03-27。

质量，帮助学生提升学习效果。从市场格局角度看，企业只有寻找最佳使用场景和切入点，更加细致周到地满足用户的差异化需求，才能占据更大市场。因此，充分理解市场和用户需求，利用智能技术研发智能化的教育产品，同时平衡性价比，是相关企业可持续发展的有效路径。

（二）实用化师资培训

随着我国教育数字化进程的加快，教育基础设施和硬件不断升级。智能化教学的实践落地，离不开教师的有效应用。如果作为教育主导者的教师不会用，智能设备也就没有意义。教师的素养决定了教育智能产品的功能发挥，决定了智能化教学的实施成效。当前，通常是由企业的技术工程师来进行教师培训，偏向工程师式的技术培训，内容单一和浅显，无法帮助教师培养实践智慧，解决真实情境中的问题。教师需要的是教学文化渗透下的系统性的教育技术能力提升，从而掌握利用智能技术和工具解决具体教育问题的方法。因此，智能化教学企业只有深入了解教师的需求，在师资培训中将产品与教学实践深度融合，开展实用化的教师培训，才能充分发挥智能技术在教育教学中的更大作用，真正推动教育数字化转型发展。

（三）建立统一的行业标准

在实践应用中，智能化教学产品和服务生态所面临的最大困境是缺乏统一标准，技术标准、数据规范和接口不同，导致学校内部的软件和系统之间存在信息孤岛。学校内的软件无法互融互通以实现高效的管理与教学，部分软件使用率低，甚至被弃用。① 这在一定程度上增加了师生及管理者的使用成本。为实现智能化教学的可持续发展，各方应携手建立统一的行业标准，破除信息孤岛。除政府层面应积极完善相关标准和法规外，行业内企业也应当发挥技术优势，利用丰厚的数据积累，合力制定行业标准和规则。例如，构建数据中心，需要使用统一的标准、数据规范、应用层面入口来存储自身数据库以及所有接入的应用方数据，并由教育用户自行管理及使用，以帮助教育用户各部门之间、学校之间的信息共享。②

（四）发展校内自适应教育

依托大数据和人工智能识别技术，自适应教育可以针对学生的学习情况

---

① 《新基建重构智慧教育生态——2021 智慧教育发展研究》，https://baijiahao.baidu.com/s?id=1688586196944026428&wfr=spider&for=pc，2022-09-09。

② 王飞、李绚兮、顾小清：《教育信息化产品和服务的生态发展研究》，载《电化教育研究》，2020(10)。

进行个人画像，从而动态调整教学和练习内容，解决学习效率低下和重复的问题，在促进教学减负增效方面具有重要的意义。在教育回归校内的大背景下，学生校内学习时长远超校外，因此，学情数据的广度和精度也远超校外。对校内数据的深度分析和挖掘可以大幅度提高学生画像的精度和覆盖度。因此，发展校内自适应教育，既是自适应教育企业的重要机遇，也是实现减负增效的有效路径。相关自适应教育企业应将目光瞄准校内，探索校内自适应发展之路，优化升级自适应教育产品，发挥自适应教育效能，助力教育教学减负增效。